Die Regelung von Bürgerbegehren
und Bürgerentscheid in den Kommunalverfassungen
der Flächenstaaten der Bundesrepublik Deutschland

AF827801

Europäische Hochschulschriften
Publications Universitaires Européennes
European University Studies

Reihe II
Rechtswissenschaft

Série II Series II
Droit
Law

Bd./Vol. 2952

PETER LANG
Frankfurt am Main · Berlin · Bern · Bruxelles · New York · Oxford · Wien

Ulrike Dustmann

Die Regelung von Bürgerbegehren und Bürgerentscheid in den Kommunalverfassungen der Flächenstaaten der Bundesrepublik Deutschland

PETER LANG
Europäischer Verlag der Wissenschaften

Die Deutsche Bibliothek - CIP-Einheitsaufnahme

Dustmann, Ulrike:

Die Regelung von Bürgerbegehren und Bürgerentscheid in den Kommunalverfassungen der Flächenstaaten der Bundesrepublik Deutschland / Ulrike Dustmann. - Frankfurt am Main ; Berlin ; Bern ; Bruxelles ; New York ; Oxford ; Wien : Lang, 2000
(Europäische Hochschulschriften : Reihe 2, Rechtswissenschaft ; Bd. 2952)
Zugl: Göttingen, Univ., Diss., 1999
ISBN 3-631-36345-1

D 7
ISSN 0531-7312
ISBN 3-631-36345-1

© Peter Lang GmbH
Europäischer Verlag der Wissenschaften
Frankfurt am Main 2000
Alle Rechte vorbehalten.

Das Werk einschließlich aller seiner Teile ist urheberrechtlich geschützt. Jede Verwertung außerhalb der engen Grenzen des Urheberrechtsgesetzes ist ohne Zustimmung des Verlages unzulässig und strafbar. Das gilt insbesondere für Vervielfältigungen, Übersetzungen, Mikroverfilmungen und die Einspeicherung und Verarbeitung in elektronischen Systemen.

Vorwort

Die vorliegende Arbeit ist im Wintersemester 1999/2000 von der juristischen Fakultät der Georg-August-Universität Göttingen als Dissertation angenommen worden. Das Manuskript wurde im November 1997 abgeschlossen; jüngere Rechtsprechung und Literatur sind nicht mehr berücksichtigt worden.

Für die Anregung zu diesem Thema und die wohlwollende Betreuung während der Entstehungszeit möchte ich mich ganz herzlich bei Prof. Dr. Andreas Sattler bedanken. Ebenso bin ich Herrn Prof. Dr. Werner Heun für die Erstattung des Zweitgutachtens zu Dank verpflichtet.

Daneben gilt besonderer Dank meiner Familie und meinen Freunden. Das mir und meinem Vorhaben entgegengebrachte Interesse und die zahlreichen Gespräche sowie praktischer und moralischer Beistand waren mir stets eine große Unterstützung.

Für die Ermöglichung von Studium und Promotion danke ich meinen Eltern.

Göttingen, im Dezember 1999 Ulrike Dustmann

INHALTSVERZEICHNIS

Abkürzungsverzeichnis XVI

Einleitung 1

1. Teil: Bürgerbegehren und Bürgerentscheid im repräsentativ-demokratischen kommunalen Verfassungssystem 2

1. Kapitel: Grundlagen 2
I. Terminologie 3
1. Bürgerentscheid 3
2. Bürgerbegehren 4
3. Ratsbegehren 5
II. Bürgerbegehren und Bürgerentscheid in der kommunalen Selbstverwaltung 5
III. Das Verhältnis zwischen Demokratie und kommunaler Selbstverwaltung in Deutschland 7
IV. Abgrenzung zu anderen Beteiligungsformen 11
1. Die Gemeindeversammlung 12
2. Unechte Formen direkter Demokratie 12
a) Der Bürger-/Einwohnerantrag 13
b) Die Bürger-/Einwohnerversammlung 15
c) Die Bürger-/Einwohnerbefragung 16
d) Weitere Formen 16
3. Beteiligung der Bürger an förmlichen Verwaltungsverfahren 17
4. Nichtinstitutionalisierte Beteiligungsformen, insbesondere Bürgerinitiativen 17
5. Die Sonderstellung von Bürgerbegehren und Bürgerentscheid 18

2. Kapitel: Die Aufnahme von Bürgerbegehren und Bürgerentscheid in die bundesdeutschen Kommunalverfassungen seit Einführung des Grundgesetzes 18
I. Erörterungen bei der Entstehung der neuen Gemeindeordnungen nach 1949 19
II. Die Bürgerinitiativbewegung Ende der 60er Jahre 20

III. Die kommunale Gebiets- und Verwaltungsreform der 70er Jahre 22
IV. Die Entwicklung nach der Wiedervereinigung Deutschlands 23

3. Kapitel: Die verfassungsrechtliche Zulässigkeit von Bürgerbegehren und Bürgerentscheid 29
I. Demokratieprinzip 30
II. Rechtsstaatsprinzip 33
III. Sozialstaatsprinzip 34
IV. Art. 28 I 4 GG in der Diskussion um die Zulässigkeit von Bürgerbegehren und Bürgerentscheid 34
V. Voraussetzungen des Landesrechts 35

4. Kapitel: Die Zweckmäßigkeit von Bürgerbegehren und Bürgerentscheid 36
I. Die demokratische Legitimation und der demokratische Mehrwert einer unmittelbaren Bürgerentscheidung 37
II. Die Auswirkungen auf das Verhältnis zwischen Bürgern und Repräsentanten 39
III. Die inhaltliche Qualität einer plebiszitären Sachentscheidung 42
IV. Die Besonderheiten aufgrund des Abstimmungsverfahrens eines Bürgerentscheids 43
V. Gesamtbeurteilung der Zweckmäßigkeit 44

2. Teil: Die Durchführung von Bürgerbegehren und Bürgerentscheid 45

1. Kapitel: Die gegenständliche Eingrenzung des Anwendungsbereichs ... 45
I. Angelegenheit der Gemeinde 45
1. Entscheidungen eines Zweckverbands 46
2. Auftrags- und Weisungsangelegenheiten 47
3. Gemeindliche Stellungnahmen 47
II. Entscheidung anstelle der Gemeindevertretung 50
III. Wichtige Gemeindeangelegenheit 52
1. Positivkatalog in den Ländern Baden-Württemberg, Mecklenburg-Vorpommern, Rheinland-Pfalz, Sachsen-Anhalt und Schleswig-Holstein 52
2. Hessen und Thüringen 54
3. Übrige Länder 55

IV. Negativkatalog ... 55
1. Angelegenheiten, die in den Aufgabenbereich der Verwaltungsleitung (Bürgermeister bzw. Magistrat) fallen ... 56
2. Fragen über die Rechtsverhältnisse der Gemeinderatsmitglieder, der Bürgermeister und der Gemeindebediensteten ... 58
3. Haushalts-, Finanz- und Wirtschaftsfragen ... 59
a) Gefährdung der Gesamtverantwortung der Gemeindevertretung ... 59
b) Einbindung der Gemeinden in das deutsche Finanzverfassungssystem ... 61
c) Bürgerentscheid über gemeindliche Abgaben ... 62
4. Entscheidungen in Rechtsmittel- und Rechtsbehelfsverfahren ... 64
5. Anträge, die ein gesetzwidriges Ziel anstreben ... 66
6. Bauleitplanung, Planfeststellungsverfahren, förmliche Verwaltungsverfahren, Zulassungs- oder Genehmigungsverfahren ... 67
a) Brandenburg, Mecklenburg-Vorpommern, Niedersachsen, Nordrhein-Westfalen, Rheinland-Pfalz, Saarland ... 67
b) Übrige Länder ... 70
7. Angelegenheiten, über die grundsätzlich die Gemeindevertretung entscheidet ... 71
8. Zwischenergebnis ... 72

2. Kapitel: Die Einleitung eines Bürgerentscheids ... 73
I. Das Bürgerbegehren ... 73
1. Die Initiatoren eines Bürgerbegehrens ... 74
2. Zulässigkeitsvoraussetzungen eines Bürgerbegehrens ... 75
a) Schriftform ... 76
b) Begründung ... 76
c) Formulierung der Frage ... 77
aa) Konkrete Anforderungen an die Fragestellung ... 79
bb) Positive oder negative Formulierung der Frage ... 80
d) Kostendeckungsvorschlag ... 82
aa) Erforderlichkeit eines Kostendeckungsvorschlags ... 82
bb) Anforderungen an den Kostendeckungsvorschlag ... 84
e) Vertreterbenennung ... 86
aa) Vertretungsmacht und Umfang der Vertretungsbefugnis ... 88
bb) Die Stellung der Vertreter ... 90
cc) Einzelvertretung oder Gesamtvertretung ... 90
dd) Ausschluß bestimmter Personen von der Vertretung ... 91

f) Das Antragsquorum 92
aa) Überblick 92
bb) Die angemessene Größe des Antragsquorums 93
cc) Unsicherheitsfaktor durch den Stichtag für die Berechnung des Quorums 96
g) Die Unterschriftensammlung 97
aa) Das private Sammelverfahren 98
bb) Die Anforderungen an die Gültigkeit der Unterschriften 99
cc) Nachreichen und Widerruf von Unterschriften 100
h) Einreichungsfrist für ein Bürgerbegehren gegen einen Ratsbeschluß 102
aa) Fristbeginn 104
bb) Probleme bei mehreren Ratsbeschlüssen zu einer Angelegenheit. 107
i) Initiativsperre 110
j) Empfänger des Bürgerbegehrens 112
II. Das Ratsbegehren 113
1. Gesetzliche Regelungen 113
2. Zulässigkeitsvoraussetzungen 114
3. Verfassungsrechtliche Bedenken 114

3. Kapitel: Die Entscheidung über die Zulässigkeit eines Bürgerbegehrens 117
I. Zuständigkeit für die Zulässigkeitsentscheidung und deren Folgen 117
II. Zeitpunkt der Zulässigkeitsentscheidung 119
III. Anhörung der Vertreter des Bürgerbegehrens 120
IV. Befangenheit von entscheidungsberechtigten Ratsmitgliedern 122
V. Rechtsschutz gegen die Zulässigkeitsentscheidung 122
1. Ablehnende Entscheidung 123
a) Statthafte Klageart 123
aa) Außenwirkung der Zulässigkeitsentscheidung des Gemeinderats. 124
(1) Organstellung der gesamten Bürgerschaft 125
(2) Organstellung der Unterzeichner des Bürgerbegehrens 127
(3) Zwischenergebnis 127
bb) Außenwirkung der Zulässigkeitsentscheidung in Niedersachsen und Schleswig-Holstein 129
cc) Konsequenzen für die Wahl der Klageart 129
b) Klage- und Prozeßführungsbefugnis 130
aa) Klagebefugnis jedes Gemeindebürgers 130

bb) Klagebefugnis der einzelnen Unterzeichner bzw. der Vertreter des Bürgerbegehrens 131
(1) § 41 II KomWG BW und § 25 VI GO LSA 131
(2) Art. 18 a IX 2 BayGO und § 26 VI 2 GO NW 132
cc) Klage- / Prozeßführungsbefugnis der Unterzeichner in ihrer Gesamtheit 134
c) Prozessuale Durchsetzung 134
aa) Baden-Württemberg und Sachsen-Anhalt sowie Bayern und Nordrhein-Westfalen 134
bb) Prozeßführungsbefugnis der Vertreter in den weiteren Bundesländern 134
(1) Vertreter als Organ des Bürgerbegehrens 135
(2) Vertreter als Prozeßstandschafter 135
(3) Vertreter als Prozeßvertreter 136
cc) Prozeßfähigkeit der einzelnen Unterzeichner 136
(1) Bayern, Nordrhein-Westfalen 136
(2) Übrige Länder 137
(3) Zusammenfassung 139
d) Vorverfahren gemäß § 68 VwGO 139
e) Klagegegner 141
f) Rechtsschutzbedürfnis 141
2. Zustimmende Entscheidung 142
a) Rechtsverletzung der Gegner eines Bürgerentscheids 142
b) Rechtsverletzung der unterlegenen Ratsmitglieder 142
c) Besonderheiten in Niedersachsen und Schleswig-Holstein 143

4. Kapitel: Einstweiliger Rechtsschutz gegen dem Bürgerbegehren entgegenstehende Maßnahmen der Gemeindeorgane 144
I. Ausgangslage 144
II. Meinungsstand in Rechtsprechung und Literatur 146
III. Eigener Ansatz 147
1. Einstweiliger Rechtsschutz nach bestandskräftiger Zulässigkeitserklärung 148
a) Sicherungsfähiges Recht i.S.v. § 123 VwGO 148
b) Besonderheiten der niedersächsischen und baden-württembergischen Rechtslage 150
2. Einstweiliger Rechtsschutz vor der Zulässigkeitsentscheidung 151

3. Einstweiliger Rechtsschutz während eines Rechtsstreits über die Zulässigkeit eines Bürgerbegehrens ... 153
4. Zwischenergebnis ... 154

5. Kapitel: Die Entscheidung der Gemeindevertretung i.S.d. Bürgerbegehrens ... 155
I. Überblick ... 155
II. Die Voraussetzungen für die Erledigung eines Bürgerentscheids ... 155
1. Teilerledigung ... 156
2. Anforderungen an die Erledigungserklärung gemäß § 22 b IX NGO ... 156
III. Zeitpunkt der Erledigungserklärung ... 157
IV. Die zur Erledigungserklärung Berechtigten ... 158

6. Kapitel: Die Durchführung des Bürgerentscheids ... 159
I. Durchführungsfrist ... 159
II. Informationspflicht und Werbung im Vorfeld der Entscheidung der Bürger ... 161
1. Gesetzliche Regelungen ... 161
2. Zweck und Umfang der gesetzlichen Regelungen ... 162
a) Baden-Württemberg, Hessen, Mecklenburg-Vorpommern, Rheinland-Pfalz, Saarland und Schleswig-Holstein ... 162
b) Brandenburg, Niedersachsen, Nordrhein-Westfalen, Sachsen, Sachsen-Anhalt und Thüringen ... 165
c) Bayern ... 166
III. Weiteres Verfahren ... 168
1. Bekanntmachung des Abstimmungstermins und der Abstimmungsfrage ... 170
2. Verzeichnis der abstimmungsberechtigten Bürger ... 171
3. Gestaltung des Stimmzettels ... 172
4. Mehrere Fragen in einem Verfahrensgang ... 172
a) Sogenanntes "Huckepackverfahren" ... 172
b) Mehrere Teilfragen zu einer Gesamtplanung ... 173
c) Gegenläufige Begehren ... 174
5. Geheimheit der Abstimmung ... 176
6. Briefwahl ... 177
7. Abschluß des Verfahrens ... 178
8. Träger der Kosten für die Durchführung eines Bürgerentscheids ... 179
9. Beurteilung ... 179

7. Kapitel: Abstimmungsberechtigte Personen bei einem Bürgerentscheid 179
I. Die Teilnahme von Unionsbürgern an kommunalen Bürgerbegehren und Bürgerentscheiden 180
1. Zulässigkeit einer Teilnahme von Unionsbürgern an kommunalen Abstimmungen gemäß Art. 19 I EGV 182
2. Vereinbarkeit einer Abstimmungsteilnahme mit deutschem Verfassungsrecht, insbesondere mit Art. 28 I 3 GG 184
3. Abstimmungsrecht von Unionsbürgern aufgrund der Staatszielbestimmung des Art. 23 I 1 GG 187
4. Zusammenfassung und Ausblick 187
II. Abstimmungsalter 188
1. Mindestalter bei Wahlen 189
2. Mindestalter bei Abstimmungen 190

8. Kapitel: Die Voraussetzungen für einen wirksamen Bürgerentscheid, insbesondere das Erfolgsquorum 192
I. Inhaltliche Voraussetzungen für die Wirksamkeit eines Bürgerentscheids 192
II. Das Zustimmungs- oder Erfolgsquorum 194
1. Notwendigkeit eines Erfolgsquorums 195
a) Argumente gegen die Einführung von Erfolgsquoren 195
b) Argumente für die Einführung von Erfolgsquoren 196
c) Stellungnahme 197
2. Die Größe des Quorums 199
a) Ausgangslage 200
b) Gestaffelte Quoren 201
c) Stadtbezirks- und Ortschaftsentscheide 201
aa) Reiner Stadtbezirks- / Ortschaftsentscheid 202
bb) "Stadtbezirksbegehren" gemäß Art. 18 a VII BayGO 203
d) Verhältnis zwischen Antrags- und Erfolgsquorum 205

9. Kapitel: Die rechtliche Wirkung eines durchgeführten Bürgerentscheids 206
I. Erfolgreicher Bürgerentscheid 206
1. Rechtswirkungen und Rechtsnatur eines Gemeinderatsbeschlusses 206
2. Übertragung auf den Bürgerentscheid 207
3. Auslösung einer Sperrfrist - sogenannte Abänderungssperre 208

a) Überblick über die gesetzlichen Regelungen ... 209
b) Dauer der Sperrfrist ... 209
c) Initiativrecht für einen zweiten Bürgerentscheid ... 212
d) Notwendigkeit des Vorliegens neuer entscheidungserheblicher Tatsachen ... 214
4. Rechtswidriger Bürgerentscheid ... 216
a) Rechtswirkungen eines rechtswidrigen Ratsbeschlusses ... 216
b) Übertragung auf einen Bürgerentscheid ... 218
c) Auswirkungen auf die Vollzugshandlungen ... 219
II. Gescheiterter Bürgerentscheid ... 219

10. Kapitel: Beanstandungsrecht und Rechtsschutzmöglichkeiten während und nach der Durchführung eines Bürgerentscheids ... 220
I. Befugnisse des Bürgermeisters und der Kommunalaufsicht ... 221
1. Beanstandungs- oder Widerspruchsrecht des Bürgermeisters ... 221
2. Befugnisse der Rechtsaufsichtsbehörde ... 223
II. Rechtsschutzmöglichkeiten der Bürger ... 226
1. Abstimmungsprüfung und -anfechtung ... 226
2. Förmliche Rechtsbehelfe der Bürger ... 229
3. Organschaftliche Rechte der Bürgerschaft ... 230

11. Kapitel: Bürgerbegehren und Bürgerentscheid auf Kreisebene ... 232

12. Kapitel: Gesamtbetrachtung der durchgeführten Bürgerbegehren und Bürgerentscheide ... 235
I. Die Anzahl der durchgeführten Bürgerentscheide ... 236
1. Baden-Württemberg ... 236
2. Bayern ... 238
3. Brandenburg ... 239
4. Hessen ... 240
5. Mecklenburg-Vorpommern ... 241
6. Niedersachsen ... 241
7. Nordrhein-Westfalen ... 242
8. Rheinland-Pfalz ... 242
9. Saarland ... 243
10. Sachsen ... 243
11. Sachsen-Anhalt ... 244
12. Schleswig-Holstein ... 245

13. Thüringen 245
II. Gemeinsamkeiten und Unterschiede der jeweiligen landesrechtlichen Praxis 246
III. Auswirkungen von Bürgerbegehren und Bürgerentscheid auf das repräsentativ-demokratische kommunale Verfassungssystem 251

Zusammenfassung 254
I. Bürgerbegehren und Bürgerentscheid im kommunalen Verfassungsgefüge 254
II. Der Anwendungsbereich von Bürgerbegehren und Bürgerentscheid 254
III. Die Zulässigkeitsvoraussetzungen eines Bürgerbegehrens 255
IV. Das Ratsbegehren 258
V. Die Entscheidung über die Zulässigkeit eines Bürgerbegehrens einschließlich entsprechender Rechtsschutzmöglichkeiten 259
VI. Die Sperrwirkung eines Bürgerbegehrens 260
VII. Die Entscheidung der Gemeindevertretung i.S.d. Bürgerbegehrens 261
VIII. Die Durchführung des Bürgerentscheids 261
IX. Die Voraussetzungen für einen erfolgreichen Bürgerentscheid 262
X. Die Wirkung eines Bürgerentscheids 263
XI. Beanstandungsrecht und Rechtsschutzmöglichkeiten bei einem Bürgerentscheid 264
XII. Bürgerbegehren und Bürgerentscheid in den Kreisen 265

Literaturverzeichnis 266

ABKÜRZUNGSVERZEICHNIS

a.A.	andere Ansicht
a.a.O.	am angegebenen Ort
Abg.	Abgeordneter
abgedr.	abgedruckt
Abs.	Absatz
a.E.	am Ende
a.F.	alter Fassung
AfK	Archiv für Kommunalwissenschaften
AG	Ausführungsgesetz
Amtsbl.	Amtsblatt
AmtsO	Amtsordnung
Anm.	Anmerkung
AöR	Archiv des öffentlichen Rechts
Art.	Artikel
AT	Allgemeiner Teil
Aufl.	Auflage
Ausschußprot.	Ausschußprotokoll
BauGB	Baugesetzbuch
Bay	Bayern, bayerisch
BayBgm	Bayerischer Bürgermeister (Zeitschrift)
BayGO	Bayerische Gemeindeordnung
BayVBl	Bayerische Verwaltungsblätter
BayVerf	Bayerische Verfassung
BayVerfGH	Bayerischer Verfassungsgerichtshof
BayVGH	Bayerischer Verwaltungsgerichtshof
Bbg	Brandenburg
Bd.	Band
Beil.	Beilage, Beilagen
Begr.	Begründung
Beschl.	Beschluß
BGB	Bürgerliches Gesetzbuch
BGBl.	Bundesgesetzblatt
BGHZ	Entscheidungen des Bundesgerichtshofs in Zivilsachen
BK	Dolzer (Hrsg.), Bonner Kommentar
BR-Drs.	Bundesratsdrucksache (Nummer und Jahrgang)
BReg	Bundesregierung
BT	Besonderer Teil

BT-Drs.	Drucksache des Deutschen Bundestags (Wahlperiode und Nummer)
BVerfG	Bundesverfassungsgericht
BVerfGE	Entscheidungen des Bundesverfassungsgerichts
BVerwG	Bundesverwaltungsgericht
BVerwGE	Entscheidungen des Bundesverwaltungsgerichts
BW	Baden-Württemberg
BWahlG	Bundeswahlgesetz
BWVPr	Baden-Württembergische Verwaltungspraxis
bzgl.	bezüglich
ders.	derselbe
dies.	dieselbe
diesbzgl.	diesbezüglich
Diss.	Dissertation
DÖD	Der Öffentliche Dienst
DÖV	Die Öffentliche Verwaltung
DVBl	Deutsches Verwaltungsblatt
DVO	Durchführungsverordnung
DVP	Deutsche Verwaltungspraxis
ebd.	ebenda
EGV	EG-Vertrag
Einf.	Einführung
ESVGH	Entscheidungssammlung des Hessischen und des Baden-Württembergischen Verwaltungsgerichtshofs
EU	Europäische Union
EV	Einigungsvertrag
F.A.Z.	Frankfurter Allgemeine Zeitung
Fn.	Fußnote
FS	Festschrift
FuR	Familie und Recht
GBl.	Gesetzblatt
GemO	Gemeindeordnung
Gesetzentw.	Gesetzentwurf
GG	Grundgesetz
ggf.	gegebenenfalls
GLKrWG	Gemeinde- und Landkreiswahlgesetz
GKrWG	Gemeinde- und Kreiswahlgesetz

GKZ	Gesetz über kommunale Zusammenarbeit
GO	Gemeindeordnung
GOrgG	Gerichtsorganisationsgesetz
GS	Gesetzessammlung
GuVS	Gesetz- und Verordnungssammlung
GVBl.	Gesetz- und Verordnungsblatt
Hb.	Handbuch
HbkWP	Püttner (Hrsg.), Handbuch der kommunalen Wissenschaft und Praxis
Hess	Hessen
HGO	Hessische Gemeindeordnung
h.M.	herrschende Meinung
Hrsg.	Herausgeber
HS	Halbsatz
HSGZ	Hessische Städte- und Gemeindezeitung
i.d.F.	in der Fassung
i.d.R.	in der Regel
i.e.S.	im engeren Sinn
IM	Innenministerium
i.S.d.	im Sinne des, im Sinne der
i.S.e.	im Sinne eines, im Sinne einer
i.S.v.	im Sinne von
i.V.m.	in Verbindung mit
J.	Jahr, Jahre
Jahrh.	Jahrhundert
JöR	Jahrbuch des öffentlichen Rechts der Gegenwart
JuS	Juristische Schulung
JZ	Juristenzeitung
KAG	Kommunalabgabengesetz
KomPraxis BW	Kommunalpraxis Baden-Württemberg
KomWG	Kommunalwahlgesetz
KomWO	Kommunalwahlordnung
KrO	Kreisordnung
KSVG	Kommunalselbstverwaltungsgesetz
KWG	Kommunalwahlgesetz
KWO	Kommunalwahlordnung

KV-DVO	Durchführungsverordnung zur Kommunalverfassung
KV	Kommunalverfassung
Landesreg.	Landesregierung
Lfg.	Lieferung
LKO	Landkreisordnung
LKrO	Landkreisordnung
LKV	Landes- und Kommunalverwaltung
Loseblattslg.	Loseblattsammlung
LSA	Sachsen-Anhalt
LT	Landtag
LT-Drs.	Landtagsdrucksache (Wahlperiode und Nummer)
LV	Landesverfassung
MDR	Monatsschrift für Deutsches Recht
MüKo	Münchener Kommentar
M-V	Mecklenburg-Vorpommern
m.w.H.	mit weiteren Hinweisen
Nds	Niedersachsen, niedersächsisch
NdsVBl	Niedersächsische Verwaltungsblätter
n.F.	neuer Fassung
NGO	Niedersächsische Gemeindeordnung
NJW	Neue Juristische Wochenschrift
NLO	Niedersächsische Landkreisordnung
NW	Nordrhein-Westfalen
NSt-N	Niedersächsischer Städtetag (Zeitschrift)
NVwZ	Neue Zeitschrift für Verwaltungsrecht
NVwZ-RR	NVwZ-Rechtsprechungs-Report
NWStGB	Nordrhein-Westfälischer Städte- und Gemeindebund
NWVBl	Nordrhein-Westfälische Verwaltungsblätter
o.ä.	oder ähnliche(s), (m)
o.g.	oben genannter, oben genannte, oben genanntes
OVG	Oberverwaltungsgericht
OVGE	Entscheidungssammlung des (jeweils angegebenen) OVG
PartG	Parteiengesetz
PlenProt	Plenarprotokoll

RhPf	Rheinland-Pfalz
RiLi	Richtlinie
Rn.	Randnummer
ROG	Raumordnungsgesetz
Rspr.	Rechtsprechung
RuP	Recht und Parlament
S.	Seite
Saarl	Saarland
SächsGemO	Sächsische Gemeindeordnung
SächsLKrO	Sächsische Landkreisordnung
SächsVerf	Sächsische Verfassung
SchlHolst	Schleswig-Holstein
s.o.	siehe oben
Sp.	Spalte
StGB	Städte- und Gemeindebund (Zeitschrift)
StGT M-V	Städte- und Gemeindetag Mecklenburg-Vorpommern (Zeitschrift)
st. Rspr.	ständige Rechtsprechung
s.u.	siehe unten
Thü	Thüringen
ThürKO	Thüringer Kommunalordnung
ThürVBl	Thüringer Verwaltungsblätter
u.a.	unter anderem
u.U.	unter Umständen
VBlBW	Baden-Württembergische Verwaltungsblätter
VerwArch	Verwaltungsarchiv
VerwR	Verwaltungsrecht
VG	Verwaltungsgericht
VGH	Verwaltungsgerichtshof
vgl.	vergleiche
VR	Verwaltungsrundschau
VVDStRL	Veröffentlichungen der Vereinigung der Deutschen Staatsrechtslehrer
VwGG	Verwaltungsgerichtsgesetz
VwGO	Verwaltungsgerichtsordnung
VwRR By	Verwaltungsrechtsreport - Ausgabe Bayern
VwV	Verwaltungsvorschrift

VwVfG	Verwaltungsverfahrensgesetz
WP	Wahlperiode
WRV	Weimarer Reichsverfassung
z.B.	zum Beispiel
ZG	Zeitschrift für Gesetzgebung
zit.	zitiert
ZParl	Zeitschrift für Parlamentsfragen
ZPO	Zivilprozeßordnung
zugl.	zugleich
ZRP	Zeitschrift für Rechtspolitik

EINLEITUNG

Bürgerbegehren und Bürgerentscheid sind mittlerweile in sämtlichen Kommunalverfassungen der Flächenstaaten vorzufinden und zwar sowohl auf Gemeinde-[1] als auch in den meisten Ländern auf Kreisebene[2]. Lediglich die Länder Baden-Württemberg, Hessen und Thüringen verzichten auf eine Normierung auch auf Kreisebene.
Bürgerbegehren und Bürgerentscheid sichern den Bürgern ein Teilnahmerecht an der Willensbildung auf Gemeinde- und Kreisebene. Sie sind allgemein den plebiszitären Einrichtungen bzw. den Formen unmittelbarer Demokratie zuzuordnen und bilden damit ein Gegengewicht zu der in Deutschland durchweg repräsentativ ausgestalteten Demokratie. Letztere setzt der Anwendung von Bürgerbegehren und Bürgerentscheid allerdings an vielen Stellen Grenzen. Das bestehende Regel-Ausnahme-Verhältnis zwischen mittelbarer und unmittelbarer Demokratie wird daher an etlichen Punkten dieser Arbeit eine Rolle spielen. Besondere Bedeutung hat auch das im Grundgesetz und in den Landesverfassungen verankerte Prinzip der kommunalen Selbstverwaltung gemäß Art. 28 II GG.

Die folgende Arbeit beschränkt sich auf die Untersuchung von Bürgerbegehren und Bürgerentscheid in den Flächenstaaten, da sich in den Stadtstaaten Berlin, Bremen und Hamburg Landes- und Kommunalverfassungsrecht aufgrund der Doppelstellung dieser Städte als Bundesstaat und Stadtgemeinde vermischen.
In der vorliegenden Untersuchung werden ausschließlich die Vorschriften der Gemeindeordnungen zitiert, da diese den entsprechenden Bestimmungen der Kreisordnungen prinzipiell gleichen.
In einigen Gemeindeordnungen wird von Gemeindevertretung gesprochen, in anderen von Gemeinderat; Begriffe wie Gemeindevertretung, Gemeinderat und Rat bzw. Gemeindevertreter und Ratsmitglieder werden im folgenden synonym verwandt.

---

1 § 21 GemO BW; Art. 18 a BayGO; § 20 GO Bbg; § 8 b HGO; § 20 KV M-V; § 22 b NGO; § 26 GO NW; § 17 a GemO RhPf; § 21 a KSVG Saarl; §§ 24, 25 SächsGemO; §§ 25, 26 GO LSA; § 16 g GO SchlHolst; § 17 ThürKO.

2 Art. 25 a LKrO Bay; § 18 LKrO Bbg; § 102 i.V.m. § 20 KV M-V; § 17 b NLO; 23 KrO NW; § 11 d LKO RhPf; § 153 a KSVG Saarl; §§ 21, 22 SächsLKrO; §§ 18, 19 LKrO LSA; § 16 f KrO SchlHolst.

1. TEIL: BÜRGERBEGEHREN UND BÜRGERENTSCHEID IM REPRÄSENTATIV-DEMOKRATISCHEN KOMMUNALEN VERFASSUNGSSYSTEM

1. Kapitel: Grundlagen

Bürgerbegehren und Bürgerentscheid sind Charakteristika der unmittelbaren Demokratie. In einer solchen übt das Volk direkt die Staatsgewalt aus, während es in einer mittelbaren oder repräsentativen Demokratie Repräsentanten (=Staatsorgane) einsetzt, um die Staatsgewalt auszuüben, und in der somit gemessen an der Zahl aller Bürger nur ein kleiner Kreis von Personen für die staatlichen Entscheidungen verantwortlich ist[3]. Für den Begriff der unmittelbaren Demokratie werden in Deutschland gleichzeitig auch die Begriffe direkte oder auch plebiszitäre Demokratie verwendet[4], wobei der Begriff plebiszitär meist wertneutral als Oberbegriff für sämtliche Beteiligungsformen unmittelbar durch das Volk verstanden wird[5].

Schon aufgrund der Anzahl der zu treffenden Entscheidungen ist es nicht möglich, daß das gesamte Staatsvolk über sämtliche Angelegenheiten aller drei Gewalten - Legislative, Exekutive, Judikative - abstimmt; selbst wenn eine plebiszitäre Demokratie auf den Bereich der Gesetzgebung beschränkt würde, wäre eine solche nur noch in Kleinststaaten möglich[6]. Ferner gibt es keinen einheitlichen Volkswillen, denn es wird in der Bevölkerung immer verschiedene Auffassungen geben, so daß sich Mindermeinungen einer herrschenden Meinung unterordnen müssen[7]. Damit auch Mindermeinungen nicht unberücksichtigt bleiben und ein aus Einzelinteressen bestehender "mehrheitlicher Volkswillen" gebildet werden kann, ist es unter den gegebenen Umständen notwendig, daß das Volk Vertreter (=Repräsentanten) benennt, die diesen Volkswillen formen und zum Wohle der Allgemeinheit umsetzen können[8]. Denn nur durch eine Verkleinerung der Zahl

---

3 Maunz/Dürig-Herzog, GG, Art. 20 II, Rn. 62; Zippelius, Allg. Staatslehre, § 16 II 1.

4 V. Arnim, DÖV 1990, 85; Bugiel, Volkswille und repräsentative Entscheidung, S. 72; Hättich, Staatslexikon, Bd. 1, "Demokratie", Sp. 1186; Hesse, Verfassungsrecht, Rn. 131; Maunz/Dürig-Herzog, GG, Art. 20 II, Rn. 97; Maunz/Zippelius, Staatsrecht, § 10 IV 1.

5 Badura, Staatsrecht, D 12; Fell, Plebiszitäre Einrichtungen, S. 3; Fleiner-Gerster, Staatslexikon, Bd. 4; "Plebiszit", Sp. 424 ff.; Jürgens, Direkte Demokratie in den Bundesländern, S. 44; Jung, JöR 41 (1993), 29 ff.; Löwenstein, Verfassungslehre, S. 271; Maunz/Dürig-Herzog, GG, Art. 20 II, Rn. 42; Wassermann, RuP 1991, 88 ff.

6 Zippelius, Allg. Staatslehre, § 17 III 2.

7 Frotscher in: FS für Unruh, S. 127, 130; Hesse, Staatsrecht, Rn. 131.

8 Hättich, Staatslexikon, Bd. 1, "Demokratie", Sp. 1187; Hesse, Staatsrecht, Rn. 131; Klein in: FS für Forsthoff, S. 165, 168 f.; ders. in: FS für Carstens, S. 646, 651; Knemeyer,

der Entscheidungsberechtigten ist gewährleistet, daß auch Einzelinteressen in einer Kompromißlösung berücksichtigt werden können. Repräsentativ-demokratische Züge müssen demnach notwendigerweise in einer von plebiszitären Elementen geprägten Demokratie vorhanden sein, so daß sich beide Demokratieformen jedenfalls nicht grundsätzlich gegeneinander ausschließen[9]. Wird für die Einführung unmittelbarer Demokratie plädiert, ist keineswegs eine reine Form der unmittelbaren Demokratie gemeint, sondern lediglich eine Ergänzung eines repräsentativen Systems durch direktdemokratische Elemente[10].
Das gilt auch für die Einführung von plebiszitären Elementen in die Kommunalverfassungen der Länder der Bundesrepublik Deutschland, denn selbst auf Gemeindeebene ist, insbesondere nach der Gebietsreform und der damit verbundenen Vergrößerung der einzelnen Verwaltungseinheiten[11], schon wegen der großen Zahl der Abstimmungsberechtigten und der zahlreichen zu treffenden Entscheidungen eine reine Form der unmittelbaren Demokratie nicht mehr möglich[12].

I. Terminologie

1. Bürgerentscheid

Nach der ausdrücklichen Definition in einigen Gemeindeordnungen[13] liegt ein Bürgerentscheid dann vor, wenn die Bürger selbst über eine Angelegenheit der Gemeinde anstelle des gewählten Repräsentativorgans, d.h. der Gemeindevertretung entscheiden. Für die Gemeindeordnungen der übrigen Länder gilt jedoch nichts anderes, da die Bürger hier ebenfalls zu einer Entscheidung über eine Gemeindeangelegenheit aufgerufen sind. Damit üben die Bürger nach den allgemein anerkannten Grundsätzen des Bundesverfassungsgerichts durch einen Bürgerentscheid unmittelbar staatliche Gewalt aus; denn die Entscheidungsgewalt

---

Bürgerbeteiligung und Kommunalpolitik, S. 32 ff.; Przygode, Die deutsche Rechtsprechung zur unmittelbaren Demokratie, S. 41 f.

9 Bugiel, Volkswille und repräsentative Entscheidung, S. 98; Kühne in: Kühne/Meißner, Züge unmittelbarer Demokratie, S. 40; a.A. noch Fraenkel, Die repräsentative und die plebiszitäre Komponente im demokratischen Verfassungsstaat, Recht und Staat (219/220), S. 30, 57 f., der eine Strukturwidrigkeit von Direktgesetzgebung und parlamentarischem Regierungssystem bejaht.

10 Hättich, Staatslexikon, Bd. 1, "Demokratie", Sp. 1187.

11 S.u. 1. Teil, 2. Kapitel, III.

12 Deubert, Direkte Demokratie, S. 35; Erbguth, DÖV 1995, 793, 797; Knemeyer, Bürgerbeteiligung und Kommunalpolitik, S. 33; Kühne in: Kühne/Meißner, Züge unmittelbarer Demokratie, S. 37; Maunz/Dürig-Herzog, GG, Art. 20 II, Rn. 40; Wefelmeier in: Blum/Beckhof, NGO, § 22 b, Rn. 2.

13 Vgl. § 21 I 1 GemO BW; § 22 b I NGO; § 26 I GO NW; § 21 a I KSVG Saarl; § 24 I SächsGemO; § 26 I 1 GO LSA; § 16 g I 1 GO SchlHolst.

wird als entscheidendes Merkmal für die Ausübung der Staatsgewalt angesehen[14].

Das Pendant des Bürgerentscheids auf Landesebene ist der Volksentscheid. Während sich hier der Gegenstand der Abstimmungen vorwiegend auf Gesetzentwürfe beschränkt[15], sind auf kommunaler Ebene vorbehaltlich verfahrensrechtlicher Einschränkungen Abstimmungen über sämtliche Sachfragen der Gemeinde möglich. Das erklärt sich daraus, daß ein Volks- bzw. ein Bürgerentscheid jeweils an die Stelle eines Beschlusses der gewählten Repräsentativkörperschaft tritt, die auf Landesebene der Legislative, auf kommunaler Ebene jedoch der Exekutive zuzuordnen ist[16]. Im kommunalen Bereich existiert insoweit keine klassische Gewaltenteilung i.S.v. Art. 20 II GG mit einer Trennung der drei Gewalten Legislative, Exekutive und Judikative, da die Gemeinden und Kreise keine dritte Ebene im Staatsaufbau der Bundesrepublik Deutschland darstellen, sondern als selbständige Verwaltungseinheiten der Exekutivgewalt der Länder unterstehen[17]. Selbst die Gemeindevertretungen und die Kreistage sind trotz ihres parlamentsähnlichen Charakters nicht der Legislative zuzuordnen[18].

2. Bürgerbegehren

Entsprechend dem Volksbegehren auf Landesebene findet sich auf kommunaler Ebene das Bürgerbegehren. Nach allen Gemeindeordnungen wird ein Bürgerbegehren definiert als Antrag der Bürger auf Durchführung eines Bürgerentscheids[19]. Abweichende Begriffsbestimmungen oder Bedeutungen existieren heute nicht mehr. Vor Einführung des § 8 b HGO n.F. wurde beispielsweise unter einem Bürgerbegehren ein Antrag auf Beratung einer bestimmten Angelegenheit durch die Gemeindevertretung verstanden[20]. Gleiches galt für eine Bürgerinitiative nach § 17 GemO RhPf a.F. Diesbzgl. Differenzen bei der Begriffsbestimmung hat der Gesetzgeber beseitigt, so daß für alle Länder unproblematisch das

---

14 BVerfGE 47, 253, 273; 83, 60, 73.

15 Jürgens, Direkte Demokratie in den Bundesländern, S. 40 f.; Przygode, Die deutsche Rechtsprechung zur unmittelbaren Demokratie, S. 56 f.

16 Gern, Kommunalrecht, Rn. 314; Waechter, Kommunalrecht, Rn. 284.

17 BVerfG, NVwZ 1989, 46; BayVerfGH, BayVBl 1984, 621, 623; Gern, Kommunalrecht, Rn. 314; Maunz/Dürig-Maunz, GG, Art. 28 Rn. 70, 79; Schmidt-Jortzig, Kommunalrecht, Rn. 71; Waechter, Kommunalrecht, Rn. 284.

18 Gern, Kommunalrecht, Rn. 314; Waechter, Kommunalrecht, Rn. 284.

19 Vgl. § 21 III 1 GemO BW; § 20 I 1 GO Bbg; § 8 b I HGO; § 20 V 1 KV M-V; § 26 I GO NW; § 17 a I 1 GemO RhPf; § 21 a I KSVG Saarl; § 25 I 1 SächsGemO; § 25 I 1 GO LSA; § 16 g III 1 GO SchlHolst; § 17 I 1 ThürKO.

20 Dieses Verständnis entspricht einem Bürgerantrag im unten definierten Sinn, s.u. 1. Teil, 1. Kapitel, V 2 a.

soeben dargestellte Verständnis eines Bürgerbegehrens zugrundegelegt werden kann.

Es kann zwischen korrigierenden und initiierenden Bürgerbegehren unterschieden werden: Ein korrigierendes Bürgerbegehren richtet sich gegen einen bereits gefaßten Gemeinderatsbeschluß, während bei einem initiierenden Bürgerbegehren der Anstoß allein von den Bürgern ausgeht[21].

Durch ein Bürgerbegehren allein üben die Bürger im Unterschied zum Bürgerentscheid mangels Entscheidung für die Gemeinde noch keine Staatsgewalt aus. Es handelt sich um ein bloßes Initiativ- und Antragsrecht der Bürger für einen anschließenden Bürgerentscheid. Der Bürgerentscheid setzt daher ein Bürgerbegehren oder aber ein sogenanntes Ratsbegehren voraus.

3. Ratsbegehren

Neben dem Recht der Bürger, durch ein Bürgerbegehren einen Bürgerentscheid zu erzwingen, kann auch die Gemeindevertretung selbst durch einen Ratsbeschluß einen Bürgerentscheid, also eine Entscheidung der Bürger, herbeiführen[22]. Diese Möglichkeit ist allerdings nicht in allen Ländern vorgesehen. Ein solcher Ratsbeschluß soll nicht unberücksichtigt bleiben, denn er ermöglicht den Bürgern immerhin eine unmittelbare Teilnahme an der Staatsgewalt, obwohl die Bürger ihr Teilnahmerecht mangels Einflußmöglichkeit auf einen entsprechenden Ratsbeschluß auf diese Weise nicht erzwingen können.
Aufgrund der Tatsache, daß derartige Ratsbeschlüsse genau wie ein Bürgerbegehren die Durchführung eines Bürgerentscheids "begehren", soll im folgenden entsprechend der Bezeichnung "Bürger"begehren für derartige Ratsbeschlüsse die allgemein anerkannte Bezeichnung "Rats"begehren verwendet werden, obwohl in den gesetzlichen Vorschriften selbst dieser Begriff nicht verwendet wird[23].

II. Bürgerbegehren und Bürgerentscheid in der kommunalen Selbstverwaltung

Die für diese Arbeit relevante kommunale Ebene ist nicht nur durch die repräsentative Demokratie, sondern auch durch das System der kommunalen Selbstver-

---

21 Hendler, Der Landkreis 1995, 321, 324; Bericht der Enquete-Kommission, LT-Drs. (Nds) 12/6260, S. 58.

22 § 21 I GemO BW; Art. 18 a III BayGO; § 20 V GO Bbg; § 20 KV M-V; § 22 b XI NGO; § 26 VIII GO NW; § 21 a VII KSVG Saarl; § 24 I SächsGemO; § 26 I GO LSA; § 16 g I GO SchlHolst.

23 Boden, LKV 1991, 156, 159; Seeger, ZParl 1988, 516, 523; Thum, Bürgerbegehren und Bürgerentscheid, 13.00, Art. 18 a II, Anm. 1.

waltung geprägt. Durch die kommunale Selbstverwaltung gemäß Art. 28 II GG und den entsprechenden Bestimmungen der Landesverfassungen[24] wird den Gemeinden, Kreisen und weiteren Gemeindeverbänden garantiert, die ihnen obliegenden Aufgaben im Rahmen der Gesetze in eigener Verantwortung zu regeln. Durch die mit der kommunalen Selbstverwaltung verbundene Eigenverantwortlichkeit sollen die Bürger für ihre eigenen Angelegenheiten, mit denen sie auf kommunaler Ebene in direkte Berührung kommen, aktiviert werden (sogenannte politisch-demokratische Funktion); daneben besteht eine verwaltungspraktische Funktion, die davon ausgeht, daß Probleme am schnellsten und am besten dort gelöst werden, wo sie entstehen[25]. Das kommt auch in der Definition des Bundesverfassungsgerichts zum Ausdruck: „Kommunale Selbstverwaltung - wie sie heute verstanden werde - bedeute ihrem Wesen und ihrer Intention nach Aktivierung der Beteiligten für ihre eigenen Angelegenheiten, die die in der örtlichen Gemeinschaft lebendigen Kräfte des Volkes zur eigenverantwortlichen Erfüllung öffentlicher Aufgaben der engeren Heimat zusammenschließe, mit dem Ziel, das Wohl der Einwohner zu fördern und die geschichtliche und heimatliche Eigenart zu wahren"[26]. Die kommunale Selbstverwaltung ist demnach im wesentlichen von zwei Elementen geprägt: der ortsbezogenen Aufgabenerfüllung und der Bürgermitwirkung[27]. Die ortsbezogene Aufgabenerfüllung allein reicht nicht aus, die kommunale Selbstverwaltung mit Leben zu erfüllen; ohne jegliche Bürgerbeteiligung würde sich die kommunale Selbstverwaltung erübrigen; es bestünde kaum ein Unterschied zur staatlichen Verwaltung[28].

Bürgerbegehren und Bürgerentscheid, die den Bürgern in einzelnen Angelegenheiten umfassende Entscheidungsrechte einräumen, tragen somit grundsätzlich dazu bei, die politisch-demokratische Funktion der kommunalen Selbstverwaltung zu erfüllen, indem sie die Bürger zur aktiven Gestaltung der Gemeindepolitik anregen. Der örtliche Bezug verbunden mit der Tatsache, daß die eigenen Interessen der Bürger in einer örtlichen Gemeinschaft in stärkerem Maße im Vordergrund

---

[24] Art. 71 LV BW; Art. BayVerf; Art. 97 LV Bbg; Art. 137 LV Hess; Art. 72 LV M-V; Art. 57 LV Nds; Art. 78, 79 LV NW; Art. 49 LV RhPf; Art. 117 ff. LV Saarl; Art. 82 ff. SächsVerf; Art. 87 LV LSA; Art. 46 LV SchlHolst; Art. 91 LV Thü.

[25] Hill, Die Rolle des Bürgers in der Gemeindeverfassung, S. 12 ff.; Knemeyer, Bürgerbeteiligung und Kommunalpolitik, S. 79 ff.; ders. in: FS für Gasser, S. 285, 293.

[26] BVerfGE 11, 266, 275.

[27] Burkhardt, Bürgerentscheid, S. 3. Das Prinzip der kommunalen Selbstverwaltung geht dementsprechend im weitesten Sinn von einer Verwaltung durch die Bürger selbst aus, vgl. Berg, StGR 1979, 345, 347; Hill, Die Rolle des Bürgers in der Gemeindeverfassung, S. 9.

[28] Berg, StGR 1979, 345, 352; Gern, Kommunalrecht, Rn. 55; Meißner in: Kühne/Meißner, Züge unmittelbarer Demokratie, S. 163; Ziegler, Bürgerbeteiligung, S. 65.

stehen als auf staatlicher Ebene[29], kann dazu beitragen, daß die Bürger verstärkt an einer Verantwortungsübernahme an kommunalen Entscheidungen interessiert sind. Daneben werden die Bürger auf kommunaler Ebene dadurch motiviert, daß sie hier eher Entscheidungen beeinflussen können als auf staatlicher Ebene.

III. Das Verhältnis zwischen Demokratie und kommunaler Selbstverwaltung in Deutschland

Die kommunale Selbstverwaltung mit dem Element der Bürgerbeteiligung trägt ihrerseits wiederum zur Stärkung der gesamtstaatlichen Demokratie bei. Dennoch bestehende Unklarheiten bzgl. des Zusammenspiels zwischen Demokratie und Selbstverwaltung rühren vor allem aus der stetigen Wandelbarkeit der Beziehung zwischen Demokratie und kommunaler Selbstverwaltung her, denn bereits das Verständnis der Begriffe Demokratie[30] und Selbstverwaltung[31] unterliegt im Laufe der Geschichte einem ständigen Wandlungsprozeß, so daß auch das Verhältnis zwischen Demokratie und kommunaler Selbstverwaltung niemals unabhängig von Zeit und Ort untersucht werden kann[32]. Die Ziele des Freiherrn vom Stein als dem Begründer der modernen kommunalen Selbstverwaltung[33] waren z.B. andere als die der heutigen westlichen Vorstellungen: Stein bezweckte mit der Einführung der Selbstverwaltung durch Übertragung von Verantwortung auf den Bürger zur Überwindung des Gegensatzes von Staat und Gesellschaft lediglich, dem bürokratischem Staatsaufbau entgegenzuwirken, ohne dabei demokratische Ziele verfolgen zu wollen; seine Vorstellungen sollten sich vielmehr in

---

29 Deubert, Direkte Demokratie, S. 35; Hager, VerwArch 84 (1993), 97, 122; Kaltefleiter in: FS für Unruh, S. 1187; Knemeyer, Bürgerbeteiligung und Kommunalpolitik, S. 78; Meißner in: Kühne/Meißner, Züge unmittelbarer Demokratie, S. 181; Wehling, Informationen zur politischen Bildung 1994, 1. Quartal, S. 15, 26; Ziegler, Bürgerbeteiligung, S. 195.

30 Vgl. nur Berg, StGR 1979, 345, 348 f.; Hättich und Benda in Staatslexikon, Bd. 1, "Demokratie", Sp. 1182 ff.; Maunz/Dürig-Herzog, GG, Art. 20 II, Rn. 1 ff.; Schnapp in: v. Münch/Kunig, GG, Art. 20, Rn. 11 ff. jeweils m.w.H.

31 Einen Überblick über die Geschichte der kommunalen Selbstverwaltung geben z.B. Gern, Kommunalrecht, Rn. 1 ff.; Knemeyer in: FS für Gasser, S. 285, 290 ff.; Püttner in: HbkWP, Bd. 1, S. 55 ff.

32 Einen Überblick über die geschichtliche Entwicklung des Zusammenspiels zwischen Demokratie und kommunaler Selbstverwaltung bieten Berg, StGR 1979, 346 ff.; Geidel, Gemeindliche Selbstverwaltung, S. 18 ff.; Mohl, VR 1995, 207, 210; Püttner in: HbkWP, Bd. 2, S. 5 ff.

33 Der eigentliche Begriff der Selbstverwaltung wurde in gesetzlichen Bestimmungen erst zur Mitte des 19. Jahrh. erwähnt, dennoch wurden die Grundlagen für das heutige Verständnis der kommunalen Selbstverwaltung bereits mit der preußischen Städteordnung von 1808 durch den Freiherrn vom Stein gelegt; vgl. Geidel, Gemeindliche Selbstverwaltung, S. 34; Seewald, Kommunalrecht, Rn. 432.

einem monarchischen System durchsetzen[34]. Auch in der Weimarer Zeit wurde die Selbstverwaltung zwar ausdrücklich in Art. 127 WRV erwähnt, diente auch der bürgerschaftlichen Partizipation, war jedoch kein gewollter direkter Ausfluß des Demokratieprinzips, welches sogar teilweise mit der Selbstverwaltung als unvereinbar angesehen wurde[35]. Erst mit Einführung des Grundgesetzes nach dem zweiten Weltkrieg wurden Selbstverwaltung und Demokratie ausdrücklich miteinander verknüpft, indem Art. 28 I GG für die Gemeinden neben der kommunalen Selbstverwaltung einen demokratischen Aufbau vorschreibt. So wird in Deutschland häufig von einer gestuften Demokratie gesprochen mit den Gemeinden als unterster Stufe eines demokratischen Staatsaufbaus[36]. Art. 11 IV der BayVerf und Art. 3 II LV M-V stellen sogar explizit klar, daß die Selbstverwaltung dem Aufbau der Demokratie von unten nach oben dient. Auch bei der Entstehung des Gesetzes über die Selbstverwaltung der Gemeinden und Landkreise der DDR[37] war es Leitziel des Gesetzgebers, durch eine funktionierende kommunale Selbstverwaltung eine festigende Grundlage für den demokratischen Staat zu schaffen[38].

Überwiegend werden die beiden Prinzipien - Demokratie und kommunale Selbstverwaltung - in der heutigen Zeit daher als wesensverwandte, eng miteinander verknüpfte und sich ergänzende Strukturelemente anerkannt[39], obwohl über das Verhältnis zwischen beiden Prinzipien nach wie vor teilweise auch kritisch diskutiert wird[40].

---

34 Berg, StGR 1979, 345, 346 f.; Knemeyer in: FS für Gasser, S. 285, 290; Püttner in: HbkWP, Bd. 2, S. 6; Seewald, Kommunalrecht, Rn. 432.

35 Herzfeld, Demokratie und Selbstverwaltung in der Weimarer Epoche, S. 34.

36 Das Grundgesetz geht zwar von einem zweistufigen Aufbau der staatlichen Organisation aus: zum einen die Ebene des Bundes und zum anderen die der Länder, in deren Struktur sich die Gemeinden einfügen; das spricht jedoch nicht gegen einen gestuften Demokratieaufbau mit den Gemeinden als unterster Ebene, da die Gemeinden trotz ihrer Eingliederung in die Landesebene selbständige Verwaltungseinheiten sind; vgl. nur Hendler, Selbstverwaltung als Ordnungsprinzip, S. 303; Maunz/Dürig-Maunz, GG, Art. 28, Rn. 79; Püttner in: HbkWP, Bd. 2, S. 3, 5; Schmidt-Aßmann, Kommunalrecht, Rn. 8.

37 GBl. DDR I 1990, S. 255 f.

38 Humpert, DÖV 1990, 999, 1000; Petzold, DÖV 1990, 816, 817; vgl. auch Begr. des Gesetzentw. der Landesreg. vom 6.10.1993, LT-Drs. (M-V) 1/3645, S. 92.

39 V. Arnim, AöR 1988 (113), 1, 3 ff.; Geidel, Gemeindliche Selbstverwaltung, S. 48; Gern, Kommunalrecht, Rn. 54; Mayer, Selbstverwaltung und demokratischer Staat, S. 327, 330 ff.

40 Forsthoff, Lehrbuch des Verwaltungsrechts, Bd. 1, S. 536; Unruh, DÖV 1986, 217, 218, 223.

So wird angemerkt, daß auf kommunaler Ebene sachliche und keine politischen Entscheidungen getroffen werden sollten und Demokratie auf unpolitische Entscheidungen nicht zugeschnitten sei[41]. Eine strikte Trennung von Verwaltungs- und politischen Entscheidungen ist jedoch selbst auf kommunaler Ebene nicht vorzufinden[42]. Zwar werden kommunale Angelegenheiten häufiger als bundes- oder landesrechtliche parteiübergreifend nach Sachgesichtspunkten entschieden[43]; dennoch ist es nicht zu verleugnen, daß die politischen Parteien auch auf kommunaler Ebene einen erheblichen Einfluß auf die "gemeindepolitische" Willensbildung haben und die Arbeit in den Gemeindeparlamenten allgemein als politische Arbeit gewertet wird[44]. Durch Art. 28 I 2 GG bekommt die Gemeindevertretung außerdem trotz mangelnder Zuordnung zum legislativen Bereich den Charakter einer Volksvertretung[45]. Diese "Durchpolitisierung" auf kommunaler Ebene widerspricht zwar eigentlich dem System der Verwaltungsaufgabenerfüllung, das unpolitisch sein sollte[46], aber eine reine "Honoratiorenverwaltung" bestehend aus ausschließlich ehrenamtlicher parteiunabhängiger Bürgermitwirkung ist in der heutigen Zeit schon allein deswegen nicht mehr vorstellbar, weil die Entscheidungsträger eine gewisse "Rückkoppelung" mit dem Volkswillen haben müssen[47]. Diese ist auch auf kommunaler Ebene am effektivsten und am einfachsten durch die Arbeit der Parteien oder anderer Interessengruppen zu erreichen. Parteiarbeit ist daher auch auf kommunaler Ebene zur Vorformung des politischen Willens notwendig; auch hier dienen die Parteien als Mittler zwischen Volk und den demokratisch Verantwortlichen[48] und können zur Verbesserung einer bürgernahen Verwaltung beitragen. Die kommunale Selbstverwaltung ist demnach zwar ein Teil der Exekutive, aber dennoch kein politikfreier Raum, da auch die anstehenden Verwaltungsentscheidungen i.d.R. politisch beeinflußt sind.

Des öfteren wird darauf hingewiesen, daß Demokratie und kommunale Selbstverwaltung von ihrer Intention her gegensätzliche Prinzipien seien: Eine auf Gleichheit der Bürger bedachte Demokratie sei notwendigerweise zentralistisch

---

41 Forsthoff, Lehrbuch des Verwaltungsrechts, Bd. 1, S. 536 f.

42 Frotscher in: FS für Unruh, S. 127, 139; Püttner in: HbkWP, Bd. 2, S. 7.

43 Knemeyer, Bürgerbegehren und Bürgerentscheid in Bayern, S. 22; Püttner in: HbkWP, Bd. 2, S. 8.

44 BVerfGE 7, 155, 167; v. Rotberg/Rooks, VBlBW 1993, 401, 404.

45 V. Arnim, DÖV 1990, 85, 90 f.; Mohl, VR 1995, 207, 209; Gern, Kommunalrecht, Rn. 314; Waechter, Kommunalrecht, Rn. 284.

46 Mayer, Selbstverwaltung und demokratischer Staat, S. 338; Unruh, DÖV 1986, 217, 221.

47 Kaltefleiter in: FS für Unruh, S. 1187; Knemeyer in: FS für Gasser, S. 285, 300 f.

48 Vgl. § 1 II PartG; Burkhardt, Bürgerentscheid, S. 8; Kaltefleiter in: FS für Unruh, S. 1187; Saftig, Kommunalwahlrecht in Deutschland, S. 290 f.; Ziegler, Bürgerbeteiligung, S. 214; zur Bedeutung der Parteien auf kommunaler Ebene siehe auch Knemeyer, Parteien in der kommunalen Selbstverwaltung.

ausgerichtet, während die kommunale Selbstverwaltung mit ihrer Anknüpfung an die Betroffenheit der Bürger dezentralistisch wirke[49]. Da in gemeindepolitischen Angelegenheiten nur ein kleiner Teil des Staatsvolks entscheide, in einer Demokratie jedoch alle Staatsgewalt durch das Gesamtvolk legitimiert sein müsse[50], erscheint eine "Betroffenheitsbeteiligung" unter demokratischen Aspekten in der Tat zunächst bedenklich. Diese Bedenken werden jedoch insoweit entkräftet, da die Gemeinden jedenfalls aus verfassungsrechtlicher Sicht keine "Demokratien im Kleinen" darstellen[51]. Denn die kommunalen Selbstverwaltungskörperschaften erhalten ihre Legitimation auch durch die staatliche Zentralgewalt der Länder und damit durch das Gesamtvolk; die Wahl durch die Bürger verschafft den Gemeindevertretern lediglich eine zusätzliche Legitimation[52]. Die den Gebietskörperschaften aufgrund der Garantie der Selbstverwaltung gemäß Art. 28 II 1 GG zustehende Eigenständigkeit und Eigenverantwortlichkeit im Rahmen der Gesetze beschränkt sich wegen der aus dem Demokratieprinzip folgenden Gleichheit der Bürger[53] darüber hinaus nur auf gemeindliche Angelegenheiten, während die allgemeinpolitischen Entscheidungen dem Gesamtvolk vorbehalten bleiben[54]. Insofern sind die Verwaltungskompetenzen der Gebietskörperschaften als örtlich begrenzter Teil der Gesamtstaatsgewalt anzusehen, der als Teil der demokratisch ausgestalteten Exekutivgewalt der Länder notwendigerweise selbst demokratische Züge aufweisen muß[55].

Dagegen setzt eine Demokratie nicht zwingend eine Garantie der kommunalen Selbstverwaltung voraus[56]. Letztere trägt jedoch mit ihren auf einen örtlichen Bereich begrenzten Verwaltungseinheiten zumindest im Hinblick auf eine Verstärkung der Bürgerbeteiligung einen erheblichen Anteil an einem gefestigten demo-

---

49 Schmidt-Aßmann in: FS für Mertens, S. 249, 257; Unruh, DÖV 1986, 217, 220, 223; vgl. auch Hendler, Selbstverwaltung als Ordnungsprinzip, S. 305.

50 Frotscher in: FS für Unruh, S. 127, 144; Klein in: FS für Forsthoff, S. 165, 184; Maunz/Dürig-Herzog, GG, Art. 20 II, Rn. 56 f.; Mayer, Selbstverwaltung und demokratischer Staat, S. 327, 333 f.

51 Klein in: FS für Forsthoff, S. 165, 185; vgl. auch Burkhardt, Bürgerentscheid, S. 34; Waechter, Kommunalrecht, Rn. 051.

52 BK-Stern, GG, Art. 28, Rn. 50; Burkhardt, Bürgerentscheid, S. 35; Klein in: FS für Forsthoff, S. 165, 184 f.

53 Hendler, Selbstverwaltung als Ordnungsprinzip, S. 312 ff.; Klein in: FS für Carstens, S. 645, 649; Maunz/Dürig-Herzog, GG, Art. 20 II, Rn. 6 ff.; Stern, Staatsrecht I, S. 594 ff.

54 Hendler, Selbstverwaltung als Ordnungsprinzip, S. 318; Mayer, Selbstverwaltung und demokratischer Staat, S. 327, 334.

55 Frotscher in: FS für Unruh, S. 127, 143 f.; Mayer, Selbstverwaltung und demokratischer Staat, S. 327, 333; vgl. auch Hendler, Selbstverwaltung als Ordnungsprinzip, S. 304.

56 Frotscher in: FS für Unruh, S. 127, 143; Kaltefleiter in: FS für Unruh, S. 1187, 1194; Mohl, VR 1995, 207, 210; Unruh, DÖV 1986, 217, 223; a.A. z.B. Maunz/Zippelius, Staatsrecht, § 10 III 5.

kratischen Staatsaufbau. Denn neben den Wahlen ist eine möglichst umfassende Verantwortungsübernahme durch die Bürger i.S.d. Demokratieprinzips, wonach gemäß Art. 20 II 1 GG alle Staatsgewalt vom Volk ausgeht, am leichtesten dort zu verwirklichen, wo die Probleme wegen ihres örtlichen Bezugs für den Bürger am ehesten überschaubar sind[57]; insofern kann von einer "Schule der Demokratie"[58] gesprochen werden. Durch die direktdemokratischen Elemente wie Bürgerbegehren und Bürgerentscheid wird jedoch gleichzeitig die vom Grundgesetz garantierte kommunale Selbstverwaltung gestärkt.

IV. Abgrenzung zu anderen Beteiligungsformen

Im folgenden sollen von Bürgerbegehren und Bürgerentscheid weitere kommunalrechtliche Mitwirkungsrechte abgegrenzt werden. Dabei werden von vornherein nur die Möglichkeiten einer direkten Teilnahme an den Entscheidungen der kommunalen Gebietskörperschaften erfaßt und zwar sowohl in der Phase der Entscheidungsfindung als auch bzgl. der eigentlichen Entscheidung. Die Wahlen der Repräsentanten als notwendige Voraussetzung für das Funktionieren einer repräsentativen Demokratie, durch die die Bürger mittelbar Einfluß auf die Ausübung der Staatsgewalt nehmen, indem sie die Repräsentanten legitimieren, Entscheidungen für die Bürger zu treffen, bleiben daher unberücksichtigt, da die Bürger auf die eigentliche Meinungsbildung der Entscheidungsberechtigten nach der Wahl keinen Einfluß mehr haben. Gleiches gilt für die Wahl der Bürgermeister unmittelbar durch die Bürger selbst, denn auch hier werden die Entscheidungen für die Gemeinde selbstständig von dem gewählten Organ getroffen[59].

---

57 Frotscher in: FS für Unruh, S. 127, 145; Meißner in: Kühne/Meißner, Züge unmittelbarer Demokratie, S. 181; Muckel, NVwZ 1997, 223, 228; Seeger, ZParl 1988, 516, 517; Ziegler, Bürgerbeteiligung, S. 195.

58 So Klein in: FS für Forsthoff, S. 165, 185; Vogelsang, Kommunale Selbstverwaltung, Rn. 82; vgl. auch Knemeyer in: FS für Gasser, S. 285, 301 f.; a.A. Berg, StGR 1979, 345, 350, der die kommunale Selbstverwaltung nicht als Stufe für eine politische Karriere sehen möchte.

59 Umstritten ist es insoweit, ob die Direktwahl der Bürgermeister den Formen der mittelbaren oder der unmittelbaren Demokratie zuzurechnen sind. Für eine Ausprägung der repräsentativen Demokratie als notwendiger Akt der Organkreation : Burkhardt, Bürgerentscheid, S. 41; Fleiner-Gerster, Staatslexikon, Bd. 4, "Plebiszit", Sp. 424 ff.; Jürgens, Direkte Demokratie in den Bundesländern, S. 46; Przygode, Die deutsche Rechtsprechung zur unmittelbaren Demokratie, S. 44; a.A. v. Arnim, DÖV 1990, 85, 86; Bretzinger, Die Kommunalverfassung der DDR, S. 205; Deubert, Direkte Demokratie, S. 22; Pestalozza, Der Popularvorbehalt, S. 8; Schmidt-Jortzig, Kommunalrecht, Rn. 131, die derartige Wahlen als Ausprägung der unmittelbaren Demokratie ansehen und ihre Ansicht vor allem mit dem Wortlaut des Grundgesetzes begründen, wonach gemäß Art. 20 II 2, 1. HS GG zwischen unmittelbaren Entscheidungen des Volkes durch Wahlen und Abstimmungen

1. Die Gemeindeversammlung

Als weitere Form unmittelbarer Demokratie auf Gemeindeebene kennt das deutsche Recht neben Bürgerbegehren und Bürgerentscheid nur noch die Gemeindeversammlung gemäß Art. 28 I 4 GG. Danach kann an die Stelle der gewählten Körperschaft die Gemeindeversammlung, d.h. eine aus allen Bürgern einer Gemeinde bestehende Versammlung, treten. Diese Möglichkeit sehen jedoch gegenwärtig nur noch die Gemeindeordnungen der Länder Brandenburg und Schleswig-Holstein vor. Gemäß § 53 GO Bbg tritt in Gemeinden mit weniger als 100 Einwohnern und gemäß § 54 GO SchlHolst in Gemeinden mit weniger als 70 Einwohnern eine aus allen Gemeindebürgern bestehende Gemeindeversammlung an die Stelle einer gewählten Volksvertretung[60]. Hier treffen somit die Bürger alle Entscheidungen der Gemeinde selbst und nicht wie bei einem Bürgerentscheid nur in einzelnen Angelegenheiten, so daß diese Einrichtung als ursprünglichste Form unmittelbarer Demokratie anzusehen ist.

Die Zulässigkeit einer Gemeindeversammlung hat vor allem verwaltungspraktische Gründe, denn die Wahl einer Repräsentativkörperschaft würde in einer Kleinstgemeinde einen unnötigen Verwaltungsaufwand bedeuten[61]. Allerdings sind im Zuge von Gebietsreformen viele Gemeinden vergrößert worden, so daß die entsprechenden Vorschriften auch in Brandenburg und Schleswig-Holstein nahezu bedeutungslos geworden sind[62] und "exotischen Charakter" haben. Größere Bedeutung können demgegenüber Bürgerbegehren und Bürgerentscheid erlangen, die nicht wie eine Gemeindeversammlung nach den entsprechenden Vorschriften auf Kleinstgemeinden begrenzt sind. Eine solche Begrenzung ist hier jedoch auch nicht erforderlich, da Bürgerbegehren und Bürgerentscheid die repräsentative Demokratie nur durch plebiszitäre Züge ergänzen und diese nicht wie eine Gemeindeversammlung vollständig ersetzen.

2. Unechte Formen direkter Demokratie

Neben Bürgerbegehren, Bürgerentscheid und der Gemeindeversammlung, durch die den Bürgern die unmittelbare Teilnahme an der staatlichen Entscheidungsgewalt ermöglicht wird, gibt es weitere Möglichkeiten der Bürger, an der staat-

---

und mittelbaren Entscheidungen des Volkes durch Organe der Legislative, Exekutive und Judikative unterschieden werde.

60 Die nach dem zweiten Weltkrieg neu entstandenen Gemeindeordnungen enthielten noch häufig eine meist fakultative Möglichkeit zur Durchführung von Gemeindeversammlungen; durch die seitdem durchgeführten Gebietsreformen, die eine Vergrößerung der Gemeinden zur Folge hatten, verloren diese Vorschriften jedoch an Bedeutung und wurden gestrichen, vgl. Hernekamp, Direkte Demokratie, S. 260 f.

61 BK-Stern, GG, Art. 28, Rn. 52; Waechter, Kommunalrecht, Rn. 272.

62 Knemeyer, Bürgerbeteiligung und Kommunalpolitik, S. 45; Löwer in: v. Münch/Kunig, GG, Art. 28, Rn. 32.

lichen Willensbildung teilzuhaben. Hierbei handelt es sich jedoch nicht um Entscheidungsrechte, sondern um bloße Mitwirkungs- und Beratungsrechte im Vorfeld der eigentlichen Entscheidung. Obwohl die Bürger durch diese im folgenden näher bezeichneten Einrichtungen teilweise einen nicht unerheblichen Einfluß auf die Entscheidungen der Gemeindeorgane ausüben können, werden diese Formen häufig als unechte Formen direkter Demokratie bezeichnet[63] im Gegensatz zu den echten Formen unmittelbarer Demokratie wie Bürgerbegehren und Bürgerentscheid, bei denen den Bürgern die Letztentscheidungsbefugnis in einer Angelegenheit zusteht.

Mangels verbindlicher Entscheidung für die Gemeinde üben die Bürger durch unechte Formen direkter Demokratie jedoch keine Staatsgewalt aus. Da aber nur letztere den Bürgern, d.h. den wahlberechtigten Einwohnern, vorbehalten bleiben muß[64], besteht im Rahmen dieser Beteiligungsformen sogar die Möglichkeit, daß weitere Einwohner, die nicht Bürger sind, aber ihren ständigen Wohnsitz oder ständigen Aufenthalt in der Gemeinde haben[65], an der Willensbildung im Vorfeld der Entscheidung beteiligt werden[66]. Entsprechend wird in einigen Ländern das Beteiligungsrecht auch auf Jugendliche ab einem gewissen Alter und auf Ausländer ausgedehnt.

a) Der Bürger-/Einwohnerantrag

Die weitesten Einflußmöglichkeiten der Bürger/Einwohner durch unechte Formen direkter Demokratie scheint zunächst ein Bürger- bzw. Einwohnerantrag zu beinhalten[67]; Erfahrungen aus der Praxis zeigen aber, daß der Bürger-/Einwohner-

---

63 V. Arnim, DÖV 1990, 85 ff., 88; Masson/Samper, BayGO, Art. 18 a, Rn. 1; Wefelmeier in: Blum/Beckhof, NGO, § 22 b, Rn. 2; vgl. auch Bretzinger, Die Kommunalverfassung der DDR, S. 188; Deubert, Direkte Demokratie, S. 12; Erbguth, DÖV 1995, 793, 795; Knemeyer, Bürgerbeteiligung und Kommunalpolitik, S. 15; Kreutz-Gers, StGR 1989, 311, 312; Kromer, DVBl 1985, 143, 145.

64 Bretzinger, Die Kommunalverfassung der DDR, S. 190; Knemeyer, Bürgerbeteiligung und Kommunalpolitik, S. 129; Müller-Rubisch, ZParl 1991, 210, 222; vgl. auch BVerfGE 83, 60, 73.

65 Vgl. §§ 10, 12 GemO BW; Art. 15 BayGO; § 13 GO Bbg; § 8 HGO; § 13 KV M-V; § 21 NGO; § 21 GO NW; § 13 GemO RhPf; § 18 KSVG Saarl; §§ 10, 15 SächsGemO; § 20 GO LSA; § 6 GO SchlHolst; § 10 ThürKO.

66 Bretzinger, Die Kommunalverfassung der DDR, S. 190; Knemeyer, Bürgerbeteiligung und Kommunalpolitik, S. 129; Müller-Rubisch, ZParl 1991, 210, 222.

67 Lediglich die Länder Baden-Württemberg und Thüringen beschränken die Antragsberechtigung wie beim Bürgerbegehren auf die Bürger. In den übrigen Ländern steht dieses Recht auch den Einwohnern teilweise ab dem 14., teilweise ab dem 16. Lebensjahr zu. **Bürgerantrag:** § 20 b GemO BW; § 16 ThürKO; **Einwohnerantrag:** § 19 GO Bbg; § 18

antrag bisher weitgehend wirkungslos geblieben ist[68]. Durch einen solchen können die Bürger/Einwohner erst bei Vorliegen einer relativ hohen Anzahl von Unterschriften, die allerdings unter den Antragsquoren eines Bürgerbegehrens liegt[69], erreichen, daß die Gemeindevertretung sich mit einer bestimmten Angelegenheit der Gemeinde befaßt oder nach einigen Gemeindeordnungen sogar eine Entscheidung in dieser Angelegenheit trifft[70]. In beiden Fällen ist der Rat jedoch bei seiner Willensbildung im Gegensatz zu einem Bürgerentscheid nicht an den Antrag der Bürger gebunden[71], so daß die Einflußmöglichkeiten seitens der Bürger wesentlich geringer sind.
In den Ländern, in denen der Rat lediglich verpflichtet wird, sich mit einem bestimmten Thema zu befassen, stellt ein Bürger- bzw. Einwohnerantrag keine wesentliche Erweiterung der bestehenden Rechtslage dar, denn die Bürger könnten sich bereits ohne ein besonderes Zulassungsverfahren mit Hilfe ihres gemeindlichen Petitionsrechts an die Gemeindevertretung wenden[72]. Um die Existenz eines Bürger-/Einwohnerantrags parallel zu den umfangreichen Beteiligungsrechten Bürgerbegehren und Bürgerentscheid zu rechtfertigen, sollte der Rat daher zumindest zu einer abschließenden Entscheidung verpflichtet werden können. Es kann nicht gegen eine derartige Ausgestaltung des Bürger-/Einwohnerantrags sprechen, daß bei einer Entscheidungsverpflichtung die Rechte der Bürger weiter reichen als die einzelner Gemeindevertreter oder Fraktionen derselben, die kein Recht auf Entscheidung in der Sache haben[73]. Letzteres hat den Sinn, häufige Abstimmungen möglicherweise auch noch nicht entscheidungsreifer Angelegenheiten zu verhindern; dieser Schutz ist bei einem Bürger-/Einwohnerantrag bereits durch dessen Zulässigkeitsvoraussetzungen gewährleistet. Im übrigen ist es Gemeindevertretern in ihrer Eigenschaft als Bürger nicht verwehrt, selbst einen entsprechenden Antrag zu initiieren[74].

KV M-V; § 22 a NGO; § 25 GO NW; § 17 GemO RhPf; § 21 KSVG Saarl; § 23 SächsGemO; § 24 GO LSA; § 16 f GO SchlHolst.

68 Kreutz-Gers, StGR 1989, 311, 312; Müller-Rubisch, ZParl 1991, 210, 214 ff., 218.

69 S.u. 2. Teil, 2. Kapitel, I 2 f.

70 § 19 I, VII GO Bbg; § 25 VII 2 GO NW; § 17 VI 3 GemO RhPf; § 16 f I, V 2 GO SchlHolst; § 16 I, III ThürKO.

71 OVG RhPf, NVwZ 1988, 468, 469; Knemeyer, Bürgerbeteiligung und Kommunalpolitik, S. 128; Kreutz-Gers, StGR 1989, 311, 312; Müller-Rubisch, ZParl 1991, 210, 213.

72 Vgl. Müller-Rubisch, ZParl 1991, 210, 224, der einem Bürgerantrag aufgrund der nicht vorhandenen Entscheidungspflicht der Gemeindevertretung eine Alibifunktion zuschreibt.

73 A.A. Bericht der Enquete-Kommission, LT-Drs. (Nds) 12/6260, S. 51.

74 Wefelmeier in: Blum/Beckhof, NGO, § 22 a, Rn. 8.

b) Die Bürger-/Einwohnerversammlung

Eine weitere Möglichkeit der Bürger bzw. der Einwohner, kollektiv auf die gemeindliche Willensbildung Einfluß zu nehmen, ist die Bürger-/Einwohnerversammlung[75]. In dieser je nach Gemeindeordnung i.d.R. oder mindestens einmal jährlich von der Gemeinde einzuberufenden Versammlung sollen die Angelegenheiten der Gemeinde mit den Bürgern/Einwohnern zu deren Unterrichtung erörtert werden[76]. Gleichzeitig stellt dieser Dialog aber auch für den Gemeinderat eine wichtige Informationsquelle über die Stimmung in der Bevölkerung dar.
Die Möglichkeiten der Einflußnahme durch eine Bürger- bzw. Einwohnerversammlung sind in den einzelnen Ländern unterschiedlich ausgestaltet. Der Einfluß der Bürger wird beispielsweise erhöht, wenn in der Versammlung von den Bürgern mehrheitlich beschlossene Vorschläge oder Empfehlungen von der Gemeindevertretung zu behandeln sind[77], ohne daß diese in ihrer Entscheidungsfreiheit eingeschränkt wäre[78]. Eine weitere Stärkung der Beteiligungsrechte der Bürger bedeutet es außerdem, wenn die Bürger bei Vorliegen einer bestimmten Anzahl von Unterschriften selber die Einberufung einer Bürger-/Einwohnerversammlung verlangen können[79], was in der Praxis allerdings nur selten genutzt wird[80].

Durch eine Bürger-/Einwohnerversammlung können die Bürger ohne Erfüllung von Formalitäten über die Angelegenheiten mit den Gemeindevertretern direkt diskutieren, wodurch eventuell ein aufwendiges Massenabstimmungsverfahren eines Bürgerentscheids umgangen wird. Darüber hinaus hat eine derartige Versammlung den Vorteil, daß auch Details Berücksichtigung finden können und eine vereinfachende Problemlösung durch eine zwingende Ja/Nein-Fragestellung wie bei einem Bürgerentscheid vermieden wird.

---

75 **Bürgerversammlung:** § 20 a GemO BW; Art. 18 a BayGO; § 8 a HGO; **Einwohnerversammlung:** § 17 GO Bbg; § 16 KV M-V; § 23 III GO NW; § 16 GemO RhPf; § 20 I KSVG Saarl; § 22 SächsGemO; § 27 I GO LSA; § 16 b GO SchlHolst; § 15 I ThürKO.

76 An einer entsprechenden Versammlung können zwar grundsätzlich alle Einwohner, soweit räumliche Kapazitäten vorhanden sind, auch Einwohner anderer Gemeinden teilnehmen; in einigen Ländern wird jedoch ein Rederecht in diesem Gremium auf die Bürger (vgl. Art. 18 a III 1 BayGO), in anderen Ländern auf die Einwohner ab einem bestimmten Alter beschränkt (vgl. § 20 a III GemO BW; § 16 III 4 GemO RhPf).

77 § 20 a IV GemO BW; Art. 18 IV BayGO; § 17 IV GO Bbg; § 22 IV 1 SächsGemO; § 16 b II GO SchlHolst.

78 Masson/Samper, Art. 18 a, Rn. 25.

79 § 20 a II GemO BW; Art. 18 II BayGO; § 17 II GO Bbg; § 22 II SächsGemO.

80 Deubert, BayVBl 1990, 326.

c) Die Bürger-/Einwohnerbefragung

Neben Bürger-/Einwohnerantrag und Bürger-/Einwohnerversammlung haben die Bürger/Einwohner außerdem die Möglichkeit, durch eine Bürger- bzw. Einwohnerbefragung auf die gemeindliche Willensbildung Einfluß zu nehmen. Eine derartige Befragung über eine Angelegenheit der Gemeinde kann jedoch ausschließlich durch den Rat veranlaßt werden; das gewonnene Ergebnis der Befragung ist für die entscheidungsbefugten Organe nicht verbindlich und stellt lediglich eine Beratungshilfe dar. Das Ergebnis dürfte jedoch in vielen Fällen eine nicht unerhebliche faktische Bindungswirkung für die Gemeindevertretung bzw. die entsprechenden Organe besitzen, da diese sich nicht ohne ausreichende Begründung dem Willen der Bürger entgegenstellen werden[81].

Hauptanwendungsfall solcher Befragungen - nach vielen Gemeindeordnungen sogar obligatorisch[82] - ist eine Abstimmung über eine Gebietsänderung; Befragungen über weitere Angelegenheiten der Gemeinden sehen nur § 22 d NGO und § 20 b KSVG Saarl ausdrücklich vor. In den übrigen Ländern werden solche Befragungen aber teilweise trotz fehlender gesetzlicher Regelungen durchgeführt[83], was einer Meinungsumfrage im Auftrag der Gemeinde gleichkommt.

d) Weitere Formen

Neben diesen Formen der unechten Demokratie gibt es noch weitere institutionalisierte Mitwirkungsmöglichkeiten der Bürger/Einwohner im Vorfeld der eigentlichen Entscheidung, etwa eine Bürger- bzw. Einwohnerfragestunde[84] oder das

---

81 Schefold, Entwicklungstendenzen, S. 134, Ziegler, Bürgerbeteiligung, S. 192; ders. in: Kühne/Meißner, Züge unmittelbarer Demokratie, S. 138.

82 § 8 II, III GemO BW; Art. 11 IV BayGO; § 9 VI, IX GO Bbg; § 16 I HGO; § 11 I KV M-V; § 8 I SächsGemO; § 17 I, II GO LSA; § 9 II, III ThürKO.

83 Zur Zulässigkeit von Bürgerbefragungen siehe VG Ansbach, BayVBl 1971, 194; Knemeyer, BayBgm 1971, 87; Thum, Bürgerbegehren und Bürgerentscheid in Bayern, 13.00, Art. 18 a II, Anm. 4 a; Ziegler, Bürgerbeteiligung, S. 136 ff. Auch andere Formen bloßer Mitwirkungs- und Beratungsrechte wie Einwohnerversammlungen oder Bürgerfragestunden wurden bis zu einer entsprechenden Normierung ohne gesetzliche Grundlage durchgeführt, vgl. v. Arnim, DÖV 1990, 85, 89; Rehn in: FS für Unruh, S. 305, 309; Ziegler, Bürgerbeteiligung, S. 149. Zur Zulässigkeit dieser Praxis vgl. VG Schleswig, NSt-N 1979, 371 ff.; OVG Lüneburg, NSt-N 1983, 244 f.; Blum, NdsVBl 1995, 1 ff.

84 § 33 IV GemO BW; § 18 GO Bbg; § 17 I KV M-V; § 43 a NGO; § 48 I GO NW (allerdings nur wenn eine entsprechende Regelung in der Geschäftsordnung des Rates vorliegt); § 16 a GemO RhPf; § 20 a KSVG Saarl; § 27 II GO LSA; § 16 c GO SchlHolst.

gemeindliche Petitionsrecht[85], die zwar ebenfalls allen Bürgern offenstehen, die sich jedoch von den übrigen Möglichkeiten dadurch unterscheiden, daß die Bürger durch sie nicht kollektiv auf die Gemeindeorgane einwirken.

3. Beteiligung der Bürger an förmlichen Verwaltungsverfahren

Während die bisher erörterten Beteiligungsformen den Bürgern die Mitgestaltung des staatlichen Willensbildungsprozesses ermöglichen, geht es bei einer Einbeziehung der Bürger in förmliche Verwaltungsverfahren darum, der Verwaltung eine umfassende Entscheidungsgrundlage zu schaffen[86]. Die Bürger sollen Gelegenheit haben, Einwendungen gegen ein von der Gemeinde geplantes Projekt vorzubringen, damit diese Argumente von der entscheidenden Behörde bei deren Abwägungsentscheidung berücksichtigt werden können. Auch hier nehmen die Bürger nicht kollektiv auf die Entscheidungsfindung Einfluß. Außerdem wird nicht in allen förmlichen Verwaltungsverfahren sämtlichen Bürgern gestattet, Einwendungen zu erheben, wie es etwa in einem Verfahren zur Aufstellung eines Bebauungsplans gemäß § 3 BauGB der Fall ist. Bei bestimmten Verfahren, beispielsweise bei einem Planfeststellungsverfahren gemäß § 73 IV VwVfG, sind nur die durch die geplante Maßnahme Betroffenen berechtigt, Einwendungen vorzutragen. Diese Beteiligung wird als Betroffenenpartizipation bezeichnet im Gegensatz zu der Öffentlichkeitspartizipation, zu der auch Bürgerbegehren und Bürgerentscheid zählen und bei der jeder Bürger an der Entscheidungsfindung teilnehmen kann[87].

4. Nichtinstitutionalisierte Beteiligungsformen, insbesondere Bürgerinitiativen

Neben den eben beschriebenen institutionalisierten Beteiligungsformen gibt es weitere nichtinstitutionalisierte Einflußnahmemöglichkeiten der Bürger auf die Meinungsbildung der Gemeindeorgane, vor allem durch Bürgerinitiativen, aber auch durch Demonstrationen, Leserbriefe u.ä. Diese Rechte folgen aus der Meinungs- und Pressefreiheit gemäß Art. 5 I GG, aus der Versammlungsfreiheit gemäß Art. 8 I GG und aus der Vereinigungsfreiheit gemäß Art. 9 I GG u.ä. Daneben wird den Bürgern vereinzelt sogar ausdrücklich garantiert, sich zur Durch-

---

85 Obwohl auch das gemeindliche Petitionsrecht nach h.M. bereits aus Art. 17 GG folgt, haben einige Länder dieses Recht ausdrücklich in ihre Gemeindeordnungen aufgenommen, vgl. § 21 GO Bbg; § 22 c NGO; § 24 GO NW; § 16 b GemO RhPf; § 16 e GO SchlHolst.

86 BVerwGE 29, 282, 284; 60, 297, 300; BVerwG, NVwZ 1988, 822, 823; Battis/Krautzberger/Löhr, BauGB, § 3, Rn. 3; Erbguth, DÖV 1995, 793, 798; Kopp, VwVfG, § 73, Rn. 1.

87 Hendler, Der Landkreis 1995, 321 ff.; Knemeyer, Bürgerbeteiligung und Kommunalpolitik, S. 80 f., 84 ff.

setzung ihrer Interessen in Bürgerinitiativen zusammenschließen zu können[88]. Bürgerinitiativen sind nicht gehindert, die bestehenden institutionalisierten Beteiligungsformen einschließlich Bürgerbegehren und Bürgerentscheid zur Durchsetzung ihrer Interessen zu nutzen[89].

5. Die Sonderstellung von Bürgerbegehren und Bürgerentscheid

Falls von der faktisch nicht ins Gewicht fallenden Einrichtung der Gemeindeversammlung abgesehen wird, unterscheiden sich Bürgerbegehren und Bürgerentscheid von allen anderen Beteiligungsmöglichkeiten auf kommunaler Ebene prinzipiell dadurch, daß die Bürger nur durch Bürgerbegehren und Bürgerentscheid selbst unmittelbar staatliche Gewalt ausüben und rechtlich verbindliche Entscheidungen treffen. Die Einflußmöglichkeiten sind somit weitreichender als die der übrigen Einrichtungen; rechtspolitisch folgerichtig sind daher die Anforderungen an die Durchführung von Bürgerbegehren und Bürgerentscheid durch den Gesetzgeber strenger geregelt als bei den anderen Beteiligungsformen[90].

2. Kapitel: Die Aufnahme von Bürgerbegehren und Bürgerentscheid in die bundesdeutschen Kommunalverfassungen seit Einführung des Grundgesetzes

Inzwischen existiert eine gewisse Einheitlichkeit der Kommunalverfassungen bzgl. Bürgerbegehren und Bürgerentscheid. Vorbild für die heutigen Vorschriften war vor allem die Gemeindeordnung des Landes Baden-Württemberg, die bereits seit 1955 Bürgerbegehren und Bürgerentscheid vorsah[91]. In den übrigen Ländern wurden entsprechende Einrichtungen erst in den 90er Jahren eingeführt.

---

88 Vgl. z.B. § 24 a GO LSA.

89 Bocklet, Politische Studien 1974, 31, 32; Mayer-Tasch, Die Bürgerinitiativbewegung, S. 57 ff.; Wehling, AfK 1989, 110, 113.

90 Zu den Zulässigkeitsvoraussetzugnen von Bürgerbegehren und Bürgerentscheid vgl. 2. Teil.

91 Einen Überblick über die Geschichte des kommunalen Bürgerentscheids vor Gründung der Bundesrepublik Deutschland geben z.B.: Ardelt, Erfahrungen mit Bürgerentscheid und Bürgerbegehren, S. 53 ff.; Burkhardt, Bürgerentscheid, S. 90 ff. (speziell zur süddeutschen Verfassungsgeschichte); Knemeyer, Bürgerbeteiligung und Kommunalpolitik, S. 36 ff.; Meißner in: Kühne/Meißner, Züge unmittelbarer Demokratie, S. 168 ff.

I. Erörterungen bei der Entstehung der neuen Gemeindeordnungen nach 1949

Bei der Entstehung der Kommunalverfassungen nach der Einführung des Grundgesetzes gab es vor allem in Baden-Württemberg[92], Bayern[93] und Hessen[94] immer wieder Bestrebungen, Bürgerbegehren und Bürgerentscheid in den Gemeinden zuzulassen. Häufig waren die Verhandlungen von den in einigen Landesverfassungen[95] bereits bestehenden Regelungen über Volksbegehren und Volksentscheid beeinflußt: Diese Einrichtungen sollten auch auf lokaler Ebene Eingang finden[96]. Vielfach wurde bei den Beratungen über die Ausgestaltung der Gemeindeordnungen auf die fehlende demokratische Reife des Volkes und auf die negativen Erfahrungen aus der Weimarer Zeit[97] und der NS-Diktatur[98] hingewiesen[99]. Um zu verhindern, daß plebiszitäre Mitbestimmungsrechte gezielt von demokratiefeindlichen Interessengruppen genutzt und somit eine Gefahr für die neu

---

92 Vgl. Ardelt, Erfahrungen mit Bürgerentscheid und Bürgerbegehren, S. 100; ders. in: Kühne/Meißner, Züge unmittelbarer Demokratie, S. 93 ff.; Bocklet, Politische Studien 1974, S. 31, 44 ff.

93 Vgl. Bocklet, Politische Studien 1974, S. 31, 35 ff.; Ziegler in: Kühne/Meißner, Züge unmittelbarer Demokratie, S. 121;

94 Vgl. Ardelt, Erfahrungen mit Bürgerentscheid und Bürgerbegehren, S. 87 ff.; Depenheuer in: Kühne/Meißner, Züge unmittelbarer Demokratie, S. 153 ff.

95 Vgl. z.B. Art. 60 LV BW; Art. 74 BayVerf; Art. 124 LV Hess.

96 Depenheuer in: Kühne/Meißner, Züge unmittelbarer Demokratie, S. 153.

97 Die Erfahrungen der Reichs- und Länderebene können jedoch nicht ohne weiteres auf die Gemeindeebene übertragen werden, da hier bereits wegen der örtlichen Überschaubarkeit ganz andere Bedingungen bestehen als auf staatlicher Ebene; für einen Volksentscheid auf Gemeindeebene liegen allerdings keine Erfahrungsberichte vor, vgl. Meißner in: Kühne/Meißner, Züge unmittelbarer Demokratie, S. 169 ff. Bzgl. der einzelnen Vorschriften vgl. §§ 22-29 der Braunschweigischen Städte- und Landgemeindeordnung vom 15.11.1924, GuVS Nr. 190, S. 271; §§ 7-12 der Städteordnung der Bremischen Hafenstädte vom 23.5.1922; § 129 der sächsischen Gemeindeordnung vom 15.6.1925, GBl. S. 136; §§ 22, 23 der thüringischen Gemeinde- und Kreisordnung vom 8.7.1926, GS, S. 235. Eine Zusammenstellung der direktdemokratischen Elemente in den Gemeindeverfassungen der Weimarer Republik geben: Ardelt, Erfahrungen mit Bürgerentscheid und Bürgerbegehren, S. 70 ff.; Hernekamp, Direkte Demokratie, S. 233 ff.; Knemeyer, Bürgerbeteiligung und Kommunalpolitik, S. 41.

98 Die diesbzgl. Erfahrungen haben sich jedoch auf Formen der Bürgerbeteiligung bezogen, die akklamatorischen Zwecken, also der Bestätigung eines diktatorischen Herrschaftssystems, dienten, so daß sie nicht als direktdemokratisch nach dem hier zugrundegelegten Verständnis bezeichnet werden können; vgl. Bugiel, Volkswille und repräsentative Entscheidung, S. 252 ff.; Fell, Plebiszitäre Einrichtungen, S. 28 ff.; Hernekamp, Direkte Demokratie, S. 315 ff.; Kreutz-Gers, StGR 1989, 311.

99 LT Bay, 2. WP, II. Tagung 1951/52, Stenographische Berichte, Bd. II, S. 1067 f.; LT-Drs. (Hess) 1951 I, S. 446; siehe auch Ardelt, Erfahrungen mit Bürgerentscheid und Bürgerbegehren, S. 89; zu den weiteren Argumenten siehe 1. Teil, 4. Kapitel.

entstehende demokratische Grundordnung darstellen würden, sollte möglichst auf direktdemokratische Einrichtungen verzichtet werden[100].
Trotz der allgemeinen Skepsis gegenüber plebiszitären Elementen führte Baden-Württemberg als erstes Land der Bundesrepublik Deutschland im Jahre 1955 gemäß § 21 GemO BW den kommunalen Bürgerentscheid ein und bezog diesbezüglich eine Vorreiterrolle[101]. In Hessen[102] und Bayern[103] scheiterten dagegen seinerzeit die Anläufe, einen Volksentscheid auf Gemeindeebene einzuführen; in den übrigen Ländern spielten diesbezügliche Fragen bei der Entstehung der Gemeindeordnungen keine Rolle[104].

II. Die Bürgerinitiativbewegung Ende der 60er Jahre

Der Streit um die Einführung von mehr Bürgerbeteiligungsmöglichkeiten war Anfang der 70er Jahre erneut entfacht worden, weil vielfach angenommen wurde, durch direktdemokratische Institutionen dem Aufkommen der zahlreichen Bürgerinitiativen gegen Ende der 60er Jahre entgegentreten zu können[105]. Dem

---

100 Vgl. für die Beratungen im Parlamentarischen Rat die Warnung des späteren Bundespräsidenten Heuss: "Ich warne davor, mit dieser Geschichte die künftige Demokratie zu belasten...Das Volksbegehren, die Volksinitiative in den übersehbaren Dingen mit einer staatsbürgerlichen Tradition wohltätig, ist in der Zeit der Vermassung und Entwurzelung, in der großräumigen Demokratie die Prämie für jeden Demagogen und die dauernde Erschütterung des mühsamen Ansehens, worum sich die Gesetzgebungskörper, die vom Volk gewählt sind, noch werden bemühen müssen...", Parlamentarischer Rat, Stenographische Berichte, 3. Sitzung, S. 43.

101 GemO i.d.F. vom 25.7.1955, GVBl. S. 129; vgl. zur Entstehungsgeschichte: Ardelt, Erfahrungen mit Bürgerentscheid und Bürgerbegehren, S. 100 ff.; ders. in: Kühne/Meißner, Züge unmittelbarer Demokratie, S. 91 ff.; Bocklet, Politische Studien 1974, 31, 44 ff.; Burkhardt, Bürgerentscheid, S. 107 ff.; Hager, VerwArch 84 (1993) 97, 98; Knemeyer, Bürgerbeteiligung und Kommunalpolitik, S. 103 ff.

102 Vgl. Gesetzentwurf der CDU, LT-Drs. 1951 I, S. 681; LT-Drs. 1951 III, S. 804; LT-Drs. 1951 II, S. 281; zu weiteren Einzelheiten vgl. Ardelt, Erfahrungen mit Bürgerentscheid und Bürgerbegehren, S. 87 ff.; Bocklet, Politische Studien 1974, 31, 34 ff.; Depenheuer in: Kühne/Meißner, Züge unmittelbarer Demokratie, S. 153 ff.

103 Vgl. Gesetzentw. der Landesreg, 2. WP, II. Tagung 1951/52, Beil. Bd. II, Beil. 1140; Verhandlungen des Bay LT, 2. Wahlperiode, Stenographische Berichte II, S. 1172 ff.; Ardelt, Erfahrungen mit Bürgerentscheid und Bürgerbegehren, S. 90 ff.; ders. in: Kühne/Meißner, Züge unmittelbarer Demokratie, S. 92; Bocklet, Politische Studien 1974, 31, 36 ff.; Streinz, Die Verwaltung 1983, 293; Ziegler, Bürgerbeteiligung, S. 205 ff.; ders. in: Kühne/Meißner, Züge unmittelbarer Demokratie, S. 121.

104 Ardelt in: Kühne/Meißner, Züge unmittelbarer Demokratie, S. 92.; Streinz, Die Verwaltung 1983, 293.

105 V. Arnim, DÖV 1990, 85, 89; Bocklet, Politische Studien 1974, 31, 32 f.; Kromer, DVBl 1985, 143, 144; Meißner in: Kühne/Meißner, Züge unmittelbarer Demokratie, S. 173;

modern gewordenen Schlagwort "Demokratisierung"[106] folgend, setzten sich diese Bürgerinitiativen u.a. für eine allgemeine Erweiterung der Bürgerpartizipation ein. Bürgerbegehren und Bürgerentscheid wurden jedoch neben Baden-Württemberg in keine weiteren Gemeindeordnungen aufgenommen[107]. Die bereits bestehende Regelung des § 21 GemO BW wurde allerdings im Zuge dieser Entwicklung im Jahre 1975 novelliert[108], indem das erforderliche Abstimmungsquorum für einen erfolgreichen Bürgerentscheid in der Weise geändert wurde, daß statt der ursprünglich erforderlichen Abstimmungsbeteiligung von 50 % nunmehr gemäß § 21 IV GemO 30 % der stimmberechtigten Bürger einem Bürgerentscheid zustimmen mußten.
Mit dem Ziel, die Aktivitäten der Bürgerinitiativen in gesetzlich geregelte Bahnen zu lenken[109], wurden in anderen Ländern während dieser Zeit Regelungen über Bürgerversammlungen[110], Bürgeranträge[111] oder Bürgerbefragungen[112] in die Gemeindeordnungen aufgenommen.

Muckel, NVwZ 1997, 223, 228; zur Bürgerinitiativbewegung vgl. Mayer-Tasch, Die Bürgerinitiativbewegung.

106 Dazu Hennis, Demokratisierung; vgl. auch Knemeyer, Bürgerbeteiligung und Kommunalpolitik, S. 46 ff.

107 Vgl. **für Niedersachsen:** Niedersächsische Sachverständigenkommission zur Fortentwicklung des Kommunalverfassungsrechts, Bericht April 1978, S. 67 f.; zusammenfassend Thieme, DÖV 1978, 363; vgl. auch Müller-Rubisch, ZParl 1991, 210, 211. Die Kommission hatte sich z.B. für eine Förderung der Einrichtung der Bürgerversammlung ausgesprochen und stand auch einem Bürgerentscheid nicht von vornherein ablehnend gegenüber. **Für Rheinland-Pfalz:** Kropshofer in: Kühne/Meißner, Züge unmittelbarer Demokratie, S. 143 ff.

108 Gesetz zur Änderung der GemO vom 4.11.1975, GVBl. S. 726; insbesondere zur Novellierung des § 21 GO, siehe Burkhardt, Bürgerentscheid, S. 112 ff.; Seeger in: Kühne/Meißner, Züge unmittelbarer Demokratie, S. 103 ff.

109 Begr. des Gesetzentw. der Landesreg., LT-Drs. (NW) 8/3152, S. 55, 56; Deubert, BayVBl 1996, 268, 270; Thiele, DÖD 1989, 77, 78; Hill, Die Rolle des Bürgers in der Gemeindeverfassung, S. 202; Meißner in: Kühne/Meißner, Züge unmittelbarer Demokratie, S. 165; Seeger, ZParl 1988, 516; Wehling, AfK 1989, 110, 113.

110 § 8 a HGO (Gesetz zur Änderung der HGO vom 30.8.1976, GVBl. S.325); § 57 IV NGO (GO i.d.F. vom 7.1.1974, GVBl. S. 1); § 16 GemO RhPf (GemO i.d.F. vom 14.12.1973, GVBl. S. 419) ; § 18 KSVG Saarl (KSVG i.d.F. vom 13.12.1973, Amtsbl. S. 829).

111 § 20 b GemO BW (Gesetz zur Änderung der GemO vom 4.11.1975, GVBl. S. 726); § 8 b HGO "Bürgerbegehren" (Gesetz zur Änderung der HGO vom 30.8.76, GVBl. S. 325); § 22 a NGO (Gesetz zur Änderung der NGO vom 10.6.1977, GVBl. S. 180); § 17 GemO RhPf "Bürgerinitiative" (GemO für RhPf i.d.F. vom 14.12.1973, GVBl. S. 419).

112 § 33 I 3 GO NW, zweites Gesetz zur Änderung der GO vom 15.5.1979, GVBl. S. 408.

III. Die kommunale Gebiets- und Verwaltungsreform der 70er Jahre

Die durch die Bürgerinitiativbewegung in Gang gesetzte Reform der Bürgerbeteiligungsrechte in den Gemeindeordnungen wurde durch die kommunale Gebiets- und Verwaltungsreform der 70er Jahre[113] beschleunigt: Durch die Vergrößerung / Zusammenlegung von Gemeindegebieten zum primären Zweck der Verbesserung der Verwaltungseffizienz[114] hatte sich aufgrund der nun größeren organisatorischen Einheiten auch gleichzeitig die Überschaubarkeit der Gemeindeangelegenheiten und die Nähe zwischen Bürgern und den Gemeindeorganen verringert[115]. Demzufolge nahm das kommunale Engagement der Bürger für die Gemeinde ab; hier war die kommunale Gebietsreform mitverantwortlich, wenn auch nicht die alleinige Ursache für diese negative Entwicklung[116]. Um diesen unerwünschten Nebeneffekt der Gebietsreform wenigstens teilweise zu kompensieren, sollten den Bürgern Mitsprachemöglichkeiten zur Verfügung gestellt werden, um ihnen dadurch das Gefühl zu vermitteln, auch weiterhin in einer lebendigen, zusammenhängenden Gemeinschaft zu leben, in der der einzelne Bürger die Möglichkeit hat, eigene Vorstellungen in politische Entscheidungen auf kommunaler Ebene einfließen zu lassen[117]. Kritiker sprachen diesen Bestrebungen jedoch lediglich "Trostpflastercharakter" zu; die im Zuge der Bürgerinitiativbewegung eingeführten plebiszitären Einrichtungen[118] seien nicht geeignet, die durch die Gebietsreform teilweise verlorengegangene Bürgernähe auszugleichen[119]; sie bedeuteten keine wesentliche Erweiterung der ohnehin schon bestehenden Einwirkungsmöglichkeiten, etwa gemäß Art. 8 GG (Versammlungsfreiheit), Art. 17 GG (Petitionsrecht), Art. 9 GG (Vereinigungsfreiheit), Art. 21 I GG (Schutz der Parteienfreiheit) oder Art. 5 I GG (Pressefreiheit)[120].

---

113 Überblick über die Änderungen aufgrund der Gebietsreform bei: Mattenklodt in: HbkWP, Bd. 1, S. 154 ff.; Thieme/Prillwitz, Durchführung und Ergebnisse der kommunalen Gebietsreform.

114 Hill, Politisch-demokratische Funktion der kommunalen Selbstverwaltung, S. 131; Mattenklodt in: HbkWP, Bd. 1, S. 165 ff.

115 Holler/Naßmacher in: Köser, Der Bürger in der Gemeinde, S. 303 ff.

116 Hill, Politisch-demokratische Form der kommunalen Selbstverwaltung, S. 15; Rehn in: FS für Unruh, S. 305, 311; Thiele, DÖD 1989, 77, 78.

117 Hill, Die Rolle des Bürgers in der Gemeindeverfassung, S. 201; Rehn in: FS für Unruh, S. 305, 311.

118 Vgl. Angaben in Fn. 110, 111, 112.

119 Blümel, VVDStRL 36 (1978), 171, 231; Thiele, DÖD 1989, 77, 78.

120 V. Arnim, DÖV 1990, 85, 89; vgl. auch Knemeyer, Bürgerbeteiligung und Kommunalpolitik, S. 81; Müller-Rubisch, ZParl 1991, 210, 218.

IV. Die Entwicklung nach der Wiedervereinigung Deutschlands

Die Verbesserungsbedürftigkeit der einzelnen Regelungen zeigte sich auch an den immer wiederkehrenden Vorstößen zur Erweiterung der Bürgerbeteiligung, die allerdings in den 80er Jahren weitgehend erfolglos blieben[121].
Anfang der 90er Jahre kam es aber schließlich im Zuge der sich zunehmend verstärkenden allgemeinen Politik- und Parteiverdrossenheit in der Bevölkerung zu einer Fülle von Gesetzesänderungen in den Gemeindeordnungen, die das Ziel hatten, die politische Aktivität der Bürger zu fördern: Der Bürger sollte verstärkt in den Entscheidungsprozeß einbezogen werden, um so dem Grundgedanken der kommunalen Selbstverwaltung in Form der bürgerschaftlichen Mitwirkung Rechnung zu tragen[122].

Neben dem Ziel, gegen die Staats- und Politikmüdigkeit der Bürger anzugehen, spielten auch die positiven Eindrücke der Bürgerbewegungen 1989 in der DDR, die Auslöser für die Wiedervereinigung Deutschlands waren ("Wir sind das Volk") und die Gespräche an den Runden Tischen in der DDR zu Zeiten des Umbruchs eine nicht unerhebliche Rolle bei der Einführung von Bürgerbegehren und Bürgerentscheid in West- und Ostdeutschland[123]. Diese friedliche Revolution wurde insofern allgemein als gelungenes Beispiel für das Funktionieren der un-

121 Vgl. **für Baden-Württemberg:** Änderungsvorschläge der SPD-Fraktion vom 21.10.1982, LT-Drs. 8/3178, vom 1.7.1988, 10/1980; Änderungsvorschläge der FDP/DVP-Fraktionen vom 28.10.1982, LT-Drs. 8/3198; Beschlußempfehlung und Bericht des Innenausschusses, LT-Drs. 10/6660; Änderungsvorschlag der Grünen vom 23.6.1980, LT-Drs. 8/71; siehe auch Hager, VerwArch 84 (1993), 97, 121. **Für Bayern:** Gesetzentwürfe der SPD-Fraktion LT-Drs. 10/6495; 11/933; 12/373; zu grundsätzlichen Ausführungen zu den Geseztesentwürfen siehe Abg. Hahnzog (SPD), PlenProt. 12/9 vom 21.2.1991, S. 400 f.; PlenProt 12/18 vom 14.5.1991, S. 1040; vgl. auch Bocklet, Politische Studien 1974, 31, 42. **Für Hessen:** Gesetzentw. von SPD und Grünen, LT-Drs. 11/7023, der infolge der vorzeitigen Auflösung des hessischen Landtags im Frühjahr 1987 seine Erledigung fand.

122 Vgl. nur PlenProt LT Bay 13/16 vom 27.4.1995; PlenProt LT NW 11/130 vom 4.5.1994, S. 16259; PlenProt LT Saarl der 23. Sitzung vom 24.4.1996, S. 1140; Begr. des Gesetzentw. der Landesreg. vom 6.10.1993, LT-Drs. (M-V) 1/3645, S. 92; Begr. des Gesetzentw. der Landesreg. vom 4.2.1993, LT-Drs. (NW) 11/4983, S. 1; Begr. des Gesetzentw. der Landesreg. vom 28.11.1989, LT-Drs. (SchlHolst) 12/592, S. 41 f.; Hoffmann, DÖV 1994, 621, 626; Knemeyer, Bürgerbeteiligung und Kommunalpolitik, S. 52 ff.; Stubenrauch, Gemeinde und Stadt 1993, 207.

123 Vgl. Präambel der LV Bbg und Präambel der SächsVerf, die ausdrücklich an die friedliche Revolution aus dem Jahre 1989 anknüpfen; Boden zum Entwurf einer Gemeindeordnung für Sachsen, S. 41; Petzold, DÖV 1990, 817, 819; für die Bundes- und Landesebene: Degenhardt, Der Staat 31 (1992), S. 77; Hoffmann, DÖV 1994, 621, 626; Klein, DÖV 1991, 569, 576; Bericht der gemeinsamen Verfassungskommission von Bund und Ländern, Abschlußbericht, BT-Drs. 12/6000, S. 84.

mittelbaren Demokratie gewürdigt und sollte nicht ohne Folgen für die Entwicklung der plebiszitären Elemente in den Gemeindeordnungen bleiben.

An das kurz vor Ende der DDR am 17.5.1990 entstandene Gesetz über die Selbstverwaltung der Gemeinden und Landkreise in der DDR[124], das u.a. bereits Bürgerbegehren und Bürgerentscheid[125] vorsah, anknüpfend, wurden die plebiszitären Züge in den entstehenden Gemeindeordnungen[126] der fünf neuen Bundesländer durch Formen unechter direkter Demokratie wie Einwohnerantrag oder Einwohnerversammlung verstärkt. Dabei orientierten sich die ostdeutschen Bundesländer nach Auswertung der westdeutschen Gemeindeverfassungen vorwiegend an dem baden-württembergischen Modell einer süddeutschen Ratsverfassung[127].
Insbesondere in Sachsen und Thüringen flossen aber zusätzlich auch die historischen Erfahrungen dieser Länder mit plebiszitären Elementen auf kommunaler Ebene aus der Weimarer Zeit[128] in die Verhandlungen ein[129].
Ferner blieben die negativen Politik-Erfahrungen zu DDR-Zeiten nicht unberücksichtigt: Es bestand das Problem, daß das bis in die kommunale Ebene auf Zentralismus ausgerichtete Staats- und Verwaltungssystem der DDR durch ein dem Grundgedanken der kommunalen Selbstverwaltung entsprechendes demokratisches Verwaltungssystem ersetzt werden mußte[130].

Die diesbezügliche Entwicklung in den neuen Bundesländern verlief sehr ähnlich: Alle in den Landesparlamenten vertretenen Parteien sowie die kommunalen Spitzenverbände sprachen sich neben den bereits vorhandenen Möglichkeiten des Bürgerbegehrens und des Bürgerentscheids für eine Erweiterung der Mitspracherechte in Sachfragen der Gemeinde, etwa in Form von Einwohnerversammmlung,

124 GBl. DDR I 1990, S. 255.

125 § 18 Gesetz über die Selbstverwaltung der Gemeinde und Landkreise in der DDR; zu den einzelnen Elementen unmittelbarer Demokratie dieser Kommunalverfassung, vgl. auch Bretzinger, Die Kommunalverfassung der DDR, S. 185 ff.; Humpert, DÖV 1990, 999 ff.; Petzold, DÖV 1990, 817, 820.

126 KV des Landes Bbg i.d.F. vom 15.10. 1993, GVBl. S. 398; KV für das Land M-V i.d.F. vom 18.2.1994, GVBl. S. 249; GemO für den Freistaat Sachsen i.d.F. vom 21.4.1993, GVBl. S. 301; GO für das LSA i.d.F. vom 5.10.1993, GVBl. S. 568; ThürKO i.d.F. vom 16.8.1993, GVBl. S. 501.

127 Hoffmann, DÖV 1994, 621, 623 ff.

128 § 129 der Sächsischen Gemeindeordnung vom 15.6.1925, GBl., S. 136; §§ 22, 23 der Thüringer Gemeinde- und Kreisordnung vom 8.7.1926, GS, S. 235.

129 Bretzinger, Die Kommunalverfassung der DDR, S. 210.

130 Petzold in: Knemeyer, Aufbau kommunaler Selbstverwaltung in der DDR, S. 27 ff.

Einwohnerantrag, Einwohnerfragestunde, Einwohnerbefragung, aus[131], während eine Urwahl der Bürgermeister als weiteres Mitbestimmungsrecht in Personalfragen sehr umstritten war, letztlich aber doch in alle Gemeindeordnungen[132] Eingang fand[133].

In den westdeutschen Flächenstaaten war die Einführung von Bürgerbegehren und Bürgerentscheid[134] dagegen auch während dieser Phase nicht ganz unumstritten. Zu Beginn der Reformwelle der Kommunalverfassungen Ende der 80er/Anfang der 90er Jahre waren es vornehmlich die SPD und die Grünen, die sich für die Einführung von Bürgerbegehren, Bürgerentscheid und andere Mitwirkungsbefugnisse bei Sachentscheidungen einsetzten[135], während die CDU die-

131 Zu den Gesetzgebungsverfahren vgl. **für Brandenburg:** Gesetzentw. PDS-LL vom 12.1.1993, LT-Drs. 1/1607; Gesetzentw. der Landesreg. vom 20.4.1993, LT-Drs. 1/1902; **für Mecklenburg-Vorpommern:** Gesetzentw. der Landesreg. vom 6.10.1993, LT-Drs. 1/3645; Beschlußempfehlung und Bericht des Innenausschusses vom 20.1.1994, LT-Drs. 1/3999; **für Sachsen:** Gesetzentw. PDS-LL vom 29.7.1991, LT-Drs. 1/789; Gesetzentw. Bündnis 90/Grüne vom 27.1.1992, LT-Drs. 1/1447; Gesetzentw. der SPD vom 27.3.1992, LT-Drs. 1/1640; Gesetzentw. der CDU vom 26.3.1992, LT-Drs. 1/1634; **für Sachsen-Anhalt:** Gesetzentw. PDS-LL vom 24.1.1992, LT-Drs. 1/1142; Gesetzentw. von CDU und FDP vom 20.2.1992, LT-Drs. 1/1222; Beschlußempfehlung des Innenausschusses vom 1.7.1993, LT-Drs. 1/2798; **für Thüringen:** Gesetzentw. der Landesreg. vom 15.4.1993, LT-Drs. 1/2149.

132 KV des Landes Bbg i.d.F. vom 15.10.1993, GVBl. S. 197; KV des Landes M-V i.d.F. vom 18.2.1994, GVBl. S. 249; GemO für den Freistaat Sachsen i.d.F. vom 21.4.1993, GVBl. S. 301; GO für LSA i.d.F. vom 5.10.1993, GVBl. S. 568; ThürKO i.d.F. vom 16.8.1993, GVBl. S. 501.

133 Zur Ausgestaltung der Regelungen in den einzelnen Gemeindeordnungen vgl. allg. Schefold, Entwicklungstendenzen, S. 17 ff.; für M-V: Darsow, LKV 1994, 417 ff.; für Sachsen: Hegele, LKV 1993, 358 ff.; dies. LKV 1994, 16 ff.; v. Rotberg/Rooks, VBlBW 1993, 401 ff.; für LSA: Klang, LKV 1994, 265 ff.; für Thü: Wachsmuth, ThürVBl 1994, 121 ff.

134 Art. 18 a BayGO (Gesetz zur Einführung des kommunalen Bürgerentscheids vom 27.10.1995, GVBl. S. 730); § 8 b HGO (Gesetz zur Änderung kommunalrechtlicher Vorschriften vom 20.5.1992, GVBl. I, S. 170); § 22 b NGO (Gesetz zur Reform des niedersächsischen Kommunalverfassungsrechts vom 1.4.1996, GVBl. S. 82); § 26 GO NW (Gesetz zur Änderung der KV vom 17.5.1994, GVBl. S. 270); § 17 a GemO RhPf (Landesgesetz zur Änderung kommunalrechtlicher Vorschriften vom 5.10.1993, GVBl. S. 481); § 21 a KSVG Saarl (Gesetz zur Änderung kommunalrechtlicher Vorschriften vom 23.4.1997, Amtsbl. S. 538; § 16 g GO SchlHolst (Gesetz zur Änderung des kommunalen Verfassungsrechts vom 23.3.1990, GVBl. S. 134).

135 Vgl. **für Baden-Württemberg:** Änderungsvorschlag der SPD-Fraktion vom 1.7.1988, LT-Drs. 10/1980; **für Bayern:** Gesetzentwürfe der SPD-Fraktion LT-Drs. 10/6495; 11/933; 12/373; zu grundsätzlichen Ausführungen zu den Geseztesentwürfen siehe Abg. Hahnzog, PlenProt. 12/9, S. 400; 12/18, S. 1090; **für Hessen:** Gesetzentw. der Landesreg. vom 6.1.1992, LT-Drs. 13/1397; Änderungsantrag von SPD und Grünen, LT-Drs.

sen eher skeptisch gegenüberstand[136]. Die CDU revidierte jedoch in den letzten Jahren ihre ablehnende Haltung. Bei den Beratungen über die Gemeindeordnungen in Hessen, Rheinland-Pfalz und Nordrhein-Westfalen beispielsweise forderte die CDU genauso wie die SPD die Einführung von Bürgerbegehren und Bürgerentscheid[137]. In den Gesetzgebungsverfahren wurde jedoch immer wieder die tatsächliche Effektivität unmittelbarer Demokratie, insbesondere die Notwendigkeit einer Ergänzung der repräsentativen Demokratie durch plebiszitäre Elemente in Zweifel gezogen[138]. Auch die negativen Erfahrungen der jüngeren deutschen Geschichte mit direktdemokratischen Einrichtungen[139] beeinflußten immer noch die Erörterungen. Zum Teil dienten die bereits vorhandenen landesverfas-

---

13/1996; **für Schleswig-Hostein:** Gesetzentw. der Landesreg. vom 28.11.1989, LT-Drs. 12/592.

136 Vgl. für Schleswig-Holstein: Abg. Füllner (CDU), PlenProt. der 42. Sitzung am 14.12.1989, S. 2458. Im Gesetzgebungsverfahren wurde der in zweiter Lesung verabschiedete Gesetzentw. der Landesreg.vom 28.11.1989, LT-Drs. 12/592 in zweiter Lesung mit den Stimmen von SPD und SSW gegen die Stimmen der CDU angenommen, vgl. PlenProt. der 51. Sitzung am 14.3.1990, S. 3079.

137 Vgl. für Hessen: Abg. Zwecker (SPD), PlenProt. der 27. Sitzung vom 28.1.1992, S. 1503; Abg. Weist (Grüne), PlenProt. vom 28.1.1992, S. 1496; Abg. Hahn (FDP), PlenProt. vom 28.1.1992, S. 1499, 1500; PlenProt. der 37. Sitzung vom 13.5.1992, S. 2127.

Zum Gesetzgebungsverfahren vgl. **für Hessen:** Gesetzentw. der Landesreg. vom 6.1.1992, LT-Drs. 13/1397; Änderungsantrag der CDU vom 12.2.1992, LT-Drs. 13/1614; Änderungsantrag von SPD und Grünen, LT-Drs. 13/1996; Gesetzentw. der CDU/FDP-Fraktionen, LT-Drs. 13/2106; Beschlußempfehlung und Bericht des Innenausschusses vom 11.5.1992, LT-Drs. 13/2109; PlenProt. der 37. Sitzung am 13.5.1992, S. 2130. **Für Rheinland-Pfalz:** Zwischenbericht der Enquete-Kommission "Möglichkeiten direkter Bürgerbeteiligung und -entscheidung in der repräsentativen Demokratie" vom 5.9.1985, LT-Drs. 11/2635; Zwischenbericht und Schlußbericht der Enquete-Kommission vom 17.12.1990, LT-Drs. 11/4707, worin sich diese Kommission für eine Erweiterung der unmittelbaren Demokratie aussprach. Der folgende Gesetzentw. der Landesreg. vom 16.3.1993, LT-Drs. 12/2796 wurde ohne kontroverse Diskussion vom Landtag verabschiedet, vgl. Stubenrauch, Gemeinde und Stadt 1993, 207. **Für das Saarland:** Gesetzentw. der Landesreg. vom 3.4.1996, LT-Drs. 11/675; Änderungsantrag des Ausschusses für innere Verwaltung, LT-Drs. 11/1190; PlenProt. der 38. Sitzung am 23.4.1997, S. 2020 ff.

138 Vgl. nur Abg. Füllner (CDU), PlenProt. der 42. Sitzung am 14.12.1989 (LT SchlHolst), S. 2458; Stoiber (CSU), PlenProt. 12/9 vom 21.2.1991 (Bay LT), S. 401; Bericht der Enquete-Kommission, LT-Drs. (Nds) 12/6260, S. 58 f.

139 Abg. Füllner (CDU), PlenProt. der 42. Sitzung am 14.12.1989, S. 2458; siehe auch 1. Teil, 2. Kapitel, I.

sungsrechtlichen Regelungen von Volksbegehren und Volksentscheid als Vorbild[140].
In Niedersachsen und Nordrhein-Westfalen wurde der kommunale Bürgerentscheid zusammen mit einer umfassenden und nicht unumstrittenen Reform des Kommunalverfassungsrechts eingeführt[141], deren Kernstück die Abschaffung der sogenannten Doppelspitze der Gemeinde mit einem Stadtdirektor an der Spitze der Verwaltung und einem Bürgermeister als Vorsitzendem des Rates war.

Neben der Aufnahme von Bürgerbegehren und Bürgerentscheid in die Gemeindeordnungen wurde in vielen Ländern gleichzeitig auch die Kreisordnung um die entsprechenden, auf Gemeindeebene eingeführten plebiszitären Elemente erweitert[142]. In den Kreisen waren derartige Einrichtungen bis zur Änderung der schleswig-holsteinischen Kommunalverfassung im Jahr 1990 überhaupt nicht vorzufinden; die früheren Bestrebungen bezogen sich allesamt auf die Gemeindeebene.
Lediglich die Länder Baden-Württemberg, Hessen und Thüringen haben bis heute auf eine Erweiterung der Kreisordnungen verzichtet, was zu dem eigentümlichen Ergebnis führt, daß den Bürgern zwar auf Gemeinde- und auf Landesebene ein

140 Hofmann, VR 1997, 156, 157; Schneider, StGR 1994, 399; Wansleben in: Held/Becker/Decker, GO NW, § 26, Anm. 1.2.

141 Zum Gesetzgebungsverfahren vgl. **für Niedersachsen:** Bericht der Enquete-Kommission, LT-Drs. 12/6260; Zusammenfassung NSt-N 1994, 140 f.; NSt-N 1995, 63 f.; Schefold, Entwicklungstendenzen, S. 76 ff.; Bruns (SPD), NSt-N 1994, 1 und Wulff (CDU), NSt-N 1994, 2; Niedersächsischer Städtetag, NSt-N 1991, 294; Gesetzentw. der Landesreg., LT-Drs. 13/1450; Beschlußempfehlung des Ausschusses für innere Verwaltung, LT-Drs. 13/1800. Nach kontroverser Diskussion wurde diese Reform mit einer knappen Mehrheit der SPD-Stimmen verabschiedet, vgl. PlenProt, 13. Wahlperiode, 50. Sitzung vom 6.3.1996, S. 5277; F.A.Z. vom 29.11.1995, S. 6 "Die Zweigleiser geben nicht auf". **Für Nordrhein-Westfalen:** Thesenpapier der Kommunalpolitischen Vereinigung der CDU zur Erweiterung der Bürgerbeteiligung vom 27.8.1987; Beschluß der Wahlkampfplattform der CDU im Rahmen des Wahlkampfes zur Landtagswahl 1990 vom 31.3.1990; Ausschußprot. 11/925, S. 29 ff.; Beschlußempfehlung und Bericht des Ausschusses für Kommunalpolitik vom 29.4.1994, LT-Drs. 11/7060; Plenarprot. 11/130, S. 16311 (D); zur Vorgeschichte und zur Einführung der neuen Kommunalverfassung siehe auch Oebbecke, DÖV 1995, 701 ff.; Schefold, Entwicklungstendenzen, S. 67 ff.; Wansleben in: Held/Becker/Decker, GO NW, Einführung, S. 1 ff.

142 Gesetz zur Einführung des kommunalen Bürgerentscheids vom 27.10.1995, Bay GVBl. S. 731; KV des Landes Bbg i.d.F. vom 15.10.1993, GVBl. S. 433; KV für das Land M-V i.d.F. vom 18.2.1994, GVBl. S. 271; NLO i.d.F. vom 22.8.1996, GVBl. S. 336; KrO für NW i.d.F. vom 14.7.1994, GVBl. S. 646; LKO RhPf i.d.F. vom 31.1.1994, GVBl. S. 188; KSVG Saarl i.d.F. vom 27.7.1997, Amtsbl. S. 682; SächsLKrO i.d.F. vom 19.7.1993, GVBl. S. 577; LKrO für LSA i.d.F. vom 5.10.1993, GVBl. S. 598 ff.; KrO SchlHolst i.d.F. vom 2.4.1990, GVBl. S. 193.

Mitspracherecht an staatlichen Entscheidungen zusteht, nicht aber auf der dazwischengelagerten Ebene der Kreise[143].

Nicht überall ging die Initiative zur Einführung von plebiszitären Willensbildungselementen allein vom Gesetzgeber und den Politikern aus, sondern auch die Bürger selbst entschieden sich für mehr Beteiligungsmöglichkeiten. So wurde in Bayern 1995 aufgrund eines erfolgreichen Volksentscheids Bürgerbegehren und Bürgerentscheid in die Kommunalverfassung aufgenommen[144]. In dem Volksentscheid am 1.10.1995 standen sich ein von der CSU[145] eingebrachter Gesetzentwurf des bayerischen Landtags zur Einführung eines Bürgerentscheids in Gemeinden und Kreisen[146], der den Bürgern eine den Regelungen der übrigen Ländern ähnelnde Erweiterung ihrer Entscheidungsbefugnisse versprach, und der Entwurf der Volksinitiative "Mehr Demokratie in Bayern"[147] gegenüber[148]. Der Entwurf der Volksinitiative "Mehr Demokratie", der von der SPD-Fraktion und der Fraktion von Bündnis90/Die Grünen unterstützt wurde, ging bzgl. der Erweiterung der Bürgerbeteiligungsmöglichkeiten noch über den Entwurf des bayerischen Landtags hinaus, indem beispielsweise auf ein Mindestquorum bei der Abstimmung völlig verzichtet wurde und bereits die Mehrheit der abgegebenen Stimmen entscheiden sollte[149]. 57,8 % der Abstimmenden (bei 36,8 % Wahlbeteiligung) entschieden sich für diesen Entwurf, 38,7 % votierten für den Gegenentwurf des Bayerischen Landtags, 3,4 % lehnten beide Entwürfe ab[150].

Zur Entstehung der derzeitigen Regelungen haben außerdem die kommunalen Spitzenverbände beigetragen. Bis in die 90er Jahre hinein standen sie Formen unmittelbarer Demokratie auf Gemeindeebene allerdings häufig skeptisch gegen-

---

143 Boden, LKV 1991, 156, 159, Fn. 39; Bretzinger, Die Kommunalverfassung der DDR, S. 204 f.

144 GVBl. 1995, S. 730.

145 Die CSU, die sich bisher beharrlich gegen jegliche Erweiterung der Bürgerbeteiligung gewehrt hatte, mußte dem Druck der Öffentlichkeit nachkommen und brachte diesen Gesetzentwurf ein, der u.a. von den kommunalen Spitzenverbänden unterstützt wurde, vgl. PlenProt. 13/16 vom 27.4.1995, S. 889; PlenProt. 13/23 vom 4.7.1995, S. 1559; Bayerischer Landkreistag, BayBgm 1994, 322 ff.

146 Gesetzentw. der Landesreg. vom 26.4.1995, LT-Drs. 13/1333.

147 Gesetzentw. des Volksbegehrens vom 11.4.1995, LT-Drs. 13/1252.

148 Zu den Unterschieden im einzelnen vgl. Deubert, BayVBl 1996, 268 ff.; Masson/Samper, BayGO, Art. 18 a, Rn. 1; Wehling, F.A.Z. vom 18.10.1995 "Bürgerentscheide wirken eher werterhaltend".

149 Zu den sich aus einem fehlenden Abstimmungsquorum ergebenden Problemen s.u. 2. Teil, 8. Kapitel, II.

150 Mitteilungen und Bekanntmachungen des Landeswahlleiters des Freistaates Bayern Nr. 2, Okt. 1995.

über[151]. Aber auch die kommunalen Spitzenverbände revidierten größtenteils ihre Meinungen und befürworteten zumindest eine unmittelbare Bürgerbeteiligung in Sachfragen, insbesondere durch Bürgerbegehren und Bürgerentscheid[152].

Schließlich sei angemerkt, daß sich die von den Kommunalverfassungen der neuen Bundesländer ausgehende, insbesondere bei den Reformen in Niedersachsen und Nordrhein-Westfalen zu spürende Anstoßwirkung gleichzeitig positiv für die Festigung der deutschen Einheit auswirkt, indem die ostdeutschen Länder nicht immer nur auf Erfahrungen der westdeutschen Länder zurückgreifen, sondern ein Austausch zukünftig auch in umgekehrter Richtung erfolgen kann[153].

3. Kapitel: Die verfassungsrechtliche Zulässigkeit von Bürgerbegehren und Bürgerentscheid

Anders als die Gemeindeversammlung in Kleinstgemeinden, die gemäß Art. 28 I 4 GG verfassungsrechtlich ausdrücklich für zulässig erklärt wird, wurden Bürgerbegehren und Bürgerentscheid immer wieder als systemwidrig und nicht vereinbar mit einer repräsentativen Demokratie bezeichnet[154]. Heute werden plebiszitäre Elemente auf kommunaler Ebene jedoch grundsätzlich als verfassungsrechtlich zulässig erachtet, solange sie die repräsentative Demokratie nur ergänzen und nicht ersetzen[155]. Obwohl die umstrittene Einführung von Bürgerbegehren und Bürgerentscheid in den 90er Jahren weniger eine Frage rechtlicher Zulässigkeit als verwaltungspolitischer Zweckmäßigkeit war[156], soll dennoch auf einige Zulässigkeitsfragen eingegangen werden, da sie nach wie vor Bedeutung für die Reichweite der Einwirkungsmöglichkeiten einer unmittelbaren Bürgerentscheidung haben.

---

151 Vgl. nur Begr. des Gesetzentw. der Landesreg. vom 6.1.1992, LT-Drs. (Hess) 13/1397, S. 24; PlenProt. der 37. Sitzung des LT (Hess) vom 13.5.1992, S. 2127; Städtetag NW, NSt-N 1989, 194; Bayerischer Städtetag, BayBgm 1994, 103.

152 Bayerischer Städtetag, Der Städtetag 1995, 259; Bayerischer Gemeindetag, BayBgm 1994, 229; Dieckmann (Städtetag NW), Ausschuß für Kommunalpolitik, LT NW, PlenProt. 11/925, S. 7.

153 Hoffmann, DÖV 1994, 621, 629.

154 Blümel, VVDStRL 36 (1978), 171, 228 f., v. Mutius, Gutachten E zum 53. Deutschen Juristentag (1980), S. 226.

155 Vgl. nur v. Arnim, DÖV 1990, 85, 92; Burkhardt, Bürgerentscheid, S. 77 ff.; Hölzl/Hien, BayGO, Art. 18 a, Anm. 1; Kunze in: Kunze/Bronner/Katz, GemO BW, § 21, Rn. 1 ff.; Wefelmeier in: Blum/Beckhof, NGO, § 22 b, Rn. 2.

156 Erbguth, DÖV 1995, 973; Hendler, Der Landkreis 1995, 321, 322 f.; Hölzl/Hien, BayGO, Art. 18 a, Anm. 1; Streinz, Die Verwaltung 1983, 293, 299 ff.; zu den einzelnen Argumenten vgl. folgendes Kapitel.

Die in den Kompetenzbereich des Landesgesetzgebers fallende Regelung von Bürgerbegehren und Bürgerentscheid bemißt sich zunächst nach den Voraussetzungen des Art. 28 I 1 GG, wonach die verfassungsmäßige Ordnung in den Ländern und somit auch in den Gemeinden als Teile der Landesverwaltung den Grundsätzen des republikanischen, demokratischen und sozialen Rechtsstaats i.S.d. Grundgesetzes entsprechen muß.

I. Demokratieprinzip

Der Einwand der Systemwidrigkeit von Bürgerbegehren und Bürgerentscheid wurde vor allem auf das streng repräsentativ ausgestaltete Demokratieverständnis des Grundgesetzes gestützt[157], welches über Art. 28 I 1 GG auch auf die Gemeinden einwirkt. Allerdings verlangt Art. 28 I 1 GG keine Uniformität oder Konformität, sondern nur eine gewisse Homogenität der Landes- und Kommunalverfassungen mit dem Grundgesetz durch Bindung an die leitenden Staatsprinzipien, so daß die Übernahme des grundgesetzlichen Demokratieverständnisses nur in seinen Grundzügen erforderlich ist[158]. Der Landesgesetzgeber ist insoweit durch die von Art. 28 I GG aufgestellten Rahmenbedingungen nicht verpflichtet, das weitgehende Fehlen von plebiszitären Elementen im Grundgesetz zu übernehmen[159].

---

157 Auch auf Bundesebene sind in jüngster Zeit verstärkt Bestrebungen für eine Einführung von direktdemokratischen Elementen zu beobachten. Der in Art. 5 EV enthaltene Auftrag zur Änderung und Ergänzung des Grundgesetzes führte u.a. dazu, daß Bundestag und Bundesrat einen gemeinsamen Verfassungsausschuß beriefen, der sich u.a. mit der Einführung von direktdemokratischen Elementen in das Grundgesetz befassen sollte. Diese Kommission sprach in ihrem Abschlußbericht (BT-Drs. 12/6000, S. 83 ff.) keine Empfehlung zur Einführung direktdemokratischer Elemente in das Grundgesetz aus. Auch in den parlamentarischen Beratungen im Bundestag fand die Aufnahme plebiszitärer Elemente keine Zustimmung, vgl. Beschluß und Bericht des Rechtsausschusses vom 28.6.1994, BT-Drs. 12/8165, S. 46 ff. Dagegen befürwortete die Mehrheit der Länder in einer vom Bundesrat am 1.3.1991 eingesetzten Kommission eine Aufnahme von plebiszitären Einrichtungen in das Grundgesetz, ohne allerdings konkrete Vorschläge zu unterbreiten (Abschlußbericht, BR-Drs. 360/92, S. 26 ff.); vgl. auch Degenhardt, Der Staat 31 (1992), 57, 77 ff.; Pestalozza, Der Popularvorbehalt.

158 St. Rspr. des Bundesverfassungsgerichts, BVerfGE 9, 268, 279; 27, 44, 56; 41, 88, 116; 83, 37, 58; Bugiel, Volkswille und repräsentative Entscheidung, S. 309 f.; Degenhardt, Der Staat 31 (1992), 77, 78; Erbguth, DÖV 1995, 793, 796; Klein in: Schmidt-Bleibtreu/Klein, GG, Art. 28, Rn. 1; Knemeyer, Bürgerbeteiligung und Kommunalpolitik, S. 26 f.; Maunz/Dürig-Herzog, GG, Art. 20 II, Rn. 97; Maunz/Dürig-Maunz, GG, Art. 28, Rn. 34.

159 Zu den plebiszitären Elementen in den Landesverfassungen (ohne die Stadtstaaten) wie Volksinitiative, Volksbegehren, Volksentscheid siehe: Art. 60 LV BW; Art. 74 BayVerf; Art. 76-78 LV Bbg; Art. 124 Hess LV; Art. 59, 60 LV M-V; Art. 47-49 Nds Verf; Art. 68 LV NW; Art. 109 LV RhPf; Art. 99, 100 Verf Saarl; Art. 71, 72 SächsVerf; Art. 80, 81 LV LSA; Art. 41, 42 LV SchlHolst; Art. 82 LV Thü. Zur unmittelbaren Demokratie in

Das gilt für den gesamten Staatsaufbau der Länder, also auch für die Körperschaften der kommunalen Selbstverwaltung als Teile der Exekutivgewalt der Länder[160]. Hier muß somit zwar das System der repräsentativen Demokratie gelten, Bürgerbegehren und Bürgerentscheid sind jedoch nicht von vornherein ausgeschlossen[161].

Bzgl. der Reichweite der direktdemokratischen Einrichtungen ist jedoch Art. 28 I 2 GG zu beachten, wonach auch in den Gemeinden eine Volksvertretung existieren muß. Insoweit stellt das Grundgesetz selbst gewisse repräsentative Mindestanforderungen für die Gemeinden auf[162]. Ob der Gesetzgeber auf diese Weise allerdings verpflichtet ist, die Gemeindevertretung mit besonderen nicht auf die Bürger oder andere Gemeindeorgane übertragbaren Kompetenzen auszustatten, bleibt nach dem Gesetzeswortlaut offen[163].

Im Hinblick auf die Absicherung der Kompetenzen der Gemeindevertretung gegenüber anderen Gemeindeorganen ist wegen des aus dem Demokratieprinzip folgenden Grundsatzes der Volkssouveränität davon auszugehen, daß grundlegende, richtungsweisende Entscheidungen von einem durch Volkswahl legitimierten Organ getroffen werden müssen[164] und nicht von anderen Selbstverwaltungsorganen, die ihre Legitimation lediglich mittelbar vom Volk ableiten[165]. Aber auch gegenüber einem volksgewählten Bürgermeister kommt der Gemeindevertretung als Kollegialorgan eine Vorrangstellung zu, da eine demokratische Willensbildung auf dem Wege eines intensiven Meinungsaustausches stattfinden sollte[166] und ein solcher bei einem zwar volksgewählten, aber nur aus einer Einzelperson bestehenden Organ wie dem Bürgermeister nicht gewährleistet ist. Die Praxis und die gesetzlichen Regelungen in den einzelnen Gemeindeordnungen[167]

---

den Ländern vgl. z.B. Bugiel, Volkswille und repräsentative Entscheidung, S. 289 ff.; Jürgens, Direkte Demokratie in den Bundesländern, 1993; Jung, JöR 41 (1993), 29 ff.; Pestalozza, Der Popularvorbehalt, S. 15 ff.

160 BK-Stern, GG, Art. 28, Rn. 27.

161 Rehn in: FS für Unruh, S. 305, 319; Streinz, Die Verwaltung 1983, 293, 301.

162 Ausführlich Burkhardt, Bürgerentscheid, S. 81 ff.; vgl. auch Löwer in: v. Münch/Kunig, GG, Art. 28, Rn. 23; Streinz, Die Verwaltung 1983, 293, 301; Thiele, DÖD 1989, 77.

163 Ablehnend v. Mangoldt/Klein, GG, Bd. 1, 2. Aufl., Art. 28, S. 703; zustimmend BverfGE 47, 253, 274; BK-Stern, GG, Art. 28, Rn. 50; Burkhardt, Bürgerentscheid, S. 81 ff.; Grawert, VVDStRL 36 (1978), 277, 327.

164 Burkhardt, Bürgerentscheid, S. 83 ff.

165 So z.B. der Verwaltungsausschuß in Niedersachsen gemäß §§ 56 ff. NGO.

166 Kaltefleiter in: FS für Unruh, S. 1187, 1189.

167 Vgl. nur Art. 29 BayGO; § 32 GO Bbg; § 27 I SächsGemO; § 27 I GO SchlHolst, wonach ausdrücklich festgelegt ist, daß die Gemeindevertretung als Hauptorgan der Gemeinde anzusehen ist.

bestätigen diese Vorrangstellung der Gemeindevertretung gegenüber dem Bürgermeister.
Zwar ist eine Anhäufung von Entscheidungskompetenzen in der Hand eines Organs - auch der Gemeindevertretung - aus rechtsstaatlicher Sicht im Hinblick auf eine gegenseitige Kontrolle der einzelnen Organe durch Gewaltenteilung bedenklich[168]. Wegen der Zuordnung der gesamten kommunalen Selbstverwaltungskörperschaft zum Bereich der Exekutive der Länder ist jedoch ohnehin innerhalb der Körperschaft eine Kontrolle i.S.d. klassischen Gewaltenteilungslehre nicht gegeben; es besteht jedoch eine gewisse Kontrolle durch die Rechtsaufsichtsbehörden (Landrat, Regierungspräsidium, Bezirksregierung, Innenminister u.ä.). Die Ansammlung von Entscheidungskompetenzen bei der Gemeindevertretung wird weiterhin kompensiert durch die Möglichkeit der Verweigerung der Wiederwahl der Gemeindevertreter.

Allerdings sichert die direkte Legitimation durch das Volk die besondere Stellung der Gemeindevertretung nur gegenüber den anderen Gemeindeorganen, nicht jedoch gegenüber den Bürgern selbst ab, deren Entscheidung mindestens dieselbe Legitimation wie die der Gemeindevertretung aufweisen kann[169]. Wegen des durch Art. 28 I 2 GG vorgeschriebenen Repräsentationsprinzips ist eine Rückführung zunächst durch Volkswahl übertragener grundlegender, richtungsweisender Entscheidungskompetenzen auf das Volk als Souverän jedoch eingeschränkt, denn eine Gemeindevertretung ohne eigentliche Kompetenzen wäre widersinnig, wenn nicht sogar überflüssig[170]. Art. 28 I 2 GG sichert der Gemeindevertretung insofern eine über dem "bloßen Vorhandensein" stehende Rolle. Demzufolge müssen die wesentlichen Entscheidungsbefugnisse und die Gesamtverantwortung bei der Gemeindevertretung bleiben. Solange das gewährleistet ist, bestehen jedoch gegen die Rückübertragung von Entscheidungskompetenzen auf die Bürger keine Bedenken. Dem Gesetzgeber öffnet sich insoweit bzgl. der weiteren Ausgestaltung der Zuständigkeitsverteilung innerhalb der Gemeinde ein sich im Rahmen des Homogenitätsgebots gemäß Art. 28 I 1 GG bewegender Spielraum[171], der in der eben beschriebenen Weise durch Art. 28 I 2 GG begrenzt ist, d.h. die Entscheidungsbefugnisse der Bürger dürfen quantitativ und qualitativ nicht so weitreichend sein, daß sie die aus Art. 28 I 2 GG abzuleitende grundlegende Entscheidungskompetenz und die damit verbundene Gesamtverantwortung der Gemeindevertretung gefährden[172].

---

[168] Vgl. v. Mangoldt/Klein, GG, Bd. 1, 2. Aufl., Art. 28, S. 703.
[169] S.u. 1. Teil, 4. Kapitel, I.
[170] BK-Stern, GG, Art. 28, Rn. 45; Burkhardt, Bürgerentscheid, S. 82.
[171] BK-Stern, GG, Art. 28, Rn. 50.
[172] Meißner in: Kühne/Meißner, Züge unmittelbarer Demokratie, S. 177; Streinz, Die Verwaltung 1983, 293, 302.

Durch die Möglichkeit eines Bürgerentscheids wird auch nicht der mit dem Repräsentativsystem verbundene und über Art. 28 I 1 GG auch auf die Gemeinden einwirkende[173] Grundsatz des freien Mandats gemäß Art. 38 I 2 GG eingeschränkt, wonach die Abgeordneten Vertreter des ganzen Volkes sind, an Aufträge und Weisungen nicht gebunden und nur ihrem Gewissen unterworfen sind. Dadurch, daß die Bürger selbst anstelle der Abgeordneten entscheiden, werden die Gemeindevertreter nicht zu einer bestimmten Stimmabgabe gezwungen. In einer Angelegenheit, in der ein Bürgerentscheid durchgeführt wird, entscheiden vielmehr allein die Bürger, nicht die Gemeindevertreter, die insofern nicht in ihrer Entscheidungsfreiheit eingeschränkt werden, da sie in dieser Angelegenheit nicht zu einer bestimmten Entscheidung gezwungen werden und ihr Entscheidungsrecht in den übrigen Gemeindeangelegenheiten nicht berührt wird. Der von der Möglichkeit eines Bürgerentscheids ausgehende Druck, daß eine Entscheidung der Repräsentanten wieder aufgehoben werden könnte, muß den Gemeindevertretern zugemutet werden und schränkt deren Entscheidungsfreiheit ebenfalls nicht ein[174]. Da die Gemeindevertreter gemäß Art. 38 I 2 GG in ihrer Entscheidung nur ihrem Gewissen unterworfen sind, sind sie nicht nur berechtigt, sondern auch verpflichtet, Einflüsse, die der Gewissensentscheidung entgegenstehen, zurückzuweisen.

II. Rechtsstaatsprinzip

Im Hinblick auf das gemäß Art. 28 I 1 GG auch auf Gemeindeebene geforderte Rechtsstaatsprinzip könnte die Zulässigkeit von Bürgerbegehren und Bürgerentscheid Bedenken hervorrufen, falls durch diese Einrichtungen ursprüngliche Entscheidungskompetenzen der Gemeindevertretung ohne gesetzliche Grundlage eingeschränkt würden[175]. Die aus dem Rechtsstaatsprinzip folgende umfassende Bindung der Ausübung staatlicher Gewalt an Gesetz und Recht verlangt insofern, daß ein Eingriff durch Bürgerbegehren und Bürgerentscheid in die Entscheidungskompetenzen eines Repräsentativorgans von einer gesetzlichen Grundlage gedeckt ist. Als solche ist eine gemeindliche Satzung nicht ausreichend. Denn die Gemeinde darf zwar grundsätzlich alle örtlichen Angelegenheiten selbst regeln, jedoch nur soweit nicht bereits der Landesgesetzgeber wie in diesem Fall durch die Regelung der gemeindeinternen Kompetenzverteilung in den Kommunalver-

---

[173] Vgl. BVerfGE 11, 266, 273.

[174] Meißner in: Kühne/Meißner, Züge unmittelbarer Demokratie, S. 177; Streinz, Die Verwaltung 1983, 293, 302.

[175] Erbguth, DÖV 1995, 793, 796; Ziegler in: Kühne/Meißner, Züge unmittelbarer Demokratie, S. 137.

fassungen tätig geworden ist[176]. Um die gegebene Kompetenzverteilung durch Bürgerbegehren und Bürgerentscheid zu durchbrechen, ist demnach eine landesgesetzliche Regelung erforderlich.
Bei Vorliegen einer solchen tragen jedoch gerade Bürgerbegehren und Bürgerentscheid dazu bei, die rechtsstaatlich geforderte Kontrolle der Repräsentativorgane zu verbessern, indem beispielsweise ein Ratsbeschluß durch einen entsprechenden Bürgerentscheid nachträglich wieder aufgehoben werden kann.

III. Sozialstaatsprinzip

Das Sozialstaatsprinzip setzt der Zulässigkeit von Bürgerbegehren und Bürgerentscheid grundsätzlich keine Grenzen. Diese Einrichtungen können vielmehr ihrerseits zur Verwirklichung des Sozialstaatsprinzips beitragen, indem sie zu gemeinsamen Aktionen der Bürger für die Gemeinde anregen, somit ein sozialverträglicheres Zusammenleben der Bürger untereinander fördern und gleichzeitig die Beziehung zwischen Staat und Bürgern intensivieren[177]. Daß einzelne Entscheidungen der Bürger inhaltlich dem Sozialstaatsgedanken widersprechen könnten, ist dabei keine Frage der grundsätzlichen Zulässigkeit von Bürgerbegehren und Bürgerentscheid. Denn diese Problematik besteht auch bei Entscheidungen eines Repräsentativorgans und kann außerdem dadurch minimiert werden, daß besonders gefährdete Bereiche, etwa grundlegende finanzpolitische Entscheidungen, die die sozialen Verpflichtungen der kommunalen Selbstverwaltung gefährden könnten, vom Anwendungsbereich des Bürgerentscheids ausgenommen werden[178].

IV. Art. 28 I 4 GG in der Diskussion um die Zulässigkeit von Bürgerbegehren und Bürgerentscheid

Teilweise wird die Zulässigkeit von Bürgerbegehren und Bürgerentscheid direkt aus Art. 28 I 4 GG abgeleitet, wonach an die Stelle einer gewählten Körperschaft die Gemeindeversammlung treten kann[179]. Wenn die Bürger bei sämtlichen Sach-

---

176 Blum, NdsVBl 1995, 1, 4; Streinz, Die Verwaltung 1983, 293, 304; Ziegler, Bürgerbeteiligung, S. 191.

177 Erbguth, DÖV 1995, 793, 798.

178 S.u. 2. Teil, 1. Kapitel, IV.

179 Hill, Die Rolle des Bürgers in der Gemeindeverfassung, S. 211, Meißner in: Kühne/ Meißner, Züge unmittelbarer Demokratie, S. 176; Pestalozza, Der Popularvorbehalt, S. 15; Thiele, DÖD 1989, 77; Waechter, Kommunalrecht, Rn. 271; Ziegler, Bürgerbeteiligung, S. 199.

entscheidungen anstelle eines Repräsentativorgans entscheiden dürften, so müsse dies erst recht für den Einzelfall, namentlich für einen Bürgerentscheid, gelten[180].

Dagegen ist jedoch einzuwenden, daß es sich bei Art. 28 I 4 GG, wie auch die Entstehungsgeschichte nahelegt[181], um eine Ausnahmevorschrift nur für Kleinstgemeinden handelt und daraus nicht allgemein auf die Zulässigkeit plebiszitärer Elemente geschlossen werden kann[182], da Ausnahmevorschriften i.d.R. eng auszulegen sind.
Allerdings kann Art. 28 I 4 GG auch nicht als abschließende Ausnahmevorschrift bzgl. der Zulässigkeit von plebiszitären Elementen auf Gemeindeebene verstanden werden[183]. Denn eine besondere Regelung für die Gemeindeversammlung war insoweit erforderlich, da die Ersetzung des Repräsentativorgans durch eine derartige Einrichtung nach dem Grundsatz des Art. 28 I 2 GG unzulässig wäre, während eine Ergänzung des dort geforderten Repräsentativsystems durch Bürgerbegehren und Bürgerentscheid in den aufgezeigten Grenzen ohne weiteres möglich ist. Die Ausnahmeregelung bzgl. der Gemeindeversammlung gilt daher nicht für Bürgerbegehren und Bürgerentscheid, da deren Zulässigkeit durch den Grundsatz gemäß Art. 28 I 1, 2 GG nicht ausgeschlossen ist.
Art. 28 I 4 GG besitzt insofern keine rechtliche Relevanz für die Zulässigkeit von Bürgerbegehren und Bürgerentscheid.

V. Voraussetzungen des Landesrechts

Neben den Anforderungen des Art. 28 I GG an die Zulässigkeit von Bürgerbegehren und Bürgerentscheid sind grundsätzliche landesrechtliche Beschränkungen aufgrund der einzelnen Landesverfassungen nicht ersichtlich. Es ist lediglich zu beachten, daß es den Gemeinden wegen des Verstoßes gegen die landesrechtliche Kompetenzverteilung verwehrt ist, selbständig die Einführung von Bürgerbegehren und Bürgerentscheid im Wege eines Satzungsbeschlusses zu normieren[184]. Hierfür ist vielmehr eine landesgesetzliche Regelung notwendig; eine grundsätzliche Normierung in den Landesverfassungen hätte für die Bürger aller-

---

180 Hill, Die Rolle des Bürgers in der Gemeindeverfassung, S. 211, Meißner in: Kühne/Meißner, Züge unmittelbarer Demokratie, S. 176; Pestalozza, Der Popularvorbehalt, S. 15; Thiele, DÖD 1989, 77; Waechter, Kommunalrecht, Rn. 271; Ziegler, Bürgerbeteiligung, S. 199.

181 Vorbild für Art. 28 I 4 GG war Art. 17 WRV, wonach ebenfalls nur für Kleinstgemeinden eine Gemeindeversammlung eingerichtet werden konnte, vgl. Anschütz, Die Verfassung des deutschen Reichs, Art. 17, S. 139.

182 Burkhardt, Bürgerentscheid, S. 88 f.; Fischer, NWVBl 1995, 366; Streinz, Die Verwaltung 1983, 293, 301.

183 Erbguth, DÖV 1995, 793, 797; Streinz, Die Verwaltung 1983, 293, 301.

184 S.o. 1. Teil, 3. Kapitel, II.

dings den Vorteil, daß die gewährten Rechte nicht durch mit einfacher Mehrheit beschlossene Landesgesetze eingeengt oder sogar aufgehoben werden könnten[185]. Jedoch enthalten nur die Verfassungen von Bayern und Brandenburg das Recht auf Durchführung von Bürgerentscheiden[186]. Die Landesverfasssung von Mecklenburg-Vorpommern beinhaltet lediglich eine Ermächtigung an den Landesgesetzgeber zur Einführung direkter Mitwirkungsmöglichkeiten der Bürger auf kommunaler Ebene[187]. Die Bürger können jedoch aufgrund der vorhandenen landesverfassungsrechtlichen Regelungen durch Volksbegehren und Volksentscheid über die Einführung und Ausgestaltung ihrer Mitwirkungsrechte in den Gemeinden selbst entscheiden[188], wie der in Bayern durchgeführte Volksentscheid zur Einführung des kommunalen Bürgerentscheids zeigt[189].

4. Kapitel: Die Zweckmäßigkeit von Bürgerbegehren und Bürgerentscheid

Nachdem somit von der grundsätzlichen verfassungsrechtlichen Zulässigkeit von Bürgerbegehren und Bürgerentscheid auszugehen ist, stellt sich die auch während der Gesetzgebungsverfahren immer wieder gestellte Frage nach dem Nutzen und dem Sinn derartiger direktdemokratischer Einrichtungen in einer repräsentativen Demokratie. Mit der Einführung von Bürgerbegehren und Bürgerentscheid sollten in erster Linie Defizite in einer streng repräsentativ ausgestalteten Demokratie, vor allem die verlorengegangene Nähe zwischen Bürgern einerseits und Repräsentanten und Verwaltung andererseits ausgeglichen werden. Bei Ereignissen wie der Gebietsreform in den 70er Jahren oder der Wiedervereinigung 1989/90 wurde verstärkt die Forderung nach mehr Bürgerbeteiligung erhoben[190], diese Forderung konnte von einer streng repräsentativ ausgestalteten Demokratie nicht ausreichend erfüllt werden. Abgesehen von Splittergruppen stand allerdings zu keinem Zeitpunkt eine völlige Aufhebung der repräsentativen Demokratie zur Diskussion. Die repräsentative Demokratie wird gerade für eine Massendemokratie zur Bildung eines gemeinsamen Volkswillens und für eine kontinuierliche Verwaltungsarbeit grundsätzlich als erforderlich erachtet[191] und von den Bürgern

185 Treffer/Kroll, Bürgerbegehren und Bürgerentscheid in Bayern, Anm. 1, S. 13; Abg. Brosch, PlenProt. Bay-LT 13/23 vom 4.7.1995, S. 1557.
186 Art. 7 II, Art. 12 III BayVerf; Art. 22 I 1 LV Bbg.
187 Art. 72 II 2 LV M-V.
188 Erbguth, DÖV 1995, 793, 794, 797.
189 S.o. 1. Teil, 2. Kapitel, IV.
190 S.o. 1. Teil, 2. Kapitel.
191 Knemeyer, Bürgerbeteiligung und Kommunalpolitik, S. 32 ff.; Bericht der Enquete-Kommission, LT-Drs. (Nds) 12/6260, S. 58; siehe auch oben 1. Teil, 1. Kapitel.

schon allein wegen ihrer Entlastungsfunktion grundsätzlich anerkannt[192]. Die mittelbare Demokratie sollte und soll daher lediglich durch plebiszitäre Regelungen ergänzt und verbessert werden[193]. Ein Verbesserungseffekt ist jedoch nur zu erzielen, wenn die positiven Auswirkungen der plebiszitären Regelungen die negativen deutlich überwiegen. Bei dieser Abwägung geht es im wesentlichen um vier Bereiche, die allerdings bei der abschließenden Bewertung nicht unabhängig voneinander betrachtet werden dürfen: zum einen um die Legitimation einer Entscheidung unmittelbar durch die Bürger (I.), zum anderen um die Auswirkungen direkter Entscheidungen auf das Verhältnis zwischen Bürgern und Repräsentanten (II.), des weiteren um die inhaltliche Qualität dieser Entscheidungen (III.) und letztlich um die Besonderheiten aufgrund des Abstimmungsverfahrens eines Bürgerentscheids (IV.). Im folgenden sollen daher die Auswirkungen von Bürgerbegehren und Bürgerentscheid in diesen Bereichen untersucht werden, um den generellen Nutzen einer unmittelbaren Bürgerabstimmung für die repräsentative Demokratie aufzuzeigen.

I. Die demokratische Legitimation und der demokratische Mehrwert einer unmittelbaren Bürgerentscheidung

Die Legitimation einer unmittelbaren Bürgerentscheidung steht der einer Entscheidung der Repräsentativorgane aus rechtlicher Sicht grundsätzlich gleichwertig gegenüber[194]. Das ergibt sich aus der grundgesetzlichen Gleichwertigkeit zwischen Wahlen und Abstimmungen gemäß Art. 20 II 2 GG. Diese Gleichwertigkeit setzt sich für Volksentscheide in den Landesverfasssungen auch auf Landesebene fort.

Für Bürgerentscheide, die wie Volksentscheide an die Stelle einer Entscheidung eines Repräsentativorgans treten, kann mangels gesetzlicher Regelung nichts anderes gelten. Für die kommunale Ebene ergibt sich das bereits aufgrund der besonderen Stellung der kommunalen Selbstverwaltungskörperschaften im Gesamtaufbau der Bundesrepublik Deutschland. Diese Körperschaften leiten ihre Kompetenzen nicht wie Bund und Länder direkt vom Volk ab, sondern von der staatlichen Zentralgewalt der Länder[195]. Die Wahl der Gemeindevertreter stellt insofern lediglich eine zusätzliche Legitimation der Gemeindevertretung und der

---

192 Streinz, Die Verwaltung 1983, 293, 311.

193 Vgl. nur v. Arnim, DÖV 1990, 85, 92; Burkhardt, Bürgerentscheid, S. 26 f.; v. Danwitz, DVBl 1996, 134, 135; Henneke, DVBl 1995, 1064, 1068; ders., ZG 1996, 1, 7; Meißner in: Kühne/Meißner, Züge unmittelbarer Demokratie, S. 167.

194 BayVerfGH, BayVBl 1994, 203, 206; Fischer, NWVBl 1995, 366; Hölzl/Hien, BayGO, Art. 18 a, Anm. 10; Wansleben in: Held/Becker/Decker, GO NW, Einführung, Anm. 2.3.2.2.

195 S.o. 1. Teil, 1. Kapitel, III.

von ihr zu treffenden Entscheidungen dar[196]. Das hat aber auch zur Folge, daß einzelne Beschlüsse der Gemeindevertretung wie auch ein Bürgerentscheid, der an die Stelle eines Gemeinderatsbeschlusses tritt, von der staatlichen Gewalt der Länder abhängig sind, was in beiden Fällen beispielsweise daran zu erkennen ist, daß sie jeweils der Kontrolle der Rechtsaufsichtsbehörde unterliegen[197]. Anders als bei einem Volksentscheid auf Landesebene, der seine Legitimation direkt vom Volk ableitet, ist ein Bürgerentscheid von vornherein nicht aus sich selbst heraus gerechtfertigt[198]. Aus rechtlicher Sicht tritt daher keine Verbesserung der demokratischen Legitimation ein.

Neben der rein rechtlichen Bedeutung der Legitimation einer Entscheidung ist jedoch die faktische Akzeptanz einer Entscheidung in der Bevölkerung zu beachten. Unter der Bedingung, daß eine ausreichende Anzahl von Bürgern an einer Abstimmung teilnimmt[199], kann einem Bürgerentscheid gegenüber den Entscheidungen der Repräsentanten ein demokratischer Mehrwert zukommen, dadurch daß die Entscheidung direkt von den Bürgern und nicht über den Umweg einer Entscheidung durch die Repräsentanten getroffen wird[200]. Die Akzeptanz einer Entscheidung kann steigen, wenn sie durch die Bürger selbst getroffen wird und eine Entscheidung getroffen wird, mit der sich die Bürger identifizieren können[201]. Auf diese Weise kann die Legitimität einer Entscheidung i.S.e. Rechtfertigung des Staates, seiner Herrschaftsgewalt und seiner Handlungen durch höhere Werte und Grundsätze[202] aus tatsächlicher Sicht gesteigert werden, obwohl aus rechtlicher Sicht keine Verbesserung der Legitimation eintritt. Die Möglichkeit einer Steigerung des Legitimationswerts i.S.e. größeren Anerkennung in der Bevölkerung spricht somit grundsätzlich für eine Aufnahme von Bürgerbegehren und Bürgerentscheid in die Kommunalverfassungen.
Wenn in dieser Arbeit von Steigerung oder Verbesserung der Legitimation durch plebiszitäre Entscheidungen gesprochen wird, ist damit ein demokratischer Mehrwert i.S.e. gesteigerten Akzeptanz gemeint.

---

196 S.o. 1. Teil, 1. Kapitel, III.

197 Burkhardt, Bürgerentscheid, S. 35 f.; siehe dazu unten 2. Teil, 10. Kapitel, I 2.

198 Burkhardt, Bürgerentscheid, S. 34 f.

199 Zum Erfordernis einer Mindeststimmbeteiligung s.u. 2. Teil, 8. Kapitel, II 1.

200 V. Arnim, DÖV 1990, 89, 91; Hendler, Der Landkreis 1995, 321, 323; Kreutz-Gers, StGR 1989, 311, 317; Schefold, Entwicklungstendenzen, S. 122.

201 Burkhardt, Bürgerentscheid, S. 37; Hofmann, VR 1997, 156, 157; Kreutz-Gers, StGR 1989, 311, 317; Muckel, NVwZ 1997, 223, 227; v. Rotberg/Rooks, VBlBW 1993, 410, 404; Schefold, Entwicklungstendenzen, S. 122; Schneider, StGR 1994, 399; Schneider in: Dieckmann/Heinrichs, GO NW, § 26, Anm. 1; kritisch Wittzack in: Knemeyer, Bürgerbegehren und Bürgerentscheid in Bayern, S. 47 f.

202 Vgl. BVerfGE 5, 85, 379; Klein in: FS für Carstens, S. 646, 649.

II. Die Auswirkungen auf das Verhältnis zwischen Bürgern und Repräsentanten

Als weiteres Argument für die Einführung von Bürgerbegehren und Bürgerentscheid wird angeführt, daß diese Instrumente zu einer Verbesserung der Beziehungen zwischen Bürgern und gewählten Repräsentanten bzw. sämtlichen Gemeindeorganen führen könne. Allein die Möglichkeit, daß die Bürger in einer Angelegenheit selbst entscheiden könnten, motiviere die Gemeindevertreter, Kontakt zu den Bürgern zu suchen, um bürgernahe Entscheidungen zu treffen; ein Bürgerentscheid zeige insofern präventive und antreibende Wirkung[203]. Diese äußere sich außerdem darin, daß der Gemeinderat in zahlreichen Fällen bereits vor Durchführung des Bürgerentscheids einem erfolgreichen Bürgerbegehren entspreche und sich ein Bürgerentscheid erübrige, da die Bürger auf diese Weise bereits ihr Ziel erreicht hätten[204]. Durch die Möglichkeit von Bürgerbegehren und Bürgerentscheid vergrößere sich ferner die Transparenz der Verwaltungsentscheidungen; bei frühzeitiger Bürgerbeteiligung sei die Gemeinde gehalten, ihre Meinungsbildung offen zu legen, auf diese Weise werde Unmut in der Bevölkerung durch überraschende Entscheidungen vermieden und es erübrige sich u.U. ein Bürgerentscheid[205]. Die größere Transparenz der Verwaltungsarbeit bewirke in positiver Weise eine zusätzliche Kontrolle der Verwaltung[206].
Als weitere positive Wirkung einer unmittelbaren Bürgerentscheidung wird die sogenannte Ventilwirkung genannt: Durch Bürgerbegehren und Bürgerentscheid hätten die Bürger die Gelegenheit, in Angelegenheiten, die besonderen Unmut in der Bevölkerung hervorrufen, außerhalb der parteipolitischen Willensbildung Einfluß auf die Gemeindeangelegenheiten nehmen und angestaute Aggressionen

---

203 V. Arnim, DÖV 1990, 85, 87; Behnke, VR 1996, 113, 114; Burkhardt, Bürgerentscheid, S. 38 f.; Deubert, BayVBl 1996, 268, 270; Glaser in: Schweriner Kommentierung, § 20, Rn. 1; Hölzl/Hien, BayGO, Art. 18 a, Anm. 1; Kreutz-Gers, StGR 1989, 311, 317; Kunze in: Kunze/Bronner/Katz, GemO BW, § 21, Rn. 1; Meißner in: Kühne/Meißner, Züge unmittelbarer Demokratie, S. 167; Seeger, ZParl 1988, 516, 534; Waechter, Kommunalrecht, Rn. 272; Wefelmeier in: Blum/Beckhof, NGO, § 22 b, Rn. 3; Wehling, AfK 1989, 110, 113.

204 S.u. 2. Teil, 12. Kapitel, II; vgl. auch Burkhardt, Bürgerentscheid, S. 38; Kreuz-Gers, StGR 1989, 311, 317; zu den Anforderungen an eine Erledigungserklärung s.u. 2. Teil, 5. Kapitel.

205 Kreutz-Gers, StGR 1989, 311, 317.

206 Sogenannte korrigierende Wirkung eines Bürgerentscheids im Gegensatz zu der initiierenden Wirkung, bei der die Bürger den eigentlichen Anstoß für eine Entscheidung geben, vgl. Burkardt, Bürgerentscheid, S. 38; Hendler, Der Landkreis 1995, 321, 324; Bericht der Enquete-Kommission, LT-Drs. (Nds) 12/ 6260, S. 58.

abzubauen[207]. Damit könne der Unmut aufgefangen werden, der sich in Extremfällen bis zu Gewalttätigkeiten steigern könne[208].
Bürgerbegehren und Bürgerentscheid stellten nicht nur ein Mittel dar, die Aktivitäten von Bürgerinitiativen in geregelte Bahnen zu lenken, sondern auch eine Möglichkeit, die Politik- und Staatsverdrossenheit zu bekämpfen[209]. Mit Bürgerbegehren und Bürgerentscheid werde Repräsentationsdefiziten entgegengetreten, indem die Bürger in Angelegenheiten, bei denen sie kein Vertrauen in die gewählten Repräsentanten hätten, selbst entscheiden könnten[210].

Durch Entzug von Entscheidungskompetenzen der Gemeindevertretung und durch äußere Einflüsse auf die innergemeindliche Entscheidungsfindung könne es demgegenüber zu einer zu starken Entwertung des kommunalen Mandats kommen[211]. Aufgrund des Machtverlustes der Mandatsträger sinke der Anreiz, ein solches Mandat zu übernehmen, so daß auf diese Weise die repräsentative Demokratie nicht gestärkt, sondern geschwächt werde. Die vom Wählerwillen abhängigen Gemeindevertreter empfänden Bürgerbegehren und Bürgerentscheid, die ein Zeichen für Unmut über die Arbeit der Repräsentativorgane in einer Angelegenheit darstellten, häufig als störenden Druck für eine kontinuierliche Ratsarbeit[212]. Ein besonderer Vorteil der repräsentativen Demokratie sei es gerade, auch unpopuläre, aber dennoch dem Gemeinwohl entsprechende Entscheidungen treffen zu können, ohne dabei die Macht zu verlieren[213] bzw. durch einen Bürgerentscheid in der Handlungsfreiheit eingeschränkt zu werden. Zu zahlreiche Bürgerentscheide könnten zu einer Abstimmungsmüdigkeit und damit zu einer weiteren Schwächung der repräsentativen Demokratie führen[214].

---

207 Behnke, VR 1996, 113, 115; Hager, VerwArch 84 (1993), 97, 118 f.; Henneke, DVBl 1995, 1064, 1068; ders., ZG 1996, 1, 7 f.; Meißner in: Kühne/Meißner, Züge unmittelbarer Demokratie, S. 166 f.; Waechter, Kommunalrecht, Rn. 270, 273; Bericht der Enquete-Kommission, LT-Drs. (Nds) 12/6260, S. 58.

208 Thiele, DÖD 1989, 77, 78; Wehling, AfK 1989, 110, 113.

209 Erbguth, DÖV 1995, 793, 801; Hager, VerwArch 84 (1993), 97, 122; Meißner in: Kühne/Meißner, Züge unmittelbarer Demokratie, S. 166 f.

210 Erbguth, DÖV 1995, 793, 801; Hager, VerwArch 84 (1993), 97, 122; Henneke, ZG 1996, 1, 8; Hölzl/Hien, BayGO, Art. 18 a, Anm. 1.

211 Knemeyer, Bürgerbeteiligung und Kommunalpolitik, S. 228; Meißner in: Kühne/Meißner, Züge unmittelbarer Demokratie, S. 181 f.; Stoiber, PlenProt LT (Bay) 12/9 vom 21.2.1991, S. 401; Bericht der Enquete-Kommission, LT-Drs. (Nds) 12/6260, S. 58.

212 Hendler, Der Landkreis 1995, 321, 324; Knemeyer in: ders., Bürgerbegehren und Bürgerentscheid in Bayern, S. 22; Stargardt, VR 1995, 119, 203; Wefelmeier, NdsVBl 1997, 31, 32; Bericht der Enquete-Kommission, LT-Drs. (Nds) 12/6260, S. 58 f.

213 Klein in: FS für Carstens, S. 645, 651.

214 Hager, VerwArch 84 (1993), 97, 121; Henneke, ZG 1996, 1, 16; Saftig, Kommunalwahlrecht, S. 290.

Bürgerbegehren und Bürgerentscheid wirken demnach in positiver und in negativer Weise auf die Beziehung zwischen Repräsentanten und Bürger ein. Die positiven Auswirkungen dürften jedoch überwiegen: Zwar ist es durchaus möglich, daß ein kommunales Mandat gewissen Einschränkungen unterworfen wird, Politiker sollten sich jedoch auch ohne besonderen Zwang am Bürgerwillen orientieren[215], so daß sie sich durch die Möglichkeit von Bürgerbegehren und Bürgerentscheid nicht wesentlich eingeengt fühlen sollten.
Einer zu starken Abwertung des kommunalen Mandats kann dadurch begegnet werden, daß bestimmte richtungsweisende Entscheidungen nur von der Gemeindevertretung getroffen werden dürfen, d.h. daß der Anwendungsbereich von Bürgerbegehren und Bürgerentscheid begrenzt werden sollte. Außerdem können Verfahrensvoraussetzungen in Form von Mindestbeteiligungen der Stimmberechtigten, sogenannte Quoren, die Durchführung eines Bürgerentscheids erschweren[216], so daß die Bürger lediglich punktuell Entscheidungen treffen, die Gesamtverantwortung jedoch kontinuierlich bei der Gemeindevertretung verbleibt[217]. Allerdings ist zu berücksichtigen, daß auch die positiven Wirkungen, insbesondere die präventive Wirkung, mit den verschärften Anforderungen abnehmen, da sich die Einflußmöglichkeit der Bürger auf die Repräsentanten vermindert.
Im Rahmen von Bürgerbegehren und Bürgerentscheid zeigt zwar die Gesamtbürgerschaft ein gesteigertes Interesse an den Gemeinderatssitzungen und schaltet sich durch Leserbriefe und ähnlich Initiativen in die politische Diskussion ein[218], dennoch sind es meistens nur die ohnehin schon politisch und sozial Aktiven, die einen Bürgerentscheid zur Durchsetzung ihrer Vorstellungen nutzen[219]. Die häufig geringe Abstimmungsbeteiligung zeigt ferner, daß nur wichtige, die Allgemeinheit betreffende Angelegenheiten geeignet sind, eine große Zahl von Bürgern zu einer Stimmabgabe zu mobilisieren. Bürgerbegehren und Bürgerentscheid tragen somit nur teilweise zur Beseitigung der allgemeinen Politik- und Staatsverdrossenheit bei[220]. Daß Argument, daß infolge zu häufiger Bürgerentscheide eine Abstimmungsmüdigkeit entstehe und damit eine Schwächung der repräsentativen

---

215 Erbguth, DÖV 1995, 793, 801; Ziegler, Bürgerbeteiligung, S. 221.

216 Glaser in: Schweriner Kommentierung, § 20, Rn. 1; Henneke, ZG 1996, 1, 8; Hölzl/Hien, BayGO, Art. 18 a, Anm. 1; Schneider, StGR 1994, 399; Bericht der Enquete-Kommission, LT-Drs. (Nds) 12/6260, S. 58.

217 Hendler, Der Landkreis 1995, 321, 323.

218 Beilharz, Politische Partizipation, S. 134 ff.

219 Hendler, Der Landkreis 1995, 321, 323.

220 Knemeyer, Bürgerbeteiligung und Kommualpolitik, S. 52; vgl. auch Saftig, Kommunalwahlrecht, S. 291.

Demokratie entstehe, hat aufgrund der bisherigen Erfahrungen nur hypothetischen Charakter[221].

III. Die inhaltliche Qualität einer plebiszitären Sachentscheidung

Gegen einen Bürgerentscheid wird häufig vorgebracht, daß die Entscheidung der Bürger von geringerer inhaltlicher Qualität sei als die der Gemeindevertretung. Dieser Qualitätsverlust sei dadurch bedingt, daß eine Abstimmung der Bürger nur im Wege einer Ja/Nein-Fragestellung entschieden werden könne, eine Antwort "Ja, aber..." bzw. eine Alternative zwischen Ja und Nein aufgrund der Tatsache, daß die Zahl der Antworten dann unüberschaubar wäre, nicht möglich sei[222]. Komplexe Materien, wie sie auch bei Entscheidungen der Gemeinde vorzufinden seien, könnten aber nicht in zwei Alternativen zusammengefaßt werden, ohne daß dabei entscheidungserhebliche Tatsachen unberücksichtigt blieben[223]. Darüber hinaus mangele es der Bevölkerung häufig an Sachverstand für derartig komplexe Entscheidungen[224]. Die Bürger träfen zu kurzsichtige Entscheidungen, die längerfristige Planungen, vor allem im finanziellen Bereich, erheblich beeinträchtigen könnten[225]. Die Entscheidungen seien oft mehr von emotionalen als von sachlichen Gesichtspunkten geprägt[226]. Außerdem fehle einem plebiszitären Entscheidungverfahren im Gegensatz zu einer repräsentativ-demokratischen Entscheidung die Möglichkeit, durch intensive Beratung eine Kompromißlösung und einen Ausgleich der Interessen zu finden[227]. Da der Wille der Mehrheit außerdem nicht gleichzusetzen sei mit dem allgemeinen Volkswillen, der aus einem Ausgleich der einzelnen Interessen bestehe[228], käme einem Bürgerentscheid daher nur eine geringe friedenssichernde Qualität zu[229]. Bei einer unmittelbaren Entscheidung der Bürger erhöhe sich bei einer sehr niedrigen Abstimmungsbeteiligung darüber hinaus das Risiko, daß egoistische Sonderinteressen die Abstimmungsmehrheit bildeten, so daß sich die Entscheidung um ein weiteres von dem allgemeinen

---

221 Vgl. unten 2. Teil, 12. Kapitel, II, Tabelle.

222 Knemeyer in: ders., Bürgerbegehren und Bürgerentscheid in Bayern, S. 22.

223 Glaser in: Schweriner Kommentierung, § 20, Rn. 3; Saftig, Kommunalwahlrecht, S. 288, 289; Seeger, ZParl 1988, 516, 535; Streinz, Die Verwaltung 1983, 293, 308.

224 Saftig, Kommunalwahlrecht, S. 290; Seeger, ZParl 1988, 516, 533.

225 Knemeyer in: ders., Bürgerbegehren und Bürgerentscheid in Bayern, S. 20; Ziegler, Bürgerbeteiligung, S. 222 f.; vgl. auch Kreutz-Gers, StGR 1989, 311, 316 f.

226 Seeger, ZParl 1988, 516, 532.

227 Streinz, Die Verwaltung 1983, 293, 308.

228 Meißner in: Kühne/Meißner, Züge unmittelbarer Demokratie, S. 167; Streinz, Die Verwaltung 1983, 293, 311 f.; siehe auch oben 1. Teil, 1. Kapitel.

229 Hager, VerwArch 84 (1993), 97, 118; vgl. auch Wittzack in: Knemeyer, Bürgerbegehren und Bürgerentscheid in Bayern, S. 47.

Volkswillen entferne[230]. Ein der Ratsentscheidung qualitativ gleichwertiges Ergebnis könne somit nicht garantiert werden[231].

All diesen Argumenten ist eine Berechtigung nicht abzusprechen. Auch hier besteht jedoch die Möglichkeit, die Nachteile durch einschränkende Verfahrensvoraussetzungen einzudämmen. Quoren beispielsweise mindern die Gefahr einer Verzerrung von Bürgermehrheiten[232]. Des weiteren können bestimmte Angelegenheiten wie Finanzplanung und Angelegenheiten, die eine besondere Abwägung einzelner Belange oder die besondere Berücksichtigung von Interessen nachteilig Betroffener erfordern, von vornherein von einem Bürgerentscheid ausgeschlossen werden[233].
Obwohl die kritischen Argumente zur inhaltlichen Qualität von Bürgerentscheiden im einzelnen nicht entkräftet werden können, ist bei der Beurteilung der Zweckmäßigkeit von Bürgerentscheiden nicht nur die inhaltliche Qualität, sondern auch eine Verbesserung der Akzeptanz der Entscheidungen und des Verhältnisses zwischen Bürgern und Repräsentanten zu berücksichtigen.

IV. Die Besonderheiten aufgrund des Abstimmungsverfahrens eines Bürgerentscheids

Wegen der Vielzahl von entscheidungsberechtigten Personen bringt ein plebiszitäres Entscheidungsverfahren erhebliche zeitliche Verzögerungen und einen größeren Kostenaufwand mit sich[234]. Ein schwerfälliges und kostenintensives Entscheidungsverfahren bedeute allerdings nach Ansicht der Befürworter von Bürgerbegehren und Bürgerentscheid nicht unbedingt, daß auf ein derartiges Instrumentarium verzichtet werden sollte. Solange die Mitwirkungsrechte die in sie gesteckten Erwartungen erfüllten, dürften ein entgegenstehendes Kostenproblem und zeitliche Verzögerungen nicht ausschlaggebend sein[235]. Im übrigen trä-

---

230 Vgl. nur Burkardt, Bürgerentscheid, S. 254; Henneke, ZG 1996, 1, 20; Muckel, NVwZ 1997, 223, 227; Streinz, Die Verwaltung 1983, 293, 303 f.; Wefelmeier in: Blum/Beckhof, NGO, § 22 b, Rn. 70.

231 Knemeyer in: ders., Bürgerbegehren und Bürgerentscheid in Bayern, S. 22; Seeger, ZParl 1988, 516, 534; Ziegler, Bürgerbeteiligung, S. 216 f.; Bericht der Enquete-Kommission, LT-Drs. (Nds) 12/6260, S. 58.

232 Hendler, Der Landkreis 1995, 321, 324; Muckel, NVwZ 1997, 223, 227; Streinz, Die Verwaltung 1983, 293, 308; Waechter, Kommunalrecht, Rn. 273; siehe auch unten 2. Teil, 2. Kapitel, I 2 f; 8. Kapitel, II.

233 Vgl. insbesondere zur Finanzplanung und Entscheidungen in Planungsverfahren unten 2. Teil, 1. Kapitel, IV 3 b.

234 Erbguth, DÖV 1995, 793, 802; Hendler, Der Landkreis 1995, 321, 323; Kreutz-Gers, StGR 1989, 311, 317; Streinz, Die Verwaltung 1983, 293, 298.

235 Erbguth, DÖV 1995, 793, 801 f.; Kreutz-Gers, StGR 1989, 311, 317.

ten in einer umstrittenen Angelegenheit auch ohne ein plebiszitäres Entscheidungsverfahren zeitliche Verzögerungen auf, etwa durch Proteste und Widerstandshandlungen außerhalb der Mitwirkungsrechte gegen hoheitliche Handlungen, denen die Verwaltung durch Überzeugungsarbeit entgegenzutreten versuche mit der Folge, daß sich dadurch die kommunalpolitische Diskussion in die Länge zöge[236].

Selbst von den Befürwortern werden also diese zeitlichen und finanziellen Nachteile eines plebiszitären Abstimmungsverfahrens nicht geleugnet. Verfahrenseinschränkungen können diese Nachteile nur negativ und nicht positiv beeinflussen.

V. Gesamtbeurteilung der Zweckmäßigkeit

Bei der Beurteilung der Zweckmäßigkeit von Bürgerbegehren und Bürgerentscheid sind wie bereits erwähnt die Legitimation, die Auswirkung auf das Verhältnis zwischen Bürgern und Repräsentanten, die inhaltliche Qualität der Entscheidung und die Verfahrensmodalitäten eines Bürgerentscheids nicht isoliert zu betrachten. Bei einer solchen Gesamtbetrachtungsweise scheint sich die Durchführbarkeit eines Bürgerentscheids grundsätzlich positiv auf die Gemeindepolitik auszuwirken, obwohl die Erwartung, durch Bürgerentscheide die Politik- und Staatsverdrossenheit zu überwinden, sich kaum erfüllt hat. Auch lassen sich mögliche Mängel bzgl. der inhaltlichen Qualität der Entscheidung nicht verleugnen; diese werden jedoch durch Verbesserung der Legitimation i.S.e. gesteigerten Akzeptanz und Verbesserung der Beziehung zwischen Bürgern und Repräsentanten gemildert. Wegen der Nachteile plebiszitärer Entscheidungsverfahren gegenüber Entscheidungen der Repräsentativorgane sollten Bürgerentscheide durch Verfahrensvoraussetzungen auf die Fälle beschränkt werden, in denen eine möglichst höherwertige Entscheidung zu erwarten ist. Es sollte allgemein die Möglichkeit eines Bürgerentscheids dann eingeräumt werden, wenn in der Bevölkerung ein besonderes Bedürfnis bzw. ein starkes Interesse für eine unmittelbare Entscheidung vorhanden ist, aber auf der anderen Seite die Gesamtverantwortung der Gemeindevertretung durch diese Entscheidung nicht gefährdet wird. Die Austarierung zwischen dem Interesse der Bürgerschaft, an gemeindlichen Entscheidungen direkt beteiligt zu werden, und der Gesamtverantwortung der Gemeindevertretung bleibt dem Landesgesetzgeber vorbehalten und soll im folgenden 2. Teil untersucht werden.

---

236 Hendler, Der Landkreis 1995, 321, 323; Muckel, NVwZ 1997, 223, 227.

2. TEIL: DIE DURCHFÜHRUNG VON BÜRGERBEGEHREN UND BÜRGERENTSCHEID

1. Kapitel: Die gegenständliche Eingrenzung des Anwendungsbereichs

Um sicherzustellen, daß Bürgerbegehren und Bürgerentscheid wie verfassungsrechtlich gefordert nur eine ergänzende Funktion in der grundsätzlich repräsentativ ausgestalteten kommunalen Demokratie zukommt, war es notwendig, den gegenständlichen Anwendungsbereich von Bürgerbegehren und Bürgerentscheid von vornherein durch Gesetz einzugrenzen. In den einzelnen Ländern ist das in unterschiedlichem Umfang geschehen. Da ein Bürgerbegehren immer auf die Durchführung eines Bürgerentscheids gerichtet ist und damit die Anwendungsbereiche beider Einrichtungen notwendigerweise deckungsgleich sind[237], beziehen sich die jeweiligen Vorschriften immer gleichzeitig auf Bürgerbegehren und auf Bürgerentscheid. Im folgenden wird daher weitgehend nur noch vom Anwendungsbereich des Bürgerentscheids gesprochen.

I. Angelegenheit der Gemeinde

In allen Gemeindeordnungen ist die Durchführung von Bürgerentscheiden zunächst auf Angelegenheiten der Gemeinde beschränkt[238]. Die ständige Rechtsprechung des Bundesverfassungsgerichts versteht darunter solche Aufgaben, die in der örtlichen Gemeinschaft wurzeln oder auf die örtliche Gemeinschaft einen spezifischen Bezug haben und von ihr eigenverantwortlich und selbständig bewältigt werden können[239]. Damit fallen zunächst alle Angelegenheiten des eigenen Wirkungskreises der Gemeinde (Selbstverwaltungsaufgaben) in den Anwendungsbereich eines Bürgerentscheids. Es handelt sich hierbei um die Aufgaben, die nicht ausdrücklich durch Gesetz dem Bund oder dem Land zugewiesen sind, z.B. die Einrichtung kommunaler Verkehrsbetriebe oder die Bauleitplanung[240].

---

237 Vgl. Borchert in: Galette/Laux, GO SchlHolst, zu Abs. 3, Anm. 1; Possemeyer, Die Reform der Kommunalverfassung in Nordrhein-Westfalen und Niedersachsen, S. 207; Schefold, Entwicklungstendenzen, S. 115.

238 § 21 I, III GemO BW; Art. 18 a I BayGO; § 20 I GO Bbg; § 8 b I HGO; § 20 I KV M-V; § 22 b I NGO; § 26 I GO NW; § 17 a GemO RhPf; § 21 a I KSVG Saarl; § 24 I SächsGemO; § 26 I GO LSA; § 16 G I 1 GO SchlHolst; § 17 I ThürKO.

239 BVerfGE 8, 122, 134; 50, 195, 201; 52, 95, 120; 79, 127, 151.

240 Gern, Kommunalrecht, Rn. 32 ff.; Treffer/Kroll, Bürgerbegehren und Bürgerentscheid in Bayern, Anm. 7, S. 37.

1. Entscheidungen eines Zweckverbands

Nicht zu den Angelegenheiten des eigenen Wirkungskreises gehören dagegen die Entscheidungen eines Zweckverbands[241], zu dem sich mehrere Gemeinden/Kreise zur besseren Erledigung einzelner Aufgaben in Form einer öffentlich-rechtlichen Körperschaft zusammenschließen können[242]. Nach Ansicht von Rechtsprechung und Literatur entfallen durch Übertragung bestimmter Aufgaben auf einen Zweckverband diese Aufgaben dem eigenen Wirkungskreis der Gemeinden und werden zu primären Aufgaben des Zweckverbands[243]. Die Bürger können jedoch mittels eines Bürgerentscheids im Rahmen des den Gemeinden zustehenden Weisungsrechts die Verbandsräte zu einer bestimmten Stimmabgabe bei einer Abstimmung in der Verbandsversammlung zwingen, so daß sie zumindest mittelbar Einfluß auf die Zweckverbandsentscheidungen haben[244]. Zu den Aufgaben des eigenen Wirkungskreises der Gemeinden bzgl. der Zweckverbände - und damit einem Bürgerentscheid zugänglich - gehört außerdem die grundsätzliche Frage einer Mitgliedschaft in einem Zweckverband[245]. Lediglich in Mecklenburg-Vorpommern wird eine derartige Entscheidung der Bürger gemäß § 20 III Nr. 1 i.V.m. § 22 III Nr. 14 KV M-V ausdrücklich ausgeschlossen. Dafür besteht jedoch keine Notwendigkeit. Zwar werden durch derartige Entscheidungen die weiteren einem Zweckverband angehörigen Gemeinden betroffen, während bei den übrigen Angelegenheiten eines Bürgerentscheids vorwiegend nur die jeweilige Gemeinde betroffen ist; das macht jedoch einen Bürgerentscheid selbst aus praktischen Erwägungen nicht unzulässig, da die Gemeinde im Rahmen des rechtlich Zulässigen entscheiden darf, welche Bindungen

---

241 BayVGH, BayVBl 1997, 21; BayVGH, VwRR By 1996, 267; VG Ansbach, Beschluß vom 24.5.1996 - AN 4 E 96.00641, abgedr. bei Thum, Bürgerbegehren und Bürgerentscheid in Bayern, 43.04.

242 Gern, Kommualrecht, Rn. 934 f.; Rengeling in: HbkWP, Bd. 2, S. 406; Seewald/Rassow, BayVBl 1997, 609, 617; Waechter, Kommunalrecht, Rn. 086; Wolff/Bachof/Stober, VerwR II, § 91, Rn. 1 ff.

243 BayVGH, BayVBl 1997, 21, 22; BayVGH, VwRR By 1996, 267; VG Ansbach, Beschluß vom 24.5.1996 - AN 4 E 96.00641, abgedr. bei Thum, Bürgerbegehren und Bürgerentscheid in Bayern, 43.04; vgl. auch Seewald/Rassow, BayVBl 1997, 609, 611.

244 BayVGH, VwRR By 1996, 267; VG Ansbach, Beschluß vom 24.5.1996 - AN 4 E 96.00641, abgedr. bei Thum, Bürgerbegehren und Bürgerentscheid in Bayern, 43.04, siehe auch 13.00, Art. 18 a I, Anm. 3; Seewald/Rassow, BayVBl 1997, 609, 612 ff. mit ausführlicher Erörterung der Frage, ob einem Bürgerentscheid im Zweckverbandsrecht "aufschiebende" Wirkung zukommt sowie der Frage, welche Wirkungen die Abänderungssperre hier erzeugt; Treffer/Kroll, Bürgerbegehren und Bürgerentscheid in Bayern, Anm. 82, S. 162 f.

245 VG Ansbach, Beschluß vom 24.5.1996 - AN 4 E 96.00641, abgedr. bei Thum, Bürgerbegehren und Bürgerentscheid in Bayern, 43.04; vgl. auch Vollzugshinweise des Bay IM, III 4.

sie eingeht. Die Gefahr einer Fehlentscheidung ist hier nicht größer als bei den übrigen Entscheidungen mit längerfristigen Auswirkungen.

2. Auftrags- und Weisungsangelegenheiten

Von einem Bürgerentscheid ausgeschlossen sind die von den Gemeinden wahrzunehmenden Aufgaben des übertragenen Wirkungskreises bzw. die Aufgaben, die sie nach Weisung zu erfüllen haben (Auftrags- oder Weisungsangelegenheiten[246]), z.B. die Bauaufsicht oder das Paß- und Meldewesen. Diese Aufgaben sind regelmäßig von überörtlichem Charakter und fallen nicht in den vom Bundesverfassungsgericht definierten Bereich der Gemeindeangelegenheiten. Folglich scheiden diese Angelegenheiten für einen Bürgerentscheid aus[247]. Es handelt sich um staatliche Aufgaben, die den Gemeinden zur Erledigung nach Weisung übertragen worden sind, da auf der untersten Ebene der Staatsverwaltung keine eigenen staatlichen Behörden existieren, sondern sich der Staat zur Aufgabenerfüllung der kommunalen Selbstverwaltungskörperschaften bedient[248]. Ein Bürgerentscheid in diesen Angelegenheiten würde in unzulässiger Weise in die Kompetenzen der Bundes- oder Landesverwaltung eingreifen und wäre daher auch ohne spezielle gesetzliche Regelung in den Gemeindeordnungen bereits rechtswidrig. Vorschriften, die die Aufgaben des übertragenen Wirkungskreises bzw. Weisungsaufgaben ausdrücklich vom Anwendungsbereich eines Bürgerentscheids ausschließen[249], kommt somit lediglich eine deklaratorische Funktion zu[250].

3. Gemeindliche Stellungnahmen

Neben den Aufgaben des eigenen und des übertragenen Wirkungskreises gibt es jedoch etliche Angelegenheiten mit überörtlichem Bezug, für die es den Gemein-

---

[246] Zur Gleichsetzung dieser Begriffe vgl. BVerfGE 6, 104, 116; 8, 122, 133 f.; BVerwGE 19, 121, 123. Die meisten Bundesländer folgen einem sogenannten Aufgabendualismus und unterscheiden zwischen Aufgaben des eigenen und des übertragenen Wirkungskreises. Andere Länder, namentlich Baden-Württemberg, Brandenburg, Hessen, Nordrhein-Westfalen, Sachsen und Schleswig-Holstein, gehen jedoch von einem einheitlichen Aufgabenmodell aus und sehen alle Angelegenheiten als eigene Gemeindeaufgaben an. Dabei werden die Angelegenheiten des übertragenen Wirkungskreises der übrigen Länder ebenfalls als Pflichtaufgaben nach Weisung erfüllt, so daß in der Praxis kein wesentlicher Unterschied zwischen beiden Modellen besteht, vgl. nur Maurer, VerwR AT, § 23, Rn. 16; Schmidt-Aßmann, Kommunalrecht, Rn. 33 ff.

[247] Erbguth, DÖV 1995, 793, 796; Thum, Bürgerbegehren und Bürgerentscheid in Bayern, 13.00, Art. 18 a I, Anm. 2 a.

[248] Maurer, VerwR AT, § 23, Rn. 14; Waechter, Kommunalrecht, Rn. 162.

[249] Vgl. § 21 II Nr. 1 GemO BW; § 20 III a) GO Bbg; § 8 b II Nr. 1 HGO; § 20 III Nr. 2 KV M-V; § 24 II Nr. 1 SächsGemO; § 26 III Nr. 1 GO LSA.

[250] Rehn/Cronauge, GO NW, § 26, Anm. II 2.

den zwar an der Entscheidungszuständigkeit fehlt, die aber in ihren konkreten Auswirkungen die in Art. 28 II GG gewährten Selbstverwaltungsrechte, wie die Gebiets-, Personal-, Finanz-, Organisations- und Planungshoheit und die Satzungsgewalt[251] sowie Beteiligungs- oder Anhörungsrechte der Gemeinden berühren. In diesen Fällen, die bzgl. der Planungshoheit der Gemeinden insbesondere im Rahmen der Atomwaffenstationierung infolge des NATO-Doppelbeschlusses relevant wurden, hat die Rechtsprechung den Gemeinden bei konkreter Realisierungsbetroffenheit ein sogenanntes kommunalpolitisches Mandat zugesprochen und damit den Kreis der Gemeindeangelegenheiten erweitert und gleichzeitig näher bestimmt[252]. Aufgrund dieses Mandats sind die Gemeinden berechtigt, mittels eines Gemeinderatsbeschlusses zu den entsprechenden Angelegenheiten Stellung zu nehmen, obwohl ihnen keine Letztentscheidungsbefugnis zusteht.

Ähnlich verhält es sich bei gemeindlichen Stellungnahmen im Rahmen von Entscheidungsverfahren anderer Körperschaften - etwa bei dem gemeindlichen Einvernehmen gemäß § 36 BauGB. Auch wenn derartige Beteiligungsrechte dem Schutz der gemeindlichen Selbstverwaltungsrechte, insbesondere der Planungshoheit dienen[253], handelt es sich bei solchen Stellungnahmen, z.B. bei § 36 BauGB, entweder um gebundene Entscheidungen, oder aber die eigentliche Entscheidung wird in einem anderen Verfahren von einer übergeordneten Stelle getroffen, so daß diese Entscheidungen jedenfalls nicht zu den Selbstverwaltungsaufgaben gezählt werden können, die die Gemeinde eigenverantwortlich zu erledigen hat. Die Zulässigkeit eines Bürgerentscheids erscheint daher zweifelhaft. Ausdrücklich ausgeschlossen wird ein Bürgerentscheid jedoch nur gemäß § 20 III j) GO Bbg für Entscheidungen nach § 36 BauGB. Der Grund für diesen Ausschluß muß in dem für Planungsverfahren geltenden Abwägungsgebot gesehen werden, denn bei einer Entscheidung gemäß § 36 BauGB ist grundsätzlich die

---

[251] Damit den Gemeinden nicht durch Gesetz alle Aufgaben entzogen werden und auf diese Weise die Selbstverwaltungsgarantie leerlaufen würde, ist ihnen nach der von Rspr. und Literatur entwickelten, nunmehr weitgehend anerkannten Kernbereichstheorie ein Kernbereich an Selbstverwaltungsaufgaben, der allerdings nicht aus einem festen Aufgabenkatalog besteht, notwendig zu gewährleisten. Der Wesensgehalt des gemeindlichen Selbstverwaltungsrechts darf insofern nicht ausgehöhlt werden; vgl. BVerfGE 38, 258, 278 f.; 76, 107, 118; 79, 127, 146; Gern, Kommunalrecht, Rn. 80; Löwer in: v. Münch/Kunig, GG, Rn. 46 ff.; Maunz/Dürig-Maunz, GG, Art. 28, Rn. 53; Mohl, VR 1995, 207, 208 f.; Seewald, Kommunalrecht, Rn. 59; Stern in: HbkWP, Bd. 1, S. 213 f.; Schmidt-Aßmann, Kommunalrecht, Rn. 22 ff.

[252] BVerwGE 87, 228 ff; 87, 237ff.; VGH BW, DÖV 1988, 476.

[253] BVerwG, BayVBl 1995, 440, 441; VG Dessau, LKV 1996, 74, 76; Thum, Bürgerbegehren und Bürgerentscheid in Bayern, 13.00, Art. 18 a I, Anm. 2 c.

gleiche Abwägung vorzunehmen wie bei einer Entscheidung über einen Bebauungsplan[254].

Da Stellungnahmen der Gemeinde als solche in den bezeichneten Verfahren jedoch wie Erklärungen im Rahmen des kommunalpolitischen Mandats eigenverantwortlich abgegeben werden, es sich diesbzgl. somit um Angelegenheiten der Gemeinde handelt und auch keine Aufgaben des übertragenen Wirkungskreises vorliegen, kann ein Bürgerentscheid trotz allem nicht von vornherein ausgeschlossen sein[255]. Denn dieser kann einen entsprechenden Beschluß der Gemeindevertretung ersetzen und die Gemeinde auf diese Weise binden, nicht allerdings die zur Entscheidung befugte Behörde, die die im Bürgerentscheid vorgebrachten Argumente lediglich im Rahmen einer zu treffenden Abwägung berücksichtigen muß[256].

Gerade weil den Bürgern in diesen Angelegenheiten kein eigenes Letztentscheidungsrecht zusteht, wird jedoch von Teilen der Literatur angenommen, daß ein Bürgerentscheid in den genannten Fällen unzulässig sein müsse[257]. Aus den gesetzlichen Regelungen geht allerdings nicht hervor, daß der Anwendungsbereich eines Bürgerentscheids auf Letztentscheidungsbefugnisse beschränkt werden sollte. Hiernach ist lediglich erforderlich, daß die Bürger eine "für die Gemeinde" verbindliche Entscheidung treffen. Für die Gemeinde verbindlich ist jedoch auch ein Bürgerentscheid über eine gemeindliche Stellungnahme. Durch eine Beschränkung des Anwendungsbereichs auf Gemeindeangelegenheiten ist somit eine Mitwirkung an höherstufigen Entscheidungsprozessen nicht zwangsläufig ausgeschlossen. Etwas anderes gilt nur für die Länder, die einen Bürgerentscheid

---

254 Dazu unten 2. Teil, 1. Kapitel, IV 6.

255 VG Dessau, LKV 1996, 74, 76; Deubert, Direkte Demokratie, S. 41; Hager, VerwArch 84 (1993), 97, 105; Kunze in: Kunze/Bronner/Katz, GemO BW, § 21, Rn. 3; Masson/Samper, BayGO, Art. 18 a, Rn. 2; Seeger, ZParl 1988, 516, 530 f.; Streinz, Die Verwaltung 1983, 293, 304; Thum, Bürgerbegehren und Bürgerentscheid in Bayern, 13.00, Art. 18 a I, Anm. 2 a; Widtmann/Gasser, BayGO, Art. 18 a, Rn. 2; vgl. auch VGH Kassel, NVwZ 1996, 722, 723; Vollzugshinweise des Bay IM, III 8; Wansleben in: Held/Becker/Decker, GO NW, § 26, Anm. 2.1.

256 BayVGH, VwRR By 1997, 148, 149 f.; VG Dessau, LKV 1996, 74, 76; Glaser in: Schweriner Kommentierung, § 20, Rn. 3; Thum, Bürgerbegehren und Bürgerentscheid in Bayern, 13.00, Art. 18 a I, Anm. 2 c; vgl. auch VGH BW, DÖV 1988, 476 f. für einen Bürgerantrag.

257 V. Mutius/Rentsch, GO SchlHolst, § 16 g, Rn. 4; Treffer/Kroll, Bürgerbegehren und Bürgerentscheid in Bayern, Anm. 7, S. 37, 41; Wansleben in: Held/Becker/Decker, GO NW, § 26, Anm. 2.1.

ausdrücklich auf Angelegenheiten des eigenen Wirkungskreises beschränken[258], weil die bloße Berührung konkreter Selbstverwaltungsrechte einer Gemeinde eine Angelegenheit nicht zu einer Angelegenheit des eigenen Wirkungskreises macht[259]. Wegen fehlender Letztentscheidungsbefugnis bei gemeindlichen Stellungnahmen bedeutet der Ausschluß von Bürgerentscheiden in diesen Bereichen für die Bürger dieser Länder jedoch keine allzu große Einschränkung[260].

II. Entscheidung anstelle der Gemeindevertretung

Eine weitere Einschränkung erfährt der Anwendungsbereich durch die Rechtsfolgen eines Bürgerentscheids. Indem einem erfolgreichen Bürgerentscheid die Wirkung eines Gemeinderatsbeschlusses zukommt[261] und die bürgerschaftliche Entscheidung somit einen Gemeinderatsbeschluß ersetzen soll, können nur solche Angelegenheiten mittels eines Bürgerentscheids entschieden werden, die von den Entscheidungskompetenzen des Rates erfaßt sind, denn die Sachkompetenz (des Rates) kann insoweit nicht durch Regelung der Organkompetenz (der Bürger) erweitert werden[262]. Der Bürgerentscheid muß sich folglich auf eine Angelegenheit der Gemeinde beziehen (Verbandskompetenz), für die der Rat die Zuständigkeit besitzt (Organkompetenz)[263].

Ob ein Bürgerentscheid allerdings auch dann möglich ist, wenn der Rat seine Entscheidungskompetenz in zulässiger Weise auf den Bürgermeister oder einen entscheidungsberechtigten Ausschuß übertragen hat, ist umstritten. Einige sehen in diesen Fällen keinen Raum für einen Bürgerentscheid, da die Entscheidung nicht anstelle des Rates getroffen werden könne[264]. Andere dagegen halten auch hier einen Bürgerentscheid für zulässig, weil es sonst in der Hand der Gemeindevertretung liege, durch Delegation einer Angelegenheit die Möglichkeit eines Bür-

---

258 Art. 18 a I BayGO; § 20 I KV M-V; § 22 b III NGO; § 17 I ThürKO. Gemäß § 16 g I, III GO SchlHolst wird ein Bürgerentscheid auf Selbstverwaltungsaufgaben beschränkt.

259 Vgl. in diesem Zusammenhang Treffer/Kroll, Bürgerbegehren und Bürgerentscheid in Bayern, Anm. 7, S. 41, die beispielsweise das gemeindliche Einvernehmen gemäß § 36 BauGB als gebundene Entscheidung im Rahmen eines staatlichen Verfahrens nicht dem eigenen Wirkungskreis zuordnen wollen; a.A. BVerwGE 22, 346; 28, 147.

260 Glaser in: Schweriner Kommentierung, § 20, Rn. 3.

261 § 21 VII 1 GemO BW; Art. 18 a XIII 1 BayGO; § 20 V 1 GO Bbg; § 8 b VII 1 HGO; § 20 I 2 KV M-V; § 22 b XI 1 NGO; § 26 VIII 1 GO NW; § 17 a VIII 1 GemO RhPf; § 21 a VII KSVG Saarl; § 24 IV 1 SächsGemO; § 26 V 1 GO LSA; § 16 g VIII 1 GO SchlHolst; § 17 V 2 ThürKO.

262 Streinz, Die Verwaltung 1983, 293, 304.

263 § 20 I 4 KV M-V, § 22 b III NGO und 24 II 1 SächsGemO lassen einen Bürgerentscheid ausdrücklich nur in den Angelegenheiten zu, für die der Gemeinderat zuständig ist; vgl. auch Rehn/Cronauge, GO NW, § 26, Anm. II 2.

264 Muckel, NVwZ 1997, 223, 225; Rehn/Cronauge, GO NW, § 25, Anm. II 2.

gerentscheids zu vereiteln, was aber nicht dem Sinn und Zweck der Vorschriften entspreche[265].
Der ersten Ansicht ist insofern zuzustimmen, als durch einen Bürgerentscheid in diesen Angelegenheiten formal zwar keine Entscheidung anstelle des Rates getroffen wird; eine eben beschriebene unzulässige Erweiterung des Kompetenzbereichs des Rates durch einen Bürgerentscheid liegt aber nicht vor, da dem Rat ursprünglich die Entscheidungsbefugnis zustand, so daß ein Bürgerentscheid aus dieser Sicht zulässig ist. Für die Zulässigkeit spricht schließlich die Tatsache, daß der Anwendungsbereich von Bürgerbegehren und Bürgerentscheid aus Gründen der Rechtssicherheit und -klarheit von vornherein festgelegt sein sollte und nicht ohne gesetzliche Grundlage verkürzt werden darf. Lediglich die Angelegenheiten, die von vornherein außerhalb des Zuständigkeitsbereichs der Gemeindevertretung liegen, sind daher aufgrund der Rechtsfolgenwirkung eines Bürgerentscheids einem solchen nicht zugänglich.

Eine Besonderheit bzgl. dieser Problematik könnte sich aus § 26 I GO NW und § 21 a I KSVG Saarl ergeben, wonach die Bürgerschaft ausdrücklich nur anstelle des Rates entscheidet. Dem Wortlaut dieser Vorschriften nach könnten die sogenannten delegierten Angelegenheiten von einem Bürgerentscheid ausgeschlossen sein. Die von einem Bürgerentscheid ausgeschlossenen Gegenstände werden jedoch in Nordrhein-Westfalen und im Saarland wie in den übrigen Ländern in einem sogenannten Negativkatalog abschließend festgelegt[266]. Ein Ausschluß für vom Rat auf den Bürgermeister oder beschließende Ausschüsse delegierte Angelegenheiten findet sich hier nicht; vielmehr sind gemäß § 26 V Nr. 8 GO NW bzw. § 21 a IV Nr. 8 KSVG Saarl nur solche Angelegenheiten von einem Bürgerentscheid ausgeschlossen, für die der Rat keine gesetzliche Zuständigkeit besitzt, welche jedoch in den delegierten Angelegenheiten gegeben ist. Innergemeindliche Zuständigkeitsregelungen haben daher auch in Nordrhein-Westfalen und im Saarland wie in den übrigen Ländern keinen Einfluß auf die Zulässigkeit eines Bürgerentscheids[267], so daß ebenfalls alle Angelegenheiten einem Bürgerentscheid offenstehen, für die der Gemeindevertretung nach der Gemeindeordnung die ursprüngliche, d.h. die gesetzliche Entscheidungskompetenz zusteht.

---

265 Oebbecke, DÖV 1995, 701, 705; Wansleben in: Held/Becker/Decker, GO NW, § 26, Anm. 2.5.

266 Vgl. für NW: Hofmann, VR 1997, 156, 159; Rehn/Cronauge, GO NW, § 26, Anm. VI; Schneider, StGR 1994, 399, 400; Wansleben in: Held/Becker/Decker, GO NW, § 26, Anm. 2.4, 3.1; zum Negativkatalog s.u. 2. Teil, 1. Kapitel, IV.

267 Muckel, NVwZ 1997, 223, 225; Widtmann/Gasser, BayGO, Art. 18 a, Rn. 4; Wansleben in: Held/Becker/Decker, GO NW, § 26, Anm. 2.4; vgl. auch OVG Lüneburg, NSt-N 1984, 290, 293.

III. Wichtige Gemeindeangelegenheit

Etliche Gemeindeordnungen lassen einen Bürgerentscheid nur in "wichtigen" Gemeindeangelegenheiten zu[268]. Mit der Begrenzung des Anwendungsbereichs auf wichtige Angelegenheiten wollte der Gesetzgeber erreichen, daß nicht jede Selbstverwaltungsangelegenheit durch die Bürger entschieden werden kann, was zu einem enormen Verwaltungsaufwand, unverhältnismäßigen Kosten und einer erheblich langsameren Tätigkeit der Verwaltung führen würde[269]. Gleichzeitig sollte dem Grundsatz der repräsentativen Demokratie Rechnung getragen werden, wonach die Entscheidungsverantwortung nur in Ausnahmefällen auf die Bürger übertragen werden darf, sie ansonsten von den gewählten Repräsentanten wahrzunehmen ist[270].
Was unter einer wichtigen Gemeindeangelegenheit zu verstehen ist, wird allerdings nur in einigen Gemeindeordnungen in einem sogenannten Positivkatalog bestimmt[271].

1. Positivkatalog in den Ländern Baden-Württemberg, Mecklenburg-Vorpommern, Rheinland-Pfalz, Sachsen-Anhalt und Schleswig-Holstein

Während der Positivkatalog der Länder Mecklenburg-Vorpommern, Sachsen-Anhalt und Schleswig-Holstein nur eine beispielhafte Aufzählung der wichtigen Angelegenheiten enthält, handelt es sich in Baden-Württemberg und Rheinland-Pfalz um eine enumerative, also eine abschließende Aufzählung, wobei im allgemeinen Fragen bzgl. öffentlicher Einrichtungen, Gebietsänderungen und Ortschaftsverfassungen als wichtig angesehen werden[272]. Zur Anpassung an die individuellen Gegebenheiten der Gemeinde kann der Positivkatalog allerdings in Baden-Württemberg und Rheinland-Pfalz durch Regelung in der Hauptsatzung erweitert werden[273]. Sollte jedoch eine Angelegenheit weder in der Gemeinde-

---

268 § 21 I, III GemO BW; § 8 b I HGO; § 20 I KV M-V; § 17 a I 1 GemO RhPf; § 26 I GO LSA; § 16 g I 1 GO SchlHolst; § 17 I ThürKO.

269 Borchert in: Galette/Laux, GO SchlHolst, § 16 g, zu Abs. 1, Anm. 4; Bretzinger, Die Kommunalverfassung der DDR, S. 197; Burkhardt, Bürgerentscheid, S. 194; v. Mutius/ Rentsch, GO SchlHolst, § 16 g, Rn. 4.

270 Humpert, DÖV 1990, 999, 1003; Klang/Gundlach, GO LSA, § 26, Rn. 1; Seeger, ZParl 1988, 516, 519.

271 § 21 I 2 GemO BW; § 20 II KV M-V; § 17 a I 2 GemO RhPf; § 26 II GO LSA; § 16 g I 2 GO SchlHolst.

272 Borchert in: Galette/Laux, GO SchlHolst, § 16 g, zu Abs. 1, Anm. 5; Knemeyer, Bürgerbeteiligung und Kommunalpolitik, S. 105; Schefold, Entwicklungstendenzen, S. 108 ff.; Begr. des Gesetzentw. der Landesreg. vom 28.11.1989, LT-Drs. (SchlHolst) 12/592, S. 48.

273 § 21 I 3 GemO BW; § 17 a I 3 GemO RhPf.

ordnung noch in der Hauptsatzung für wichtig erklärt worden sein, kann sie unter keinen Umständen Gegenstand eines Bürgerentscheids sein, selbst wenn sie von der Bürgerschaft für die Gemeinde als wichtig angesehen wird[274]. Da im Positivkatalog den Bürgern ein Bürgerentscheid zur Änderung der Hauptsatzung nicht zugestanden wird[275], steht es somit letztlich allein im Ermessen der Gemeindevertretung, eine Angelegenheit durch Erweiterung der Hauptsatzung für wichtig zu erklären und damit für einen Bürgerentscheid zu öffnen[276].

In diesem Zusammenhang stellt sich die Frage, ob die Gemeindevertretung die Hauptsatzung auch noch erweitern kann, nachdem bereits ein Bürgerbegehren allein wegen Nicht-Vorliegens einer wichtigen Gemeindeangelegenheit für unzulässig erklärt wurde[277]. In der Praxis geschah das in Baden-Württemberg bis 1994 in neun Fällen[278], um auf diese Weise doch noch einen Bürgerentscheid zu ermöglichen.

Bei einer solchen Handhabung ist für die Bürger nicht von vornherein erkennbar, ob die Sammlung der Unterschriften zu einem erfolgreichen Bürgerbegehren führen wird, da es im Ermessen des Gemeinderats liegt, ob nach Einreichen des Begehrens die Hauptsatzung erweitert und das Begehren für zulässig erklärt wird. Eine fehlende Erweiterung der Hauptsatzung würde jedoch nicht in die Rechte der Bürger eingreifen, da die Bürger keinen Anspruch auf Erweiterung der Hauptsatzung haben[279]. Es liegt somit im Risikobereich der Bürger, Unterschriften für ein Bürgerbegehren in einer Angelegenheit zu sammeln, für das eine Erweiterung der Hauptsatzung möglich wäre, eine Erweiterung bei Durchführung des Bürgerbegehrens jedoch noch nicht erfolgt ist. Die Bürger genießen insoweit nur Vertrauensschutz im Hinblick auf die bestehende Rechtslage, was auch dazu führt, daß ein einmal für zulässig erklärtes Begehren nicht durch nachträgliche Änderung (Verkürzung) der Hauptsatzung für unzulässig erklärt werden kann[280]. Eine die Rechte der Bürger erweiternde Änderung der Hauptsatzung ist dagegen auf-

---

274 Kromer, DVBl 1985, 143, 147.

275 Vgl. VGH BW, ESVGH 30, 157, 159; Burkhardt, Bürgerentscheid, S. 230; Hager, VerwArch 84 (1993), 97, 107; Kromer, DVBl 1985, 143, 147; Schefold, Entwicklungstendenzen, S. 108; Seeger, ZParl 1988, 516, 520; Waechter, Kommunalrecht, Rn. 276.

276 Seeger, ZParl 1988, 516, 520; ders. in: Kühne/Meißner, Züge unmittelbarer Demokratie, S. 108.

277 Befürwortend: Kunze in: Kunze/Bronner/Katz, GemO BW, § 21, Rn. 9; Seeger in: Kühne/Meißner, Züge unmittelbarer Demokratie, S. 108; ablehnend Burkhardt, Bürgerentscheid, S. 231 f.; vgl. auch Hager, VerwArch 84 (1993), 97, 106.

278 BWVPr 1992, 142, 143.

279 VGH BW, ESVGH 30, 157, 159; Burkhardt, Bürgerentscheid, S. 230; Hager, VerwArch 84 (1993), 97, 107; Kromer, DVBl 1985, 143, 147; Schefold, Entwicklungstendenzen, S. 108; Seeger, ZParl 1988, 516, 520; Waechter, Kommunalrecht, Rn. 276.

280 Burkhardt, Bürgerentscheid, S. 232.

grund eines entsprechenden Ermessensspielraums der Gemeindevertretung auch noch nach Einreichen des Bürgerbegehrens möglich; als notwendige Grundlage für einen rechtmäßigen Bürgerentscheid muß die Hauptsatzung jedoch spätestens vor Durchführung der Abstimmung rechtswirksam geworden sein[281].

2. Hessen und Thüringen

In den Ländern Hessen und Thüringen, in denen ein Bürgerentscheid ebenfalls nur in wichtigen Angelegenheiten zulässig ist[282], ohne daß diese allerdings in einem Positivkatalog näher festgelegt sind, wird die Wichtigkeit einer Angelegenheit der Gemeinde häufig anhand ihrer objektiven Bedeutung für die Gemeinde und ihren spürbaren Auswirkungen auf das örtliche Gemeinwesen bestimmt[283]. Dabei mache die erhebliche finanzielle Belastung der Gemeinde durch eine Angelegenheit diese nicht automatisch zu einer wichtigen[284], vielmehr sei die Zahl der von einem Bürgerentscheid Betroffenen entscheidend[285].
An diesen Aspekt anknüpfend bezeichnen andere eine Angelegenheit als wichtig, wenn sich die Bevölkerung in erkennbarer Weise von ihr betroffen fühle, was immer der Fall sei, wenn die Bürger die für ein Bürgerbegehren erforderlichen Unterschriften aufgebracht hätten[286].

Angesichts der im Verhältnis zu den übrigen Ländern recht großen Zahl der für ein Bürgerbegehren erforderlichen Unterschriften in Hessen und Thüringen[287] und die damit verbundene Schwierigkeit, die erforderlichen Unterschriften aufzubringen, kann davon ausgegangen werden, daß bei Erreichen der erforderlichen Unterschriftenzahl auch nach o.g. objektiven Kriterien eine wichtige Angelegenheit vorliegt. Denn nur wenn ein größerer Personenkreis von der Angelegenheit betroffen ist, werden die Bürger es schaffen, die erforderliche Anzahl von Stimmen aufzubringen. Es ist daher ausreichend, die Anzahl der Unterschriften als alleini-

---

281 Kunze in: Kunze/Bronner/Katz, GemO BW, § 21, Rn. 9; Seeger in: Kühne/Meißner, Züge unmittelbarer Demokratie, S. 108.

282 § 8 b I HGO; § 17 I ThürKO.

283 VGH Kassel, NVwZ 1996, 722, 723; OVG M-V, StGT M-V 1996, 650, 653; Bretzinger, Die Kommunalverfassung der DDR, S. 199; Hager, VerwArch 84 (1993), 97, 105; Humpert, DÖV 1990, 999, 1003; Seeger in: Kühne/Meißner, Züge unmittelbarer Demokratie, S. 106.

284 Kunze in: Kunze/Bronner/Katz, GemO BW, § 21, Rn. 3; Seeger, ZParl 1988, 516, 520.

285 Beninde, StGR 1995, 219, 220.

286 Boden, LKV 1991, 156, 158; Borchert in: Galette/Laux, GO SchlHolst, § 16 g, zu Abs. 1, Anm. 4; Bretzinger, Die Kommunalverfassung der DDR, S. 191 f.; v. Mutius/Rentsch, GO SchlHolst, § 16 g, Rn. 4; vgl. auch v. Arnim, DÖV 1990, 89, 93. Zur Anzahl der nach dem jeweiligen Landesrecht erforderlichen Unterschriften vgl. 2. Teil, 2. Kapitel, I 2 f.

287 Gemäß § 8 b III 3 HGO müssen 10 %, gemäß § 17 III 3 ThürKO 20 % der Bürger das Begehren unterzeichnet haben.

ges Kriterium der Wichtigkeit anzusehen. Auf diese Weise würden gleichzeitig Streitigkeiten über die Auslegung des Begriffs "wichtig" vermieden.

3. Übrige Länder

Die übrigen Länder sehen eine Beschränkung des Anwendungsbereichs auf wichtige Gemeindeangelegenheiten nicht vor. Da nur bei wichtigen Angelegenheiten die auch in diesen Ländern bestehenden Antragsquoren[288] erreichbar sein dürften und somit gewährleistet ist, daß nicht völlig bedeutungslose Angelegenheiten zur Abstimmung gelangen, ist eine diesbzgl. Normierung durch den Gesetzgeber jedoch entbehrlich. Die Rechtslage weicht insofern mit Ausnahme der Länder, die die wichtigen Angelegenheit abschließend in einem Positivkatalog beschränken, trotz unterschiedlicher gesetzlicher Regelungen nicht wesentlich voneinander ab. Die Bürger können durch die Aufbringung der notwendigen Anzahl von Unterschriften selbst bestimmen, was sie als wichtige Gemeindeangelegenheit ansehen. Demgegenüber stellt sich ein Positivkatalog mit einer enumerativen Aufzählung wie in Baden-Württemberg und Rheinland-Pfalz als unnötige Einschränkung der Rechte der Bürger dar, so daß auf ihn verzichtet werden sollte[289].

IV. Negativkatalog

Eine wesentliche Einschränkung des Anwendungsbereichs von Bürgerbegehren und Bürgerentscheid bedeutet der in allen Gemeindeordnungen vorzufindene sogenannte Negativkatalog[290], in dem zur Sicherung der Funktionsfähigkeit der kommunalen Selbstverwaltung die Angelegenheiten aufgeführt sind, in denen ein Bürgerentscheid ausgeschlossen ist. Hierbei handelt es sich hauptsächlich um solche Bereiche, die zwar häufig von großem öffentlichen Interesse sind; die entsprechenden Entscheidungen erfordern jedoch gerade wegen ihrer grundlegenden Bedeutung für die Gemeinde besondere Fachkenntnisse und Verantwortungsbewußtsein und können wegen ihrer Komplexität nicht ohne weiteres auf eine für einen Bürgerentscheid notwendige Ja/Nein-Fragestellung reduziert wer-

---

288 S.u. 2. Teil, 2. Kapitel, I 2 f.

289 V. Arnim, DÖV 1990, 85, 93; Boden, Zum Entwurf einer GemO für Sachsen, S. 47; Mayer, Bürgerbegehren und Bürgerentscheide in Gemeinden, S. 12 f.; Schefold, Entwicklungstendenzen, S. 121 f.; Wehling, AfK 1989, 110, 114; vgl. auch Hofmann, VR 1997, 156, 158 f., der einen Verzicht auf das Merkmal der "Wichtigkeit" aus Gründen der Rechtssicherheit und -klarheit für angebracht hält.

290 § 21 II GemO BW; Art. 18 a III BayGO; § 20 III GO Bbg; § 8 b II HGO; § 20 III KV M-V; § 22 b III NGO; § 26 V GO NW; § 17 a II GemO RhPf; § 21 IV a KSVG Saarl; § 24 II SächsGemO; § 26 III GO LSA; § 16 g II GO SchlHolst; § 17 II ThürKO.

den[291]. Darüber hinaus könnte die Gesamtverantwortung und Planungskompetenz der Repräsentativorgane in unverhältnismäßiger Weise beeinträchtigt werden[292]. Solange letztere gewährleistet sind, steht dem Gesetzgeber jedoch bzgl. der von einem Bürgerentscheid ausgeschlossenen Angelegenheiten ein politischer Ermessensspielraum zu. Das hat dazu geführt, daß in einigen Ländern[293] Negativkataloge mit sehr weitreichenden Einschränkungen für einen Bürgerentscheid normiert worden sind, was die Effizienz eines Bürgerentscheids erheblich mindert. Die bayerische Gemeindeordnung sieht hingegen nur einen sehr kurzen Ausschlußkatalog vor, bei dem die Praxis noch zeigen muß, ob die dadurch bewirkte Erweiterung der Entscheidungsmöglichkeiten der Bürger zu weitreichend in die Gesamtverantwortung der Gemeindevertretung eingreift.

Trotz des unterschiedlichen Umfangs sind die jeweiligen Regelungen der Negativkataloge in allen Ländern wegen ihres Ausnahmecharakters restriktiv auszulegen und einer Erweiterung durch die Gemeinde nicht zugänglich; es handelt sich vielmehr um eine abschließende Regelung des Landesgesetzgebers[294].
In den folgenden Abschnitten sollen die von einem Bürgerentscheid ausgeschlossenen Angelegenheiten und die diesbzgl. landesrechtlichen Unterschiede dargestellt und diskutiert werden.

1. Angelegenheiten, die in den Aufgabenbereich der Verwaltungsleitung (Bürgermeister bzw. Magistrat) fallen

Bei den von einem Bürgerentscheid ausgeschlossenen Angelegenheiten, die in den Zuständigkeitsbereich der Verwaltungsleitung fallen, handelt es sich u.a. um die Geschäfte der laufenden Verwaltung. Diese sind i.d.R. von untergeordneter Bedeutung für das Gemeinwesen und werden zwecks schnellerer Entscheidungsfindung bereits einer Kollegialentscheidung durch die Gemeindevertretung entzo-

291 Begr. des Gesetzentw. der Landesreg. vom 6.10.1993, LT-Drs. (M-V) 1/3645, S. 102; Beninde, StGR 1995, 219, 220; Boden, LKV 1991, 156, 158; Borchert in: Galette/Laux, GO SchlHolst, § 16 g, zu Abs. 2, S. 250; Knemeyer, Bürgerbeteiligung und Kommunalpolitik, S. 105; Wiegand in: Wiegand/Grimberg, GO LSA, § 26, Rn. 3.

292 Hager, VerwArch 84 (1993), 97, 107.

293 Vgl. z.B. § 20 III GO Bbg; § 20 III KV M-V; § 22 b III NGO; § 26 V GO NW; § 17 II ThürKO.

294 Borchert in: Galette/Laux, GO SchlHolst, § 16 g, zu Abs. 2, S. 250; Hofmann, VR 1997, 156, 159; Rehn/Cronauge, GO NW, § 26, Anm. VI; Schneider, StGR 1994, 399, 400; Wansleben in: Held/Becker/Decker, GO NW, § 26, Anm. 3.1; Wefelmeier in: Blum/Beckhof, NGO, § 22 b, Rn. 19; Widtmann/Gasser, BayGO, Art. 18 a, Rn. 4; a.A. Prahl, VR 1995, 267, 268, der diese Auslegungsregel hier nicht anwenden will, da direktdemokratische Elemente selbst nur eine Ausnahme vom Grundsatz der repräsentativen Demokratie seien.

gen, so daß es nicht einzusehen wäre, derartige Fälle einem sehr aufwendigen und zeitintensiven Verfahren eines Bürgerentscheids zu unterstellen[295]. Weiterhin fallen, soweit gesetzlich nichts anderes bestimmt ist, die Weisungsaufgaben bzw. die Angelegenheiten des übertragenen Wirkungskreises, in die Entscheidungsbefugnis der Verwaltungsleitung[296]. Diese Aufgaben sind wegen der Weisungsgebundenheit ihrer Erfüllung und der damit zusammenhängenden rechtlichen Bindung einer Kollegialentscheidung des Rates und damit auch einer bürgerschaftlichen Entscheidung entzogen[297].

Außerdem ist nach allen Gemeindeordnungen ein Bürgerentscheid über Fragen der inneren Organisation der Gemeindeverwaltung ausgeschlossen. Dazu zählen hauptsächlich Entscheidungen bzgl. der Aufbau- und Ablauforganisation der Gemeindeverwaltung durch Geschäftsverteilungspläne und andere Organisations- und Aufgabenanweisungen[298]. In diesen Fällen besitzt der Bürgermeister bzw. in Hessen und in den schleswig-holsteinischen Städten der Magistrat als verwaltungsleitendes Organ das Organisationsrecht und somit die alleinige Verantwortung für eine ordnungsgemäße Verwaltung. Wegen dieser Verantwortungsübernahme erscheint es unbillig, wenn von außen durch bürgerschaftliche Entscheidungen auf diese inneren Organisationsentscheidungen Einfluß genommen würde, dadurch die Organisationshoheit der Verwaltungsleitung ausgehöhlt werden könnte und der Bürgermeister bzw. der Magistrat die Verantwortung für fremdes Handeln zu übernehmen hätte[299].

---

295 Kunze in: Kunze/Bronner/Katz, GemO BW, § 21, Rn. 13; Masson/Samper, BayGO, Art. 18 a, Rn. 4; Treffer/Kroll, Bürgerbegehren und Bürgerentscheid in Bayern, Anm. 15, S. 59 f.; Wiegand in: Wiegand/Grimberg, GO LSA, § 26, Rn. 3; Begr. des Gesetzentw. der Landesreg. vom 6.10.1993, LT-Drs. (M-V) 1/3645, S. 102.

296 Vgl. § 44 III GemO BW; Art. 59, 37 BayGO; § 44 I HGO; § 37 V KV M-V; § 62 I NGO; § 47 III GO NW; § 47 I GemO RhPf; § 59 IV KSVG Saarl; § 53 III SächsGemO; § 63 IV GO LSA; §§ 55 IV, 70 III GO SchlHolst; § 29 II ThürKO.

297 Burkhardt, Bürgerentscheid, S. 224; Hager, VerwArch 84 (1993), 97, 107; Kunze in: Kunze/Bronner/Katz, GemO BW, § 21, Rn. 13.

298 BayVGH, NVwZ 1996, 719, 720; Kunze in: Kunze/Bronner/Katz, GemO BW, § 21, Rn. 14; v. Mutius/Rentsch, GO SchlHolst, § 16 g, Rn. 5; Rehn/Cronauge, GO NW, § 26, Anm. VI 1; Thum, Bürgerbegehren und Bürgerentscheid in Bayern, 13.00, Art. 18 a III, Anm. 3; Treffer/Kroll, Bürgerbegehren und Bürgerentscheid in Bayern, Anm. 16, S. 62; Widtmann/Gasser, BayGO, Art. 18 a, Rn. 4. Nicht zur inneren Organisation der Gemeindeverwaltung gehört die Frage, ob die Doppelspitze der norddeutschen Ratsverfassung beibehalten werden soll, dazu OVG NW, StGR 1996, 151; Hofmann, VR 1997, 156, 159.

299 OVG NW, StGR 1996, 151; Begr. des Gesetzentw. der Landesreg. vom 4.2.1993, LT-Drs. (NW) 11/4983, S. 1, 8; Borchert in: Galette/Laux, GO SchlHolst, § 16 g, zu Abs. 2, S. 250; Hager, VerwArch 84 (1993), 97, 107; Kunze in: Kunze/Bronner/Katz, GemO BW, § 21, Rn. 14; Schneider, StGR 1994, 399, 400; vgl. auch Schefold, Entwicklungstendenzen, S. 123, der in diesem Bereich einen Bürgerentscheid für möglich hält.

In allen genannten Bereichen, für die grundsätzlich der Bürgermeister/Magistrat zuständig ist, ist es also gerechtfertigt bzw. sogar erforderlich, ein Entscheidungsverfahren der Bürger auszuschließen. Abweichende landesgesetzliche Regelungen sind deshalb nicht vorzufinden.

2. Fragen über die Rechtsverhältnisse der Gemeinderatsmitglieder, der Bürgermeister und der Gemeindebediensteten

Neben Fragen der inneren Organisation der Verwaltung sind nach allen Gemeindeordnungen auch Bürgerentscheide über die Rechtsverhältnisse der Gemeinderatsmitglieder, der Bürgermeister und der Gemeindebediensteten ausgeschlossen. Selbst bei fehlender gesetzlicher Normierung käme hier ein Bürgerentscheid schon deswegen nicht in Betracht, weil diese Angelegenheiten bereits in verschiedenen Vorschriften geregelt sind: teils in den Gemeindeordnungen selbst, aber auch in den Hauptsatzungen und den Geschäftsordnungen sowie durch das Beamten-, Disziplinar- und Tarifrecht[300]. Durch eine direkte Entscheidung der Bürger in diesem Bereich würde ferner in die gesetzlich zugewiesene Entscheidungskompetenz des Dienstherrn bzw. Arbeitgebers eingegriffen[301], so daß auch in diesen Angelegenheiten ein Ausschluß eines Bürgerentscheids für alle Länder zwingend ist.

Allerdings bezieht sich der Ausschluß nur auf konkrete Rechtsverhältnisse - etwa die Bestellung der betreffenden Personen, deren Abwahl[302], die Höhe der Entschädigung der Gemeinderatsmitglieder, die Beförderung von Beamten usw.. Für einen weitergehenden Ausschluß abstrakt-genereller Regelungen zukünftiger Rechtsverhältnisse besteht kein Bedürfnis, denn hier geht es nicht um die Gestaltung individueller Rechtsverhältnisse, für die allein Vertrauensschutz im Hinblick auf den Bestand etwaiger Rechtspositionen für die bezeichneten Personen besteht und die nicht in der Öffentlichkeit diskutiert werden sollen, sondern um

---

300 Borchert in: Galette/Laux, GO SchlHolst, § 16 g, zu Abs. 2, S. 250; Masson/Samper, BayGO, Art. 18 a, Rn. 6; v. Mutius/Rentsch, GO SchlHolst, § 16 g, Rn. 5; Rehn/Cronauge, GO NW, § 26, Anm. VI 2; Schneider in: Dieckmann/Heinrichs, GO NW, § 26, Anm. 6 Nr. 2; Treffer/Kroll, Bürgerbegehren und Bürgerentscheid in Bayern, Anm. 19, S. 69; Wefelmeier in: Blum/Beckhof, NGO, § 22 b, Rn. 21.

301 Masson/Samper, BayGO, Art. 18 a, Rn. 6; v. Mutius/Rentsch, GO SchlHolst, § 16 g, Rn. 5.

302 Hierfür sind, selbst wenn die Bürger z.B. bei der Abwahl eines volksgewählten Bürgermeisters entscheiden, besondere Verfahren vorgesehen, bei denen die Initiative zur Abwahl von der Gemeindevertretung ausgeht; vgl. Klang/Gundlach, GO LSA, § 25, Rn. 2; Prahl, VR 1995, 267 f.; Rehn/Cronauge, GO NW, § 26, Anm. VI 2.
Gemäß § 51 VIII SächsGemO werden die Vorschriften für Bürgerbegehren und Bürgerentscheid mit entsprechend erhöhten Voraussetzungen für anwendbar erklärt; vgl. v. Rotberg/Rooks, VBlBW 1993, 401, 408.

grundsätzliche kommunalverfassungsrechtliche Fragen[303]; beispielsweise werden Bürgerentscheide über die grundsätzliche Frage nach der Haupt- oder Ehrenamtlichkeit der Bürgermeister, die erst zukünftig zu wählende Bürgermeister betrifft, nach allgemeiner Ansicht als zulässig angesehen[304], sofern eine entsprechende Entscheidungsmöglichkeit der Gemeindevertretung in der Gemeindeordnung vorgesehen ist.

3. Haushalts-, Finanz- und Wirtschaftsfragen

Nach allen Gemeindeordnungen ist ein Bürgerentscheid über die Haushaltssatzung einschließlich der Wirtschaftspläne der Eigenbetriebe[305] ausgeschlossen, mit Ausnahme der bayerischen Gemeindeordnung zudem über die Jahresrechnung der Gemeinde[306], die Gemeindeabgaben und die Tarife der Versorgungs- und Verkehrsbetriebe[307]. Damit ist ein Bürgerentscheid in grundlegenden Haushalts-, Finanz- und Wirtschaftsfragen der Gemeinde nicht möglich.

a) Gefährdung der Gesamtverantwortung der Gemeindevertretung

Insbesondere mit der Aufnahme der Haushaltssatzung in den Katalog der von einem Bürgerentscheid ausgeschlossenen Angelegenheiten bezweckte der Gesetzgeber, die der Gemeindevertretung gemäß Art. 28 I 2 GG garantierte Gesamtverantwortung[308] zu sichern, deren Wahrnehmung ohne die Letztentscheidungsbefugnis in bestimmten richtungsweisenden Angelegenheiten, zu denen in beson-

---

303 BayVGH, BayVBl 1996, 246, 247; Begr. des Gesetzentw. der Landesreg. vom 16.3.1993, LT-Drs. (RhPf) 12/2796, S. 71; Kunze in: Kunze/Bronner/Katz, GemO BW, § 21, Rn. 15; Masson/Samper, BayGO, Art. 18 a, Rn. 6; Thum, Bürgerbegehren und Bürgerentscheid in Bayern, 13.00, Art. 18 a III, Anm. 4.

304 BayVGH, BayVBl 1996, 246; Hölzl/Hien, BayGO, Art. 18 a, Anm. 4; Kunze in: Kunze/Bronner/Katz, GemO BW, § 21, Rn. 15; Masson/Samper, BayGO, Art. 18 a, Rn. 6; Widtmann/Gasser, BayGO, Art. 18 a, Rn. 4; Begr. des Gesetzentw. der Landesreg. vom 16.3.1993, LT-Drs. (RhPf) 12/2796, S. 71.

305 Ein Eigenbetrieb ist eine öffentlich-rechtliche Form eines wirtschaftlichen Unternehmens der Gemeinde, welches keine Rechtsfähigkeit besitzt. Die Handlungen des Unternehmens werden der Trägergemeinde zugerechnet, von der es jedoch organisatorisch und finanzwirtschaftlich unabhängig ist. Eigenbetriebe stellen Sondervermögen der Gemeinde dar und sind als solches Teile des Haushaltsplans; vgl. Gern, Kommunalrecht, Rn. 688, 741, 744.

306 Die Jahresrechnung ist das Ergebnis der Haushaltswirtschaft des abgeschlossenen Jahres.

307 Vgl. § 21 II Nr. 4, 5 GemO BW; Art. 18 a III BayGO; § 20 III d), e), f) GO Bbg; § 8 b II Nr. 4, 5, HGO; § 20 II Nr. 1 KV M-V; § 22 b III Nr. 3, 4 NGO; § 26 V Nr. 3, 4 GO NW; § 17 a II Nr. 4, 5 GemO RhPf; § 21 a IV Nr. 3, 4 KSVG Saarl; § 24 II Nr. 4, 5, 6 SächsGemO; § 26 III Nr. 4, 5 GO LSA; § 16 g II Nr. 2, 3 GO SchlHolst; § 17 II Nr. 1 ThürKO.

308 S.o. 1. Teil, 3. Kapitel, I.

derem Maße Finanz- und Haushaltsfragen zählten[309], nicht möglich sei[310]. Dagegen sind andere der Ansicht, daß ein Bürgerentscheid zumindest in Teilen dieser Bereiche - etwa über eine Abgabensenkung - zulässig sein sollte[311].

Die Entscheidung über den Gesamthaushaltsplan hat vielfältige Auswirkungen auf sämtliche von der Gemeinde geplante Projekte, demzufolge sie auch eine umfassende Berücksichtigung sämtlicher Entscheidungsaspekte verlangt. Der Gemeinderat hat insofern die Verantwortung dafür zu tragen, daß die Entscheidungen zum Wohle der Allgemeinheit getroffen werden und bei den Beratungen sowie bei der Beschlußfassung möglichst ein Ausgleich der widerstreitenden Interessen stattfindet[312]. Dieser Ausgleich ist dagegen bei einem Bürgerentscheid nicht gewährleistet. Bei einem Bürgerentscheid werden sich die zahlenmäßig stärksten Gruppen mit ihren an persönlichen Verhältnissen orientierten Entscheidungen durchsetzen, wobei ein erhebliches finanzielles Eigeninteresse bestehen kann, sich selbst möglichst wenig zu belasten[313]. Demzufolge könnten etwa durch unverhältnismäßige Abgabensenkungen gemeindewirtschaftlich unvernünftige Entscheidungen getroffen werden[314]. Des weiteren wird den Bürgern i.d.R. der Sachverstand und der Überblick für weitreichende finanzpolitische Entscheidungen der Gemeinde fehlen, so daß die Stabilität der Gemeindewirtschaft durch kurzsichtige bürgerschaftliche Entscheidungen in unverhältnismäßiger Weise gefährdet werden könnte[315]. Darüber hinaus wird durch eine unsachgerechte Entscheidung die Gesamtverantwortung der Gemeindevertretung belastet, indem die Verantwortung für die Entscheidung gemäß Art. 28 I 2 GG weiterhin der Gemeindevertretung zufiele, obwohl diese gar nicht entschieden hätte[316]. Sie müßte insofern versuchen, aus gesamtwirtschaftlicher Sicht mangelhafte Entscheidungen auf andere Weise wieder auszugleichen. Zwar übernimmt die Bürgerschaft auch

309 Burkhardt, Bürgerentscheid, S. 225; Waechter, Kommunalrecht, Rn. 276.

310 Begr. des Gesetzentw. der Landesreg. vom 28.11.1989, LT-Drs. (SchlHolst) 12/592, S. 49; VGH BW, VBlBW 1985, 263, 266; Hager, VerwArch 84 (1993), 97, 107; Klang/Gundlach, GO LSA, § 26, Rn. 1; Kunze in: Kunze/Bronner/Katz, GemO BW, § 21, Rn. 16; Rehn/Cronauge, GO NW, § 26, Anm. VI 3; Schefold, Entwicklungstendenzen, S. 122; Schneider, StGR 1994, 399, 400; Wefelmeier in: Blum/Beckhof, NGO, § 22 b, Rn. 22.

311 Dazu unten 2. Teil, 3. Kapitel, IV 3 c.

312 Gröbner, BayBgm 1970, 85, 88.

313 Gröbner, BayBgm 1970, 85, 88; Schefold, Entwicklungstendenzen, S. 123; Stellungnahme des Bayerischen Senats, BayBgm 1970, 184; Treffer/Kroll, Bürgerbegehren und Bürgerentscheid in Bayern, Anm. 20, S. 68; Ziegler, Bürgerbeteiligung, S. 223; Schneider in: Dieckmann/Heinrichs, GO NW, § 26, Anm. 26, Nr. 3.

314 Schneider in: Dieckmann/Heinrichs, GO NW, § 26, Anm. 26, Nr. 3.

315 Muckel, NVwZ 1997, 223, 226.

316 Gröbner, BayBgm 1970, 85, 88.

bei Bürgerentscheiden in anderen Bereichen keine direkte Verantwortung. Im Unterschied dazu sind jedoch die Finanzfragen von so grundlegender und weitreichender Bedeutung, daß es unbillig erschiene, wenn die Gemeindevertretung ohne eigene Entscheidungsbefugnis Verantwortung für eine entsprechende Entscheidung der Bürger übernehmen müßte. Ein Ausschluß eines Bürgerentscheids über den Haushaltsplan ist daher berechtigt[317]. Bekräftigt wird ein Ausschluß durch entsprechende Regelungen auf Landesebene, die ebenfalls einen Volksentscheid in Haushaltsfragen ausschließen[318].

b) Einbindung der Gemeinden in das deutsche Finanzverfassungssystem

Die Zulässigkeit eines Bürgerentscheids in Finanz- und Haushaltsfragen ist zudem aufgrund der Einbindung der Gemeinden in das deutsche Finanzverfassungssystem problematisch. Danach finanzieren sich die Gemeinden zu einem großen Teil aus Einnahmen des Bundes und des Landes, obwohl den Gemeinden gemäß Art. 28 II 1, 3 GG eine eigene Finanzhoheit gewährt wird, die die Einnahmen- und Ausgabenhoheit im Rahmen eines geregelten Haushaltswesens garantiert[319]. Wegen der Beschränkung des Anwendungsbereichs eines Bürgerentscheids auf Angelegenheiten der Gemeinde könnten aber lediglich die gemeindeeigenen Einnahmen Gegenstand eines Bürgerentscheids sein.

Zu den wenigen Steuern, für die die Gemeinde die Ertragshoheit besitzt, gehören örtliche Verbrauchs- und Aufwandssteuern gemäß Art. 106 VI GG. Ferner haben die Gemeinden gemäß §§ 16, 4 GewStG, § 25 GrStG das Recht zur Festsetzung der Hebesätze für die Realsteuern (Grund- und Gewerbesteuer). Im Rahmen der Kommunalabgabengesetze können die Gemeinden außerdem die Höhe der Gebühren und Beiträge festsetzen[320]; derartige Einnahmen sollen jedoch allein zur Finanzierung der öffentlichen Einrichtungen verwendet werden[321] und sind insofern nur einer begrenzten Disposition zugänglich. Die Verfügung der Ge-

---

317 VGH BW, VBlBW 1985, 263, 266; Hager, VerwArch 84 (1993), 97, 107; Rehn/Cronauge, GO NW, § 26, Anm. VI 3; Waechter, Kommunalrecht, Rn. 276; Wefelmeier in: Blum/Beckhof, NGO, § 22 b, Rn. 22; a.A. Pestalozza, Der Popularvorbehalt, S. 27 f., der davon ausgeht, daß Quoren ausreichen, um sich an Einzelinteressen orientierende Entscheidungen zu verhindern.

318 Vgl. dazu Jürgens, Direkte Demokratie in den Bundesländern, S. 131 ff.

319 Art. 28 II 3 GG eingefügt durch das Gesetz zur Änderung des GG vom 27.10.1994, BGBl. I, S. 3146; vgl. auch BVerfGE 26, 228, 244. Aus der Finanzhoheit kann nach allgemeiner Meinung nur ein Recht der Gemeinden auf angemessene Finanzausstattung, nicht aber auf vollständige Eigenfinanzierung abgeleitet werden; vgl. Pagenkopf, Das Gemeindefinanzsystem, S. 8; Schmidt-Aßmann, Kommunalrecht, Rn. 128 ff.

320 Masson/Samper, BayGO, Art. 18 a, Rn. 8; Streinz, Die Verwaltung 1983, 293, 313.

321 Meißner in: Kühne/Meißner, Züge unmittelbarer Demokratie, S. 183.

meinde über die staatlichen Zuweisungen ist ebenfalls eingeschränkt, da diese meist zweckgebunden sind[322]. Kreditaufnahmen zur Finanzierung der Gemeinden finden schließlich ihre Grenzen in der Abhängigkeit von der Genehmigung der Rechtsaufsichtsbehörde[323], so daß der Gemeinde insgesamt nur ein recht geringer Spielraum über ihre gemeindeeigenen Einnahmen verbleibt. Nichts anderes könnte für Bürgerentscheide gelten, die in diesem Bereich daher erst dann größere Bedeutung erlangen könnten, wenn die eigenen Einkunftsquellen der Gemeinden und somit deren Handlungsspielraum erweitert würden[324]. Dazu bedürfte es jedoch einer grundlegenden Reform des deutschen Finanzverfassungssystems zugunsten der Finanzautonomie der Gemeinden[325]. Selbst wenn ein wie in den meisten Ländern vorhandener umfassender Ausschluß eines Bürgerentscheids nicht vorgesehen wäre, würde solch ein Ausschluß daher größtenteils bereits durch die Einbindung der kommunalen Finanzen in das deutsche Finanzverfassungssystem erfolgen.

c) Bürgerentscheid über gemeindliche Abgaben

Trotz der Gefährdung der Gesamtverantwortung der Gemeindevertretung durch einen Bürgerentscheid in grundlegenden finanzpolitischen Angelegenheiten und der geringen Finanzautonomie der Gemeinden wird dennoch immer wieder gefordert, wenigstens Bürgerentscheide über die gemeindlichen Abgaben zuzulassen[326], wenn schon die Entscheidung über die gesamte Haushaltssatzung der Gemeindevertretung wegen Art. 28 I 2 GG vorbehalten bleiben müsse.

Einen Schritt in diese Richtung hat der bayerische Gesetzgeber mit der Einführung des Art. 18 a III BayGO unternommen, wonach ein Bürgerentscheid ausdrücklich nur über den gesamten Haushaltsplan unzulässig ist, Gemeindeabgaben aber nicht ausdrücklich von einem Bürgerentscheid ausgeschlossen werden und in den Grenzen des KAG Bay prinzipiell Gegenstand einer bürgerschaftlichen Entscheidung sein können[327].

---

322 Meißner in: Kühne/Meißner, Züge unmittelbarer Demokratie, S. 184.

323 Streinz, Die Verwaltung 1983, 293, 313.

324 Vgl. Grawert, VVDStRL 36 (1978), 277, 302; Pohmer/Saile in: Püttner, HbkWP, Bd. 6, S. 88.

325 Ardelt, Erfahrungen mit Bürgerentscheid und Bürgerbegehren, S. 256 f. ; Streinz, Die Verwaltung 1983, 293, 315. Eine weitaus größere Finanzautonomie besitzen z.B. die Gemeinden der Schweiz, die ihren Finanzbedarf zu ca. 60 % aus eigenen Einnahmen decken, vgl. Lutzky in: Püttner, HbkWP, Bd. 6, S. 50 ff.

326 V. Arnim, DÖV 1990, 85, 93; Muckel, NVwZ 1997, 223, 227; Possemeyer, Die Reform der Kommunalverfassung in Nordrhein-Westfalen und Niedersachsen, S. 209.

327 VG Regensburg, VwRR By 1997, 234; Masson/Samper, BayGO, Art. 18 a, Rn. 8; Muckel, NVwZ 1997, 223, 226; Stellungnahme der bayerischen Staatsregierung zum Gesetzentw. des Volksbegehrens vom 11.4.1995, LT-Drs. 13/1252, S. 8.

Zur Begründung wird von den Befürwortern einer entsprechenden Handhabung angeführt, daß die Bürger bei der Aufstellung der Kostendeckungsvorschläge im Rahmen eines Bürgerbegehrens[328] gezeigt hätten, daß sie auch in finanziellen Fragen verantwortungsbewußt denken könnten, so daß sich die vom Gesetzgeber befürchteten unsachgemäßen Entscheidungen[329] in der Realität erst beweisen müßten[330]. Ferner sei zu bedenken, daß bereits jeder Bürgerentscheid, der finanzielle Aufwendungen erforderlich mache, Auswirkungen auf die Haushaltswirtschaft habe und so die Bürger in nicht unerheblichem Ausmaß über finanzpolitische Angelegenheiten der Gemeinde, wenn auch nur mittelbar, entscheiden würden, obwohl grundsätzlich Finanz- und Haushaltsfragen der gewählten Gemeindevertretung vorbehalten bleiben sollten[331].

Demgegenüber wird allerdings vereinzelt angenommen, daß nicht einmal Angelegenheiten, die größere finanzielle Aufwendungen erfordern, wegen der Beinflussung der Finanzstruktur und -planung einem Bürgerentscheid zugänglich sein dürften[332]. In Übereinstimmung mit der herrschenden Meinung ist jedoch davon auszugehen, daß das Verbot, über Haushaltsfragen abzustimmen, den Gemeindehaushalt als ganzen erfaßt, nicht aber Angelegenheiten, die lediglich einen Einfluß - selbst in größeren Umfang - auf den Gemeindehaushalt ausüben[333]. Nach dem Willen des Gesetzgebers sollten nur diejenigen Angelegenheiten von einem Bürgerentscheid ausgeschlossen werden, in denen eine bürgerschaftliche Entscheidung die Gesamtverantwortung der Gemeindevertretung gefährden könnte.
Es ist sicherlich nicht auszuschließen, daß die Gemeinde auch durch Projekte, die größere finanzielle Aufwendungen erfordern, in ihrer Finanzplanung eingeschränkt werden kann, was aber nicht zwangsläufig mit einer Gefährdung der Gesamtverantwortung verbunden sein muß. Denn anders als bei direkten Eingriffen in die Haushaltsplanung, etwa durch eine Abgabensenkung, kann die Gemeinde hier immer noch frei entscheiden, wie sie die finanziellen Mittel für ein von den

---

328 Dazu unten 2. Teil, 2. Kapitel, I 2 d.

329 Vgl. z.B. Begr. des Gesetzentw. der Landesreg. vom 28.11.1989, LT-Drs. (SchlHolst) 12/592, S. 49; Stellungnahme der bayerischen Staatsregierung zum Gesetzentw. des Volksbegehrens vom 11.4.1995, LT-Drs. (Bay) 13/1252, S. 8.

330 V. Arnim, DÖV 1990, 85, 93; Possemeyer, Die Reform der Kommunalverfassung in Nordrhein-Westfalen und Niedersachsen, S. 209.

331 V. Arnim, DÖV 1990, 85, 93; Borchert in: Galette/Laux, GO SchlHolst, § 16 g, zu Abs. 2, S. 250; Kunze in: Kunze/Bronner/Katz, GemO BW, § 21, Rn. 16; Rehn/Cronauge, GO NW, § 26, Anm. VI 3.

332 Ziegler, Bürgerbeteiligung, S. 224 ff.

333 Hölzl/Hien, BayGO, Art. 18 a, Anm. 4; Rehn/Cronauge, GO NW, § 26, Anm. VI 3; Streinz, Die Verwaltung 1983, 293, 314; Thum, Bürgerbegehren und Bürgerentcheid in Bayern, 13.00, Art. 18 a III, Anm. 5; Treffer/Kroll, Bürgerbegehren und Bürgerentscheid in Bayern, Anm. 20, S. 66 ff.; Widtmann/Gasser, BayGO, Art. 18 a, Rn. 4.

Bürgern gefordertes Projekt aufbringen möchte[334]. Die Bürger müssen zwar in den entsprechenden Angelegenheiten nach den Vorschriften der meisten Länder selbst einen sogenannten Kostendeckungsvorschlag für die Aufbringung der finanziellen Mittel für ein angestrebtes Projekt erstellen; an diesen ist die Gemeinde jedoch nicht gebunden[335]. Die Gemeinde kann und muß sich vielmehr für die dem Gemeinwohl verträglichste Lösung der Finanzierung eines Projekts entscheiden. Bei einem Bürgerentscheid über eine Abgabensenkung wäre sie jedoch zwingend an diese Entscheidung im Rahmen ihrer Haushaltsaufstellung gebunden. Ein solcher Entscheid hätte insofern größere Auswirkungen auf das Gemeindefinanzsystem und damit auch auf die Gesamtverantwortung der Gemeindevertretung in diesem Bereich.
Darüber hinaus könnte durch eine unverhältnismäßige Senkung der Abgaben die Sicherung der sozialstaatlichen Leistungen und damit das Sozialstaatsprinzip gerfährdet werden[336].

Alle diese Gründe sprechen aus rechtlicher Sicht dafür, in haushaltspolitischen Fragen einen Bürgerentscheid generell auszuschließen. Die bisherigen Erfahrungen mit Bürgerentscheiden in Bayern zeigen jedoch, daß selbst ein Fehlen solch weitreichender Ausschlüsse von Bürgerentscheiden nicht zum Mißbrauch geführt haben, was für die Mündigkeit und das Verantwortungsbewußtsein der Bürger spricht. Dennoch sollten, um potentielle Gefahren abzuwenden, in diesem Bereich Ausschlüsse in größerem Umfang als in der bayerischen Gemeindeordnung vorgesehen sein, zumal diese bei Vorhandensein die bisherigen Bürgerentscheide nicht wesentlich behindert hätten.

4. Entscheidungen in Rechtsmittel- und Rechtsbehelfsverfahren

Von einem Bürgerentscheid ausgeschlossen werden in den Gemeindeordnungen von Baden-Württemberg, Hessen, Sachsen und Schleswig-Holstein Entscheidungen in Rechtsmittelverfahren, in Brandenburg, Mecklenburg-Vorpommern, Rheinland-Pfalz und Sachsen-Anhalt in Rechtsmittel- und Rechtsbehelfsverfahren; in Niedersachsen, Nordrhein-Westfalen und im Saarland bezieht sich der Ausschluß auf Rechtsbehelfe und Rechtsstreitigkeiten und in Thüringen auf Rechtsbehelfsverfahren[337]. Lediglich die bayerische Gemeindeordnung läßt eine

334 Vgl. Borchert in: Galette/Laux, GO SchlHolst, § 16 g, zu Abs. 2, S. 250; Masson/Samper, BayGO, Art. 18 a, Rn. 7; Stein, VR 1992, 389, 392; Wefelmeier in: Blum/Beckhof, NGO, § 22 b, Rn. 35.

335 S.u. 2. Teil, 2. Kapitel, I 2 d aa.

336 Schefold, Entwicklungstendenzen, S. 123; vgl. auch Schneider in: Dieckmann/Heinrichs, § 26, Anm. 6 Nr. 3.

337 Vgl. § 21 II Nr. 6 GemO BW; § 20 III h) GO Bbg; § 8 b II Nr. 6 HGO; § 20 II Nr. 4 KV M-V; § 22 b III Nr. 7 NGO; § 26 V Nr. 7 GO NW; § 17 a II Nr. 8 GemO RhPf; § 21 a IV

bürgerschaftliche Entscheidung in den bezeichneten Angelegenheiten grundsätzlich zu. Dem wird allerdings von Teilen der Literatur keine große Bedeutung beigemessen, da die Einhaltung der Fristen eines Rechtsmittelverfahrens im Wege eines zeitaufwendigen Massenverfahrens ohnehin unwahrscheinlich sei[338].

Ein Ausschluß wird in allen anderen Ländern damit begründet, daß die entsprechenden Entscheidungen eine gewisse Objektivität verlangten, die in einem Bürgerentscheid nicht oder nur mit Schwierigkeiten gewährleistet werden könne, da in einem derartigen Verfahren die Meinungsbildung vielfältigen äußeren Einflüssen ausgesetzt sei[339] und es nicht möglich sei, die persönliche Befangenheit jedes einzelnen Bürgers zu überprüfen[340].

Mit dem Ausschluß von Abstimmungen der Bürger über Entscheidungen in Rechtsbehelfs- und Rechtsmittelverfahren dürften die Landesgesetzgeber nicht Rechtsstreitigkeiten zwischen Gemeinden und übergeordneten Behörden gemeint haben, sondern nur Rechtsstreitigkeiten zwischen Bürgern und Gemeinde, in denen die Gemeindevertretung als streitentscheidende Behörde auftritt[341]. Denn in den Streitigkeiten, in denen die Gemeinde lediglich Verfahrensbeteiligte ist, kann von ihr keine objektive Entscheidung verlangt werden, sondern erst wenn sie selbst als streitentscheidende Behörde auftritt, etwa in Widerspruchsverfahren.

Auch bei dieser Auslegung besteht jedoch begrifflicher Klärungsbedarf, da in den jeweiligen gesetzlichen Regelungen teilweise nur von Rechtsmittelverfahren, teilweise auch von Rechtsbehelfsverfahren und Rechtsstreitigkeiten gesprochen wird.
Im deutschen Rechtssystem versteht man unter einem Rechtsbehelf als Oberbegriff jedes auch formlose Mittel zur Verwirklichung eines Rechts; demgegenüber sind Rechtsmittel nur diejenigen Rechtsbehelfe, denen ein Suspensiv- und Devolutiveffekt zukommt[342]. Nach diesem Begriffsverständnis sind daher Berufung,

---

Nr. 7 KSVG Saarl; § 24 II Nr. 7 SächsGemO; § 26 III Nr. 6 GO LSA; § 16 g II Nr. 8 GO SchlHolst; § 17 II Nr. 5 ThürKO.

338 Masson/Samper, BayGO, Art. 18 a, Rn. 8.

339 Borchert in: Galette/Laux, GO SchlHolst, § 16 g, zu Abs. 2, S. 250; Kunze in: Kunze/Bronner/Katz, GemO BW, § 21, Rn. 18; Rehn/Cronauge, GO NW, § 26, Anm. VI 7; Schneider, StGR 1994, 399, 401.

340 Burkhardt, Bürgerentscheid, S. 227.

341 Burkhardt, Bürgerentscheid, S. 227, Fn. 1; Mußgnug, VBlBW 1984, 187, 190.

342 Eyermann/Fröhler, VwGO, § 58, Rn. 3; Kopp, VwGO, vor § 124, Rn. 1.

Revision und Beschwerde in öffentlich-rechtlichen, aber auch in zivil- und arbeitsrechtlichen Streitigkeiten als Rechtsmittel anzusehen[343].
Bei strenger Auslegung der Begriffsdefinitionen wäre ein Widerspruch als Rechtsbehelf und nicht als Rechtsmittel anzusehen, so daß nach den Gemeindeordnungen, in denen lediglich Entscheidungen in Rechtsmittelverfahren genannt werden, ein Ausschluß von Bürgerentscheiden in Widerspruchsverfahren nicht zwingend wäre. Hier scheint es jedoch geboten, den Begriff des Rechtsmittels nicht nur i.S.d. strengen Verständnisses der VwGO auszulegen, sondern dem allgemeinen Sprachverständnis folgend auch auf Rechtsbehelfe auszudehnen[344], zumal auch in der juristischen Literatur der Begriff diese Erweiterung erfährt[345]. Entsprechend dieser Begriffserweiterung sind somit auch nach den Gemeindeordnungen, in denen lediglich Rechtsmittelverfahren erwähnt werden, Bürgerentscheide in den Angelegenheiten ausgeschlossen, in denen die Gemeinde als streitentscheidende Behörde auftritt.

5. Anträge, die ein gesetzwidriges Ziel anstreben

Mit Ausnahme der bayerischen und der schleswig-holsteinischen Gemeindeordnung sehen alle weiteren Länder einen Ausschluß eines Bürgerentscheids in Angelegenheiten vor, die ein gesetzwidriges Ziel verfolgen. Da aber bereits aus dem Rechtsstaatsprinzip i.V.m. dem Grundsatz der Gesetzmäßigkeit der Verwaltung gemäß Art. 20 III GG folgt, daß auch im Wege des Bürgerentscheids keine gesetzwidrigen Ziele verfolgt werden können, wird diesen Bestimmungen nur deklaratorische Bedeutung zugesprochen[346]. Ein fehlender Ausschluß wirkt sich somit nicht aus.

---

343 Borchert in: Galette/Laux, GO SchlHolst, § 16 g, zu Abs. 2, S. 250 a und v. Mutius/Rentsch, GO SchlHolst, § 16 g, Rn. 5 wollen dagegen zivil- und arbeitsrechtliche Streitigkeiten nicht von einem Ausschluß des Bürgerentscheids erfassen, ohne dies jedoch näher zu begründen.

344 So z.B. Eyermann/Fröhler, VwGO, § 58, Rn. 3 für die Verwendung des Begriffs Rechtsmittelbelehrung, wenn diese auf einen Rechtsbehelf verweist; vgl. auch Borchert in: Galette/Laux, GO SchlHolst, § 16 g, zu Abs. 2, S. 250 a.

345 So z.B. Burkhardt, Bürgerentscheid, S. 227; v. Mutius/Rentsch, GO SchlHolst, § 16 g, Rn. 5.

346 V. Mutius/Rentsch, GO SchlHolst, § 16 g, Rn. 5; Rehn/Cronauge, GO NW, § 26, Anm. VI 9; Streinz, Die Verwaltung 1983, 293, 304 f. Vgl. auch Wansleben in: Held/Becker/Decker, GO NW, § 26, Anm. 3.1.9, der den Sinn dieser Vorschriften darin erblickt, bereits im voraus ein Bürgerbegehren, das auf ein gesetzwidriges Ziel gerichtet ist, für unzulässig erklären zu können, da ein Bürgerentscheid anders als ein Ratsbeschluß nicht der nachträglichen Beanstandung ausgesetzt sei. Nach der hier vertretenen Ansicht ist eine Beanstandung durch die Rechtsaufsichtsbehörde jedoch möglich, vgl. unten 2. Teil, 10. Kapitel, I 2.

6. Bauleitplanung, Planfeststellungsverfahren, förmliche Verwaltungsverfahren, Zulassungs- oder Genehmigungsverfahren

Ob ein Bürgerentscheid im Rahmen eines Bauleitplanungsverfahrens, eines Planfeststellungsverfahrens, eines förmlichen Verwaltungsverfahrens mit Öffentlichkeitsbeteiligung oder eines abfall-, immissionsschutzrechtlichen o.ä. Zulassungs- oder Genehmigungsverfahrens zulässig sein soll, ist in den Gemeindeordnungen der einzelnen Länder unterschiedlich geregelt. Während die Länder Brandenburg, Mecklenburg-Vorpommern, Niedersachsen, Nordrhein-Westfalen, Rheinland-Pfalz und das Saarland in allen bezeichneten Fällen eine plebiszitäre Entscheidung der Bürger ausschließen[347], sind nach der schleswig-holsteinischen Gemeindeordnung[348] nur die Aufstellung, Änderung und Aufhebung von Bauleitplänen einem Bürgerentscheid entzogen. Nach der thüringischen Gemeindeordnung[349] ist ein Bürgerentscheid generell unzulässig über einen Satzungsbeschluß, worunter auch Bauleitpläne fallen. Gänzlich auf einen Ausschluß verzichten die Länder Bayern, Hessen, Sachsen und Sachsen-Anhalt. Auch in Baden-Württemberg sind Bürgerentscheide in Planungs-, Planfeststellungsverfahren und förmlichen Verwaltungsverfahren nicht generell durch den Negativkatalog ausgeschlossen, aufgrund des enumerativen Positivkatalogs aber praktisch nur in solchen Fällen zulässig, die sich auf Einrichtung, Erweiterung oder Aufhebung einer öffentlichen Einrichtung beziehen[350].

a) Brandenburg, Mecklenburg-Vorpommern, Niedersachsen, Nordrhein-Westfalen, Rheinland-Pfalz, Saarland

Planungs-, Planfeststellungs- und andere Entscheidungen in förmlichen Verwaltungsverfahren seien u.a. deswegen als Gegenstand eines Bürgerentscheids auszuschließen, weil derartige Verfahren bereits eine ausreichende Beteiligung der Bürger vorsähen und eine weitere Beteiligung zwecks Vermeidung gegenläufiger Interessen nicht mehr gewollt sei, vielmehr von einer abschließenden spezialgesetzlichen bundesrechtlichen Regelung ausgegangen werden müsse[351].

---

347 § 20 III g), j) GO Bbg; § 20 III Nr. 3 KV M-V; § 22 b III Nr. 5, 6 NGO; § 26 V Nr. 5, 6 GO NW; § 17 a II Nr. 6, 7 GemO RhPf; § 21 IV Nr. 5, 6 KSVG Saarl.

348 § 16 g II Nr. 5 GO SchlHolst.

349 § 26 II Nr. 2 i.V.m. § 17 II Nr. 1 ThürKO.

350 VGH BW, ESVGH 27, 73, 77; Kunze in: Kunze/Bronner/Katz, GemO BW, § 21, Rn. 4.

351 VG Koblenz, Beschluß vom 20.6.1996 - 2K 4245/95.KO; Begr. des Gesetzentw. der Landesreg. vom 16.3.1993, LT-Drs. (RhPf) 12/2796, S. 71; Bericht der Enquete-Kommission, LT-Drs. (Nds) 13/2400, S. 6; Deubert, Direkte Demokratie, S. 42; Masson/Samper, BayGO, Art. 18 a, Rn. 8; v. Mutius/Rentsch, GO SchlHolst, § 16 g, Rn. 5; Rehn/Cronauge, GO NW, § 26, Anm. VI 5; Wansleben in: Held/Becker/Decker, GO NW, § 26, Anm. 3.1.5.

Einer derartigen Argumentation kann jedoch in dieser Konsequenz nicht gefolgt werden, denn bundesrechtliche Regelungen könnten landesrechtliche nur dann verdrängen, wenn sie denselben Zweck verfolgen würden, was bzgl. der Bürgerbeteiligung in Planungsverfahren jedoch zweifelhaft erscheint. Während die bereits vorgesehene Bürgerbeteiligung in Planungsverfahren vor allem der Informationsbeschaffung des Gemeinderats, der Berücksichtigung von Einzelinteressen der Betroffenen, aber auch Kontrollzwecken der Bürger über die gemeindliche Tätigkeit dient[352], üben durch einen Bürgerentscheid die Bürger selbst Staatsgewalt aus, indem sie eine verbindliche Entscheidung für die Gemeinde treffen[353]. Die Beteiligung der Bürger in Verwaltungsverfahren hat daher im Gegensatz zu einem Bürgerentscheid nur eine vorbereitende Funktion und erfüllt somit andere Zwecke, so daß die Regelungen über einen Bürgerentscheid jedenfalls nicht durch die bundesgesetzlichen Verfahrensregelungen verdrängt werden können.

Mit einer vielfach vertretenen Ansicht ist ein Ausschluß eines Bürgerentscheids in Planungs- und Planfeststellungsverfahren oder anderen förmlichen Verwaltungsverfahren jedoch aus einem anderen Grund gerechtfertigt: In einem Bürgerentscheid könnte das bei jeder Entscheidung in einem derartigen Verfahren einzuhaltende, von der Rechtsprechung zum Bauplanungsrecht entwickelte Abwägungsgebot, das eine möglichst objektive Entscheidung in Kenntnis aller für das Vorhaben relevanten Umstände erfordert, nicht eingehalten werden[354]. Danach läge ein Abwägungsfehler immer dann vor, wenn eine Abwägung überhaupt nicht stattfände, einzelne Belange, die in die Abwägung hätten einbezogen werden müssen, nicht einbezogen würden, wenn die Bedeutung der privaten Belange verkannt würde oder wenn kein sachgerechter Ausgleich getroffen würde[355]. Ein umfassender Abwägungs- und Interessenausgleichsvorgang zwischen öffentlichen und privaten Belangen ist einer bürgerschaftlichen Entscheidung, die zwingend aufgrund einer Ja/Nein-Fragestellung erfolgt, jedoch nicht oder nur schwer zugänglich[356]. Denn zum einen treffen die Bürger ihre Entscheidung vorwiegend aus

352 Battis/Krautzberger/Löhr, BauGB, § 3, Rn. 3; siehe auch oben 1. Teil, 1. Kapitel, IV 3.

353 Fischer, NWVBl 1995, 366, 367; Muckel, NVwZ 1997, 223, 226; Wefelmeier in: Blum/Beckhof, NGO, § 22 b, Rn. 23.

354 BVerwGE 34, 301, 308 f.; 47, 144, 146; 59, 87, 98.

355 BVerwGE 34, 301, 309; Battis/Krautzberger/Löhr, BauGB, § 1, Rn. 93.

356 OVG M-V, StGT M-V 1996, 650, 654; Begr. des Gesetzentw. der Landesreg. vom 16.3.1993, LT-Drs. (RhPf) 12/2796, S. 71; Begr. des Gesetzentw. der Landesreg. vom 28.11.1989, LT-Drs. (SchlHolst) 12/592, S. 49; Burkhardt, Bürgerentscheid, S. 218 ff.; Hofmann, VR 1997, 156, 160; Rehn/Cronauge, GO NW, § 26, Anm. VI 6; Seeger, ZParl 1988, 516, 530; Thum, Bürgerbegehren und Bürgerentscheid in Bayern, 13.00, Art. 18 a I, Anm. 2 e; vgl. auch Meißner in: Kühne/Meißner, Züge unmittelbarer Demokratie, S. 187 f., der in dem Abwägungsgebot lediglich Grenzen für einen Bürgerentscheid sieht, daraus jedoch nicht dessen Unmöglichkeit folgert.

subjektiven Gesichtspunkten heraus[357], und zum anderen ist es unwahrscheinlich, daß sich jeder entscheidungsberechtigte Bürger mit allen erheblichen Gesichtspunkten einer Angelegenheit vertraut macht bzw. eine entsprechend umfassende Information von seiten der Gemeinde überhaupt möglich ist[358]. Eine bürgerschaftliche Entscheidung wird daher regelmäßig einen Abwägungsfehler beinhalten[359] und wäre somit rechtswidrig.

Auch unter dem Gesichtspunkt einer demokratischen Willensbildung, die sich durch Diskussion und einen intensiven Austausch von Argumenten vollzieht[360], sollte von einer unmittelbaren Bürgerbeteiligung bei Abwägungsentscheidungen in Planungs- und Planfeststellungsverfahren Abstand genommen werden. Bereits der Gesetzgeber hat diesem Aspekt bzgl. der gemeindeinternen Kompetenzverteilung Rechnung getragen, indem alle wesentlichen Beschlüsse innerhalb der bezeichneten Verfahren von der Gemeindevertretung als Hauptorgan der Gemeinde getroffen werden müssen und diese Befugnisse nicht auf andere Organe oder Ausschüsse übertragen werden können[361]. Diese weisen keine entsprechende Legitimation auf oder stellen kein Kollegialorgan dar, so daß ein Diskussionsprozeß nicht stattfindet. Letzterer fehlt aber trotz einer Vielzahl von Personen auch bei einer Entscheidung der Bürgerschaft, zumindest aber hat ein Meinungsaustausch nicht die gleiche Qualität wie bei einer Entscheidung eines Repräsentativorgans. Ein gegenseitiger Meinungsaustausch aller Abstimmenden ist bei einem demokratischen Massenverfahren eines Bürgerentscheids nicht gewährleistet, da es sich bei der Bürgerschaft im Gegensatz zu der Gemeindevertretung um keine überschaubare Gruppe handelt[362]. Zwar können auch bei einem demokratischen Massenverfahren Argumente vorgetragen werden, eine Diskussion unter Einbeziehung aller Abstimmungsberechtigten ist jedoch schwerlich zu verwirklichen. Somit ist es auch aus demokratischen Gesichtspunkten gerechtfertigt, die Entscheidungsverantwortung in den genannten Angelegenheiten bei der Gemeindevertretung zu belassen, wie es in den Ländern Brandenburg, Mecklenburg-Vorpommern, Niedersachsen, Nordrhein-Westfalen, Rheinland-Pfalz und im Saarland geschehen ist.

---

357 S.o. 1. Teil, 4. Kapitel, III.

358 Schefold, Entwicklungstendenzen, S. 123.

359 Burkhardt, Bürgerentscheid, S. 220; a.A. Kunze in: Kunze/Bronner/Katz, GemO BW, § 21, Rn. 4, die grundsätzlich einen Bürgerentscheid über einen Bebauungsplan für zulässig halten.

360 Kaltefleiter in: FS für Unruh, S. 1187, 1189.

361 Battis/Krautzberger/Löhr, BauGB, § 10, Rn. 2; OVG RhPf, NVwZ 1982, 124 für den Erlaß eines Bebauungsplans.

362 Burkhardt, Bürgerentscheid, S. 189 f.

Der Ausschluß eines Bürgerentscheids erfaßt allerdings nur Entscheidungen innerhalb förmlicher Verwaltungsverfahren, was dadurch verdeutlicht wird, daß die entsprechenden Vorschriften ausdrücklich nur Ausschlüsse "im Rahmen" der Verfahren vorsehen[363]. Entscheidungen, die lediglich den Anstoß für die Einleitung eines solchen Verfahrens geben, sogenannte einleitende Grundsatzentscheidungen, sind dagegen einem Bürgerentscheid zugänglich.

b) Übrige Länder

In den übrigen Ländern ist ein Bürgerentscheid dagegen nicht in allen förmlichen Verwaltungsverfahren, die eine besondere Abwägungsentscheidung verlangen, von vornherein ausgeschlossen. Vor allem die Länder Bayern, Hessen und Sachsen, die einen Bürgerentscheid in derartigen Angelegenheiten überhaupt nicht durch den Negativkatalog in ihrer Anwendung begrenzen, scheinen den Bürgern diesbzgl. weitreichende Möglichkeiten zu bieten. Nach den vorangegangenen Erörterungen stellt sich allerdings die Frage, ob ein Bürgerentscheid in diesen Verfahren stets zulässig ist.

Da bei einem Bürgerentscheid über eine abschließende Entscheidung innerhalb eines förmlichen Verwaltungsverfahrens i.d.R. das Abwägungsgebot nicht eingehalten werden kann, dürfte ein entsprechender Bürgerentscheid unzulässig sein und könnte lediglich bei Einzelentscheidungen im Vorfeld einer abschließenden Entscheidung in Frage kommen.
Für einen ein förmliches Verwaltungsverfahren abschließenden Bürgerentscheid dürften außerdem die förmlichen Anforderungen an die genannten Verfahren nicht erfüllbar sein. Ein gemäß § 10 BauGB als Satzung zu beschließender Bebauungsplan muß beispielsweise den Voraussetzungen des Satzungsgebungsverfahrens - namentlich der Öffentlichkeit der Beratungen, der ordnungsgemäßen Öffentlichkeitsbeteiligung, dem Ausschluß befangener Entscheidungsträger, der Abwägung der Allgemeinwohlbelange - entsprechen, was jedoch i.d.R. bei einem Bürgerentscheid nicht sichergestellt ist[364].

Einem Bürgerentscheid innerhalb eines förmlichen Verwaltungsverfahrens kann somit nur eine richtungsweisende bzw. vorbereitende Funktion im Rahmen des Entscheidungsverfahrens der Gemeindevertretung zukommen. Dadurch, daß ein Bürgerentscheid in seinen Rechtswirkungen einem Gemeinderatsbeschluß gleichgesetzt wird, ist die Gemeindevertretung jedoch bei ihrer abschließenden Abwä-

---

363 Rehn/Cronauge, GO NW, § 26, Anm. VI 5; Thiele, Das neue kommunale Verfassungsrecht in Nds., Rn. 129; Wefelmeier in: Blum/Beckhof, NGO, § 22 b, Rn. 23.

364 Burkhardt, Bürgerentscheid, S. 218 ff.; vgl. auch Knemeyer, Bürgerbeteiligung und Kommunalpolitik, S. 51.

gungsentscheidung grundsätzlich an die Entscheidung der Bürger gebunden, soweit sie nicht durch das Abwägungsgebot und weitere bundes- oder landesgesetzliche Regelungen - bei einem Bauplanungsverfahren etwa durch das ROG, durch die Landesplanungsgesetze oder durch das Städtebauförderungsgesetz[365] - gebunden und damit in ihrer planerischen Gestaltungsfreiheit eingeschränkt ist. Wegen der Bindungswirkung eines Bürgerentscheids kann die Gemeindevertretung allerdings verpflichtet sein, der Planung noch entgegenstehende rechtliche oder tatsächliche Hindernisse aus dem Weg zu räumen[366].
Damit verleiht ein Bürgerentscheid einzelnen Belangen besonderes Gewicht[367]. Trotz seiner lediglich "vorbereitenden Funktion" geht die Wirkung eines Bürgerentscheids somit über die bereits vorgesehene Bürgerbeteiligung in derartigen Verfahren hinaus, bei der entsprechende Einwendungen der Bürger sogar völlig unberücksichtigt bleiben könnten.

Da derartige Umsetzungen eines Bürgerentscheids u.U. enorme Kosten und erheblichen Verwaltungsaufwand erfordern und damit Unruhe in die Gesamtplanung und in eine kontinuierliche Arbeit der Gemeindevertretung bringen, steht der Nutzen einer Entscheidung der Bürger jedoch nicht im Verhältnis zum gewonnenen Ergebnis. Zum einen bleibt die Kompetenz für die abschließende Entscheidung in jedem Fall der Gemeindevertretung vorbehalten. Zum anderen wirkt sich ein Bürgerentscheid in diesen Bereichen nicht belebend, sondern bereits störend für die repräsentative Demokratie aus, da die Gemeindevertretung weitreichend in ihrer Gestaltungsfreiheit beeinträchtigt ist, insbesondere wenn sie zusätzliche Maßnahmen treffen muß, um einem Bürgerentscheid zu entsprechen. Daher sollte der Anwendungsbereich eines Bürgerentscheids in Planungs-, Planfeststellungs- und weiteren förmlichen Verwaltungsverfahren aus den genannten Gründen auf einleitende Grundsatzentscheidungen beschränkt bleiben.

7. Angelegenheiten, über die grundsätzlich die Gemeindevertretung entscheidet

In Mecklenburg-Vorpommern und Thüringen sind alle diejenigen Angelegenheiten von einem Bürgerentscheid ausgeschlossen, über die grundsätzlich die Gemeindevertretung entscheidet, in Schleswig-Holstein diejenigen, über die die

---

365 Z.B. § 4 ROG; § 1 IV BauGB; vgl. auch Meißner in: Kühne/Meißner, Züge unmittelbarer Demokratie, S. 187 ff.

366 Vgl. Sapper, VBlBW 1983, 89, 94.

367 Ein Bürgerentscheid stellt demnach einen Gesichtspunkt unter vielen im Rahmen der Abwägungsentscheidung dar und keine gegenläufige Entscheidung zu der bereits vorgesehenen Bürgerbeteiligung, so aber Wansleben in: Held/Becker/Decker, GO NW, § 26, Anm. 3.1.5.

Gemeindevertretung kraft Gesetzes entscheidet[368]. Dieser allgemeine Ausschluß deckt sich teilweise mit den Regelungen in den übrigen Gemeindeordnungen, z.B. bzgl. der Haushalts- und Finanzentscheidungen, aber auch bzgl. der Fragen der inneren Organisation der Gemeindeverwaltung. Daneben sind jedoch automatisch weitere Bereiche ausgeschlossen, wofür es keine zwingenden Gründe gibt, z.B. die Übernahme neuer Aufgaben, für die keine gesetzliche Verpflichtung besteht, oder die Entscheidung über die Mitgliedschaft in kommunalen Verbänden oder partnerschaftliche Beziehungen zu anderen Gemeinden[369].

Da diese Angelegenheiten die Gemeinde in ihrer Gesamtheit betreffen und nicht bloß als Geschäfte der laufenden Verwaltung bezeichnet werden können, mithin so wichtig sind, daß sie nur von einem direkt durch das Volk gewählten Repräsentativorgan entschieden werden können, ist zwar das Verbot der Übertragung der Entscheidung auf beschließende Ausschüsse gerechtfertigt, allerdings ist nicht einzusehen, warum an dieser Stelle nicht die Gesamtheit der Bürger selbst entscheiden könnte. Auf eine derartig weitreichende inhaltliche Einschränkung des Anwendungsbereichs des Bürgerentscheids sollte daher verzichtet werden. Anderenfalls könnte die Effektivität von Bürgerbegehren und Bürgerentscheid in unnötiger Weise beschnitten werden[370]. Diese Gefahr besteht in besonderem Maße in Thüringen, da dort der Anwendungsbereich im Gegensatz zu Mecklenburg-Vorpommern und Schleswig-Holstein nicht einmal durch einen Positivkatalog abgesichert wird.

8. Zwischenergebnis

Die Probleme, die mit der Zulässigkeit des Bürgerentscheids in bestimmten Bereichen, insbesondere bei Finanz- und Planungsentscheidungen, verbunden sind, machen deutlich, daß es bei der Verwirklichung des Ziels einer verstärkten Bürgerbeteiligung auf kommunaler Ebene nicht immer die beste Lösung sein kann, grundsätzlich alle Angelegenheiten für einen Bürgerentscheid zu öffnen. So ist ein Ausschluß in manchen Bereichen zwar rechtlich nicht zwingend, jedoch zweckmäßig, um das Wohl der Allgemeinheit nicht zu gefährden. Außerdem dürfen die mit einem plebiszitären Entscheidungsverfahren verbundenen Schwierigkeiten nicht außer Verhältnis zu dem angestrebten Nutzen stehen.

Grundsätzlich sollte jedoch die Möglichkeit bestehen, einen Bürgerentscheid in allen aktuellen Fragen von besonderem öffentlichen Interesse durchzuführen, soweit aus rechtlicher Sicht keine Bedenken bestehen. Dabei kann ein Positivkatalog, der den Kreis der bürgerentscheidsfähigen Angelegenheiten enumerativ festlegt, ein nicht unerhebliches Hindernis für die Bürger darstellen, da diese auf

---

368 § 20 III Nr. 1 KV M-V; § 16 g II Nr. 1 GO SchlHolst; § 17 II Nr. 1 ThürKO.
369 Vgl. § 22 III Nr. 2, 14 KV M-V.
370 Bretzinger, Die Kommunalverfassung der DDR, S. 198.

eine Erweiterung des Positivkatalogs keinen Einfuß haben. Auf einen solchen sollte daher gerade auch im Zusammenhang mit einem umfangreichen Negativkatalog verzichtet werden. Auch der Negativkatalog könnte allerdings auf ein Minimum reduziert werden, wenn durch andere Verfahrensvoraussetzungen[371] das Regel-Ausnahme-Verhältnis zwischen mittelbarer und unmittelbarer Demokratie gesichert ist. Dadurch hätten die Bürger jedenfalls die flexibelsten Möglichkeiten bzgl. des Anwendungsbereichs.

Aus diesen Gesichtspunkten heraus haben die Länder Bayern, Hessen und Sachsen die bürgerfreundlichsten Regelungen bzgl. des Anwendungsbereichs getroffen. Es bleibt abzuwarten, welche Bedeutung ein Bürgerentscheid über eine Gemeindeabgabe nach Art. 18 a BayGO erlangen kann.
Die Gemeindeordnungen der Länder Brandenburg, Mecklenburg-Vorpommern, Niedersachsen, Nordrhein-Westfalen, Saarland und Thüringen beinhalten dagegen sehr weitreichende Ausschlußkataloge. Es sollte im Hinblick auf die angeführten Argumente überprüft werden, ob diese Kataloge durch den Landesgesetzgeber reduziert werden können.

2. Kapitel: Die Einleitung eines Bürgerentscheids

Die Durchführung eines Bürgerentscheids kann in den meisten Ländern auf zwei verschiedenen Wegen erreicht werden. In allen Ländern haben die Bürger selbst die Möglichkeit, durch ein Bürgerbegehren eine unmittelbare Entscheidung ihrerseits herbeizuführen (I.), nach etlichen Gemeindeordnungen steht aber auch den Gemeindevertretungen das Recht zu, aufgrund eines Beschlusses (Ratsbegehren) eine Angelegenheit den Bürgern zur Entscheidung vorzulegen (II.).

I. Das Bürgerbegehren

Begrifflich stellt sich ein Bürgerbegehren als ein Antrag der Bürger auf Durchführung eines Bürgerentscheids dar[372], dem bei Vorliegen bestimmter, im weiteren näher dargestellten Voraussetzungen stattgegeben werden muß. Ein Bürgerbegehren vermittelt den Bürgern demzufolge zwar noch keine Kompetenz, selbst verbindlich über eine Angelegenheit zu entscheiden, wohl aber ein mit der Entscheidungskompetenz eng zusammenhängendes Initiativrecht, das insofern

[371] Dazu im folgenden.
[372] S.o. 1. Teil, 1. Kapitel, I 2.

von besonderer Bedeutung ist, als die Bürger selbst bestimmen können, worüber sie entscheiden wollen[373].

1. Die Initiatoren eines Bürgerbegehrens

Als Initiatoren eines Bürgerbegehrens kommen nicht nur alle Bürger einer Gemeinde in Betracht, sondern auch sämtliche anderen natürlichen Personen[374], wobei letztere jedoch nicht berechtigt sind, ein Bürgerbegehren förmlich zu beantragen. Dieses Recht ist allein den Bürgern einer Gemeinde, d.h. denjenigen Einwohnern, die zur Wahl der Gemeindevertretung berechtigt sind[375], vorbehalten. Bürgerinitiativen und sonstige Organisationen können daher zwar ein Begehren anregen, es jedoch nicht kollektiv beantragen[376]. Es ist den Bürgern allerdings nicht untersagt, sich zur besseren Durchsetzung der Ziele des Begehrens in Bürgerinitiativen oder anderen rechtlichen Vereinigungen, z.B. einem Verein, zusammenzuschließen. Diese können die Interessen des Begehrens, die als fremde Rechte der Vereinigung anzusehen sind, vor Gericht als Prozeßvertreter im fremden Namen durchsetzen, nicht aber als Prozeßstandschafter in eigenem Namen[377].

Auch Mitglieder der Gemeindevertretung können in ihrer Eigenschaft als Ratsmitglieder kein Bürgerbegehren beantragen, ein formelles Antragsrecht der Gemeindevertreter/der Fraktionen aus der Gemeindevertretung heraus existiert mit Ausnahme der Möglichkeit eines sogenannten Ratsbegehrens[378] insoweit nicht[379]. Grundsätzlich ist es Ratsmitgliedern allerdings nicht verwehrt, in ihrer Eigenschaft als Bürger ein Bürgerbegehren anzustrengen und damit die Wirkung eines

---

373 Bei einem für die entscheidungsberechtigten Organe verbindlichen Referendum haben die Bürger dagegen lediglich die Möglichkeit, einen von einem anderen Organ bereits ausgearbeiteten Entscheidungsvorschlag anzunehmen oder zu verwerfen. Damit kommt einem Referendum die Funktion einer Einverständniserklärung zu; vgl. Burkhardt, Bürgerentscheid, S. 43 f.; Hernekamp, Direkte Demokratie, S. 24 ff., 264; Przygode, Die deutsche Rechtsprechung zur unmittelbaren Demokratie, S. 39.

374 Thiele, NSt-N 1996, 288.

375 §§ 10, 12 GemO BW; Art. 15 BayGO, § 13 GO Bbg; § 8 HGO; § 13 KV M-V; § 21 NGO; § 21 GO NW; § 13 GemO RhPf; § 18 KSVG Saarl; §§ 10, 15 SächsGemO; § 20 GO LSA; § 6 GO SchlHolst, § 10 ThürKO.

376 VGH BW, BWVPr 1980, 138; Kunze in: Kunze/Bronner/Katz, GemO BW, § 21, Rn. 22; Masson/Samper, BayGO, Art. 18 a, Rn. 14; v. Mutius/Rentsch, GO SchlHolst, § 16 g, Rn. 14.

377 Erbguth, DÖV 1995, 793, 795.

378 Dazu unten 2. Teil, 2. Kapitel, II.

379 Kunze in: Kunze/Bronner/Katz, GemO BW, § 21, Rn. 22; Meißner in: Kühne/Meißner, Züge unmittelbarer Demokratie, S. 178 f.; Streinz, Die Verwaltung 1983, 293, 303.

Plebiszits als Instrument der Opposition zu nutzen[380]. Geschieht dies jedoch mit dem Ziel, einer in einer bereits erfolgten Abstimmung unterlegenen Ratsminderheit zum Erfolg zu verhelfen, indem auf außerparlamentarischem Weg versucht wird, die bestehenden Mehrheitsverhältnisse zu umgehen, so widerspricht dieses Verhalten dem Prinzip einer repräsentativen Demokratie, insbesondere dem dort verankerten Prinzip der Bindung der unterlegenen Fraktionen an die Mehrheitsentscheidung. Da die Initiatoren eines Bürgerbegehrens in der Praxis aber ohne weiteres verdeckt auftreten können, sind derartige Verletzungen des Demokratieprinzips in der Regel nicht nachzuweisen und müssen daher hingenommen werden. Somit bleibt wegen fehlender Nachweisbarkeit des Verstoßes gegen das Demokratieprinzip ein entsprechender Bürgerentscheid zulässig, und die Unterschriften der Ratsmitglieder bzgl. des Bürgerbegehrens behalten ihre Gültigkeit[381]. Die Bürger selbst haben es jedoch im anschließenden Bürgerentscheid in der Hand, diesen Mißbrauch zu verhindern, indem sie sich gegen das Begehren entscheiden[382].

2. Zulässigkeitsvoraussetzungen eines Bürgerbegehrens

Um Gefährdungen der repräsentativen Demokratie durch Entscheidungen der Bürger von vornherein zu vermeiden, wird neben der Notwendigkeit, daß sich ein Bürgerbegehren auf einen bürgerentscheidsfähigen Gegenstand beziehen muß[383], bereits der Erfolg eines Bürgerbegehrens von besonderen Zulässigkeitsvoraussetzungen abhängig gemacht. So muß ein Bürgerbegehren vorbehaltlich etwaiger landesrechtlicher Besonderheiten schriftlich eingereicht werden, eine Begründung, die zur Entscheidung zu bringende Frage und einen Kostendeckungsvorschlag für die verlangte Maßnahme enthalten, eine bestimmte Anzahl von Vertretern benennen, von einer bestimmten Anzahl von Personen unterzeichnet sein und u.U. innerhalb einer bestimmten Frist eingereicht werden.

---

380 Kreutz-Gers, StGR 1989, 311, 316; Wittzack in: Knemeyer, Bürgerbegehren und Bürgerentscheid in Bayern, S. 47. Insbesondere in Bayern nutzten bisher durchweg alle Parteien Bürgerbegehren und Bürgerentscheid zur Durchsetzung ihrer Interessen; dazu Knemeyer in: ders., Bürgerbegehren und Bürgerentscheid in Bayern, S. 15; Mayer/Weber, Der Bürgerentscheid in Bayern, 4.4., insbesondere Tabelle 12; siehe auch F.A.Z. vom 4.10.1995, "Stoiber warnt vor Mißbrauch"; Süddeutsche Zeitung vom 4.10.1995, "Die Mehrheit am Schlawittchen gepackt".

381 Burkhardt, Bürgerentscheid, S. 87, Fn. 1; Kunze in: Kunze/Bronner/Katz, GemO BW, § 21, Rn. 22; Meißner in: Kühne/Meißner, Züge unmittelbarer Demokratie, S. 179; Streinz, Die Verwaltung 1983, 293, 303.

382 OVG RhPf, Urteil vom 6.2.1996 - 7 A 12861/95.OVG.

383 Dazu vorheriges Kapitel.

a) Schriftform

Zur leichteren Nachweisbarkeit der Zulässigkeitsvoraussetzungen[384] ist nach allen Gemeindeordnungen ein Bürgerbegehren schriftlich einzureichen[385]. Entsprechend § 126 BGB ist außerdem die eigenhändige Unterschrift der Antragsteller, also der Bürger, die das Begehren unterstützen, erforderlich. Antrag und Unterschrift müssen ferner in einer Urkunde verbunden sein. Bei aus mehreren Blättern bestehenden Unterschriftenlisten, bei denen die einzelnen Blätter fest verbunden sind, reicht es allerdings aus, daß der Antragswortlaut auf der ersten Seite festgehalten ist, da dann bereits durch die Verbindung deutlich wird, daß es sich um eine einheitliche Unterschriftenliste handeln soll[386].

b) Begründung

An die Begründung eines Bürgerbegehrens werden im allgemeinen keine allzu hohen Anforderungen gestellt[387]. Es soll lediglich in knapper Form dargestellt werden, warum eine Angelegenheit entschieden werden soll, wobei allgemein gehaltene Begründungen ausreichen, solange sie nicht völlig nichtssagend und inhaltsleer sind[388].
Eine Berufung auf das Allgemeinwohl ist daher nur zulässig, wenn das Anliegen bereits durch das Begehren, z.B. durch einen dem Bürgerbegehren beigefügten ausgearbeiteten Realisierungsplan, konkretisiert wurde[389]. Andernfalls würde sich die Begründungspflicht erübrigen, da sämtliche Entscheidungen der Gemeinde an Allgemeinwohlbelangen orientiert sein sollten. In der Praxis scheitert jedoch sel-

---

384 BayVGH, BayVBl 1997, 375; Burkhardt, Bürgerentscheid, S. 156; Kunze in: Kunze/Bronner/Katz, GemO BW, § 21, Rn. 21; Muckel, NVwZ 1997, 223, 225; Seeger in: Kühne/Meißner, Züge unmittelbarer Demokratie, S. 109.

385 § 21 III 3 GemO BW; Art. 18 a IV BayGO; § 20 I 2 GO Bbg; § 8 b III 1 HGO; § 20 VI 1 KV M-V; § 22 b IV 2 NGO; § 26 II 1 GO NW; § 17 a III 1, 1. HS GemO RhPf; § 21 a II 1 KSVG Saarl; § 25 I 1 SächsGemO; § 25 II 1 GO LSA; § 16 g III 4 GO SchlHolst; § 17 III 1, 1. HS ThürKO.

386 Rehn/Cronauge, GO NW, § 25, Anm. III 1; vgl. auch Wansleben in: Held/Becker/Decker, GO NW, § 25 Anm. 3.1.

387 VGH BW, ESVGH 27, 73, 75; statt vieler: Burkhardt, Bürgerentscheid, S. 137; Hölzl/Hien, BayGO, Art. 18 a, Anm. 4; Rehn/Cronauge, GO NW, § 26 Anm. III; Treffer/Kroll, Bürgerbegehren und Bürgerentscheid in Bayern, Anm. 26, S. 74; Wettling, BWVPr 1987, 151, 152.

388 Beninde, StGR 1995, 219, 221; Thum, Bürgerbegehren und Bürgerentscheid in Bayern, 13.00, Art. 18 a IV, Anm. 9; Wehr in: Knemeyer, Bürgerbegehren und Bürgerentscheid in Bayern, S. 52 f.; Widtmann/Gasser, BayGO, Art. 18 a, Rn. 5; vgl. auch BayVGH, BayVBl 1997, 276, 277.

389 Beninde, StGR 1995, 219, 221.

ten ein Bürgerbegehren an einer mangelhaften Begründung[390], da dieses regelmäßig einem konkreten Bedürfnis entspringt und dadurch bereits hinreichend begründet ist.

c) Formulierung der Frage

Für ein zulässiges Bürgerbegehren ist weiterhin erforderlich, daß aus ihm die zur Entscheidung zu bringende Frage hervorgeht[391]. Es ist umstritten, ob bereits äußerlich die Form einer Frage erforderlich ist. Der Wortlaut der insoweit ähnlichen Vorschriften der jeweiligen Gemeindeordnungen könnte dafür sprechen[392]. Danach muß das Begehren die zur Entscheidung zu bringende Frage enthalten. Von der Rechtsprechung und einem Großteil der Literatur wird es dagegen als ausreichend angesehen, wenn sich die Fragestellung aus dem Antrag unzweideutig und ohne Zweifel entnehmen läßt, erforderlich mithin nicht ist, daß der Antrag bereits äußerlich in Form einer Frage gefaßt ist[393]. Dem steht der Wortlaut der Vorschriften insofern nicht entgegen, als er nicht ausdrücklich die Form einer Frage vorschreibt. Diese Ansicht wird außerdem durch den Zweck der gesetzlichen Regelungen bekräftigt: Die Fragestellung soll dazu dienen, den Bürgern in knapper Form vor Augen zu führen, was das Bürgerbegehren erreichen will und worüber abgestimmt werden soll[394]. Sollte sich das bereits aus dem gesamten Antrag ergeben, wäre die Funktion der Fragestellung bereits erfüllt. Erst bei dem auf das Bürgerbegehren folgenden Bürgerentscheid wäre dann zwecks eindeutiger Ergebnisse eine mit "Ja" oder "Nein" zu beantwortende Frage zwingend notwendig[395].

---

390 In Baden-Württemberg wurden von 1977-1987 von 74 unzulässigen Bürgerbegehren nur 6 wegen fehlerhafter Begründung oder mangelhaftem Kostendeckungsvorschlag für unzulässig erklärt; vgl. Seeger, ZParl 1988, 516, 525.

391 § 21 III 4 GemO BW; Art. 18 a IV BayGO; § 20 I 4 GO Bbg; § 8 b III 2 HGO; § 20 VI 1 KV M-V; § 22 b IV 1 NGO; § 26 II 1 GO NW; § 17 a III 2 GemO RhPf; § 21 a II 2 KSVG Saarl; § 25 II 1 SächsGemO; § 25 II 3 GO LSA; § 16 g III 4 GO SchlHolst; § 17 III 2 ThürKO.

392 Klang/Gundlach, GO LSA, § 25, Rn. 3; Wansleben in: Held/Becker/Decker, GO NW, § 26, Einführung, Anm. 2.3.2.1 und § 26, Anm. 2.2.

393 VGH BW, ESVGH 27, 73, 75; VGH BW, DÖV 1989, 601; OVG RhPf, Beschl. vom 6.2.96 - 7A 12861/95, S. 20; BayVGH, BayVBl 1997, 276, 277; VG SchlHolst, Urteil vom 2.11.95 - 6 A 194/95; Vollzugshinweise des Bay IM, V 3; Masson/Samper, BayGO, Art. 18 a, Rn. 10; Rehn/Cronauge, GO NW, § 26, Anm. III; Sapper, VBlBW 1983, 89, 91; Wefelmeier in: Blum/Beckhof, NGO, § 22 b, Rn. 28; Wehr in: Knemeyer, Bürgerbegehren und Bürgerentscheid in Bayern, S. 52.

394 Vgl. v. Danwitz, DVBl 1996, 134, 139; Hager, VerwArch 84 (1993), 97, 110; Rehn/Cronauge, GO NW, § 26, Anm. III.

395 Beninde, StGR 1995, 219, 220, der darauf hinweist, daß das Begehren so formuliert sein muß, wie ein Ratsbeschluß lauten würde, der mit "Ja" oder "Nein" zur Abstimmung ge-

Nicht selten sind außerdem für die richtige Formulierung der Frage vom Bürger nicht zu erwartende Verwaltungskenntnisse erforderlich, so daß auch aus diesem Grunde die Anforderungen nicht zu hoch gesetzt werden sollten[396].

Da aber durch die Gestaltung der Frage ein nicht unerheblicher Einfluß auf das Abstimmungsverhalten der Bürger genommen werden kann, beispielsweise weil durch sie die Entscheidung auf bestimmte Alternativen eingeengt wird[397], enthält in aller Regel das Bürgerbegehren trotz allem bereits eine entsprechende Fragestellung. Denn im Gegensatz zu einer Fragestellung, die sich erst aus dem Kontext des Begehrens ergibt und die damit geringfügigen Abweichungen zugänglich ist, ist die Gemeinde an eine bereits formulierte Frage bei Durchführung des Bürgerentscheids gebunden, sollte die Frage nicht aus rechtlichen Gründen, etwa weil sie nicht in eine Ja/Nein-Form gefaßt ist, unzulässig sein[398].
Damit ein Bürgerbegehren nicht allein an einer unzulässigen Fragestellung scheitert, soll die die Zulässigkeit des Bürgerbegehrens überprüfende Stelle allerdings das Recht haben, die Frage bei Unzulässigkeit zu ändern bzw. bei Fehlen selbst zu formulieren, wobei sie sich am objektiven Erklärungsgehalt des Bürgerbegehrens, wie er auch von den Unterzeichnern verstanden werden durfte, zu orientieren hat[399]. Diese Befugnis ergibt sich aus dem Recht der Beschlußfassung über die Zulässigkeit, das dazu berechtigt, im Rahmen einer Nebenentscheidung zum Zulässigkeitsbeschluß über die Fragestellung zu entscheiden[400]. Auf diese Weise erhalten die zuständigen Stellen zwar die Möglichkeit, auf das Abstimmungsverhalten Einfluß zu nehmen, obwohl die Willensbildung in einem plebiszitären Entscheidungsverfahren allein von den Bürgern ausgehen soll. Hierin ist jedoch keine Rechtsverletzung gegenüber den Bürgern zu sehen, denn zum einen haben es die Bürger selbst in der Hand, durch eigenständige Formulierung der Frage diesen Einfluß zu verhindern, zum anderen entspricht es dem Interesse der Bürger, einen

stellt wird; i.d.S. auch VGH Kassel, NVwZ-RR 1996, 409, 410; Hölzl/Hien, BayGO, Art. 18 a, Anm. 4; Wansleben in: Held/Becker/Decker, GO NW, Einführung, Anm. 2.3.2.1.

396 VGH BW, ESVGH 27, 73, 75; BayVGH, BayVBl 1997, 276, 277; Burkhardt, Bürgerentscheid, S. 135.

397 Burkhardt, Bürgerentscheid, S. 233; Masson/Samper, BayGO, Art. 18 a, Rn. 22.

398 Vgl. VG Darmstadt, NVwZ-RR 1995, 156, 157.

399 VGH BW, DÖV 1989, 601; OVG RhPf Urteil vom 6.2.1996 - 7 A 12891/95, S. 20; VG Karlsruhe, VBlBW 1992, 481, 483; VG Darmstadt, NVwZ-RR 1995, 156, 157; Beninde, StGR 1995, 219; Burkhardt, Bürgerentscheid, S. 137; Hager, VerwArch 84 (1993), 97, 111 f.; Rehn/Cronauge, GO NW, § 26, Anm. VII 1; Sapper, VBlBW 1983, 89, 91; Widtmann/Gasser, BayGO, Art. 18 a, Rn. 5; anders dagegen Wiegand in: Wiegand/Grimberg, GO LSA, § 25, Rn. 2, der der Gemeinde lediglich eine Beratungspflicht bzgl. der Fragestellung zusprechen will; verneinend wohl auch Masson/Samper, BayGO, Art. 18 a, Rn. 22; Widtmann/Gasser, BayGO, Art. 18 a, Rn. 5.

400 Rehn/Cronauge, GO NW, § 26, Anm. VII 1; Sapper, VBlBW 1983, 89, 91.

Bürgerentscheid auch bei unzulässiger/fehlender Fragestellung durchzuführen. Das Recht der zuständigen Behörde, die Frage nachträglich zu formulieren, ist daher grundsätzlich anzuerkennen. Eine nachträgliche Formulierung der Frage ist nach der hier vertretenen Auffassung, wonach die Frage in einem Bürgerbegehren nicht bereits explizit formuliert sein muß, sogar notwendig, da anderenfalls in den entsprechenden Fällen ein Bürgerentscheid nicht möglich wäre. Damit die Gefahr einer Manipulation der Bürgerentscheidung durch staatlichen Einfluß allerdings so gering wie möglich gehalten wird, ist in derartigen Fällen eine vorherige Absprache mit den Vertretern des Bürgerbegehrens angebracht[401]. Eine solche Anhörung ist aber mit Ausnahme von § 26 VI 5 GO NW und § 88 I KWG Saarl grundsätzlich nicht zwingend[402].

aa) Konkrete Anforderungen an die Fragestellung

Sowohl die Gemeindevertretung als auch die Bürger sind jedoch bei der Formulierung der Frage an bestimmte inhaltliche Vorgaben gebunden. Um den Grundsatz der freien Willensbildung nicht zu verletzen, sind von vornherein polemische, beleidigende oder suggestive Formulierungen unzulässig[403]. Zur Vermeidung unklarer Abstimmungsergebnisse darf die Fragestellung ferner nicht zwei einander widersprechende Alternativen enthalten[404], etwa "Sind Sie für die Verlegung des Jahrmarktes auf den xy-Platz oder für die Beibehaltung des jetzigen Standortes?". Sie muß darüber hinaus soweit konkretisiert sein, daß sowohl bei einem negativen als auch bei einem positiven Entscheid ein weiteres Handeln möglich ist. Abstrakte Fragen, z.B. "Wollen Sie ein Schwimmbad - Ja / Nein", ergeben daher nur am Anfang einer Planung Sinn, während bei fortgeschrittener Planung eine negative Antwort keine möglichen Handlungsalternativen beinhalten würde, folglich die gesamte Planung vernichten könnte[405]. Die Frage muß sich daher auf den konkreten Stand der Planung beziehen. Es steht der Bestimmtheit und damit der Zulässigkeit einer Frage allerdings nicht entgegen, wenn gerade bei Grundsatzentscheidungen nach der Abstimmung weitere Ratsbeschlüsse erforderlich sind, weil ein Bürgerentscheid nicht auf eine einzige bestimmte Handlung

---

401 Glaser in: Schweriner Kommentierung, § 20, Rn. 7; Masson/Samper, BayGO, Art. 18 a, Rn. 22.

402 S.u. 2. Teil, 3. Kapitel, III.

403 Masson/Samper, BayGO, Art. 18 a, Rn. 10; Sapper, VBlBW 1983, 89, 91 f.; Widtmann/Gasser, BayGO, Art. 18 a, Rn. 5.

404 Klang/Gundlach, GO LSA, § 25, Rn. 3; Kunze in: Kunze/Bronner/Katz, GemO BW, § 21, Rn. 21; Schneider in: Dieckmann/Heinrichs, GO NW, § 26, Anm. 3; Wiegand in: Wiegand/Grimberg, GO LSA, § 25, Rn. 2.

405 Sapper, VBlBW 1983, 89, 92; vgl. auch BayVGH, BayVBl 1997, 276, 277.

gerichtet ist[406]. Sämtliche einem Bürgerentscheid folgende Entscheidungen der Gemeindevertretung dürfen dann jedoch nur innerhalb des durch den Bürgerentscheid eröffneten Gestaltungsspielraums getroffen werden, da anderenfalls der Wille der Bürger unterlaufen würde.

bb) Positive oder negative Formulierung der Frage

Für den Ausgang der Abstimmung kann es u.U. bedeutsam sein, wer die positiven ("Ja") und wer die negativen Antworten ("Nein") für sich beanspruchen kann.

Das VG Karlsruhe und ein Teil der Literatur[407] vertreten die Auffassung, daß die Frage derart gestaltet sein müsse, daß die Befürworter des Begehrens mit "Ja" abzustimmen hätten. Das ergebe sich daraus, daß ein Bürgerentscheid bei Stimmengleichheit als mit "Nein" beantwortet gelte. Es widerspreche insofern dem Grundsatz einer demokratischen Mehrheitsentscheidung, wenn die Befürworter eines Begehrens bei entsprechender Gestaltung der Frage, d.h. wenn sie mit "Nein" abzustimmen hätten, ihre Interessen bereits bei Stimmengleichheit durchsetzen könnten. Das Risiko eines Scheiterns bei Stimmengleichheit müsse daher von den Antragstellern getragen werden[408]. Bei einer Pattsituation könne es insofern nicht von der zufälligen Wahl der Fragestellung abhängen, ob i.S.d. Begehrens entschieden werde.

Eine weitere Ansicht geht dagegen vom Sinn und Zweck des Begehrens aus: Wolle das Begehren ein Projekt verhindern, so müsse die Frage so formuliert sein, daß die Gegner des Projekts das "Nein" auf ihrer Seite hätten; wollten die Bürger ein Projekt anstrengen, hätten sie dementsprechend das "Ja" auf ihrer Seite[409]. Nach dieser Auffassung müßte die Frage in beiden Fällen einheitlich positiv formuliert werden, etwa: "Soll die Stadthalle abgerissen werden - Ja/Nein?", so daß es verneinende Fragestellungen wie "Sind sie gegen den Abriß der Stadthalle - Ja/Nein?" gar nicht gebe.

Davon geht auch die folgende Auffassung aus[410]: Da ein abgelehnter, negativ formulierter Bürgerentscheid oder ein allein wegen mangelnder Abstimmungs-

---

406 BayVGH, BayVBl 1997, 276, 277; Hager, VerwArch 84 (1993), 97, 113; Thum, Bürgerbegehren und Bürgerentscheid in Bayern, 13.00, Art. 18 a IV, Anm. 8 b.

407 VG Karlsruhe, VBlBW 1992, 481, 482 f.; Kunze in: Kunze/Bronner/Katz, GemO BW, § 21, Rn. 32; Rehn/Cronauge, GO NW, § 26, Anm. VII; Sapper, VBlBW 1983, 89, 93; kritisch Masson/Samper, BayGO, Art. 18 a, Rn. 10.

408 Treffer/Kroll, Bürgerbegehren und Bürgerentscheid in Bayern, Anm. 64, S. 141.

409 Hager, VerwArch 84 (1993), 97, 112.

410 Burkhardt, Bürgerentscheid, S. 245 f.; Kunze in: Kunze/Bronner/Katz, GemO BW, § 21, Rn. 32.

beteiligung nicht positiv beantworteter Bürgerentscheid nicht zwingend die Befürwortung einer Angelegenheit bedeuteten, sondern auch ein Zeichen von Indifferenz darstellen könnten, müsse zur Vermeidung etwaiger Unklarheiten ein Bürgerentscheid grundsätzlich positiv formuliert sein[411]. Nur dann seien eindeutige Handlungsaufträge garantiert, denn bei einer negativen Formulierung sei die Verneinung eines Begehrens nicht zwingend gleichzusetzen mit der Befürwortung eines Projekts.

Dem kann jedoch entgegengehalten werden, daß zwar ein Fernbleiben von einer Abstimmung auf eine gewisse Gleichgültigkeit der Stimmberechtigten hindeutet, daß jedoch die Teilnahme an einer Abstimmung auch bei einer Verneinung einer negativ formulierten Frage zeigt, daß die Förderung eines Projekts gewollt ist, da anderenfalls mit "Ja" abgestimmt worden wäre. Es erscheint insoweit unbedenklich, mit der dem VG Karlsruhe folgenden Ansicht auch eine negative Formulierung der Frage zuzulassen.

Für diese Ansicht sprechen auch psychologische Aspekte. Denn die Befürworter einer Angelegenheit und auch die Befürworter einer Verhinderung eines Projekts, die als Initiatoren auftreten, wollen, daß ihrem Begehren zugestimmt wird, ihr Begehren "befürwortet wird". Zustimmung im Gegensatz zur Ablehnung wird aber grundsätzlich in positiver Form erteilt ("Ja"). Die Bürger sind in aller Regel eher bereit, sich für eine Sache einzusetzen, auch für eine Verhinderung eines Projekts, als sich aktiv gegen ein positiv oder negativ formuliertes Begehren auszusprechen[412].

Im Ergebnis ist daher mit der Auffassung des VG Karlsruhe davon auszugehen, daß die Frage so gestaltet sein muß, daß die Befürworter des Begehrens mit "Ja" zu stimmen haben, unabhängig davon, ob ein Projekt angestrengt oder verhindert werden soll. Damit sind negative Formulierungen der Frage in den Fällen, in denen die Vertreter eines Begehrens sich gegen etwas wenden, unvermeidbar.

In den Ländern Brandenburg, Niedersachsen, Sachsen-Anhalt und Thüringen ist dieses Problem im übrigen sogar positivrechtlich geregelt[413]: Da hier nur einem mit "Ja" beantworteten Bürgerentscheid die Wirkung eines Ratsbeschlusses zukommt, ist es zwingend, daß die Befürworter eines Begehrens das "Ja" auf ihrer Seite haben[414].

---

411 Burkhardt, Bürgerentscheid, S. 246.

412 VG Karlsruhe, VBlBW 1992, 481, 483; Schell/Hill/Esser, Methoden empirischer Sozialforschung, S. 347, 361, 362.

413 § 20 V 1 GO Bbg; § 22 b XI 1 NGO; § 26 V 1 GO LSA; § 17 IV, V ThürKO.

414 Klang/Gundlach, GO LSA, § 26, Rn. 3; Nitsche in: Becker/Nitsche/Pampel, GO LSA, § 26, Rn. 5; Wefelmeier in: Blum/Beckhof, NGO, § 22 b, Rn. 28, 69.

d) Kostendeckungsvorschlag

Die Gemeindeordnungen sämtlicher Länder mit Ausnahme der bayerischen verlangen, daß das Bürgerbegehren einen nach den gesetzlichen Bestimmungen durchführbaren Vorschlag für die Deckung der Kosten der mit Bürgerbegehren und Bürgerentscheid verlangten Maßnahme enthält[415]. Dieser sogenannte Kostendeckungsvorschlag wird dabei von einigen als eine häufig nicht einfach zu überwindende Hürde des Bürgerbegehrens angesehen[416].

Damit die Bürger schon bei Unterzeichnung des Bürgerbegehrens die Höhe der Kosten berücksichtigen können, müssen in den Ländern, in denen ein Finanzierungsvorschlag ausdrücklich verlangt wird, bereits auf der Unterschriftenliste diesbzgl. Angaben gemacht werden[417]. Denn die Unterschrift bedeutet insoweit, daß sich die Bürger mit dem gesamten Begehren, also auch mit der Finanzierung, einverstanden erklären. Ein vollständiger Finanzierungsvorschlag muß allerdings erst zusammen mit dem gesamten Antrag bei der Gemeinde eingereicht werden, da insbesondere die bei einem Bürgerbegehren gegen einen Ratsbeschluß einzuhaltenden Fristen[418] es praktisch unmöglich machen, daß die zeitaufwendige Bearbeitung eines Kostendeckungsvorschlags vor Beginn der Unterschriftensammlung abgeschlossen ist. Den Bürgern ist der Vorschlag dann nachträglich in geeigneter Weise zu unterbreiten[419].

aa) Erforderlichkeit eines Kostendeckungsvorschlags

Ziel des Kostendeckungsvorschlags ist es, daß die Bürger eine gewisse Selbstverantwortung übernehmen, indem sie nicht nur Leistungen fordern können, sondern sich auch mit den finanziellen Folgen ihrer Forderung auseinandersetzen

---

415 § 21 III 4 GemO BW; § 20 I 4 GO Bbg; § 8 b III 2 HGO; § 20 VI 1 KV M-V; § 22 b IV 2 NGO; § 26 II 1 GO NW; § 17 a III 2 GemO RhPf; § 21 II a KSVG Saarl; § 25 I 2 SächsGemO; § 25 II 4 GO LSA; § 16 g III 4 GO SchlHolst; § 17 III 1, 2. HS ThürKO.

416 Kromer, DVBl 1985, 143, 149; Muckel, NVwZ 1997, 223, 227; Schefold, Entwicklungstendenzen, S. 116; Schneider in: Dieckmann/Heinrichs, GO NW, § 26, Anm. 4; auf der anderen Seite scheiterten beispielsweise in Baden-Württemberg nur 9 % der unzulässigen Begehren an einem mangelhaften Kostendeckungsvorschlag; dazu Mayer, Bürgerbegehren und Bürgerentscheide in Gemeinden, S. 16; Seeger, ZParl 1988, 516, 525.

417 Vgl. OVG SchlHolst, Die Gemeinde 1992, 292, 294.

418 S.u. 2. Teil, 2. Kapitel, I 2 h.

419 Vgl. § 14 V 4 KV-DVO M-V; § 8 IV DVO GO SchlHolst; Wansleben in: Held/Becker/Decker, GO NW, Einf., Anm. 2.3.2.4; a.A. Glaser in: Schweriner Kommentierung, § 20, Rn. 6; Thiele, Das neue kommunale Verfassungsrecht in Nds., Rn. 130, die aufgrund der Tatsache, daß ein Kostendeckungsvorschlag Bestandteil des Bürgerbegehrens ist, verlangen, daß der Vorschlag auf jeder Unterschriftenliste vorangestellt werden müsse, da die Bürger nur dann vor einer willkürlichen Benutzung der Unterschriften geschützt seien.

müssen[420]. Andernfalls hätten die Ratsmitglieder die alleinige Finanzierungsverantwortung zu tragen, obwohl sie die Initiierung der Maßnahme nicht veranlaßt hätten[421].

Selbst wenn ein Kostendeckungsvorschlag Zulässigkeitsvoraussetzung für ein Bürgerbegehren ist, kann daher von einer Aufstellung eines solchen abgesehen werden, falls die Realisierung des Begehrens keine Kosten erfordert, die Kosten geringer sind als ein in diesem Punkt bereits von der Gemeindevertretung geplantes Projekt oder es sich um sogenannte Bagatellfälle handelt, die lediglich zu einer sehr geringen Kostenbelastung führen[422]. In den beiden letztgenannten Fällen ist die Erheblichkeitsgrenze allerdings fließend und wird entscheidend durch das Haushaltvolumen beeinflußt[423]. Für alle anderen Fälle ist dagegen mit Ausnahme der bayerischen Rechtslage ein Kostendeckungsvorschlag erforderlich.

Angesichts der mit dem Finanzierungsvorschlag verfolgten Ziele werden erhebliche Bedenken bzgl. der bayerischen Gemeindeordnung erhoben. Da die Bürger ihre Entscheidung in nicht unerheblichem Maße davon abhängig machten, welche Belastungen auf sie zukämen, sei das Fehlen eines Finanzierungsvorschlags geeignet, das Abstimmungsergebnis zu verfälschen[424]. Ohne eine Abwägung von Kosten und Nutzen eines Projekts fehle insofern ein wesentlicher Aspekt im Rahmen einer verantwortungsvollen Entscheidungsfindung, die jedoch gerade in haushaltspolitische Fragen betreffenden Angelegenheiten zur Sicherung der Gesamtverantwortung von besonderer Bedeutung sei[425].
Demgegenüber wird ein Verzicht auf einen Kostendeckungsvorschlag damit gerechtfertigt, daß diesem bereits durch einen bloßen Hinweis auf eine zusätzliche Kreditaufnahme genüge getan sein könne und er somit eine "bloße Förmelei" darstelle[426].

---

420 VGH BW, ESVGH 33, 42, 44; Hager, VerwArch 84 (1993), 97, 108; Humpert, DÖV 1990, 999, 1005; Kunze in: Kunze/Bronner/Katz, GemO BW, § 21, Rn. 25; Kromer, DVBl 1985, 143, 149; Muckel, NVwZ 1997, 223, 227; Rehn/Cronauge, GO NW, § 26, Anm. 3.

421 Henneke, ZG 1996, 1, 18; Muckel, NVwZ 1997, 223, 227.

422 VGH BW, ESVGH 27, 73, 75; Beninde, StGR 1995, 219, 221; Rehn/Cronauge, GO NW, § 26, Anm. III; Wefelmeier in: Blum/Beckhof, NGO, § 22 b, Rn. 33.

423 Beninde, StGR 1995, 219, 221; das von Beninde weiterhin vorgeschlagene Differenzierungskriterium, ob es sich um eine Angelegenheit der laufenden Verwaltung handelt, erscheint dagegen ungeeignet, da in diesen Angelegenheiten ein Bürgerbegehren unzulässig ist, s.o. 2. Teil, 1. Kapitel, IV 1.

424 Henneke, ZG 1996, 1, 17 ff.; Humpert, DÖV 1990, 999, 1005.

425 S.o. 2. Teil, 1. Kapitel, IV 3.

426 Masson/Samper, BayGO, Art. 18 a, Rn. 11.

Spätestens wenn sich eine Finanzierung durch zu hohe Kreditaufnahme als unwirtschaftlich erweist und damit den Vorschlag und auch das Bürgerbegehren unzulässig machen würde, kann der Kostendeckungsvorschlag jedoch nicht mehr als bloße Förmelei betrachtet werden. Überschreiten die Kosten eine gewisse Höhe, ist neben einer bloßen Kreditaufnahme die Bereitstellung weiterer Mittel erforderlich.
Schließlich erscheint gerade in Bayern, wo aufgrund der engen Fassung des Negativkatalogs eine Entscheidung selbst über gemeindliche Abgaben zulässig ist, eine Berücksichtigung der Kosten seitens der Bürger in besonderem Maße geboten zu sein, um insbesondere die Leistungsfähigkeit der Gemeinde nicht durch gemeindewirtschaftlich unvertretbare Entscheidungen zu gefährden[427]. Zwar mangelt es einem Kostendeckungsvorschlag u.U. an Objektivität. Die Initiatoren stellen nicht selten je nach Ziel des Begehrens eine Finanzierung als besonders günstig oder aber als unwirtschaftlich dar. Selbst übertriebene Darstellungen regen jedoch i.d.R. eher zu kritischen Entscheidungen an als Unkenntnis. Die Forderung nach einem Kostendeckungsvorschlag ist daher grundsätzlich berechtigt.

Es kann diskutiert werden, ob der Kostendeckungsvorschlag anstelle der Initiatoren durch die Gemeindevertretung ausgearbeitet werden sollte, da diese u.U. das größere Fachwissen hätte. Doch auch hier zeigt sich die grundsätzliche Schwierigkeit einer objektiven Erstellung eines Finanzierungsvorschlags. Es besteht die Gefahr, daß die Gemeinde zur Durchsetzung ihrer Zielvorstellungen den Kostendeckungsvorschlag entsprechend anpaßt und nicht die gebotene Objektivität walten läßt.

bb) Anforderungen an den Kostendeckungsvorschlag

Über die konkrete Ausgestaltung eines Kostendeckungsvorschlags enthalten die Gemeindeordnungen, die einen solchen verlangen, keine Angaben. Da den Antragstellern eines Bürgerbegehrens häufig nicht das Fachwissen einer Gemeindeverwaltung zur Verfügung steht, soll es nach allgemeiner Ansicht ausreichen, daß die Bürger einen nachvollziehbaren und im übrigen nach den gesetzlichen Bestimmungen durchführbaren Vorschlag präsentieren[428].

Anerkannt ist, daß der Vorschlag Angaben über die Höhe der Kosten des angestrebten Projekts enthalten muß, wobei sich die Kosten nicht nur auf die Anschaffungs- und Herstellungskosten, sondern auch auf die Folgekosten, beispielsweise

[427] Henneke, ZG 1996, 1, 17 f.; Muckel, NVwZ 1997, 223, 227.
[428] VGH BW, ESVGH 33, 42, 45; VG Hannover, NdsVBl 1997, 159, 160; v. Danwitz, DVBl 1996, 134, 138.

auf die ständige Unterhaltung einer Einrichtung, beziehen müssen[429]. Da diese Angaben lediglich Prognosecharakter haben, ist eine überschlägige Kostenschätzung innerhalb eines gewissen Beurteilungsspielraums als ausreichend anzusehen[430].

Der Kostendeckungsvorschlag muß ferner realistische Angaben über die Beschaffung der erforderlichen Finanzmittel enthalten. Dafür bieten sich im wesentlichen ein Verzicht auf andere Projekte, die Veräußerung von Gemeindevermögen, Abgabenerhöhungen oder zusätzliche Kreditaufnahmen[431] sowie für entsprechende Projekte zur Verfügung gestellte Bundes- oder Landeszuschüsse an. Die tatsächliche Realisierbarkeit der vorgeschlagenen Möglichkeiten muß allerdings nicht konkret nachgewiesen werden, etwa durch eine für die zusätzliche Kreditaufnahme erforderliche Genehmigung der Rechtsaufsichtsbehörde oder durch einen Nachweis einer genehmigten Haushaltssatzung/Nachtragssatzung[432]. Es reicht bereits aus, daß der Vorschlag der Bürger realistisch und rechtlich zulässig ist[433].

Rechtlich unzulässig ist ein Vorschlag insbesondere dann, wenn die Gemeinde daran gehindert wird, ihren Pflichtaufgaben nachzukommen und wenn der Grundsatz der Wirtschaftlichkeit und Sparsamkeit gravierend verletzt sein sollte[434].

Damit das Bürgerbegehren nicht an der Unzulässigkeit des Kostendeckungsvorschlags scheitert, können die Bürger eine Beratung durch die Gemeindevertretung in Anspruch nehmen. Zwar sieht einzig § 20 VI 2 KV M-V eine solche Beratungsmöglichkeit für die Erstellung eines Kostendeckungsvorschlags ausdrücklich vor; in den übrigen Ländern dürften die Gemeinden jedoch aufgrund der allgemeinen Hilfeleistungspflicht in Verwaltungsangelegenheiten[435] bereit sein,

---

[429] VGH BW, ESVGH 33, 42, 44 ff.; VGH Kassel, NVwZ-RR 1996, 409, 410 f.; Beninde, StGR 1995, 219, 221; Rehn/Cronauge, GO NW, § 26, Anm. III.

[430] VGH BW, ESVGH 33, 42, 45 ff.; VG Hannover, NdsVBl 1997, 159, 160; Burkhardt, Bürgerentscheid, S. 140; Hager, VerwArch 84 (1993), 97, 108; Kunze in: Kunze/Bronner/Katz, GemO BW, § 21, Rn. 25; Rehn/Cronauge, GO NW, § 26, Anm. III; Schlüter, VBlBW 1987, 54, 57; Schneider, StGR 1994, 399, 400.

[431] Hager, VerwArch 84 (1993), 97, 108; Kunze in: Kunze/Bronner/Katz, GemO BW, § 21, Rn. 25; Rehn/Cronauge, GO NW, § 26, Anm. III; Wettling, BWVPr 1987, 151, 152.

[432] Burkhardt, Bürgerentscheid, S. 140; Hager, VerwArch 84 (1993), 97, 108; Seeger in: Kühne/Meißner, Züge unmittelbarer Demokratie, S. 109; a.A. Kunze in: Kunze/Bronner/Katz, GemO BW, § 21, Rn. 25.

[433] Borchert in: Galette/Laux, GO SchlHolst, § 16 g, zu Abs. 3, Anm. 3; Rehn/Cronauge, GO NW, § 26, Anm. III; Schneider, StGR, 1994, 399, 400; Wettling, BWVPr 1987, 151, 152.

[434] VGH BW, VBlBW 1983, 313, 314; v. Danwitz, DVBl 1996, 134, 138; Hager, VerwArch 84 (1993), 97, 108; Kunze in: Kunze/Bronner/Katz, GemO BW, § 21, Rn. 25; Rehn/Cronauge, GO NW, § 26, Anm. III; Schlüter, VBlBW 1987, 54, 57; Stegmaier, BWVPr 1990, 173, 175; Wefelmeier in: Blum/Beckhof, NGO, § 22 b, Rn. 34.

[435] Vgl. z.B. § 22 GO Bbg; § 22 e NGO; § 22 GO NW; § 15 GemO RhPf; § 11 SächsGemO; § 23 GO LSA; § 16 d GO SchlHolst; § 15 ThürKO.

Hilfestellungen sowohl bzgl. des Kostendeckungsvorschlags als auch der übrigen Voraussetzungen eines Bürgerbegehrens zu gewähren.

e) Vertreterbenennung

Die Mehrzahl der Gemeindeordnungen verlangt, daß das Bürgerbegehren bis zu drei Personen benennt, die berechtigt sind, das Bürgerbegehren / den Bürgerentscheid betreffende Mitteilungen der Gemeinde entgegenzunehmen, aber auch Erklärungen gegenüber der Gemeinde abzugeben[436]. Teilweise werden diese Personen als Vertreter[437], teilweise als Vertrauensleute[438] bezeichnet. In Brandenburg und Thüringen ist die Benennung von derartigen Personen dagegen nicht gefordert.

Letzteres entspricht dem Grundsatz des öffentlichen Rechts, daß jeder seine Rechte selbst geltend machen kann und ein Vertretungszwang nur zur Wahrung der Funktionsfähigkeit der Verwaltung zulässig ist[439]. Diese Ausnahme liegt allerdings bei einem plebiszitären Massenverfahren wie einem Bürgerentscheid vor, da hier ohne Vertreterbenennung eine einheitliche Willensbildung ohne besondere organisatorische Vorkehrungen praktisch nicht möglich ist und die gemeinsamen Rechte mangels Handlungsfähigkeit nicht durchgesetzt werden können[440]. Daher entsteht trotz fehlender Verpflichtung zur Vertreterbenennung ein mittelbarer Zwang, Vertrauensleute auszuwählen, die die Interessen der Unterzeichner des Bürgerbegehrens vertreten. Selbst die direkte Demokratie kann somit nicht ohne Repräsentanten auskommen[441], so daß in Brandenburg und Thüringen i.d.R. ebenfalls Vertreter für ein Bürgerbegehren benannt werden dürften.

Der Zwang zur Vertreterbenennung in einem Massenverfahren spiegelt sich auch in der Regelung des § 17 VwVfG wider. Danach kann die Behörde bei Anträgen in einem Verfahren, die von mehr als 50 Personen unterzeichnet worden sind, gemäß § 17 IV 3 VwVfG einen Vertreter von Amts wegen bestellen, wenn von den Antragstellern kein Vertreter benannt wird. Diese Vorschrift bezieht sich je-

436 So ausdrücklich: § 53 II KomWO BW; § 8 b III 2 HGO; § 14 I KV-DVO M-V; § 25 II 1 SächsGemO.

437 Art. 18 a IV BayGO; § 22 b IV 3 NGO; § 26 II 2 GO NW; § 17 a III 2 GemO RhPf; § 21 a II 2 KSVG Saarl; § 25 II 1 SächsGemO; § 25 II 2 GO LSA; § 16 g III 5 GO SchlHolst.

438 § 53 I 1 KomWO BW; § 8 b III 2 HGO.

439 Bonk in: Stelkens/Bonk/Sachs, VwVfG, § 17, Rn. 1; Burkhardt, Bürgerentscheid, S. 153; Kopp, VwVfG § 14, Rn. 41, § 17, Rn. 3; Sapper, VBlBW 1983, 89, 90 f.; vgl. auch BayVerfGH, BayVBl 1968, 23.

440 Vgl. bzgl. gleichförmiger Eingaben in einem Verwaltungsverfahren: Kopp, VwVfG, § 17, Rn. 4; Clausen in: Knack, VwVfG, § 17, Rn. 2 ff.

441 Dazu Burkhardt, Bürgerentscheid, S. 151.

doch nur auf das Verwaltungsverfahren. Ein solches liegt bei einem Bürgerentscheid, bei dem es um die Teilnahme am staatlichen Willensbildungsprozeß und somit um die Teilhabe an der Ausübung von Hoheitsgewalt geht, nicht vor, so daß zumindest eine direkte Anwendung auf das Verfahren des Bürgerbegehrens nicht in Betracht kommt[442]. Eine von Teilen der Literatur[443] angenommene analoge Anwendung scheidet ebenfalls aus. Zwar ähnelt der mit dem Bürgerbegehren gestellte Antrag insofern einem Verwaltungsverfahren, als die Gemeindeverwaltungen verpflichtet sind, über die Zulässigkeit eines Begehrens zu entscheiden[444]; die Vertreterbenennung in den jeweiligen Verfahren verfolgt jedoch unterschiedliche Zwecke. Während es bei § 17 VwVfG vorwiegend darum geht, die Abwicklung des Verfahrens zu erleichtern und zu beschleunigen[445], ist mit einer Vertreterbenennung für ein Bürgerbegehren darüber hinaus bezweckt, die Rechte der Bürger auf Teilnahme an der staatlichen Willensbildung überhaupt zu sichern. Hier steht die mit dem Bürgerbegehren angestrebte Entscheidung der Bürger im Vordergrund und nicht wie bei einem Verfahren nach § 17 VwVfG die Entscheidung der Verwaltung über eine Angelegenheit der Bürger, so daß die Übertragung des § 17 VwVfG an einer vergleichbaren Rechtslage scheitert. Insbesondere in Brandenburg und Thüringen können die Vorschriften daher nicht entsprechend angewendet werden.
Eine fehlende Vertreterbenennung macht hier ein Bürgerbegehren anders als in den übrigen Ländern[446] somit nicht unzulässig.

Mit Ausnahme der Länder Brandenburg und Thüringen ist ein Bürgerbegehren außerdem unzulässig, wenn mehr als die vorgeschriebene Zahl von Vertretern benannt wird[447]. Eine derartige Erweiterung der Zahl der Vertreter würde dem Zweck der entsprechenden Vorschriften zuwiderlaufen, denn danach sollte durch eine Beschränkung der maximalen Zahl der Vertreter der Gemeinde und auch den Unterzeichnern eine überschaubare Zahl von Handlungsbevollmächtigten gegenüber gestellt werden.

---

442 Fischer, DÖV 1996, 181, 185, Fn. 32; Sapper, VBlBW 1983, 89, 90 f.; Wefelmeier in: Blum/Beckhof, NGO, § 22 b, Rn. 38.

443 V. Danwitz, DVBl 1996, 134, 138; Sundermann, DVP 1993, 140, 142; Wansleben in: Held/Becker/Decker, GO NW, § 25, Anm. 4.2.

444 Thum, Bürgerbegehren und Bürgerentscheid in Bayern, 13.00, Art. 18 a IV, Anm. 1 b.

445 Bonk in: Stelkens/Bonk/Sachs, VwVfG, § 17, Rn. 1; Clausen in: Knack, VwVfG, § 17, Rn. 6; Kopp, VwVfG, § 17, Rn. 4; vgl. auch BayVerfGH, BayVBl 1968, 23.

446 Vgl. Klang/Gundlach, GO LSA, § 24, Rn. 5 für Sachsen-Anhalt.

447 BayVGH, BayVBl 1997, 473, 474.

Teilweise wird angenommen, daß bei fehlender Vertreterbenennung in jedem Fall die zwei Erstunterzeichner vertretungsberechtigt sein sollen[448], damit das Bürgerbegehren nicht wegen einer fehlenden Vertreterbenennung unzulässig ist. Von dem Grundsatz, daß jeder seine Rechte selbst geltend machen darf, kann jedoch nur durch eine gesetzliche Regelung abgewichen werden[449]. Diese existiert aber mit § 53 I 2 KomWO BW nur in Baden-Württemberg, so daß es für die übrigen Länder bei den dargestellten Wirkungen einer fehlenden Angabe bleiben muß, auch wenn Initiatoren, Erstunterzeichner und Vertrauenspersonen in aller Regel identisch sind. Als Vertreter des Bürgerbegehrens können jedoch durchaus auch Personen benannt werden, die nicht unterzeichnungsberechtigt sind, da die Vertreter lediglich geschäftsfähig, nicht aber zwingend wahlberechtigt sein müssen[450].

aa) Vertretungsmacht und Umfang der Vertretungsbefugnis

Ihre Vertretungsmacht erhalten die Vertrauensleute durch die Unterzeichner des Bürgerbegehrens, die mit ihrer Unterschrift ihr Einverständnis zum Ausdruck bringen, daß ihre Interessen von den benannten Personen vertreten werden[451]. Das bedeutet gleichzeitig, daß die Vertreter bereits auf den Unterschriftenlisten benannt sein müssen[452]. Das OVG RhPf[453] geht dagegen davon aus, daß die Initiatoren des Bürgerbegehrens erst bei Einreichen des Begehrens die Vertretungsberechtigten benennen müssen, da die Vertreterbenennung in erster Linie dazu diene, die Abwicklung des Verfahrens zu erleichtern und nicht dazu, bestimmte Rechte der Bürger zu verwirklichen, so daß eine besondere Legitimation

---

448 So ausdrücklich § 53 I 2 KomWO BW für den Fall, daß nach der Sollvorschrift des § 53 I 1 KomWO BW keine Vertreter benannt worden sind; a.A. VG Koblenz, Urteil vom 22.8.95 - 2K 1755/95.KO, S. 11; Klang/Gundlach, GO LSA, § 24, Rn. 5 für einen Einwohnerantrag.

449 Derartige generalklauselartige Regelungen werden teilweise für zu unbestimmt gehalten, vgl. Sapper, VBlBW 1983, 89, 91, der auf § 53 I 2 KomWO BW Bezug nimmt; vgl. auch BayVGH, BayVBl 1997, 89 f. für die bayerische Rechtslage.

450 Vollzugshinweise des Bay IM, VI 4; Masson/Samper, BayGO, Art. 18 a, Rn. 12; Thum, Bürgerbegehren und Bürgerentscheid in Bayern, 13.00, Art. 18 a IV, Anm. 11: Treffer/Kroll, Bürgerbegehren und Bürgerentscheid in Bayern, Anm. 27, S. 75 ff.; Wehr in: Knemeyer, Bürgerbegehren und Bürgerentscheid in Bayern, S. 53; Widtmann/Gasser, BayGO, Art. 18 a, Rn. 5.

451 Masson/Samper, BayGO, Art. 18 a, Rn. 12.

452 BayVGH, BayVBl 1997, 89; statt vieler: Hölzl/Hien, BayGO, Art. 18 a, Anm. 5; Thiele, Das neue kommunale Verfassungsrecht in Nds., Rn. 132; Thum, Bürgerbegehren und Bürgerentscheid in Bayern, 13.00, Art. 18 a IV, Anm. 12; Treffer/Kroll, Bürgerbegehren und Bürgerentscheid in Bayern, Anm. 27, S. 75; Wefelmeier in: Blum/Beckhof, NGO, § 22 b, Rn. 36; Vollzugshinweise Bay IM, VI 7.

453 OVG RhPf, Beschluß vom 6.2.1996 - 7 A 12861/95.OVG, S. 22 ff.

nicht erforderlich sei. Dem kann jedoch entgegengehalten werden, daß die Vertreter sehr wohl über Rechtspositionen der Bürger verfügen, insbesondere über das Antragsrecht der Bürger auf Durchführung eines Bürgerentscheids. Mit ihrer Unterschrift dokumentieren die Bürger, daß sie dieses Recht geltend machen wollen, so daß für entsprechende Verfügungen darüber durch andere Personen durchaus ein Legitimationsbedürfnis besteht, was nur vermittelt werden kann, wenn die Vertreter bereits auf den Unterschriftenlisten benannt worden sind.

Da die Unterzeichner ihre Unterschriften zur Verwirklichung bestimmter Ziele geleistet haben, erstreckt sich die durch die Unterschriften vermittelte Vertretungsmacht nur auf solche Handlungen, die diesem Zweck gerecht werden und ihn fördern. Dazu zählen vor allem Erklärungen zur verfahrensmäßigen Durchfürung, etwa die Abgabe einer Begründung oder eines Kostendeckungsvorschlags, das Nachreichen von Unterschriften oder die Entgegennahme von Erklärungen der Gemeinde und auch die Vertretung der Unterzeichner vor Gericht[454], nicht aber selbständige Entscheidungen für die Unterzeichner, die eine inhaltliche Veränderung des Bürgerbegehrens bedeuten[455].
Ein Recht, ein Bürgerbegehren für erledigt zu erklären und damit auf die Durchführung eines Bürgerentscheids zu verzichten, steht den Vertretern - außer bei entsprechender Ermächtigung in der Unterschriftenliste - daher nicht zu[456]. Gleiches gilt für eine Rückziehung des Bürgerbegehrens nach Einreichung, da eine Rücknahme dem Interesse der Unterzeichner widersprechen könnte[457].

---

454 Zur Vertretungsmacht vor Gericht siehe OVG RhPf, Beschluß vom 6.2.1996 - 7A 12861/95.OVG; BayVGH, BayVBl 1997, 89; Fischer, DÖV 1996, 181, 184 f.; Wansleben in: Held/Becker/Decker, GO NW, § 25, Anm. 4.3.; Wefelmeier, NdsVBl 1997, 31, 35; Wefelmeier in: Blum/Beckhof, NGO, § 22 b, Rn. 39; Wehr, BayVBl 1996, 549, 552.

455 Burkhardt, Bürgerentscheid, S. 153; Fischer, NWVBl 1995, 366, 368; Sapper, VBlBW 1983, 89, 91; Treffer/Kroll, Bürgerbegehren und Bürgerentscheid in Bayern, Anm. 27, S. 77 f.; vgl. auch Widtmann/Gasser, BayGO, Art. 18 a, Rn. 5.

456 Rehn/Cronauge, GO NW, § 26, Anm. VII 2; Treffer/Kroll, Bürgerbegehren und Bürgerentscheid in Bayern, Anm. 24, S. 72 f.; a.A. VG Koblenz, Urt. vom 22.8.1995 - 2 K 1755/95.KO, S. 9; Glaser in: Schweriner Kommentierung, § 20, Rn. 7; Masson/Samper, BayGO, Art. 18 a, Rn. 16; Wiegand in: Wiegand/Grimberg, GO LSA, § 26, Rn. 4, der davon ausgeht, daß die Vertreter gerade in Zweifelsfällen, so etwa bei der Frage ob sich ein Bürgerbegehren erledigt hat (dazu unten 2. Teil, 5. Kapitel), davon ausgehen, daß den Vertretern eine umfassende Handlungsbefugnis zusteht, aufgrund derer sie auch ein Bürgerbegehren für erledigt erklären können.

457 So auch Fischer, NWVBl 1995, 366, 368; Rehn/Cronauge, GO NW, § 25, Anm. III 3; Wefelmeier in: Blum/Beckhof, NGO, § 22 b, Rn. 38; Widtmann/Gasser, BayGO, Art. 18 a, Rn. 5; a.A. Burkhardt, Bürgerentscheid, S. 153; Klang/Gundlach, GO LSA, § 24, Rn. 5; Wansleben in: Held/Becker/Decker, GO NW, § 26, Anm. 4. i.V.m. § 25, Anm. 4.2.; die von einer unbegrenzten Vertretungsmacht ausgehen, da anderenfalls die Belange der Einwohner gegenüber dem Rat nicht sichergestellt werden könnten.

bb) Die Stellung der Vertreter

Obwohl in der Praxis die Bürger regelmäßig durch ihre Unterschrift das weitere Verfahren in die Hand der Vertrauensleute legen[458], sind die einzelnen Unterzeichner jederzeit berechtigt, der Ansicht der Vertrauensleute widersprechende Meinungen zu vertreten und durchzusetzen, sofern sich dafür eine Mehrheit finden läßt[459]. Das entspricht dem Gedanken der plebiszitären Willensbildung, mit dem eine ausschließliche Handlungsbefugnis der Vertreter nicht zu vereinbaren wäre. Diesen steht daher keine organschaftliche Stellung zu, die es ihnen ermöglichen würde, als alleiniges Handlungsinstrument für die Gruppe der Unterzeichner aufzutreten, ohne daß Entscheidungskompetenzen bei den Bürgern selbst verbleiben würden[460].
Damit handelt es sich entsprechend der §§ 164 ff. BGB um eine widerrufliche Vollmachtserteilung, bei der Vertreter und Vertretene nebeneinander handeln können.

cc) Einzelvertretung oder Gesamtvertretung

Die Tatsache, daß die gesetzlichen Regelungen der einzelnen Länder von einer unterschiedlichen Anzahl der zu benennenden Vertreter ausgehen[461], führt zur Frage, ob jeder Vertreter allein vertretungsberechtigt sein soll (Einzelvertretung) oder alle Vertreter nur gemeinsam handeln können (Gesamtvertretung).

In den meisten Ländern wird auf eine ausdrückliche Festlegung verzichtet. Hingegen bestimmt § 53 II KomWO BW, daß jeder Vertreter für sich Erklärungen abgeben und annehmen kann, soweit nichts anderes bestimmt ist. § 86 KWG Saarl sieht wiederum vor, daß die Vertreter nur gemeinsam berechtigt sind, verbindliche Erklärungen für das Bürgerbegehren abzugeben. Da es sich jedoch sowohl bei der einen als auch bei der anderen Regelung um keinen allgemeinen Grundsatz des öffentlichen Rechts handelt und sich auch bei einem Rückgriff auf die allgemeinen Regeln des BGB kein generelles Regel-Ausnahme-Verhältnis

---

458 Burkhardt, Bürgerentscheid, S. 151; Sapper, VBlBW 1983, 89, 91.

459 Burkhardt, Bürgerentscheid, S. 154.

460 OVG M-V, StGT M-V 1996, 650, 652; VG Dessau, LKV 1996, 74, 75; Fischer, DÖV 1996, 181, 184 f.; Jaroschek, BayVBl 1997, 39, 43; Sapper, VBlBW 1983, 89, 90 f.; Treffer/Kroll, Bürgerbegehren und Bürgerentscheid in Bayern, Anm. 27, S. 78 ff.; Wefelmeier in: Blum/Beckhof, NGO, § 22 b, Rn. 36; a.A. VG Darmstadt, NVwZ-RR 1995, 156, 157; Stargardt, VR 1995, 199, 206; Wansleben in: Held/Becker/Decker, GO NW, § 26, Anm. 4 i.V.m. § 25 Anm. 4.2.

461 **Bis zu drei Personen:** § 8 b III 2 HGO; § 14 II KV-DVO M-V; § 22 b IV 3 NGO; § 26 II 2 GO NW; § 17 a III 2 GemO RhPf; § 21 a II 2 KSVG Saarl; § 25 II 2 GO LSA; § 16 g III 5 GO SchlHolst; **zwingend drei Personen:** Art. 18 a IV BayGO; § 25 II 1 SächsGemO; **zwei Personen:** § 53 I KomWO BW.

zwischen Gesamt- und Einzelvertretung feststellen läßt, ist für die übrigen Länder jeweils durch Auslegung zu ermitteln, welche Form der Vertretung vorliegen soll[462].

Ausgehend vom Zweck einer Gesamtvertretung, der vor allem im Schutz des Vertretenen vor unüberlegtem, unzweckmäßigem und pflichtwidrigem Handeln eines einzelnen Vertreters zu sehen ist[463], scheint eine Gesamtvertretung bei einem Bürgerbegehren dennoch nicht erforderlich zu sein. Die bezeichnete Schutzwirkung wird hier bereits durch eine Beschränkung der Vertretungsmacht auf solche den Zweck des Begehrens fördernde Handlungen gewährleistet.
Sollte der Sinn einer mehrfachen Vertreterbenennung allerdings darin erblickt werden, daß diese Personen untereinander eine für das Bürgerbegehren repräsentative Meinung bilden, die dann nach außen vertreten wird, müßte ein Gesamtvertretungsverhältnis angenommen werden[464]. Auch in diesem Punkt führt die bereits erwähnte Begrenzung der Vertretungsmacht und die eindeutige Zielsetzung des Bürgerbegehrens jedoch dazu, daß i.d.R. keine repräsentative Meinung gebildet werden muß.
Für eine Einzelvertretung spricht ferner der Wortlaut derjenigen Gemeindeordnungen, die die Benennung von "bis zu" drei Personen verlangen[465], da es hier bereits ausreicht, wenn lediglich eine Person benannt wird.

dd) Ausschluß bestimmter Personen von der Vertretung

Ein Ausschluß bestimmter Personen von der Vertretung eines Bürgerbegehrens ist in den Gemeindeordnungen nicht vorgesehen. Somit ist eine Inkompatibilität der Funktionen von Amts- und Mandatsträgern der Gemeinde mit einer Vertretung des Begehrens nicht anzunehmen, ebensowenig hindert eine Mitgliedschaft in einer politischen Partei oder in einer Bürgerinitiative an einer Vertretung[466].

---

462 Palandt-Heinrichs, BGB, § 167, Rn 13; Soergel-Leptien, BGB, § 164, Rn. 27; für die Gesamtvertretung als Regelfall: VG Ansbach, BayVBl 1996, 411; Wefelmeier, NdsVBl 1997, 31, 35.

463 MüKo-Thiele, BGB, § 164, Rn. 84.

464 So BayVGH, BayVBl 1997, 473, 474; VG Darmstadt, NVwZ-RR 1995, 156, 157; VG Ansbach, BayVBl 1996, 411 f.; Vollzugshinweise des Bay IM, VI 3; Hölzl/Hien, BayGO, Art. 18 a, Anm. 5; Klang/Gundlach, GO LSA, § 24, Rn. 5; Thum, Bürgerbegehren und Bürgerentscheid in Bayern, 13.00, Art. 18 a IX, Anm. 7; Treffer/Kroll, Bürgerbegehren und Bürgerentscheid in Bayern, Anm. 27, S. 75; Wefelmeier, NdsVBl 1997, 31, 35; Widtmann/Gasser, BayGO, Art. 18 a, Rn. 5.

465 S.o. Fn. 461.

466 OVG RhPf, Beschluß vom 6.2.1996 - 7A 12861/95.OVG; VG SchlHolst, Urteil vom 28.9.95 - 6A 381/95, abgedr. bei Thum, Bürgerbegehren und Bürgerentscheid in Bayern, 41.06; Widtmann/Gasser, BayGO, Art. 18 a, Rn. 5.

f) Das Antragsquorum

Neben den eben aufgeführten formalen Voraussetzungen eines Bürgerbegehrens, deren Angaben mit Ausnahme des Kostendeckungsvorschlags sich auf jeder einzelnen Unterschriftenliste selbst befinden müssen[467], ist ein Bürgerbegehren nur dann zulässig, wenn es von einer bestimmten Anzahl von Bürgern unterzeichnet worden ist. Die Größe dieses sogenannten Antragsquorums wird in den Gemeindeordnungen der einzelnen Länder unterschiedlich festgesetzt[468].

aa) Überblick

Die Länder Brandenburg, Hessen, Schleswig-Holstein und Thüringen legen das Antragsquorum für alle Gemeinden eines Landes einheitlich fest. In Brandenburg, Hessen und Schleswig-Holstein müssen 10 %, in Thüringen 20 % der Bürger ein Bürgerbegehren unterzeichnen.

Die übrigen Länder setzen grundsätzlich ebenfalls ein bestimmtes Quorum fest. Dieses beträgt in Baden-Württemberg, Sachsen und im Saarland 15 %, in den Ländern Bayern, Mecklenburg-Vorpommern, Niedersachsen, Nordrhein-Westfalen, Rheinland-Pfalz, Sachsen-Anhalt 10 %. Im Hinblick auf die Schwierigkeit, dieses Quorum in größeren Städten überhaupt zu erreichen[469], sehen die Gemeindeordnungen dieser Länder jedoch Modifikationsmöglichkeiten für größere Gemeinden und Städte vor, in denen bereits eine geringere Anzahl von Unterschriften für ein zulässiges Bürgerbegehren ausreichen kann. Die diesbzgl. gesetzlichen Regelungen sind allerdings nicht einheitlich.

In den Ländern Baden-Württemberg, Niedersachsen, Nordrhein-Westfalen, Rheinland-Pfalz, Saarland und Sachsen-Anhalt werden verschiedene nach Einwohnerzahl gestaffelte Gruppen von Gemeinden gebildet, für die jeweils eine bestimmte Anzahl von Unterschriften als ausreichend angesehen wird (sogenannte Höchstzahlenregelung). Beispielsweise muß das Bürgerbegehren in Niedersachsen gemäß § 22 b II NGO von mindestens 10 % der Bürger unterzeichnet sein, jedoch genügen in Gemeinden mit bis zu 50.000 Einwohnern 4.000 Unterschriften, mit 50.001 bis 100.000 Einwohnern 6.000 Unterschriften, mit 100.001

---

467 Vgl. BayVGH, BayVBl 1997, 89.

468 Vgl. § 21 III 5 GemO BW; Art. 18 a V BayGO; § 20 I 5 GO Bbg; § 8 b III 3 HGO; § 20 VI 3 KV M-V; § 22 b II NGO; § 26 IV GO NW; § 17 a III 3 GemO RhPf; § 21 a III KSVG Saarl; § 25 I 2 SächsGemO; § 25 III GO LSA; § 16 g IV GO SchlHolst; § 17 III 3 ThürKO.

469 Borchert in: Galette/Laux, GO SchlHolst, § 16 g, zu Abs. 4, Anm. 1; Burkhardt, Bürgerentscheid, S. 144 ff.; Hager, VerwArch 84 (1993), 97, 120; Meißner in: Kühne/Meißner, Züge unmittelbarer Demokratie, S. 190.

bis 200.000 Einwohnern 12.000 Unterschriften, mit 200.001 bis 500.000 Einwohnern 24.000 Unterschriften, mit mehr als 500.000 Einwohnern 48.000 Unterschriften. Von dieser Vorschrift weichen die Regelungen der übrigen Länder bzgl. der konkreten Zahlen zum Teil ab. Einheitlich gilt, daß das auch in diesen Ländern zunächst für alle Länder einheitlich festgesetzte Quorum maßgeblich bleibt, wenn die festgesetze Höchstzahl über dieser Quote liegen sollte.

Das Land Bayern sieht eine der oben beschriebenen Modifikationsmöglichkeit ähnliche Regelung vor. Allerdings werden hier für die nach Einwohnerzahl gestaffelten Gruppen größerer Gemeinden keine absoluten Zahlen, sondern prozentuale Quoren von 9 - 3 % festgesetzt.

In Mecklenburg-Vorpommern sind dagegen keine feingliedrigen Abstufungen nach Gemeindegröße vorgesehen. Gemäß § 20 VI 3 KV M-V ist lediglich bestimmt, daß das Bürgerbegehren in Städten mit mehr als 100.000 Einwohnern von mindestens 7.500 Bürgern unterzeichnet sein muß.

In Sachsen kann gemäß § 25 I 2 SächsGemO durch Änderung der Hauptsatzung unabhängig von der Gemeindegröße das grundsätzlich geltende 15prozentige Quorum bis auf 5 % herabgesetzt werden.

bb) Die angemessene Größe des Antragsquorums

Die generelle Notwendigkeit derartiger Antragsquoren ist in Deutschland allgemein anerkannt. Durch sie soll der Grundsatz der repräsentativen Demokratie gegen eine uferlose Inanspruchnahme direktdemokratischer Elemente gesichert werden[470]. Denn Quoren sind grundsätzlich geeignet, nicht ernst gemeinte Anträge auszuschließen, nur für die Gemeinde wichtige Angelegenheiten einer Bürgerentscheidung zugänglich zu machen, einer Herrschaft einer kleinen Minderheit entgegenzusteuern und somit zum Schutz einer kontinuierlichen Ratsarbeit beizutragen[471].

Trotz dieser Wirkungen dürfen die Quoren aber nicht so hoch angesetzt sein, daß sie ein Bürgerbegehren von vornherein aussichtslos erscheinen lassen, da anderenfalls die Einrichtung leerlaufen würde. Es gibt jedoch keine verbindlichen Grenzen für die optimale Größe eines Antragsquorums, so daß dem Gesetzgeber

---

470 Bretzinger, Die Kommunalverfassung der DDR, S. 203; Burkhardt, Bürgerentscheid, S. 143; Schneider, StGR 1994, 399, 400.

471 Bretzinger, Die Kommunalverfassung der DDR, S. 203; Burkhardt, Bürgerentscheid, S. 143 f.; Hendler, Der Landkreis 1995, 321, 324; Schefold, Entwicklungstendenzen, S. 124; Wansleben in: Held/Becker/Decker, GO NW, Einf., Anm. 2.3.2.3; Wehling, AfK 1989, 110, 114.

bei der Austarierung der beiden Interessen ein politischer Gestaltungsspielraum zusteht.

So ist es beispielsweise nicht zwingend, daß für größere Gemeinden und Städte abgestufte Höchstzahlen festgelegt werden. Wie Praxiserfahrungen belegen, könnten diese dort allerdings die Nutzung des Bürgerbegehrens fördern, da es aufgrund der unterschiedlichen sozialen Struktur und geringerer nachbarschaftlicher Kontakte in größeren Städten schwieriger ist, die erforderlichen Unterschriften für ein Bürgerbegehren zu sammeln, und dementsprechend ein Bürgerbegehren seltener initiiert wird[472].
Gegen die rechtliche Zulässigkeit einer Staffelung der Quoren bestehen keine Bedenken, auch nicht im Hinblick auf die Gleichbehandlung der Bürger. Zwar haben die Unterschriften der Bürger innerhalb eines Landes durch gestaffelte Quoren u.U. ungleiches Gewicht. In den unterschiedlichen Bedingungen für die Unterschriftensammlung und der Tatsache, daß eine vergleichsweise niedrige Quote in einer größeren Gemeinde einer größeren absoluten Zahl von Unterschriften entspricht, ist jedoch ein ausreichender sachlicher Grund für eine Differenzierung zu sehen[473].

Die Vorschriften über absolute Höchstzahlen, wie sie z.B. gemäß § 22 b II NGO vorgesehen sind, stellen jedoch nur bei Gemeinden, die einwohnermäßig am oberen Bereich einer Staffelungsgruppe liegen, eine Erleichterung dar[474]. Für eine Gemeinde mit 100.001 Einwohnern wären beispielsweise gemäß § 22 b II NGO nach der abgestuften Höchstzahlenregelung 12.000 Unterschriften erforderlich. Nach dem Grundsatz des § 22 b II NGO, der zunächst für alle Gemeinden unabhängig von der Größe gilt, reicht es jedoch bereits auch, wenn 10 % der Wahlberechtigten das Bürgerbegehren unterzeichnet haben. Das entspricht in dem gewählten Beispiel schätzungsweise 7.000 Unterschriften, denn es ist i.d.R. davon auszugehen, daß ca. 70 % der Einwohner einer Gemeinde wahlberechtigt sind[475]. Somit liegt die Anzahl der nach der Höchstzahlenregelung erforderlichen Unterschriften sogar erheblich über der durch den Grundsatz geforderten Anzahl. Die Tatsache, daß eine Staffelung der Quoren anhand der Einwohnerzahlen einer

---

472 Hager, VerwArch 84 (1993), 97, 120; Wefelmeier in: Blum/Beckhof, NGO, § 22 b, Rn. 10.

473 BayVerfGH, BayVBl 1997, 622, 628; Hölzl/Hien, BayGO, Art. 18 a, Anm. 6; Thum, Bürgerbegehren und Bürgerentscheid in Bayern, 13.00, Art. 18 a, Anm. 5; zweifelnd Wefelmeier in: Blum/Beckhof, NGO, § 22 b, Rn. 10.

474 Hofmann, VR 1997, 156, 160; Oebbecke, DÖV 1995, 701, 705; Rehn/Cronauge, GO NW, § 26, Anm. V 1; Wansleben in: Held/Becker/Decker, GO NW, § 26, Anm. 1.1.

475 Vgl. Boden, Zum Entwurf einer Gemeindeordnung für Sachsen, S. 49, Fn. 144, der von ca. 60 % ausgeht; Rehn/Cronauge, GO NW, § 26, Anm. V 1, der von ca. 75 % ausgeht.

Gemeinde vorgenommen wird, die Berechnung der Quoren sich jedoch auf die Zahl der Wahlberechtigten bezieht, wirkt sich demnach nachteilig auf eine mit Stichzahlen arbeitende Regelung aus. Denn erst bei einer Gemeinde ab ca. 172.000 Einwohnern würden die abgestuften Höchstzahlen in dieser als Beispiel gewählten Größenstufe (100.001-200.000 Einwohner) eine Erleichterung im Hinblick auf das Erreichen des Quorums bringen, indem sie unter der grundsätzlich geforderten Anzahl von Unterschriften liegen.

Eine prozentuale Staffelung der Quoren nach Gemeindegröße, wie sie Art. 18 a IV BayGO vorsieht, bietet demgegenüber gleichmäßigere Vereinfachungen für alle größeren Gemeinden, indem für jede Gemeinde eine konkrete Zahl von Unterschriften errechnet wird, die in jedem Fall unter dem Grundsatz von 10 % liegt. Art. 18 a IV BayGO stellt daher diesbzgl. eine den Bedürfnissen der Bürger besser angepaßte Lösung dar.

Den individuellen Gegebenheiten einer Gemeinde angepaßte Quoren ermöglicht auch § 25 I 2 SächsGemO, wonach der Gemeinderat in der Hauptsatzung ein geringeres Quorum als 15 % festsetzen kann, das Quorum aber mindestens 5 % betragen muß. Durch dieses Verfahren, bei dem die Bestimmung des Quorums sehr stark in die Hand des Gemeinderats gelegt ist[476], kann jedoch die Gleichmäßigkeit der Bedingungen für ein Bürgerbegehren reduziert werden, was bei einer nach Gemeindegröße gestaffelten landeseinheitlichen Regelung der Quoren nur in geringerem Umfang gegeben ist.

Selbst in den Ländern mit 10 - 15prozentigen Quoren ohne eine variable Gestaltung der Quoren zeigen jedoch die Erfahrungen aus der Praxis, daß allein die Höhe des Antragsquorums nicht übermäßig häufig zum Scheitern führt. Häufiger sind es die Einreichungsfristen, die dazu führen, daß die erforderliche Anzahl von Unterschriften nicht aufgebracht werden kann[477]. Daß die Quoren auf der anderen Seite jedoch nicht zu niedrig angesetzt sind, zeigt die Länge des Zeitraums, der für die Sammlung der Unterschriften benötigt wird[478] bzw. die Tatsache, daß es nicht gelingt, für jede bürgerentscheidsfähige Angelegenheit die erforderlichen Unterschriften aufzubringen. Ein 10prozentiges Quorum mit prozentual gestaffelter Höchstzahlenregelung, die aus den genannten Gründen zu empfehlen ist, erscheint daher ausreichend, um die Interessen der Bürger an einer möglichst

---

476 V. Rotberg/Rooks, VBlBW 1993, 401, 405.

477 S.u. 2. Teil, 12. Kapitel, II; zur Einreichungsfrist siehe 2. Teil, 2. Kapitel, I 2 h.

478 Mayer/Weber, Der Bürgerentscheid in Bayern, 5.2.

umfassenden Beteiligung zu sichern, aber auch gleichzeitig dem Schutz der repräsentativen Demokratie Rechnung zu tragen[479].

Ein 20prozentiges Quorum, wie es gemäß § 17 III 3 ThürKO vorgesehen ist, scheint zu bewirken, daß in diesem Bundesland nur selten Bürgerbegehren initiiert werden[480]. Die Zahl der erforderlichen Unterschriften ist so hoch, daß sie fast schon dem in Thüringen erforderlichen Erfolgsquorum i.H.v. 25 % entspricht[481]. Diese Regelung schafft daher keinen angemessenen Ausgleich zwischen den Interessen der Bürger und der Gemeindevertretung.

cc) Unsicherheitsfaktor durch den Stichtag für die Berechnung des Quorums

Unabhängig von einer Staffelung der Quoren, wird die konkrete Zahl der erforderlichen Unterschriften durch den Zeitpunkt für die Bestimmung der Größe des Quorums beeinflußt. In Hessen, Niedersachsen, Schleswig-Holstein und Thüringen ist gesetzlich festgelegt, daß für die Berechnung der Größe des Quorums die Zahl der Wahlberechtigten bei der letzten Gemeinderatswahl maßgeblich sein soll[482]. Gemäß Art. 18 a V 2 BayGO ist dagegen ein aktualisiertes Wählerverzeichnis vom Tag des Eingangs des Antrags entscheidend. Die übrigen Länder haben keine diesbzgl. Regelungen getroffen, so daß ausgehend von dem allgemeinen Grundsatz, daß die Voraussetzungen des Bürgerbegehrens zum Zeitpunkt der Zulässigkeitsentscheidung vorliegen müssen[483], auch die Größe des Quorums an der für diesen Zeitpunkt maßgebenden Zahl der Wahlberechtigten zu bestimmen ist[484]. Letzteres hat wie auch Art. 18 a V 2 BayGO zum einen zur Folge, daß das Wählerverzeichnis laufend aktualisiert werden muß; für die Initiatoren ist zum anderen nicht von vornherein erkennbar, wie viele Unterschriften genau erforderlich sind[485]. Im Interesse der Rechtssicherheit ist es daher zu empfehlen, auch in diesen Ländern das Wählerverzeichnis der letzten Gemeinderatswahl als Bezugspunkt zu bestimmen. Bei der Gemeinderatswahl als Bezugsgröße käme es zwar zu Abweichungen zwischen aktueller Zahl und zugrundegelegter Zahl der Wahl- bzw. Abstimmungsberechtigten. Aufgrund der

---

479 Vgl. auch Henneke, ZG 1996, 1, 18 f., der von der 10%-Marke als der empfohlenen Grenze spricht; so auch Borchert in: Galette/Laux, GO SchlHolst, § 16 g, zu Abs. 4, Anm. 1; Humpert, DÖV 1990, 999, 1005; Schefold, Entwicklungstendenzen, S. 124; Wefelmeier in: Blum/Beckhof, NGO, § 22 b, Rn. 9; die niedrigen Quoren des Art. 18 a V BayGO befürwortend Muckel, NVwZ 1997, 223, 228.

480 S.u. 2. Teil, 12. Kapitel, I 13.

481 Zum Verhältnis zwischen Antrags- und Erfolgsquorum s.u. 2. Teil, 8. Kapitel, II 2 d.

482 § 8 b III 3 HGO; § 22 b VI 3 NGO; § 8 II DVO GO SchlHolst; § 17 III 3 ThürKO.

483 Rehn/Cronauge, GO NW, § 26, Anm. V 3; Widtmann/Gasser, BayGO, Art. 18 a, Rn. 10.

484 Rehn/Cronauge, GO NW, § 26, Anm. V 1.

485 Rehn/Cronauge, GO NW, § 26, Anm. V 1.

beschriebenen Nachteile kann das jedoch aufgrund der Geringfügigkeit der Abweichungen hingenommen werden[486].

g) Die Unterschriftensammlung

Das Antragsverfahren eines Bürgerbegehrens und damit auch die Unterschriftensammlung ist in fast allen Bundesländern einstufig ausgestaltet; ein zusätzlicher Antrag auf Durchführung eines Bürgerbegehrens, ein sogenanntes Zulassungs- oder Unterstützungsverfahren, wie es etwa bei einem Volksbegehren auf Landesebene erforderlich ist[487], ist auf kommunaler Ebene nur gemäß § 87 KWG Saarl vorgesehen[488]. Mit einem solchen Verfahren soll durch frühzeitige rechtliche Überprüfung des Inhalts eines Begehrens verhindert werden, daß die aufwendige Unterschriftensammlung wegen Rechtswidrigkeit des Begehrens nutzlos wäre[489]. Da bei einem Bürgerbegehren auf kommunaler Ebene dieser Aufwand angesichts der geringeren Zahl der erforderlichen Unterschriften erheblich kleiner ist als bei einem Volksbegehren auf Landesebene, hat diese Vorprüfung auf kommunaler Ebene jedoch eine geringere Bedeutung. Die durch einen Bürgerentscheid getroffenen Verwaltungsentscheidungen auf Gemeindeebene haben außerdem häufig weniger weitreichende Auswirkungen als die durch einen Volksentscheid auf Landesebene getroffenen Entscheidungen, die meist dem legislativen Bereich zuzuordnen sind. Wegen der Komplexität der Entscheidungen auf Landesebene bietet ein Volksentscheid insofern eine größere Angriffsfläche, die die Wahrscheinlichkeit rechtswidriger Entscheidungen vergrößert. Hingegen besteht für ein gesondertes Zulassungsverfahren auf kommunaler Ebene neben der eigentlichen Zulässigkeitsprüfung kein konkretes Bedürfnis, so daß durch § 87 KWG Saarl die Anwendungsvoraussetzungen nur unnötig erschwert werden und in den übrigen Ländern auf ein derartiges Verfahren konsequenterweise verzichtet wird.

Eine Besonderheit im Hinblick auf die Einleitung eines Bürgerbegehrens findet sich außerdem in Niedersachsen, wo gemäß § 22 b V 1 NGO die Einleitung eines Begehrens der Gemeinde angezeigt werden muß. Diese Anzeige hat jedoch nur informativen Charakter und dient damit nicht der Überprüfung der Zulässigkeit des Bürgerbegehrens.

---

486 Borchert in: Galette/Laux, GO SchlHolst, § 16 g, zu Abs. 4, Anm. 2; v. Mutius/Rentsch, GO SchlHolst, § 16 g, Rn. 15.

487 Dazu Jürgens, Direkte Demokratie in den Bundesländern, S. 97 ff.; Przygode, Die deutsche Rechtsprechung zur unmittelbaren Demokratie, S. 73 ff.

488 Auch der Gesetzentw. der Landesreg. vom 26.4.1995, LT-Drs. (Bay) 13/1333 sah noch eine solche Regelung vor; vgl. Treffer/Kroll, Bürgerbegehren und Bürgerentscheid in Bayern, Anm. 21, S. 69 ff.

489 Begr. des Gesetzentw. der Landesreg. vom 26.4.1995, LT-Drs. (Bay) 13/1333, S. 8; Przygode, Die deutsche Rechtsprechung zur unmittelbaren Demokratie, S. 75 f.

aa) Das private Sammelverfahren

Darüber, auf welche Art und Weise die erforderliche Anzahl von Unterschriften erbracht wird, enthalten die gesetzlichen Vorschriften keine Regelungen. Einheitlich wird heute jedoch bzgl. des Bürgerbegehrens das sogenannte private Sammelverfahren praktiziert, d.h. es liegt allein in den Händen der Bürger, die erforderlichen Unterschriften aufzubringen.
Das Gegenstück zu diesem Verfahren ist in dem sogenannten amtlichen Eintragungsverfahren zu sehen, bei dem sich die Bürger in bei den Behörden ausliegende Listen einzutragen haben. Dieses Verfahren erscheint im Hinblick auf die Unterschriften zunächst wesentlich fälschungssicherer[490]. Es wird beispielsweise bei Volksbegehren des Landesverfassungsrechts angewendet[491], fand aber keinen Eingang in die Gemeindeordnungen[492]. Angesichts der geringeren Anzahl der geforderten Unterschriften und des Zusammenhalts einer örtlichen Gemeinschaft ist dort ein privates Sammelverfahren auch leichter zu bewältigen als auf staatlicher Ebene, so daß eine Einführung eines amtlichen Eintragungsverfahrens auf Gemeindeebene nicht erforderlich ist und damit gleichzeitig zusätzliche Verwaltungskosten vermieden werden.

Wegen dieser unterschiedlichen Ausgangsbedingungen auf Landes- und Gemeindeebene bleibt auch für eine analoge Anwendung der Vorschriften über das Volksbegehren auf Landesebene kein Raum. Denn angesichts der Tatsache, daß es auf Landesebene meistens um Gesetzesentscheidungen geht, während auf Gemeindeebene nur Verwaltungsentscheidungen getroffen werden, ist es bereits zweifelhaft, ob überhaupt eine vergleichbare Rechtslage besteht. Jedenfalls aber mangelt es an einer Regelungslücke, da der Gesetzgeber das private Sammelverfahren zwar nicht ausdrücklich vorschreibt, jedoch willentlich auch keine Regelungen für ein amtliches Eintragungsverfahren getroffen hat und damit zu erkennen gegeben hat, daß es entsprechend den übrigen Zulässigkeitsvoraussetzungen grundsätzlich den Bürgern überlassen bleiben soll, auf welche Weise die erforderlichen Unterschriften gesammelt werden[493]. Auf diese Weise sind die Bürger außerdem nicht an bestimmte Auslegungsfristen gebunden. Für das Sammeln

---

490 Begr. des Gesetzentw. der Landesreg. vom 26.4.1995, LT-Drs. (Bay) 13/1333, S. 8; Kühne in: Kühne/Meißner, Züge unmittelbarer Demokratie, S. 48 f.; vgl. auch Treffer/Kroll, Bürgerbegehren und Bürgerentscheid in Bayern, Anm. 29, S. 79 f.

491 Vgl. Jürgens, Direkte Demokratie in den Bundesländern, S. 112 ff.

492 Insbesondere in Bayern wurde bei den Beratungen zur Einführung von Bürgerbegehren und Bürgerentscheid die Aufnahme des amtlichen Eintragungsverfahren angeregt; vgl. Gesetzentw. der Landesreg. vom 26.4.1995, LT-Drs. 13/1333, S. 4, 6, 8; PlenProt. 13/16 vom 27.4.1995, S. 895; PlenProt. 13/23 vom 4.7.1995, S. 1543.

493 Vgl. Thum, Bürgerbegehren und Bürgerentscheid in Bayern, 13.00, Art. 18 a V, Anm. 1 b, mit dem Hinweis, daß ein amtliches Eintragungsverfahren nach wie vor möglich sei.

der Unterschriften besteht, sofern es sich nicht um ein Bürgerbegehren gegen einen Ratsbeschluß handelt[494], nach den meisten Gemeindeordnungen keine zeitliche Begrenzung. Gewisse Besonderheiten ergeben sich nur für Niedersachsen gemäß § 22 b V NGO, wonach ein Bürgerbegehren der Gemeinde angezeigt werden muß und ab diesem Zeitpunkt innerhalb der nächsten 6 Monate die erforderlichen Unterschriften gesammelt werden müssen. Angesichts dieser großzügig bemessenen Frist und des Umstands, daß ein Bürgerbegehren häufig aufgrund eines besonderen, nicht dauerhaft anhaltenden Unmuts in der Bevölkerung zustande kommt, stellt sich diese zeitliche Begrenzung jedoch selbst bei einem privaten Sammelverfahren nicht als zu große Eingrenzung der Rechte der Bürger dar.

bb) Die Anforderungen an die Gültigkeit der Unterschriften

In Mecklenburg-Vorpommern, Nordrhein-Westfalen, Rheinland-Pfalz, Sachsen-Anhalt und Schleswig-Holstein ist positivrechtlich geregelt, daß nur solche Unterschriften Gültigkeit besitzen und für das Erreichen des Antragsquorums relevant sind, die Name, Vorname, Anschrift und Geburtstag des Unterzeichners angeben[495], wobei die Gemeinde nicht verpflichtet sei, unvollständige Angaben zwecks Erreichens des Quorums zu ergänzen[496]. Da diese Angaben aber für jede Gemeinde zwingend erforderlich sind, um die Gültigkeit der Unterschriften zu überprüfen, wird auf sie auch in den übrigen Ländern ohne ausdrückliche Regelung nicht verzichtet werden können[497], es sei denn eine eindeutige Identifizierung ist bereits ohne sämtliche Angaben möglich[498], so daß hier Unterschriften ohne entsprechende Angaben ebenfalls ungültig sind und damit nicht zur Erfüllung des Quorums beitragen können. Eine gesetzliche Klarstellung wäre allerdings wünschenswert.

---

494 Zur Einreichungsfrist für ein Bürgerbegehren gegen einen Ratsbeschluß s.u. 2. Teil, 2. Kapitel, I 2 h.

495 § 14 V KV-DVO M-V; § 26 IV 4 i.V.m. § 25 IV GO NW; § 17 a III 5 GemO RhPf; § 56 I KWG LSA; § 8 IV DVO GO SchlHolst

496 Klang/Gundlach, GO LSA, § 25, Rn. 7.

497 Hölzl/Hien, BayGO, Art. 18 a, Anm. 5; Masson/Samper, BayGO, Art. 18 a, Rn. 14; Schneider, StGR 1994, 399, 400; Treffer/Kroll, Bürgerbegehren und Bürgerentscheid in Bayern, Anm. 33, S. 81; Wansleben in: Held/Becker/Decker, GO NW, Einf., Anm. 2.3.2.5; Wehr in: Knemeyer, Bürgerbegehren und Bürgerentscheid in Bayern, S. 54; Widtmann/Gasser, BayGO, Art. 18 a, Rn. 6; Vollzugshinweise des Bay IM, V 8.

498 Widtmann/Gasser, BayGO, Art. 18 a, Rn. 6; vgl. auch VG SchlHolst, Urteil vom 28.9.1995 - 6 A 381/95, abgedr. bei Thum, Bürgerbegehren und Bürgerentscheid in Bayern, 41.06.

Aus zeitlicher Sicht ist gemäß Art. 18 a V 1 BayGO und § 22 b VI 1 NGO für die Gültigkeit der Unterschriften die Wahlberechtigung am Tag des Einreichens des Bürgerbegehrens maßgeblich. Für die Feststellung der Wahlberechtigung muß demnach ein für den Tag des Eingangs des Begehrens aktualisiertes Wählerverzeichnis gelten[499]. In den übrigen Ländern ohne entsprechende Regelungen bleibt es dagegen bei dem allgemeinen Grundsatz, daß die Tatbestandsvoraussetzungen, in diesem Fall die Wahlberechtigung, erst im Zeitpunkt der Zulässigkeitsentscheidung vorliegen müssen[500]. Auch hier müßte demnach ein aktualisiertes Wählerverzeichnis vorliegen. Selbst wenn in einigen Ländern für die Berechnung des Quorums das Wählerverzeichnis der letzten Gemeinderatswahl maßgeblich sein soll[501], ist daher die Gültigkeit der Stimmen im Einzelfall an den aktuellen Daten zu prüfen.

cc) Nachreichen und Widerruf von Unterschriften

Anders als das Nachreichen eines Kostendeckungsvorschlags oder einer Begründung, deren Aussagen die Bürger bereits durch ihre Unterschrift genehmigen müssen[502], soll es nach überwiegender Auffassung in allen Ländern mit Ausnahme von Niedersachsen möglich sein, fehlende Unterschriften bis zur Entscheidung der Gemeinde über die Zulässigkeit des Begehrens nachzureichen[503]. Das entspricht dem allgemeinen Grundsatz des öffentlichen Rechts, daß die Tatbestandsvoraussetzungen erst zum Zeitpunkt der Zulässigkeitsentscheidung vorliegen müssen[504]. Lediglich in Niedersachsen ist ein nachträgliches Einreichen aufgrund ausdrücklicher gesetzlicher Regelung ausgeschlossen[505]. Gemäß § 22 b VI 1 NGO müssen die erforderlichen Unterschriften bereits bei Eingang des Begehrens vorliegen.

Ein Ausschluß ist ferner einheitlich für alle Länder in den Fällen anzunehmen, in denen sich das Begehren gegen einen Ratsbeschluß richtet und es innerhalb einer

499 So ausdrücklich Art. 18 a V 2 BayGO; § 56 I 3 KWG LSA.

500 Vgl. § 41 I 2 KomWG BW.

501 S.o. 2. Teil, 2. Kapitel, I 2 f cc.

502 OVG SchlHolst, Die Gemeinde 1992, 292, 294; Thiele, Das neue kommunale Verfassungsrecht in Nds., Rn. 134.

503 Kunze in: Kunze/Bronner/Katz, GemO BW, § 21, Rn. 22; Masson/Samper, BayGO, Art. 18 a, Rn. 15; Rehn/Cronauge, GO NW, § 26, Anm. V 3; Schneider, StGR 1994, 399, 400; Widtmann/Gasser, BayGO, Art. 18 a, Rn. 6; anders dagegen Klang/Gundlach, GO LSA, § 25, Rn. 7, der eine Verwertung nachgelieferter Unterschriften nur in einem erneuten Bürgerbegehren für zulässig hält, soweit die weiteren Zulässigkeitsvoraussetzungen erfüllt sind.

504 VG Dessau, LKV 1996, 74, 76; Rehn/Cronauge, GO NW, § 26, Anm. V 3; Thum, Bürgerbegehren und Bürgerentscheid in Bayern, 13.00, Art. 18 a IX, Anm. 8; Widtmann/Gasser, BayGO, Art. 18 a, Rn. 10.

505 Thiele, Das neue kommunale Verfassungsrecht in Nds., Rn. 134.

bestimmten Frist eingereicht werden muß[506]. Durch diese Ausschlußfrist ist der Zeitpunkt, an dem die Zulässigkeitsvoraussetzungen vorzuliegen haben, eindeutig bestimmt, so daß nachgereichte Unterschriften für das entsprechende Begehren wegen des Fristablaufs keine Berücksichtigung finden können[507].
Dadurch, daß es den Bürgern jedoch außerhalb dieser fristgebundenen Begehren ermöglicht wird, noch fehlende Unterschriften nachzureichen und die Gemeinde u.U. sogar verpflichtet sein kann, im Rahmen ihrer allgemeinen Hilfeleistungspflicht auf diesbzgl. Mängel hinzuweisen[508], wird das Risiko der Bürger erheblich gemindert, das erforderliche Quorum nicht zu erreichen.

Anders als beim Nachreichen von Unterschriften gestaltet sich die Rechtslage dagegen bzgl. der Rücknahme geleisteter Unterschriften. Aus Gründen der Rechtssicherheit und -klarheit ist eine solche in allen Ländern nur bis zum Einreichen des Begehrens möglich, da durch das Einreichen ein staatliches Zulassungsverfahren eingeleitet wird und folglich bestimmte Rechtsfolgen ausgelöst werden, mithin eine endgültige willentliche Äußerung vorliegt[509]. Solange die Unterschrift allerdings noch keine rechtliche Bedeutung erlangt, also vor Einreichen des Begehrens, ist sie jederzeit widerruflich[510].

Um diesbzgl. Streitigkeiten, vor allem im Hinblick auf das Nachreichen von Unterschriften von vornherein zu vermeiden, ist über die Festsetzung eines genauen Zeitpunkts, an dem die Zulässigkeitsvoraussetzungen erfüllt sein müssen, nachzudenken. Die niedersächsische Regelung bietet sich hier an. Durch die Festlegung, daß die Zulässigkeitsvoraussetzungen zum Zeitpunkt des Einreichens vorliegen müssen, ist gewährleistet, daß sämtliche Bestandteile eines Bürgerbegehrens als Einheit eingereicht werden. Obwohl ein Nachreichen von Unterschriften damit ausgeschlossen ist, werden die Rechte der Bürger nicht in unverhältnismäßiger Weise beschnitten, da die Bürger bzgl. des Einreichens des Begehrens an keine Fristen gebunden sind und bei den fristgebundenen Begehren ein Nachreichen ohnehin nicht möglich ist.

---

506 Zur Einreichungsfrist s.u. 2. Teil, 2. Kapitel, I 2 h.

507 Kunze in: Kunze/Bronner/Katz, GemO BW, § 21, Rn. 22; Rehn/Cronauge, GO NW, § 26, Anm. V 3; Schneider, StGR 1994, 399, 400.

508 OVG SchlHolst, Die Gemeinde 1992, 292, 294; Sundermann, DVP 1993, 140, 142; a.A. Masson/Samper, BayGO, Art. 18 a, Rn. 22.

509 Vgl. § 130 I, III BGB.

510 Klang/Gundlach, GO LSA, § 24, Rn. 7; Thum, Bürgerbegehren und Bürgerentscheid in Bayern, 13.00, Art. 18 a V, Anm. 1 e; Wefelmeier in: Blum/Beckhof, NGO, § 22 b, Rn. 38; siehe auch Sapper, VBlBW 1983, 89, 91, Fn. 13, 14; a.A. Widtmann/Gasser, BayGO, Art. 18 a, Rn. 6, wonach bis zur Entscheidung über die Zulässigkeit eine Rücknahme möglich sein soll.

h) Einreichungsfrist für ein Bürgerbegehren gegen einen Ratsbeschluß

Das Einreichen eines Bürgerbegehrens ist mit Ausnahme der niedersächsischen Gemeindeordnung grundsätzlich nicht an die Einhaltung bestimmter Fristen gebunden, es sei denn, das Begehren richtet sich gegen einen Ratsbeschluß[511]. Diesbzgl. sehen die einzelnen Gemeindeordnungen Fristen von vier Wochen bis zu drei Monaten vor, innerhalb derer ein Bürgerbegehren eingereicht sein muß[512]. Allein die bayerische Gemeindeordnung sieht von einer Fristbestimmung ab.
Sinn dieser Fristen ist es, den Vollzug gefaßter Ratsbeschlüsse nicht zu lange zu verzögern bzw. den bereits begonnenen Vollzug bei einem erfolgreichen Bürgerbegehren nicht wieder abbrechen zu müssen, so daß unnötige finanzielle Belastungen vermieden werden[513]. Demnach müßte eine solche Frist möglichst kurz sein. Allerdings ist bei der Bemessung der Frist zu berücksichtigen, daß durch eine zu kurze Frist die Durchführung eines Bürgerbegehrens unangemessen erschwert oder unmöglich wird[514].

Eine an die Widerspruchsfrist angelehnte Frist von vier Wochen wird beispielsweise von Teilen der Literatur aufgrund der praktischen Erfahrungen als zu kurz angesehen[515]. Die Einreichung eines vollständigen Bürgerbegehrens, insbeson-

---

511 Dabei sind auch solche Begehren gegen einen Ratsbeschluß gerichtet, die den entsprechenden Ratsbeschluß nicht ausdrücklich in der Fragestellung oder der Begründung erwähnen, inhaltlich jedoch auf den Ratsbeschluß gerichtet sind, vgl. VGH BW, NVwZ 1985, 288, 289; VGH BW, VBlBW 1990, 460, 461; OVG SchlHolst, Die Gemeinde 1992, 292, 294; OVG RhPf, Urteil vom 6.2.1996 - 7 A 12861/95.OVG, S. 20; Kunze in: Kunze/Bronner/Katz, GemO BW, § 21, Rn. 26; Stegmaier, BWVPr 1990, 173, 175.

512 **4 Wochen:** § 21 III 3, 2. HS GemO BW; § 16 g III 3 GO SchlHolst; **1 Monat:** § 17 I 3 ThürKO; **6 Wochen:** § 20 I 3 GO Bbg; § 8 b III 1, 2. HS HGO; § 20 V 2 KV M-V, wobei sich die sechswöchige Frist verlängert, wenn der Ratsbeschluß zu diesem Zeitpunkt noch nicht vollzogen worden ist; § 26 III GO NW; § 25 II 5 GO LSA; **2 Monate:** § 17 a III 1, 2. HS GemO RhPf; § 21 a II 1 KSVG Saarl; § 25 II 3 SächsGemO; **3 Monate:** § 22 b V 3 NGO.

513 VGH BW, Die Justiz 1985, 64, 65; VGH BW, NVwZ 1985, 288, 289; VGH BW, VBlBW 1990, 460, 461, 463; OVG M-V, StGT M-V 1996, 650, 654; Begr. des Gesetzentw. der Landesreg. vom 6.10.1993, LT-Drs. (M-V) 1/3645, S. 102; Boden, Zum Entwurf einer Gemeindeordnung für Sachsen, S. 49; Borchert in: Galette/Laux, GO SchlHolst, § 16 g, zu Abs. 3, Anm. 2; Burkhardt, Bürgerentscheid, S. 157; v. Mutius/Rentsch, GO SchlHolst, § 16 g, Rn. 12; Rehn/Cronauge, GO NW, § 26, Anm. IV.

514 Die Erfahrungen zeigen, daß es in Baden-Württemberg bei einer vierwöchigen Ausschlußfrist zu zahlreichen Fristüberschreitungen gekommen ist; vgl. Beilharz, Politische Partizipation, S. 78; Burkhardt, Bürgerentscheid, S. 164; Kreutz-Gers, StGR 1989, 311, 314; Stegmaier, BWVPr 1990, 173, 176.

515 Boden, LKV 1991, 156, 159; Burkhardt, Bürgerentscheid, S. 164, Kreutz-Gers, StGR 1989, 311, 314; Muckel, NVwZ 1997, 223, 224; Schefold, Entwicklungstendenzen, S. 123.

dere die Sammlung der Unterschriften und die Erarbeitung eines Kostendeckungsvorschlags erfordere häufig erheblich mehr Zeit als ein Widerspruch oder eine Klage einer Einzelperson[516].

Dieser Argumentation ist grundsätzlich zuzustimmen. Die Fristbestimmung hindert die Gemeindevertretung zunächst nicht daran, einen gefaßten Beschluß zu vollziehen[517], so daß es auch bei einer längeren Ausschlußfrist nicht zu einer Lahmlegung der Verwaltung kommt. Die Gefahr, ein im Vollzug befindliches Projekt rückgängig machen zu müssen, wird allerdings um so größer, je länger die Bürger die Möglichkeit haben, einen Bürgerentscheid zu initiieren. Daher könnte eine zu lange oder auch eine fehlende Ausschlußfrist nicht nur eine erhebliche finanzielle Belastung für die Gemeinde darstellen, sondern auch einer vom Selbstverwaltungsprinzip verlangten kontinuierlichen Ratsarbeit entgegenstehen.
Hier ist jedoch vor allem zu beachten, daß die Gemeinde auch ohne Fristbestimmung nicht dazu angehalten ist, jeden Vollzug bei einem entsprechenden Bürgerentscheid rückgängig zu machen. Gegen eine solche Praxis würde der Grundsatz der Wirtschaftlichkeit und Sparsamkeit sprechen, der entsprechende Begehren u.U. von vornherein unzulässig macht, jedenfalls aber zur Unmöglichkeit der Rückgängigmachung des Vollzugs führt. Auf der anderen Seite hat die Gemeinde bei ihren Entscheidungen jedoch den Bürgerwillen zu beachten. Aufgrund dessen kann es auch im Hinblick auf eine kontinuierliche Ratsarbeit hingenommen werden, wenn es jederzeit dazu kommen kann, daß bereits vollzogene Ratsbeschlüsse aufgrund eines Bürgerentscheids wieder rückgängig zu machen sind, vorausgesetzt, eine Rückgängigmachung ist rechtlich und tatsächlich möglich. Schließlich kann auch der Rat selbst einen bereits vollzogenen Beschluß wieder aufheben. Die Möglichkeit, daß Ratsbeschlüsse jederzeit wieder aufgehoben werden können, spornt darüber hinaus u.U. die Gemeindevertretung an, von vornherein solche Beschlüsse zu treffen, die auch einem Bürgerentscheid standhalten, d.h. dem Bürgerwillen entsprechen[518]. Sie kann allerdings auch das Gegenteil bewirken, nämlich, daß der Rat von umstrittenen Entscheidungen absieht und es deshalb zu einem Stillstand der Verwaltungsarbeit kommen könnte.
Um sowohl den Interessen der Gemeindevertretung gerecht zu werden als auch den erheblichen organisatorischen Aufwand eines Bürgerbegehrens nicht unberücksichtigt zu lassen, scheint daher trotz allem eine Ausschlußfrist von zwei bis drei Monaten angemessen, wenn sie auch rechtlich nicht zwingend ist und ein

---

516 So auch Mayer, Flensburger Hefte 25, 162, 164.

517 Borchert in: Galette/Laux, GO SchlHolst, § 16 g, zu Abs. 3, Anm. 2; Muckel, NVwZ 1997, 223, 224; v. Mutius/Rentsch, GO SchlHolst, § 16 g, Rn. 12; Rehn/Cronauge, GO NW, § 26, Anm. IV; zur aufschiebenden Wirkung eines Bürgerbegehrens s.u. 2. Teil, 4. Kapitel.

518 Zur Präventivwirkung eines Bürgerentscheids s.o. 1. Teil, 4. Kapitel, II.

Fehlen jeglicher Fristen in Bayern bis jetzt anscheinend noch zu keinen größeren Schwierigkeiten geführt hat.

aa) Fristbeginn

Der Zeitpunkt des Fristbeginns wird nach den Vorschriften der einzelnen Gemeindeordnungen unterschiedlich festgelegt. Der Lauf der Frist beginnt in Rheinland-Pfalz und im Saarland mit der Beschlußfassung der Gemeindevertretung, in Brandenburg mit der öffentlichen Bekanntmachung und in Sachsen mit der öffentlichen Bekanntgabe[519]. In diesen Ländern ist der Zeitpunkt des Fristbeginns somit eindeutig bestimmt. Nach den Gemeindeordnungen der übrigen Länder[520] ist als Fristbeginn die Bekanntgabe oder Bekanntmachung des Ratsbeschlusses festgesetzt. Da vorbehaltlich anderslautender Regelungen grundsätzlich keine öffentliche oder ortsübliche Bekanntgabe-/Bekanntmachungspflicht von Ratsbeschlüssen außerhalb von Sitzungen besteht[521] - nur Satzungsbeschlüsse sind als Ortsrecht öffentlich bekannt zu machen -, ist in diesen Ländern unklar, was unter einer Bekanntgabe/Bekanntmachung eines Ratsbeschlusses zu verstehen ist und in welcher Form sie erfolgen muß.

Die unterschiedlichen Bezeichnungen "Bekanntmachung" und "Bekanntgabe" spielen bei der Festsetzung des Zeitpunkts jedenfalls keine Rolle. Zwar wird der Begriff der Bekanntgabe für Entscheidungen verwendet, die nur einzelne Personen oder einen begrenzten Personenkreis betreffen, beispielsweise bei einem Verwaltungsakt, und der Begriff der Bekanntmachung für Entscheidungen, die einen unbestimmten Personenkreis betreffen, etwa bei Satzungen. Im Falle eines Ratsbeschlusses, der für einen Bürgerentscheid bekanntgegeben/bekanntgemacht werden soll, ist jedoch immer eine Vielzahl von Personen angesprochen, so daß die Begriffe hier synonym verwendet werden können. Die Art der Verlautbarung muß insofern in beiden Fällen so erfolgen, daß der Beschluß von allen betroffenen Personen, also den Bürgern der Gemeinde, wahrgenommen werden kann.

Gemäß § 14 VIII 1 KV-DVO M-V und § 8 IX DVO GO SchlHolst wird der für ein Bürgerbegehren relevante Zeitpunkt der Bekanntmachung eines Ratsbeschlusses näher bestimmt: Bei öffentlichen Ratssitzungen gilt die Feststellung des Abstimmungsergebnisses als Bekanntgabe, für in nichtöffentlicher Sitzung ge-

---

519 § 17 a III 1, 2. HS GemO RhPf; § 21 a II 1 KSVG Saarl; § 20 I 3 GO Bbg; § 25 II 3 SächsGemO.

520 § 21 III 3, 2. HS GemO BW; § 8 b III 1, 2. HS HGO; § 20 V 2 KV M-V; § 22 b V 3 NGO; § 26 III GO NW; § 25 II 5 GO LSA; § 16 g III 3 GO SchlHolst; § 17 I 3 ThürKO.

521 Gern, Kommunalrecht, Rn. 498; vgl. §§ 20 I 3, 49 V GO Bbg, § 40 II ThürKO, wonach eine Bekanntmachung sämtlicher Ratsbeschlüsse in ortüblicher Weise gefordert ist.

faßte Beschlüsse entsprechend die Bekanntgabe in der nächsten öffentlichen Sitzung[522].

In den verbleibenden Ländern ohne nähere Bestimmungen werden die Vorschriften teilweise auch ohne eine ausdrückliche Regelung in diesem Sinn verstanden[523]. Eine andere Ansicht verlangt hier für die Bekanntgabe eines in öffentlicher Sitzung gefaßten Ratsbeschlusses eine über die Feststellung des Abstimmungsergebnisses hinausgehende Berichterstattung, läßt dafür aber bereits einen Bericht im redaktionellen Teil der örtlichen Tagespresse ausreichen; für einen in nicht öffentlicher Sitzung gefaßten Beschluß soll dagegen die Bekanntgabe in der nächsten öffentlichen Sitzung ausreichen, ohne daß in weiterer Form über den Beschluß berichtet werden muß[524]. Weiterhin wird vertreten, daß unabhängig von der Art der Beschlußfassung eine besondere Bekanntmachung erforderlich ist, teilweise wird ein Bericht in der örtlichen Tagespresse als genügend angesehen[525], teilweise wird eine amtliche Bekanntmachung gefordert[526].

In allen Fällen reicht es für den Fristbeginn allerdings aus, daß die grundsätzliche Möglichkeit der Kenntnisnahme besteht, die tatsächliche Kenntnisnahme der Bekanntmachung ist hierfür nicht entscheidend[527].

Der Ansicht, die die "Feststellung" des Abstimmungsergebnisses mit der "Bekanntgabe" eines Ratsbeschlusses gleichsetzt, kann die Bedeutung dieser beiden Begriffe entgegengehalten werden. Die Feststellung des Ergebnisses ist vorwiegend an die Gemeindevertretung selbst gerichtet[528], während eine Bekanntgabe der Verlautbarung gegenüber Dritten dient[529]. Im übrigen kann der Zweck der Bekanntmachung, eine Entscheidung den betroffenen Personen zu vermitteln, nicht ohne weiteres durch eine bloße Feststellung des Abstimmungsergebnisses erfüllt werden, da schon allein aus technischen Gründen nur eine begrenzte An-

---

522 Die Bekanntgabe eines in nichtöffentlicher Sitzung gefaßten Beschlusses in der nächsten öffentlichen Sitzung stellt sich insoweit als allgemeine Praxis dar, vgl. § 35 I 4 GemO BW; § 52 II HGO; § 31 III KV M-V; § 37 I 3 SächsGemO; § 50 II 3 GO LSA; § 35 III GO SchlHolst.

523 Burkhardt, Bürgerentscheid, S. 163 für die baden-württembergische Rechtslage.

524 Kunze in: Kunze/Bronner/Katz, GemO BW, § 21, Rn. 26, § 20 b, Rn. 8.

525 VGH BW, NVwZ 1985, 288, 289 f.; VGH BW, Die Justiz 1985, 64, 66; VG Karlsruhe, VBlBW 1985, 263, 266, Glaser in: Schweriner Kommentierung, § 20, Rn. 5.

526 Thiele, NSt-N 1996, 288; Wefelmeier in: Blum/Beckhof, NGO, § 22 b, Rn. 43; Ziegler, VBlBW 1989, 201, 206 f.

527 VGH BW, NVwZ 1985, 288, 289; Schlüter, VBlBW 1987, 54, 56; Stegmaier, BWVPr 1990, 173, 176.

528 Burkhardt, Bürgerentscheid, S. 178, 182; vgl. auch Ziegler, VBlBW 1989, 201, 206.

529 Vgl. für die Bekanntmachung von Satzungen BVerfGE 65, 283, 291; BVerwG, NVwZ 1987, 317; NVwZ-RR 1993, 262; BayVerfGH, BayVBl 1990, 78, 80; Gern, Kommunalrecht, Rn. 282; Waechter, Kommunalrecht, Rn. 496.

zahl von Zuhörern zu den öffentlichen Ratssitzungen zugelassen werden kann und die übrigen Bürger auf andere Informationsquellen angewiesen sind.

Damit gewährleistet ist, daß jeder Bürger zumindest die Möglichkeit hat, von dem wesentlichen Inhalt der Beschlußfassung Kenntnis zu nehmen, wäre lediglich eine amtliche Bekanntmachung geeignet. Eine amtliche Bekanntmachung kann eine öffentliche Bekanntmachung darstellen, etwa eine Veröffentlichung im Amtsblatt, eine Veröffentlichung in dem in der Zeitung dafür vorgesehenen Teil oder ein Anschlag an der örtlichen Verkündungstafel bei kleineren Gemeinden[530]. Sie kann aber auch in orstüblicher Weise erfolgen, wobei in Abgrenzung zur öffentlichen Bekanntmachung weniger strenge, durch ständige Übung bestimmte Formerfordernisse gelten[531]. Je nach Praxis der jeweiligen Gemeinde kommen auch öffentliche Bekanntmachungen als ortsübliche in Betracht.
Alle diese o.g. Formen der amtlichen Bekanntmachung sind neben der Kenntnisnahmemöglichkeit so beschaffen, daß der Beginn der Frist nach ihnen eindeutig berechnet werden kann. Das ist bei einer bloßen Unterrichtung der Einwohner - etwa in Form von Informationschriften oder einer Berichterstattung im redaktionellen Teil des örtlichen Tageblatts - nicht der Fall[532], da nicht für jeden unzweifelhaft feststeht, wann die entscheidende Frist zu laufen beginnt. Bei einer Erwähnung im redaktionellen Teil einer Tageszeitung ist es beispielsweise zweifelhaft, ob bereits ein bloßer Hinweis auf den Beschluß oder erst ein ausführlicher Bericht die Frist in Gang zu setzen vermag. Aus Gründen der Rechtssicherheit sind die zuletzt genannten Informationsquellen daher ungeeignet, den Fristbeginn für ein Bürgerbegehren zu bestimmen[533]. Die hieran gestellten Anforderungen können somit nur durch die erwähnten Formen einer amtlichen Bekanntmachung erfüllt werden.

Solange der Beschluß nicht in dieser Weise bekanntgegeben worden ist, beginnt somit die Frist nicht zu laufen. Dem Rat ist daher eine derartige Bekanntmachung zumindest in bürgerentscheidsfähigen Angelegenheiten zu empfehlen, da anderenfalls die für das Bürgerbegehren relevante Frist nicht zu laufen beginnt und der Ratsbeschluß jederzeit durch einen Bürgerentscheid wieder aufgehoben werden

---

530 Gern, Kommunalrecht, Rn. 284; Thiele, NSt-N 1996, 288; Ziegler, VBlBW 1989, 201, 203, 207.

531 Busch in: Knack, VwVfG, § 63, Rn. 5.1; Kopp, VwVfG, § 41, Rn. 48; Ziegler, VBlBW 1989, 201, 210.

532 Wefelmeier in: Blum/Beckhof, NGO, § 22 b, Rn. 43; Ziegler, VBlBW 1989, 201, 207.

533 Thiele, Das neue kommunale Verfassungsrecht in Nds., Rn. 130; Wefelmeier in: Blum/Beckhof, NGO, § 22 b, Rn. 43; Ziegler, VBlBW 1989, 201, 206.

könnte[534]. Eine Pflicht hierzu besteht jedoch aufgrund der Bürgerbegehren und Bürgerentscheid regelnden Vorschriften nicht.

Um Unklarheiten bzgl. des Fristbeginns zu vermeiden, wäre es empfehlenswert, wie in Rheinland-Pfalz und im Saarland den Zeitpunkt der Beschlußfassung in der Gemeindevertretung als Fristbeginn festzusetzen. Da der Zeitpunkt der Beschlußfassung sowohl bei einer öffentlichen als auch bei einer nichtöffentlichen Sitzung des Rates öffentlich bekannt gemacht werden muß und somit jeder Bürger die Möglichkeit hat, von diesem Zeitpunkt Kenntnis zu erlangen, bestehen keine Bedenken, die Beschlußfassung als relevanten Zeitpunkt zu wählen. Eine öffentliche Bekanntgabe, wie sie in Brandenburg und Sachsen vorgesehen ist, bestimmt zwar ebenfalls eindeutig den Fristbeginn, jedoch ist der Gemeinderat gezwungen, die Beschlüsse amtlich bekanntzugeben, um überhaupt eine Ausschlußfrist in Gang zu setzen, so daß diese Regelung weniger geeignet erscheint.

bb) Probleme bei mehreren Ratsbeschlüssen zu einer Angelegenheit

Grundsätzlich kann gegen jeden Ratsbeschluß, der eine bürgerentscheidsfähige Angelegenheit betrifft, ein Bürgerbegehren eingeleitet werden. Dementsprechend setzt auch jeder dieser Beschlüsse eine Ausschlußfrist in Gang, sofern er nach der in den jeweiligen Gemeindeordnungen vorgesehenen Weise bekanntgegeben worden ist. Schwierigkeiten ergeben sich lediglich, wenn zu einem Projekt mehrere Beschlüsse ergehen - etwa bei Planungsverfahren zu kommunalen Großvorhaben. Hier folgen dem die gesamte Planung auslösenden Grundsatzbeschluß i.d.R. eine Reihe weiterer Beschlüsse, bevor es zum abschließenden Projektbeschluß kommt, der die konkrete Realisierung des Projekts in die Wege leitet.

Die Rechtsprechung des VGH BW läßt in diesen Fällen eines in mehrere Stufen aufgeteilten Planungsverfahrens Bürgerbegehren und Bürgerentscheid bei allen weichenstellenden Grundsatzbeschlüssen, die eine Planungsstufe einleiten oder abschließen zu, nicht aber bei Beschlüssen von untergeordneter Bedeutung oder bloßen Vollzugsentscheidungen, da anderenfalls keine wichtigen Gemeindeangelegenheiten i.S.v. § 21 I 2 GemO BW vorlägen[535]. Diese Rechtsprechung kann auf die rheinland-pfälzische Rechtslage übertragen werden, nach der die wichtigen Gemeindeangelegenheiten ebenfalls in einem Positivkatalog festgelegt sind. Für die übrigen Länder ist dagegen jeder Ratsbeschluß einem Bürgerentscheid zugänglich, der nicht durch den Negativkatalog vom Anwendungsbereich eines Bürgerentscheids ausgeschlossen ist, so daß beispielsweise auch Vollzugsbe-

---

534 Thiele, Das neue kommunale Verfassungsrecht in Nds., Rn. 130; Wefelmeier in: Blum/ Beckhof, NGO, § 22 b, Rn. 43; Ziegler, VBlBW 1989, 201, 207.

535 VGH BW, VBlBW 1990, 460, 461 ff.; VGH BW, NVwZ 1994, 110.

schlüsse und Beschlüsse zu Detailfragen mit einem Bürgerentscheid angreifbar sind[536].

Dadurch, daß mehrere Beschlüsse eines Planungsverfahrens einem Bürgerentscheid zugänglich sind, könnte allerdings eine Gesamtplanung noch auf einer fortgeschritteneren Planungsstufe zu Fall gebracht werden und damit auch gleichzeitig ein früherer bereits bestandsgeschützter Ratsbeschluß, was durch die Ausschlußfrist gerade verhindert werden soll[537].
Trotz entgegenstehender wirtschaftlicher Gesichtspunkte ist diese Gefahr jedoch in Kauf zu nehmen: Zum einen könnte der Rat selbst in einem fortgeschrittenen Planungsstadium die Gesamtplanung noch zu Fall bringen, so daß für die Bürger, die anstelle des Rates entscheiden, nichts anderes gelten kann. Zum anderen wird die Willensbildung der Planungsträger häufig erst während des Verfahrens in bestimmte Bahnen gelenkt, bzw. etliche Aspekte werden erst im Laufe eines Verfahrens erkennbar, so daß sich der Widerstand der Bürger aufgrund neu auftretender Entscheidungsgesichtspunkte u.U. noch gar nicht am Beginn einer Planung formieren konnte; eine umfassende Beurteilung des Sachverhalts und damit eine verantwortungsbewußte Entscheidung ist vielmehr erst zum Zeitpunkt eines abschließenden Projektbeschlusses möglich[538].

Ähnlich verhält es sich mit sogenannten wiederholenden Grundsatzbeschlüssen der Gemeindevertretung. Zu diesen kann es u.a. dann kommen, wenn eine Ratsminderheit eine bestimmte Angelegenheit wiederholt zur Beschlußfassung auf die Tagesordnung setzt, um sie so erneut einem Bürgerbegehren zugänglich zu machen, nachdem die Frist gegen den ersten Beschluß versäumt wurde[539]. Eine derartige grundsätzlich unzulässige Umgehungsabsicht führt jedoch nicht automatisch zur Unzulässigkeit des Bürgerbegehrens, da sie i.d.R. nicht eindeutig nachzuweisen ist und deshalb kaum als Abgrenzungskriterium für oder gegen die Zulässigkeit eines Bürgerbegehrens gegen einen wiederholenden Grundsatzbeschluß in Frage kommt.

---

536 Muckel, NVwZ 1997, 223, 224; Rehn/Cronauge, GO NW, § 26, Anm. IV; Wefelmeier in: Blum/Beckhof, NGO, § 22 b, Rn. 46.

537 V. Danwitz, DVBl 1996, 134, 139.

538 VGH BW, Die Justiz 1985, 64, 65; VGH BW, NVwZ 1985, 288; VGH BW, VBl BW 1990, 460, 463; Burkhardt, Bürgerentscheid, S. 161; Hager, VerwArch 84 (1993), 97, 109; Sapper, VBlBW 1983, 89, 93; Stegmaier, BWVPr 1990, 173, 176.

539 Rehn/Cronauge, GO NW, § 26, Anm. IV; vgl. auch Hofmann, VR 1997, 156, 157 f. zum insoweit ähnlichen Problem eines "vorgeschalteten Einwohnerantrags", bei dem die Bürger durch einen Einwohnerantrag einen Ratsbeschluß in einer bereits beschlossenen Angelegenheit erzwingen, um gegen diese anschließend ein Bürgerbegehren einzuleiten.

Die Rechtsprechung und Teile der Literatur lassen daher bei wiederholenden Grundsatzbeschlüssen ein Bürgerbegehren zu, wenn ein Beschluß nach erneuter Sachdiskussion ergangen sei[540]. Weitere Teile der Literatur erklären demgegenüber ein Bürgerbegehren gegen derartige Beschlüsse für unzulässig, da diese Beschlüsse keine eigenständigen Regelungen enthielten, die über den vorangegangenen Beschluß hinausgingen[541].
Bei der Beurteilung, ob ein Bürgerbegehren gegen einen wiederholenden Grundsatzbeschluß zulässig ist, ist zunächst zu berücksichtigen, daß die Gefahr, einen solchen Beschluß zur Umgehung der Ausschlußfrist zu nutzen, gering ist. Denn häufig machen bereits die Geschäftsordnungen der Gemeindevertretungen einen erneuten Beschluß über eine Angelegenheit von neu aufgetretenen entscheidungserheblichen Tatsachen abhängig[542], so daß allein auf diese Weise eine Umgehung der Ausschlußfrist erheblich erschwert ist. Darüber hinaus liegt es allein in der Hand des Rates, eine Sache nicht nur zu beraten, sondern erneut zu beschließen und damit die Möglichkeit eines Bürgerentscheids zu eröffnen, denn er ist insoweit zu einem erneuten Beschluß erst verpflichtet, wenn die Mehrheit der Mitglieder einen solchen verlangen[543]. Die Mehrheitsmeinung des Rates kann demzufolge selbst verhindern, daß ihre Ansicht auf dem Umweg eines Bürgerentscheids zu Fall gebracht wird. Die Möglichkeit eines Bürgerbegehrens, das der Rat selbst durch einen Verzicht auf einen erneuten Beschluß hätte verhindern können, widerspricht somit nicht dem Zweck einer Ausschlußfrist und dem Grundsatz der repräsentativen Demokratie. Sollte es also zu einem erneuten Ratsbeschluß kommen, ist unter den genannten Bedingungen kein Grund ersichtlich, gegen diesen Beschluß nicht auch erneut ein Bürgerbegehren zuzulassen.

Teilweise wird die Durchführung eines Bürgerbegehrens von der ungeschriebenen Voraussetzung einer Änderung der Sachlage abhängig gemacht[544]. Die Ausschlußgründe für ein Bürgerbegehren sind jedoch abschließend in einem Negativkatalog geregelt[545], so daß eine weitere Einschränkung des Anwendungsbereichs, die die Rechte der Bürger auf Teilnahme an der staatlichen Willensbildung durch Bürgerbegehren und Bügerentscheid beeinträchtigt, einer gesetzlichen Grundlage bedürfte. Anderenfalls läge eine unzulässige Rechtsverletzung vor. Ein

540 VGH BW, NVwZ-RR 1994, 110, 111; VGH Kassel, Beschluß vom 16.7.1996 - 6 TG 2264/96, S. 5 f. ; Wefelmeier in: Blum/Beckhof, NGO, § 22 b, Rn. 47; Wiegand in: Wiegand/Grimberg, GO LSA, § 25, Rn. 4.

541 Rehn/Cronauge, GO NW, § 26, Anm. IV.

542 Vgl. § 31 VII Mustergeschäftsordnung für Gemeinderäte, Allg. Ministerialblatt der Bayerischen Staatsregierung 1990, S. 291 ff.

543 VGH BW, NVwZ-RR 1994, 110, 111.

544 V. Danwitz, DVBl 1996, 134, 139.

545 S.o. 2. Teil, 1. Kapitel, IV.

Bürgerbegehren gegen einen wiederholenden Grundsatzbeschluß, der nach erneuter Sachdiskussion, allerdings nicht notwendig aufgrund einer Änderung der entscheidungserheblichen Tatsachen, ergangen ist, ist daher trotz zunächst abgelaufener Einreichungsfrist regelmäßig als zulässig anzusehen.

i) Initiativsperre

Aufgrund des Regel-Ausnahme-Verhältnisses zwischen mittelbarer und unmittelbarer Demokratie, zur Vermeidung unverhältnismäßiger Kosten, aber auch zur Verhinderung unnötiger Unruhe in der Bürgerschaft durch zu häufige Abstimmungen[546] ist die Durchführung eines Bürgerbegehrens in der Mehrzahl der Länder innerhalb eines bestimmten Zeitraums untersagt, wenn in derselben Angelegenheit bereits ein Bürgerentscheid stattgefunden hat. Diese Zeitspanne wird als Initiativsperre bezeichnet und beträgt in einigen Ländern zwei, in anderen drei Jahre[547].

Die Initiativsperre wird in Baden-Württemberg, Sachsen, Sachsen-Anhalt und Schleswig-Holstein aktiviert, wenn ein Bürgerentscheid aufgrund eines Bürgerbegehrens durchgeführt wurde, unabhängig vom Abstimmungsergebnis, nicht dagegen, wenn der Bürgerentscheid auf Initiative des Rates durchgeführt wurde oder bereits das Bürgerbegehren für unzulässig erklärt wurde[548].

In Hessen, Mecklenburg-Vorpommern, Niedersachsen, Nordrhein-Westfalen, Rheinland-Pfalz und im Saarland wird die Initiativsperre durch jeden Bürgerentscheid ausgelöst, unabhängig davon, ob er auf Initiative der Bürger oder des Rates zustande gekommen ist, wobei in Hessen und Rheinland-Pfalz die Möglichkeit eines Ratsbegehrens generell nicht vorgesehen ist. Diese Unterscheidung ist aber auch nicht erforderlich. Dem Zweck der Initiativsperre entsprechend ist allein entscheidend, daß die Bürger überhaupt die Möglichkeit der Entscheidungfindung hatten.

Eine von diesen Regelungen abweichende Vorschrift stellt § 17 I 2 ThürKO dar. Hiernach schließt lediglich die mehrheitliche Ablehnung eines Antrags in einem

---

546 VGH BW, VBlBW 1992, 421, 422; Begr. des Gesetzentw. der Landesreg. vom 28.11.1989, LT-Drs. (SchlHolst) 12/592, S. 49; v. Danwitz, DVBl 1996, 134, 138 f.; Glaser in: Schweriner Kommentierung, § 20, Rn. 9; Rehn/Cronauge, GO NW, § 26, Anm. VI 10; Wefelmeier in: Blum/Beckhof, NGO, § 22 b, Rn. 16.

547 **2 Jahre:** § 20 V 1 KV M-V; § 22 b III 1 NGO; § 26 V Nr. 10 GO NW; § 21 a IV Nr. 10 KSVG Saarl; § 16 g III 2 GO SchlHolst; § 17 I 2 ThürKO; **3 Jahre:** § 21 III 2 GemO BW; § 8 b IV 1 HGO; § 17 a IV 1 GemO RhPf; § 25 I 3 SächsGemO; § 25 I 2 GO LSA.

548 OVG SchlHolst, Urteil vom 21.6.1995 - 2 L 121/94, abgedr. bei v. Mutius, Rechtsprechung zum kommunalen Verfassungsrecht, Entscheidung Nr. 4 zu § 26 VIII GO NW; Burkhardt, Bürgerentscheid, S. 133; Hager, VerwArch 84 (1993), 97, 115; Kunze in: Kunze/Bronner/Katz, GemO BW, § 21, Rn. 27; Sapper, VBlBW 1983, 89, 95, auch Fn. 38; Seeger in: Kühne/Meißner, Züge unmittelbarer Demokratie, S. 110.

Bürgerentscheid innerhalb der nächsten zwei Jahre die Durchführung eines weiteren Bürgerbegehrens aus. Somit sind die Möglichkeiten der Bürger in Thüringen weniger stark durch die Initiativsperre eingeschränkt als in den bereits genannten Ländern.
Noch offener sind in diesem Punkt die bayerische und die brandenburgische Gemeindeordnung, wonach eine derartige Sperre nicht vorgesehen ist, so daß die Bürger unabhängig von einem vorangegangenen Bürgerentscheid ergänzende oder gegenläufige Bürgerbegehren durchführen können[549].

Ein Fehlen der Initiativsperre wird jedoch wahrscheinlich keine große praktische Relevanz haben, denn in den seltensten Fällen werden sich die in einem Bürgerentscheid unterlegenen Bürger in naher Zukunft für die Durchsetzung ihrer Ansicht mit einem erneuten Bürgerentscheid einsetzen, sollte keine bedeutende Änderung in der Sachlage eintreten, die geeignet ist, die Stimmung in der Bevölkerung "umzuwerfen". In derartigen "Umbruchsituationen" ist es allerdings durchaus sinnvoll, eine korrigierende Entscheidung der Bürger zuzulassen. Auch in den übrigen Ländern, die eine Initiativsperre für ein Bürgerbegehren vorsehen, wird daher eine solche Entscheidung und damit eine Durchbrechung der Initiativsperre unter bestimmten Voraussetzungen als zulässig angesehen[550]. Die Initiativsperre soll dann nicht mehr gelten, wenn sich eine Angelegenheit durch Änderung der Sachlage so wesentlich verändert habe, daß von einem selbständigen Entscheidungsgegenstand gesprochen werden könne[551]. Dabei legt die Rechtsprechung jedoch strenge Maßstäbe an: Bloße Kostensteigerungen, Änderungen in Gestaltung und Raumaufteilung o.ä. sind nicht ausreichend[552].

Darüber hinaus wird vereinzelt angenommen, daß der Gedanke der Initiativsperre in der Weise auf einen Ratsbeschluß wirke, daß gegen diesen nach Ablauf der einer Initiativsperre zugrundeliegenden Zeitspanne ein Bürgerbegehren wieder möglich sei, obwohl die Ausschlußfrist für ein Bürgerbegehren gegen einen Ratsbeschluß seinerzeit versäumt worden sei; anderenfalls wären etliche Gegenstände über die abschließende Aufzählung des Negativkatalogs hinaus einem Bürgerentscheid entzogen[553]. Dagegen spricht jedoch bereits der Wortlaut der gesetzlichen Regelungen der Initiativsperre, die sich nur auf Angelegenheiten bezieht, in denen bereits ein Bürgerentscheid stattgefunden hat, und nicht auf einen bloßen Rats-

---

549 Treffer/Kroll, Bürgerbegehren und Bürgerentscheid in Bayern, Anm. 66, S. 144; siehe auch unten 2. Teil, 6. Kapitel, III 4 c.

550 VGH BW, VBlBW 1992, 421, 422; Burkhardt, Bürgerentscheid, S. 134; Hager, VerwArch 84 (1993), 97, 115.

551 Ausdrücklich § 17 I 2 ThürKO.

552 VGH BW, VBlBW 1992, 421, 422.

553 Wansleben in: Held/Becker/Decker, GO NW, § 26, Anm. 3.2.

beschluß. Des weiteren gelten nur für einen Bürgerentscheid die Rechtswirkungen eines Ratsbeschlusses, nicht jedoch umgekehrt, da die Rechtswirkungen eines Ratsbeschlusses insoweit abschließend geregelt sind. Für eine entsprechende Anwendung der Initiativsperre auf Ratsbeschlüsse fehlt es somit an einer Regelungslücke[554].

Außerdem kann der mit der Ausschlußfrist bezweckte Bestandsschutz eines Ratsbeschlusses nicht allein durch bloßen Zeitablauf hinfällig werden, sondern allenfalls durch eine Änderung der Sachlage[555]. Diese wiederum läßt nur bei einer wesentlichen Änderung einen erneuten Bürgerentscheid zu.

Ansonsten kann ein Ratsbeschluß nach Ablauf der Ausschlußfrist nicht mehr durch Bürgerbegehren und Bürgerentscheid angegriffen werden, was letztlich der Sicherung einer kontinuierlichen Arbeit der Gemeindevetretung dient.

j) Empfänger des Bürgerbegehrens

Nicht in allen Ländern wird ausdrücklich geregelt, wo ein Bürgerbegehren einzureichen ist. Da es sich bei einem Bürgerbegehren um eine Herbeiführung einer Entscheidung für die Gemeinde (Bürgerentscheid) handelt, ist es ohne gesetzliche Regelung regelmäßig ausreichend, wenn das Bürgerbegehren in den Bereich der Gemeindeverwaltung gelangt[556]. Die Weiterleitung an die für die Zulässigkeitsprüfung zuständige Stelle erfolgt dann durch die Gemeindebediensteten nach ordnungsgemäßem Geschäftsgang[557].

Auch in den Ländern Bayern, Hessen und Mecklenburg-Vorpommern, in denen das Bürgerbegehren bei einer bestimmten Stelle eingereicht werden muß[558], gilt im wesentlichen nichts anderes: Das Bürgerbegehren ist ordnungsgemäß und damit fristgerecht eingereicht, wenn es in die Posteingangsstelle der Gemeinde gelangt[559]. Allerdings entfaltet das Bürgerbegehren etwaige Rechtswirkungen, etwa der Beginn von Fristen bzgl. der Zulässigkeit oder die Auslösung der auf-

---

554 I.d.S. auch Rehn/Cronauge, GO NW, § 26, Anm. IV.

555 V. Danwitz, DVBl 1996, 134, 140; Rehn/Cronauge, GO NW, § 26, Anm. IV.

556 So ausdrücklich § 21 a II 1 KSVG Saarl, § 17 a III 1, 1. HS GemO RhPf; § 8 V 1 DVO GO SchlHolst.

557 Vgl. Hölzl/Hien, BayGO, Art. 18 a, Anm. 5; Thum, Bürgerbegehren und Bürgerentscheid in Bayern, 13.00, Art. 18 a IV, Anm. 3.

558 Art. 18 a BayGO (erster Bürgermeister); § 8 b III 1, 1. HS HGO (Gemeindevorstand); § 20 VI 1 KV M-V (Vorsitzender der Gemeindevertretung);.

559 Hölzl/Hien, BayGO, Art. 18 a, Anm. 5; a.A. Widtmann/Gasser, BayGO, Art. 18 a, Rn. 5; Vollzugshinweise des Bay IM, IV 6.

schiebenden Wirkung eines Bürgerbegehrens, erst beim Eingang in der bezeichneten Stelle[560]. Lediglich insoweit entstehen gewisse Nachteile für die Bürger.

II. Das Ratsbegehren

Neben der Möglichkeit der Bürger, einen Bürgerentscheid mittels eines Bürgerbegehrens herbeizuführen, kann in den meisten Ländern ein Bürgerentscheid auch aufgrund eines Ratsbeschlusses, mit dem der Rat die Einleitung eines Bürgerentscheids beschließt, durchgeführt werden[561]. Ein solches Ratsbegehren[562] stellt rechtlich eine Übertragung der Entscheidungsrechte des Rates auf die gesamte Bürgerschaft in Form einer echten (Singular-) Delegation dar[563].

1. Gesetzliche Regelungen

In den Ländern Baden-Württemberg, Bayern, Sachsen, Sachsen-Anhalt und Schleswig-Holstein wird ein Ratsbegehren von einem mit Zweidrittel-Mehrheit der stimmberechtigen Ratsmitglieder gefaßten Beschluß abhängig gemacht[564]. In Mecklenburg-Vorpommern reicht bereits eine einfache Mehrheit aus[565].
Die Gemeindeordnungen der Länder Brandenburg, Niedersachsen, Nordrhein-Westfalen und des Saarlands kennen dagegen kein allgemeines Initiativrecht der Gemeindevertretung für einen Bürgerentscheid, sondern lassen ein Ratsbegehren nur in einer Angelegenheit zu, in der bereits ein Bürgerentscheid stattgefunden hat und dieser noch einer Abänderungssperre unterliegt, d.h. nicht durch einfachen Ratsbeschluß aufgehoben werden kann[566]. Hierbei reicht die einfache Mehrheit der Ratsmitglieder aus[567].
Die Länder Hessen, Rheinland-Pfalz und Thüringen verzichten gänzlich auf die Einrichtung eines Ratsbegehrens.

---

560 Thum, Bürgerbegehren und Bürgerentscheid in Bayern, 13.00, Art. 18 a IV, Anm. 3; Treffer/Kroll, Bürgerbegehren und Bürgerentscheid in Bayern, Anm. 23, S. 72.

561 § 21 I GemO BW; Art. 18 a III BayGO; § 20 V GO Bbg; § 20 IV KV M-V; § 22 b XI NGO; § 26 VIII GO NW; § 24 I SächsGemO; § 26 I GO LSA; § 16 g I GO SchlHolst.

562 Zur Begriffsbestimmung s.o. 1. Teil, 1. Kapitel, I 3.

563 Ausführlich zur Rechtsnatur der Kompetenzübertragung Burkhardt, Bürgerentscheid, S. 115 ff.

564 § 21 I GemO BW; Art. 18a III GO Bay; § 24 I SächsGemO; § 26 I GO LSA; § 16 g I GO SchlHolst.

565 § 20 IV KV M-V.

566 S.u. 2. Teil, 9. Kapitel, I 3.

567 § 20 V GO Bbg, § 22 b X NGO, § 26 VIII GO NW und § 21 a VII KSVG Saarl legen zwar nicht explizit eine einfache Mehrheit fest, Ratsbeschlüsse werden jedoch grundsätzlich mit einfacher Mehrheit beschlossen, so daß dieser Grundsatz mangels abweichender Regelung auch hier Geltung erlangt. Zur Systemfremdheit dieser Regelungen im Hinblick auf die Initiierung eines Bürgerentscheids siehe unten 2. Teil, 9. Kapitel, I 3 c.

2. Zulässigkeitsvoraussetzungen

Neben bestimmten Mehrheitserfordernissen und der Notwendigkeit, daß sich das Ratsbegehren auf eine bürgerentscheidsfähige Angelegenheit beziehen muß, ist ein Ratsbegehren im Gegensatz zu einem Bürgerbegehren an keine besonderen Zulässigkeitsvoraussetzungen geknüpft. Es müssen lediglich die für Ratsbeschlüsse geltenden Vorschriften beachtet werden. Der Beschluß des Gemeinderats hat inhaltlich sowohl die Verlagerung der Entscheidungskompetenz als auch den konkreten Inhalt des Bürgerentscheids zu bezeichnen[568]. Gemäß § 20 IV KV M-V ist außerdem vorgeschrieben, daß dieser Beschluß die zu entscheidende Frage enthalten und den Zeitpunkt des Bürgerentscheids bestimmen muß. In den übrigen Ländern bleibt es bei der oben aufgestellten Voraussetzung, daß sich die Fragestellung lediglich aus dem Antrag unzweifelhaft ergeben und nicht bereits explizit formuliert sein muß[569]. Für eine klare Beschlußfassung wird allerdings eine Einbeziehung der Abstimmungsfrage in den Beschluß empfohlen, etwa in folgender Form "Es wird ein Bürgerentscheid zur Frage durchgeführt, ob..."[570]. Ein Kostendeckungsvorschlag ist bei einem Ratsbegehren grundsätzlich nicht erforderlich, da der Rat von sich aus in der Lage sein sollte, die Kosten eines Projekts abzuwägen und die Leistungsfähigkeit der Gemeinde zu beachten. Allerdings wäre es empfehlenswert, die Bürger über die Höhe der Kosten zu informieren, damit diese eine sachgerechte und verantwortungsbewußte Entscheidung treffen können[571].

3. Verfassungsrechtliche Bedenken

Teilweise wurden gegen ein Ratsbegehren verfassungsrechtliche Bedenken im Hinblick auf die repräsentative Demokratie geäußert: Durch eine derartige Einrichtung werde die Gefahr einer "Flucht ins Plebiszit" gesteigert, indem sich der Rat der Verantwortung entziehen könne[572]. Er könne unpopulären Entscheidungen ausweichen, während er die Verteilung von Wohltaten nicht aus der Hand gebe. Indem gerade in schwierigen, gefürchteten Fragen die Verantwortung auf die Bürger übertragen werden könne und diese nicht in jedem Fall ein Interesse

---

568 Borchert in: Galette/Laux, GO SchlHolst, § 16 g, zu Abs. 1, Anm. 3; Masson/Samper, BayGO, Art. 18 a, Rn. 33; v. Mutius/Rentsch, GO SchlHolst, § 16 g, Rn. 10.

569 S.o. 2. Teil, 2. Kapitel, I 2 c; vgl. auch Burkhardt, Bürgerentscheid, S. 123 ff. zur Frage, wer innerhalb der Gemeindevertretung das Recht hat, die Abstimmungsfrage zu formulieren.

570 Borchert in: Galette/Laux, GO SchlHolst, § 16 g, zu Abs. 1, Anm. 3.

571 S.o. 2. Teil, 2. Kapitel, I 2 d bb.

572 V. Mutius, Gutachten E zum 53. Deutschen Juristentag (1980), S. 226; für eine zurückhaltende Anwendung auch Hendler, Der Landkreis 1995, 321, 324; Saftig, Kommunalwahlrecht, S. 289 f.

an der Verantwortungsübernahme hätten, werde außerdem das Risiko unsachgerechter Entscheidungen vergrößert[573].
Weiterhin solle ein Bürgerentscheid den Bürgern die Möglichkeit geben, in bestimmten Angelegenheiten selbst zu entscheiden, falls Bedarf dafür vorhanden ist; für die Bürgerbeteiligung sei es mithin charakteristisch, daß die Initiative von den Bürgern ausgehe[574], so daß immer wieder gefordert wird, auf die Einrichtung eines Ratsbegehrens zu verzichten[575].

Aus verfassungsrechtlicher Sicht besteht jedoch keine Notwendigkeit, von der Möglichkeit eines Ratsbegehrens abzusehen. Wie bereits gezeigt[576], garantiert Art. 28 I 2 GG nicht einen bestimmten Aufgabenbestand des Rates, sondern fordert lediglich, die Gesamtverantwortung der Gemeindevertretung zu sichern, indem richtungsweisende Kompetenzen bei der Gemeindevertretung selbst verbleiben müssen. Wenn dem Rat aber bereits gewisse Entscheidungskompetenzen durch die Bürger selbst mittels eines Bürgerbegehrens entzogen werden dürfen, also grundsätzlich eine Verschiebung von Entscheidungskompetenzen zulässig ist, muß dies in den aufgezeigten Grenzen auch für den eigenen Verzicht des Rates gelten. Der Zweck einer Erweiterung der Entscheidungsmöglichkeiten der Bürger, vornehmlich eine Belebung der kommunalen Demokratie durch Verbesserung der Beziehung zwischen Bürgern und Repräsentanten und eine Steigerung des Legitimationswertes der Entscheidung[577], kann durch ein Ratsbegehren in gleicher Weise wie durch ein Bürgerbegehren gefördert werden. Einem Ratsbegehren kommt praktisch die Funktion zu, den Weg zu einem Bürgerentscheid für die Bürger zu verkürzen[578].
Wie bei einem Bürgerbegehren verhindert der sogenannte Negativkatalog[579], daß auf dem Weg eines Ratsbegehrens der Rat zu weitreichende Kompetenzen abtritt. Aber auch eine Zweidrittel-Mehrheit für den entsprechenden Ratsbeschluß erschwert eine zu leichtfertige Übertragung von Entscheidungskompetenzen. Diese Zweidrittel-Mehrheit schützt vor einseitigen politischen Entscheidungen und verhindert, daß die Entscheidung leichtfertig und nur aus strategischen Vorteilen auf die Bürger übertragen wird[580].

---

573 S.o. 1. Teil, 4. Kapitel, III.
574 Treffer/Kroll, Bürgerbegehren und Bürgerentscheid in Bayern, Anm. 13, S. 54.
575 Hendler, Der Landkreis 1995, 321, 324; Saftig, Kommunalwahlrecht, S. 289 ff.
576 S.o. 1. Teil, 3. Kapitel, I.
577 S.o. 1. Teil, 4. Kapitel.
578 Mayer, Bürgerbegehren und Bürgerentscheide in Gemeinden, S. 11.
579 Dazu 2. Teil, 1. Kapitel, IV.
580 Burkhardt, Bürgerentscheid, S. 87; Hölzl/Hien, BayGO, Art. 18 a, Anm. 3; Thum, Bürgerbegehren und Bürgerentscheid in Bayern, 13.00, Art. 18 a II, Anm. 1; Begr. des Gesetzentw. des Volksbegehrens vom 11.4.1995, LT-Drs. (Bay) 13/1252, S. 5.

Zwar verzichten die Länder Brandenburg, Niedersachsen, Nordrhein-Westfalen und das Saarland auf das Erfordernis einer Zweidrittel-Mehrheit. Dem Regel-Ausnahme-Verhältnis zwischen repräsentativer und unmittelbarer Demokratie ist hier jedoch dadurch Rechnung getragen, daß ein Ratsbegehren nur in einigen wenigen Angelegenheiten möglich ist. Es kann ein Ratsbegehren nur in den Angelegenheiten eingeleitet werden, in denen bereits ein Bürgerentscheid aufgrund eines Bürgerbegehrens stattgefunden hat[581].
Schwieriger ist die Mehrheitsfrage in Mecklenburg-Vorpommern zu beurteilen. Hier muß sich in der Praxis erst noch zeigen, ob der Rat bei einer einfachen Mehrheit häufiger die Durchführung eines Bürgerentscheids beschließt. Aus o.g. Gründen ist jedoch die Einführung einer Zweidrittel-Mehrheit zu empfehlen.

Erfahrungen zeigen außerdem, daß es erst dann zu einem Ratsbegehren kommt, wenn sich die Ratsfraktionen über einen längeren Zeitraum nicht einigen konnten, daß sich ansonsten der Rat seine Entscheidungsverantwortung nicht ohne weiteres abnehmen läßt[582]. Die Gemeindevertretung wird zurückhaltend mit der Einrichtung eines Ratsbegehrens umgehen, wenn sie Bürgerentscheide möglichst effektiv einsetzen will, da sich die Einrichtung eines Bürgerentscheids durch häufige Inanspruchnahme abnutzen könnte und zu einer gewissen Abstimmungsmüdigkeit führen würde. Die Praxis zeigt, daß der Rat ein Ratsbegehren häufig nur dann einsetzt, um einer Entscheidung durch Steigerung des Legitimationswertes besonderes Gewicht zu verleihen, etwa weil er dadurch bei übergeordneten Stellen etwas erreichen möchte[583]. Eine Verbesserung der Legitimation dürfte sich vor allem bei Gemeindegebietsänderungen positiv auswirken, weshalb in diesen Fällen ein Ratsbegehren mit anschließendem Bürgerentscheid wünschenswert ist.

---

581 § 20 V GO Bbg; § 22 b XI NGO; § 26 VIII GO NW; § 21 a VII 2 KSVG Saarl.

582 Seeger, ZParl 1988, 516, 533; Waechter, Kommunalrecht, Rn. 272; für die bayerische Rechtslage: v. Mutius/Rentsch, GO SchlHolst, § 16 g, Rn. 3; Knemeyer in: ders., Bürgerbegehren und Bürgerentscheid in Bayern, S. 21.

583 Wehling, Informationen zur politischen Bildung 1994, 1. Quartal, 15, 28; vgl. auch Seeger, ZParl 1988, 516, 533.

3. Kapitel: Die Entscheidung über die Zulässigkeit eines Bürgerbegehrens

I. Zuständigkeit für die Zulässigkeitsentscheidung und deren Folgen

Nach Einreichen des Bürgerbegehrens ist in den meisten Ländern die Gemeindevertretung[584] verpflichtet, über die Zulässigkeit des Bürgerbegehrens sowohl in formeller als auch in materieller Hinsicht[585] zu entscheiden. In Niedersachsen und Schleswig-Holstein sind hierfür der Verwaltungsausschuß bzw. die Rechtsaufsichtsbehörde zuständig, in Mecklenburg-Vorpommern die Gemeindevertretung im Benehmen mit der Rechtsaufsichtsbehörde[586]. Die Entscheidung über die Zulässigkeit erfolgt durch einen mit einfacher Mehrheit gefaßten Beschluß. Lediglich die Entscheidung der Rechtsaufsichtsbehörde in Schleswig-Holstein stellt eine Entscheidung einer Einzelperson dar, hier entscheidet gemäß § 121 GO SchlHolst der Landrat bzw. für Städte ab 20.000 Einwohnern und für die Kreise der Innenminister. In allen Fällen erfolgt eine reine Rechtsprüfung, so daß der zuständigen Behörde weder ein Beurteilungs- noch ein Ermessensspielraum zusteht[587].

Sollte die Zulässigkeitsentscheidung positiv ausfallen, entsteht eine Verpflichtung der Gemeinde zur Durchführung des Bürgerentscheids. Die Entscheidungskompetenz geht damit auf die Bürger über. Sie ist allerdings von einer eigenen Entscheidung des Rates in der entsprechenden Angelegenheit abhängig; die Gemeindevertretung kann die Kompetenzen nach wie vor wieder an sich ziehen, indem sie selbst i.S.d. Begehrens entscheidet[588]. Somit handelt es sich nur um eine auflösend bedingte Übertragung i.S.v. § 158 II BGB.

---

584 § 21 IV 1 GemO BW; Art. 18 a IX 1 BayGO; § 20 II 2 GO Bbg; § 8 b IV 2 HGO; § 26 VI GO NW; § 17 a IV 2 GemO RhPf; § 21 a V 1 KSVG Saarl; § 25 III 1 SächsGemO; § 25 IV GO LSA; § 17 III 4 ThürKO.

585 Seckler, BayVBl 1997, 232, 233; Thum, Bürgerbegehren und Bürgerentscheid in Bayern, 13.00, Art. 18 a IX, Anm. 1 c.

586 § 20 VI 4 KV M-V. Dadurch, daß die Gemeindevertretung die Zulässigkeitsentscheidung nur im Einvernehmen, also mit Zustimmung der Rechtsaufsichtsbehörde, treffen kann, sollte insbesondere bei Bürgerbegehren gegen Ratsbeschlüsse der Anschein einer Interessenkollision vermieden werden, vgl. Gesetzentw. der Landesreg. vom 6.10.1993, LT-Drs. 1/3645, S. 102; Glaser in: Schweriner Kommentierung, § 20, Rn. 6.

587 Borchert in: Galette/Laux, GO SchlHolst, § 16 g, zu Abs. 5, Anm. 2; Burkhardt, Bürgerentscheid, S. 166; Hölzl/Hien, BayGO, Art. 18 a, Anm. 8; Rehn/Cronauge, GO NW, § 26, Anm. VII; Treffer/Kroll, Bürgerbegehren und Bürgerentscheid in Bayern, Anm. 47, 48, S. 91 ff.; Wansleben in: Held/Becker/Decker, GO NW, § 26, Anm. 5.2; Widtmann/Gasser, BayGO, Art. 18 a, Rn. 10.

588 § 21 IV 2 GemO BW; Art. 18 a XIV BayGO; § 20 II 3 GO Bbg (Beschluß durch Gemeindevertretung oder Hauptausschuß); § 8 b IV 3 HGO; § 20 VI 5 KV M-V; § 22 b IX

Bei einer negativen Zulässigkeitsentscheidung ist das Bürgerbegehren gescheitert und hat keine weiteren Auswirkungen.

Mit dem Zulässigkeitsbeschluß hat die Gemeindevertretung letztlich darüber zu entscheiden, ob durch Übertragung von Entscheidungsbefugnissen in ihre eigenen Kompetenzen eingegriffen wird. Wegen dieser Selbstbetroffenheit wird es zur Wahrung einer gewissen Neutralität und Distanz von Teilen der Literatur als vorteilhafter angesehen, wenn die Zulässigkeitsentscheidung von einer von der Gemeindevertretung unabhängigen Stelle getroffen wird, beispielsweise durch die Verwaltungsgerichte[589] oder durch die Rechtsaufsichtsbehörden[590].
Grundsätzlich erscheint es als begrüßenswertes Ziel, die Prüfungskompetenz wie in Mecklenburg-Vorpommern, Niedersachsen und Schleswig-Holstein auf von der Gemeindevertretung unabhängige Stellen zu übertragen[591]. Neben dem Kriterium der Neutralität der Entscheidung sind jedoch weitere Kriterien im Hinblick auf die Zuständigkeit für die Zulässigkeitsentscheidung zu berücksichtigen. Einer generellen Zulässigkeitsprüfung durch die Verwaltungsgerichtsbarkeit steht beispielsweise entgegen, daß Gerichte i.d.R. nur auf Antrag bei möglichen Rechtsverletzungen tätig werden. Rechtsverletzungen können aber erst durch eine rechtswidrige Zulässigkeitsentscheidung auftreten und nicht bereits beim Einreichen des Begehrens, so daß eine gerichtliche Entscheidung über das Vorliegen der Zulässigkeitsvoraussetzungen zu diesem Zeitpunkt als systemwidrig anzusehen wäre[592].
Bzgl. einer Prüfung durch die Rechtsaufsichtsbehörde ist die kommunalpolitische Bedeutsamkeit der Zulässigkeitsentscheidung zu berücksichtigen. Die Tragweite dieser Entscheidungen spricht dafür, sie einem Kollegialorgan wie der Gemeindevertretung und nicht einer Einzelperson wie beispielsweise dem Landrat als Rechtsaufsichtsbehörde zu überlassen[593]. Die Rechtsaufsichtsbehörden haben außerdem bei Selbstverwaltungsangelegenheiten, zu denen die Durchführung

3 NGO; § 26 VI 3 GO NW; § 17 a V GemO RhPf; § 21 a V 4 KSVG Saarl; § 24 V SächsGemO; § 25 IV 4 GO LSA; § 16 g V 2 GO SchlHolst; § 17 V 1 ThürKO.

589 V. Danwitz, DVBl 1996, 134, 136.

590 V. Arnim, DÖV 1990, 85, 93; Henneke, ZG 1996, 1, 11; Possemeyer, Die Reform der Kommunalverfassung in Nordrhein-Westfalen und Niedersachsen, S. 207; Wefelmeier, NdsVBl 1997, 31, 33; vgl. auch Muckel, NVwZ 1997, 223, 225; Schefold, Entwicklungstendenzen, S. 126.

591 Wefelmeier, NdsVBl 1997, 31, 32, der für die niedersächsische Regelung im gleichen Zug aber auch kritisch darauf hinweist, daß Rat und Verwaltungsausschuß häufig gleiche Interessen vertreten und insofern die Unabhängigkeit eingeschränkt sei.

592 Im Ergebnis ebenso Hofmann, VR 1997, 156, 161; Wehr in: Knemeyer, Bürgerbegehren und Bürgerentscheid in Bayern, S. 56, Fn. 28.

593 Kunze in: Kunze/Bronner/Katz, GemO BW, § 21, Rn. 28.

eines Bürgerentscheids gehört[594], lediglich die Aufgabe, die Entscheidungen der Gemeindeorgane zu kontrollieren, nicht aber eigenständig zu entscheiden.
Der Wahrung der Neutralität der Zulässigkeitsentscheidung stehen also durchaus andere Gesichtspunkte gegenüber, die es rechtfertigen, die Entscheidung über die Zulässigkeit weiterhin wie in den meisten Ländern bei der Gemeindevertretung zu belassen. Da es sich bei dem Zulässigkeitsbeschluß um eine gebundene Entscheidung handelt, verbleibt ohnehin kein Ermessensspielraum für eine parteipolitische Entscheidung der Gemeindevertretung. Durch die Zuständigkeit der Gemeindevertretung wird dem Gedanken der kommunalen Selbstverwaltung Rechnung getragen, wonach Entscheidungen wegen der Sachnähe, aber auch der stärkeren Identifikation der Bürger mit den Entscheidungen so weit wie möglich auf der untersten Stufe der staatlichen Verwaltung getroffen werden sollen. Den Rechtsaufsichtsbehörden bleibt es unbenommen, gegen den entsprechenden Beschluß nachträglich mit aufsichtsrechtlichen Mitteln einzuschreiten. Wegen der Gebundenheit der Zulässigkeitsentscheidung der Gemeindevertretung ist eine vorherige Zustimmung der Rechtsaufsichtsbehörde, wie sie zwar gemäß § 20 VI 4 KV M-V vorgesehen ist, grundsätzlich nicht erforderlich.

II. Zeitpunkt der Zulässigkeitsentscheidung

In welchem Zeitraum die zuständige Behörde über die Zulässigkeit eines eingereichten Begehrens zu befinden hat, wird lediglich in der bayerischen und in der saarländischen Gemeindeordnung geregelt. Art. 18 a IX 1 BayGO bestimmt, daß über die Zulässigkeit eines Bürgerbegehrens innerhalb von zwei Monaten nach dessen Einreichung entschieden werden muß. Nach § 21 a V 1 KSVG Saarl muß die Entscheidung unverzüglich, d.h. ohne schuldhaftes Zögern[595], erfolgen. Davon ist auch in den übrigen Ländern auszugehen, in deren Gemeindeordnungen sich keine einschlägigen Vorschriften finden. Denn zum einen verlangt das Prinzip der Rechtsklarheit, daß der Übergang der Entscheidungskompetenzen verbindlich festgestellt wird, zum anderen sollten aus verwaltungspraktischen Gründen unnötige Kosten und Verzögerungen vermieden werden. Durch eine Verzögerung wird außerdem die Effektivität unmittelbarer Volksbeteiligung gefährdet, da insbesondere im Hinblick auf das Erreichen bestimmter Quoren die Erfolgswirkung um so größer ist, je besser Stimmungen in der Bevölkerung, die häufig nur einen relativ kurzen Zeitraum andauern, ausgenutzt werden können.
Sollte ohne Vorliegen von sachlichen Gründen die Zulässigkeitsprüfung verzögert werden, sind die Bürger in allen Ländern berechtigt, diese bzw. die Durchführung

---

594 Hölzl/Hien, BayGO, Art. 18 a, Anm. 12; Rehn/Cronauge, GO NW, § 26, Anm. VIII; Thiele, Das neue kommunale Verfassungsrecht in Nds., Rn. 135; Treffer/Kroll, Bürgerbegehren und Bürgerentscheid in Bayern, Anm. 2, S. 14.

595 Vgl. § 121 I 1 BGB.

eines Bürgerentscheids gerichtlich zu erzwingen. Ein entsprechender Anspruch leitet sich aus der Verletzung des Rechts auf Initiierung eines Bürgerbegehrens ab. In Bayern erhalten die Bürger durch Art. 18 a IX 1 GO sogar einen ausdrücklichen Anspruch auf Entscheidung des Gemeinderats über die Zulässigkeit des Bürgerbegehrens. Als richtige Klageart wird teilweise eine auf Durchführung eines Bürgerentscheids gerichtete Leistungsklage[596], teilweise eine auf den Erlaß eines positiven Zulässigkeitsbeschluß gerichtete Verpflichtungsklage[597] angesehen. Letzteres erscheint sachgerechter: Da das Recht auf Durchführung eines Bürgerentscheids erst mit einem positiven Zulässigkeitsbeschluß entsteht, wird mit der Erhebung einer Leistungsklage, die auf die Durchführung eines Bürgerentscheids ohne ausdrücklichen Zulässigkeitsbeschluß gerichtet ist, ein Verfahrensschritt "übersprungen".

III. Anhörung der Vertreter des Bürgerbegehrens

Gelegentlich wird die Frage gestellt, ob es notwendig sei, vor der Zulässigkeitsentscheidung die Vertreter des Bürgerbegehrens anzuhören[598]. Eine entsprechende ausdrückliche Regelung liegt im Saarland gemäß § 88 I 2 KWG Saarl vor, wonach den erschienenen Vertretern vor der Entscheidung über die Zulässigkeit des Bürgerbegehrens Gelegenheit zur Äußerung zu geben ist. Auch in Nordrhein-Westfalen ist gemäß § 26 VI 5 GO NW eine solche Anhörung der Vertreter geregelt. Allerdings handelt es sich hierbei im Gegensatz zu § 88 KWG Saarl um eine Sollvorschrift. Von einer solchen darf jedoch regelmäßig nur in atypischen Fällen abgewichen werden[599], so daß in Nordrhein-Westfalen faktisch ebenfalls eine Pflicht zur Anhörung der Vertreter besteht.
In den übrigen Ländern sind derartige Anhörungspflichten bzgl. Bürgerbegehren und Bürgerentscheid nicht vorgesehen, wohl aber bei einem Bürger- bzw. Einwohnerantrag[600], mit dem eine bestimmte Anzahl von Bürgern/Einwohnern verlangen kann, daß eine Angelegenheit von der Gemeindevertretung verhandelt und

---

596 Rehn/Cronauge, GO NW, § 26, Anm. VII 3; Wefelmeier in: Blum/Beckhof, NGO, § 22 b, Rn. 57.

597 Burkhardt, Bürgerentscheid, S. 166.

598 V. Danwitz, DVBl 1996, 134, 140; Wehr in: Knemeyer, Bürgerbegehren und Bürgerentscheid in Bayern, S. 55.

599 BVerwGE 12, 284, 285; 20, 117, 118; 49, 16, 23; 64, 318, 323; 90, 88, 93; 90, 275, 278; BayVGH, BayVBl 1987, 49; VGH Kassel, NVwZ 1984, 802; Busch in: Knack, VwVfG, § 40, Rn. 7.1; Kopp, VwVfG, § 40, Rn. 17 f.; Wolff/Bachof/Stober, VerwR I, § 31, Rn. 34.

600 § 20 b III 2 GemO BW; § 19 VII 2 GO Bbg; § 13 IV KV-DVO M-V; § 22 a V 3 NGO; § 25 VII 3 GO NW; § 17 VI 4 GemO RhPf; § 21 III 2 KSVG Saarl; § 23 II 2 SächsGemO; § 24 V 3 GO LSA; § 7 VI DVO GO SchlHolst; § 16 III 2 ThürKO; zum Einwohnerantrag siehe auch oben 1. Teil, 1. Kapitel, IV 2 a.

ggf. auch entschieden wird. Vor der abschließenden Sitzung, in der die Angelegenheit des Einwohnerantrags verhandelt wird, sind nach den einschlägigen Vorschriften die Vertreter des Antrags zu hören. Anders als bei der Zulässigkeitsentscheidung des Rates im Falle eines Bürgerbegehrens, bei der es sich nur um eine reine Rechtsprüfung ohne Ermessensspielraum handelt, hat der Rat bei einem Beschluß aufgrund eines Einwohnerantrags nicht nur eine Rechtsprüfung vorzunehmen, sondern auch eine Sachentscheidung nach Abwägung der vertretenen Ansichten zu treffen, so daß die Entscheidung durch gute Argumentation beeinflußt werden kann. Mangels vergleichbarer Rechtslage scheidet daher eine analoge Anwendung dieser Vorschriften aus. Im Umkehrschluß ist vielmehr anzunehmen, daß bei Bürgerbegehren und Bürgerentscheid eine derartige Anhörung im allgemeinen vom Gesetzgeber gerade nicht gewollt ist, ansonsten hätte er diese wie in § 26 VI 5 GO NW und § 88 I 2 KWG Saarl ausdrücklich regeln müssen[601].

Eine Anhörungspflicht läßt sich auch nicht mit § 28 VwVfG begründen, wonach vor Erlaß eines in die Rechte der Beteiligten eingreifenden Verwaltungsakts, den Beteiligten Gelegenheit gegeben werden muß, sich zu der Angelegenheit zu äußern. Zwar sieht ein Teil der Literatur auch die Ablehnung einer Begünstigung, so auch die Ablehnung der Zulässigkeit eines Bürgerbegehrens, als Eingriff i.S.v. § 28 I VwVfG an, da eine derartige Versagung einer Begünstigung eine Belastung für die Beteiligten darstelle[602]. Die Rechtsprechung und andere Teile der Literatur gehen jedoch davon aus, daß eine Anhörungspflicht nur dann bestehe, wenn in den Bestand der Rechte eingegriffen werde, was bei einer Ablehnung einer Begünstigung nicht der Fall sei, da durch sie keine Rechtsposition der Bürger wegfalle[603].
Für letztgenannte Ansicht spricht die Entstehungsgeschichte und die Begründung des Gesetzentwurfs, wonach ein Eingriff nur vorliegen soll, wenn der vorhandene Rechtskreis beeinträchtigt wird, nicht jedoch wenn die Verwaltungsentscheidung eine Rechtsposition erst gewähren soll[604]. Aber auch der Zweck des § 28 VwVfG bestätigt die Ansicht der Rechtsprechung. Durch § 28 I VwVfG soll eine umfassende Sachverhaltsermittlung ermöglicht werden. Die Gründe für das Begehren sind aber im Falle einer Ablehnung einer Begünstigung anders als bei einem von staatlicher Seite ausgehenden Eingriff bereits in ausreichender Weise im Antrag

---

601 Für die rheinland-pfälzische Rechtslage: Steenbock/Höhlein, Gemeinde und Stadt, Beilage 13/95 zu Heft 7/95, S. 7, die zur Klarstellung eine Ergänzung der bestehenden Regelung des § 17 a IV GemO RhPf fordern.

602 Kopp, VwVfG, § 28, Rn. 10.

603 BVerwG, DVBl 1983, 271; Bonk in: Stelkens/Bonk/Sachs, VwVfG, § 28, Rn. 13 f.; Clausen in: Knack, VwVfG, § 28, Rn. 3; offengelassen VGH BW, NVwZ 1994, 919.

604 Begr. des Gesetzentw., BT-Drs. 7/910, S. 51; Bonk in: Stelkens/Bonk/Sachs, VwVfG, § 28, Rn. 14.

dargestellt, so daß i.d.R. bei der Verwaltungsentscheidung keine neuen vom Antrag abweichenden Tatsachen auftreten werden, die einer Anhörung bedürften[605]. Eine fehlende Anhörung führt damit mit Ausnahme von Nordrhein-Westfalen und dem Saarland in keinem Bundesland zur Unwirksamkeit der Zulässigkeitsentscheidung[606].

IV. Befangenheit von entscheidungsberechtigten Ratsmitgliedern

Einheitlich gilt für alle Länder, daß die Zulässigkeitsentscheidung nicht durch Mitwirkung eines am Bürgerbegehren beteiligten und damit möglicherweise befangenen Ratsmitglieds unwirksam ist. Denn selbst wenn ein solches Ratsmitglied, das durch die Zulässigkeitsentscheidung einen unmittelbaren Vor- oder Nachteil erlangt, dennoch an dem Ratsbeschluß mitwirkt, greift in derartigen Fällen grundsätzlich eine Ausnahmeregelung bzgl. der Befangenheit ein[607]. Danach kommt eine mögliche Befangenheit nicht zum Tragen, wenn ein Ratsmitglied an einer Entscheidung lediglich als Angehöriger einer Bevölkerungsgruppe beteiligt ist, deren gemeinsame Interessen durch die Entscheidung berührt werden[608] oder wenn die entsprechende Stimme für das Abstimmungsergebnis nicht entscheidend war[609], was bei einer reinen Rechtsprüfung ohne Ermessensspielraum i.d.R. der Fall sein dürfte.

V. Rechtsschutz gegen die Zulässigkeitsentscheidung

Bei möglichen Rechtsverletzungen steht gegen die Zulässigkeitsentscheidung als Maßnahme der öffentlichen Gewalt i.S.v. Art. 19 IV GG der Rechtsweg offen. Durch eine negative Zulässigkeitsentscheidung könnte das allgemeine Recht der Bürger bzw. der Unterzeichner auf Durchführung eines Bürgerentscheids verletzt sein (1.), während eine positive Zulässigkeitsentscheidung u.U. in die Rechte der Gegner eines Bürgerentscheids oder in die der bei der Zulässigkeitsentscheidung unterlegenen Ratsmitglieder eingreifen könnte (2.). Aufgrund der umstrittenen

---

605 Bonk in: Stelkens/Bonk/Sachs, VwVfG, § 28, Rn. 13.

606 Im Ergebnis auch v. Danwitz, DVBl 1996, 134, 140; Wehr in: Knemeyer, Bürgerbegehren und Bürgerentscheid in Bayern, S. 55.

607 § 18 III GemO BW; Art. 49 I BayGO; § 28 III Nr. 1 GO Bbg; § 25 I 2 HGO; § 24 I Nr. 1 KV M-V; § 26 I 2 NGO; § 31 III Nr. 1 GO NW; § 22 II GemO RhPf; § 27 KSVG Saarl; § 20 II Nr. 2 SächsGemO; § 31 I 2 GO LSA; § 22 II Nr. 1 GO SchlHolst.

608 VGH Kassel, NVwZ-RR 1996, 409, 411; Vollzugshinweise des Bay IM, VI 6; Burkhardt, Bürgerentscheid, S. 165; Hager, VerwArch 84 (1993), 97, 110; Kunze in: Kunze/Bronner/Katz, GemO BW, § 21, Rn. 28; Rehn/Cronauge, GO NW, § 25, Anm. VII 1; Widtmann/Gasser, BayGO, Art. 18 a, Rn. 5; Wittzack in: Knemeyer, Bürgerbegehren und Bürgerentscheid in Bayern, S. 47; a.A. für einen Bürgerantrag Wehmann in: Lüersen/Neuffer, NGO, § 22 a, Anm. 7.

609 Vgl. nur Art. 49 III BayGO; § 38 IV 1 ThürKO.

Rechtsnatur der Zulässigkeitsentscheidung ist insbesondere die Frage nach der richtigen Klageart nicht abschließend geklärt, aber auch bzgl. der Klagebefugnis und der prozessualen Durchsetzung besteht Klarstellungsinteresse.

1. Ablehnende Entscheidung

Bei einem Streit über die Feststellung der Unzulässigkeit handelt es sich um eine öffentlich-rechtliche Streitigkeit nichtverfassungsrechtlicher Art, so daß gegen derartige Entscheidungen der Verwaltungsrechtsweg gemäß § 40 I VwGO eröffnet ist[610].

a) Statthafte Klageart

Für die Wahl der richtigen Klageart ist gemäß § 88 VwGO das Klagebegehren entscheidend. Dieses ist bei einer ablehnenden Zulässigkeitsentscheidung darauf gerichtet, einen positiven Beschluß bei gleichzeitiger Aufhebung der negativen Entscheidung zu erwirken. Die Rechtsnatur des begehrten positiven Beschlusses bestimmt daher die statthafte Klageart[611].
Sollte die Zulässigkeitserklärung als eine innerorganschaftliche Entscheidung über die Kompetenzverteilung zwischen zwei Gemeindeorganen anzusehen sein, käme ein Kommunalverfassungsstreitverfahren in Form einer Leistungs- oder Feststellungsklage in Betracht[612]. Würde der Zulässigkeitsbeschluß dagegen einen Verwaltungsakt i.S.v. § 35 VwVfG darstellen, wäre eine Anfechtungs- oder Verpflichtungsklage möglich[613].

---

610 Jaroschek, BayVBl 1997, 39, 40.

611 Jaroschek, BayVBl 1997, 39; Wehr, BayVBl 1996, 549, 552; a.A. Fischer, DÖV 1996, 181, 183; Masson/Samper, BayGO, Art. 18 a, Rn. 25; Thiele, NSt-N 1996, 288, 290; die auf die Rechtsnatur der ablehnenden Entscheidung abstellen, was an dieser Stelle jedoch zu keinem unterschiedlichen Ergebnis führt, da die Rechtsnatur der Zulässigkeitsentscheidung nicht allein wegen ihres Inhalts unterschiedlich beurteilt werden kann.

612 OVG RhPf, Urteil vom 6.2.1996 - 7 A 12861/95; VG Darmstadt, NVwZ-RR 1995, 156, 157; Fischer, DÖV 1996, 181, 182 ff.; ders., NWVBl 1995, 366, 369; Wefelmeier in: Blum/Beckhof, NGO, § 22 b, Rn. 56; vgl. auch OVG RhPf, NVwZ-RR 1995, 411, 412 für den Einwohnerantrag.

613 VGH BW, NVwZ-RR 1994, 110; OVG M-V, StGT M-V 1996, 650, 652; VG Dessau, LKV 1996, 74, 75; v. Danwitz, DVBl 1996, 134, 141; Hager, VerwArch 84 (1993), 97, 115; v. Lennep/Paal, StGR 1995, 295, 300; Oebbecke, DÖV 1995, 701, 705; Rehn/Cronauge, GO NW, § 25, Anm. VII 1; Schneider in: Dieckmann/Heinrichs, GO NW, § 26, Anm. 7; Thum, Bürgerbegehren und Bürgerentscheid in Bayern, 13.00, Art. 18 a IX, Anm. 3; Wansleben in: Held/Becker/Decker, GO NW, § 26, Anm. 5.3; Wehr, BayVBl 1996, 549, 552 f.; Widtmann/Gasser, BayGO, Art. 18 a, Rn. 10.

Entscheidend ist daher, ob der Zulässigkeitsentscheidung, von deren hoheitlichem, regelndem Charakter auszugehen ist[614], Außenwirkung i.S.v. § 35 VwVfG zukommt. Diese liegt vor, wenn eine Maßnahme über den verwaltungsinternen Bereich hinausgehend Pflichten oder Rechte für außenstehende natürliche oder juristische Personen begründet[615].
In § 41 II KomWG BW ist eine diesbzgl. Regelung getroffen worden: Indem gegen die Zurückweisung des Bürgerbegehrens jeder Unterzeichner des Begehrens Anfechtungs- oder Verpflichtungsklage erheben kann, hat der Gesetzgeber gezeigt, daß die Beschlüsse des Rates, die selbst noch keine Außenwirkung haben[616], mit der Ausführung durch den Bürgermeister in Form der Bekanntgabe Außenwirkung erlangen und somit als Verwaltungsakt zu qualifizieren sind[617].
Auch § 25 VI i.V.m. § 24 VI GO LSA, wonach über den Widerspruch die Kommunalaufsichtsbehörde kostenfrei entscheidet und § 26 VI 2 GO NW, wonach die Vertreter des Bürgerbegehrens gegen die ablehnende Entscheidung Widerspruch einlegen können, zeigen, daß die durch den Bürgermeister bekanntzugebende Zulässigkeitsentscheidung gegenüber den Bürgern im Außenverhältnis ergehen soll, da nur für Anfechtungs- und Verpflichtungsklagen ein Widerspruchsverfahren erforderlich ist. In den anderen Ländern fehlen entsprechende Regelungen, so daß nach allgemeinen Kriterien abgegrenzt werden muß, ob es sich um eine Maßnahme des Innen- oder des Außenrechtskreises handelt.

aa) Außenwirkung der Zulässigkeitsentscheidung des Gemeinderats

Teilweise wird angenommen, daß es sich bei der Zulässigkeitsentscheidung schon allein deswegen um keine Maßnahme mit Außenwirkung handeln könne, weil der Rat über (ur-)eigene Kompetenzen verfüge und den betroffenen Bürgern Rechtspositionen weder entziehe noch verleihe[618]. Diese Begründung dürfte jedoch nicht ausreichen, um pauschal die Außenwirkung einer Maßnahme zu verneinen, denn wenn jemand Verfügungen über eigene Rechtspositionen trifft, ist damit nicht ausgeschlossen, daß dadurch auch andere Rechtspositionen sowohl im Innen- als auch im Außenrechtskreis berührt werden. So verfügt die Gemeindevertretung bei ihrer Zulässigkeitsentscheidung sowohl über die eigenen Kompe-

---

614 Fischer, DÖV 1996, 181, 183; Jaroschek, BayVBl 1997, 39, 40.

615 VGH BW, DÖV 1988, 467; VG Darmstadt, NVwZ-RR 1995, 156 f.; Fischer, DÖV 1996, 181, 183; Henneke in: Knack, VwVfG, § 35, Rn. 4.5.1; Jaroschek, BayVBl 1997, 39, 40; Maurer, VerwR AT, § 9, Rn. 26.

616 Heermann, Der Gemeinderatsbeschluß, S. 83 ff.; Hölz/Hien, BayGO, Art. 36, Anm. I; Meyer, Beschlüsse kommunaler Vertretungskörperschaften, S. 32 ff.

617 VGH BW, DÖV 1988, 476; v. Danwitz, DVBl 1996, 134, 141; Rehn/Cronauge, GO NW, § 25, Anm. VII 1.

618 Seckler, BayVBl 1997, 232, 234, allerdings mit anschließender "klassischer Abgrenzung"; vgl. auch Wefelmeier, NdsVBl 1997, 31, 33.

tenzen als auch über das Recht der Bürger auf Durchführung eines Bürgerentscheids, wobei sie den Bürgern u.U. neue Rechtspositionen verleiht.

(1) Organstellung der gesamten Bürgerschaft

Voraussetzung für einen internen Willensbildungsprozeß der Kommune ist vielmehr, daß der Bürgerschaft neben der Gemeindevertretung der Status eines gemeindlichen Organs zukommt und sich die Willensbildung als sogenannte interpersonale Angelegenheit im Innenrechtskreis zwischen zwei Gemeindeorganen vollzieht.

Eine Organstellung der Bürgerschaft wird von Teilen der Rechtsprechung und der Literatur[619] angenommen, da die Bürgerschaft anstelle des Gemeinderats entscheide und damit einen im Konkurrenzverhältnis zum Gemeinderat stehenden gemeindlichen Entscheidungsträger darstelle. Der Zulässigkeitsbeschluß, der darüber bestimme, welcher dieser Entscheidungsträger zu entscheiden habe, erfolge daher im Innenverhältnis der Gemeinde.

Von dieser Ansicht wird allein aufgrund der Gleichsetzung der Wirkungen eines Bürgerentscheids mit denen eines Ratsbeschlusses auf den Organstatus der Bürgerschaft geschlossen. Dem steht jedoch ein institutionelles Verständnis des Organbegriffs entgegen. Danach sind Organe der Gemeinde die Gemeindevertretung und der Bürgermeister[620]. Diese durch Gesetz geschaffenen Organe vermitteln der Gemeinde als juristischer Person die nötige Handlungsfähigkeit und weisen die dafür unverzichtbare innere Struktur auf, die es ihnen ermöglicht, ständig handlungs- und entscheidungsfähig zu sein. Gerade an dieser ein Organ auszeichnenden Handlungsfähigkeit fehlt es der Gesamtheit der Bürger einer Gemeinde. Diese ist als Zusammenfassung einer Vielzahl von Personen außerhalb eines organisierten Verfahrens wie z.B. einer Bürgerabstimmung zu einer gemeinsamen Willensbildung schon allein deswegen nicht fähig[621], weil sich diese unüberschaubare Gruppe niemals zu einer Beschlußfassung zusammenfindet bzw. eine entsprechende Meinungsbildung wegen des Aufwands nur in Einzelfällen erfolgen kann. Daher fehlt es der Bürgerschaft zumindest an der institutionellen Komponente eines gemeindlichen Organs.

---

619 OVG RhPf, Urteil vom 6.2.1996 - 7 A 12861/95, S. 11; VG Darmstadt, NVwZ-RR 1995, 156, 157; Seckler, BayVBl 1997, 232, 235; Wefelmeier, NdsVBl 1997, 31, 34.

620 § 23 GemO BW; Art. 29 BayGO; § 9 HGO; § 21 KV M-V; §§ 31, 63 NGO; § 40 GO NW; § 28 GemO RhPf; § 29 KSVG; § 1 IV SächsGemO; § 35 GO LSA; § 7 GO SchlHolst; § 22 ThürKO; lediglich § 32 GO Bbg stellt insoweit klar, daß auch die Bürgerschaft, soweit sie unmittelbar handelt, die Gemeinde vertritt.

621 Vgl. bzgl. der nachträglichen Bestellung eines Prozeßvertreters Seckler, BayVBl 1997, 232, 236; Wehr, BayVBl 1996, 549, 553.

Funktionell betrachtet nimmt die Bürgerschaft durchaus organschaftliche Positionen ein, die allerdings nicht zwingend dem Innenrechtskreis der Gemeinde zugeordnet sind. So räumen diejenigen, die die Summe der wahlberechtigten Bürger als bloßes Träger- oder Kreationsorgan ansehen[622], der Bürgerschaft eine organschaftliche Stellung außerhalb des Innenrechtskreises der Gemeinde ein und trennen die Gemeinde und ihre Organe als Gebietskörperschaft von den Bürgern als Träger dieser juristischen Person. Die Bürger hätten die Aufgabe, die Repräsentativorgane der Gemeinde, namentlich die Gemeindevertretung und den Bürgermeister, durch Wahlen zu legitimieren. Auch wenn diese Wahl Auswirkungen auf die Gemeinde habe, handele es sich um keine Entscheidung der Gemeinde selbst, sondern um eine Entscheidung einer zusammengefaßten Gruppe wahlberechtigter natürlicher Personen. Für Abstimmungen und damit auch für Bürgerentscheide könne nach dieser Auffassung nichts anderes gelten, da hier die Bürger eine Entscheidung ebenfalls nicht als Organ der Gemeinde träfen, sondern wie bei Wahlen als selbständige Zusammenfassung aller wahlberechtigten Bürger außerhalb des Innenrechtskreises der Gemeinde[623]. Die Zulässigkeitsentscheidung über ein Bürgerbegehren erfolge daher im Außenverhältnis. Es könne insofern nicht von der Unterscheidung zwischen Personal- und Sachentscheidungen bei Wahlen und Abstimmungen abhängen, ob die Bürgerschaft im Außen- oder Innenrechtskreis stehe[624].

Dem kann in dieser Konsequenz nicht gefolgt werden. Im Unterschied zu den Wahlen ist bei einem Bürgerentscheid durch Gesetz festgelegt, daß die Bürgerschaft anstelle der Gemeindevertretung entscheidet. Da letztere als Handlungsorgan Entscheidungen für die Gemeinde trifft, kann bei einer Verwendung des Organbegriffs im funktionellen Sinn nichts anderes für die handelnde Bürgerschaft gelten, die somit bei einem Bürgerentscheid im Innenrechtskreis der Gemeinde tätig wird. Wie einen Ratsbeschluß muß sich die Gemeinde daher das Handeln der Bürgerschaft zurechnen lassen[625].

Bei Verwendung des Organbegriffs im funktionellen Sinn führt es auch zu keinen Schwierigkeiten, wenn die Bürger bei Wahlen im Außenverhältnis, bei Abstimmungen aber im Innenverhältnis stünden. Denn aufgrund der unterschiedlichen Funktionen, die die Bürger für die Gemeinde erfüllen - auf der einen Seite die Gemeindeorgane zu legitimieren, auf der anderen Seite Sachentscheidungen für die Gemeinde zu treffen - ist es durchaus möglich, daß die rechtliche Beziehung zur Gemeinde jeweils unterschiedlich ausgestaltet ist, auch wenn es sich um den-

---

[622] Wehr, BayVBl 1996, 549, 553; Wolff/Bachof/Stober, VerwR II, § 87, Rn. 4.

[623] Wehr, BayVBl 1996, 549, 553; Wolff/Bachof/Stober, VerwR II, § 87, Rn. 4; vgl. auch v. Danwitz, DVBl 1996, 134, 141.

[624] V. Danwitz, DVBl 1996, 134, 141; Seckler, BayVBl 1997, 232, 234.

[625] Borchert in: Galette/Laux, GO SchlHolst, § 16 g, zu Abs. 8, Anm. 1.

selben Personenkreis handelt[626]. Der Bürgerschaft wachsen immer nur durch den eigentlichen Akt der Willensbildung organschaftliche Kompetenzen zu. Da sie entweder eine Sachentscheidung trifft oder aber bei einer Wahl eine Personalentscheidung, steht sie als Gruppe niemals zeitgleich im Innen- und Außenverhältnis zur Gemeinde.

Wegen der fehlenden institutionellen Komponente des Organbegriffs, die die Bürgerschaft zum ständig für die Gemeinde handlungsberechtigten Organ machen würde, kommt der Bürgerschaft allerdings nur dann ein organschaftlicher Status zu, wenn sie eine Entscheidung für die Gemeinde trifft und gemeindlichen Willen bildet. Das ist allein bei der eigentlichen Abstimmung der Fall. Frühestens mit einer positiven Zulässigkeitsentscheidung konstituieren sich die Bürger zu einem gemeindlichen Organ im Innenrechtskreis, da dann die Entscheidungskompetenz auf sie übergegangen ist. Bis zu diesem Zeitpunkt bilden sie eine bloße Zusammenfassung von natürlichen Personen, denen jeweils ein subjektives Recht auf Abstimmungsteilnahme zusteht[627], d.h. die Bürgerschaft als Gesamtheit stellt sich (noch) nicht als Organ im Innenrechtskreis der Gemeinde dar.

(2) Organstellung der Unterzeichner des Bürgerbegehrens

Aufgrund der eben beschriebenen Stellung der Bürgerschaft ist es gleichzeitig ausgeschlossen, daß die Unterzeichner des Bürgerbegehrens ein eigenes gemeindliches Organ verkörpern. Diese bilden zwar bei Einreichen des Bürgerbegehrens einen gemeinsamen Willen, treffen aber in diesem Stadium noch keine Entscheidung für die Gemeinde, so daß sie nicht einmal aus funktioneller Sicht ein gemeindliches Organ darstellen[628].

(3) Zwischenergebnis

Die Bürgerschaft ist während des Stadiums des Bürgerbegehrens noch nicht dem Innenrechtskreis der Gemeinde zugeordnet. Daher handelt es sich bei der Zulässigkeitsentscheidung nicht um einen gemeindeinternen Willensbildungsprozeß, sondern um ein verwaltungsakttypisches Über-/Unterordnungsverhältnis zwischen Staat und Bürgern, in dem ein Ratsbeschluß Außenwirkung durch die Vollziehung oder die Bekanntmachung durch den Bürgermeister erhält[629].

---

626 Vgl. Burkhardt, Bürgerentscheid, S. 179.

627 Hölzl/Hien, BayGO, Art. 18 a, Anm. 8; Seckler, BayVBl 1997, 232, 234.

628 Burkhardt, Bürgerentscheid, S. 128; Seckler, BayVBl 1997, 232, 234; a.A. Jaroschek, BayVBl 1997, 39, 40.

629 OVG M-V, StGT M-V 1996, 650, 652; VG Dessau, LKV 1996, 74, 75; Schneider, StGR 1994, 399, 401; Treffer/Kroll, Bürgerbegehren und Bürgerentscheid in Bayern, Anm. 49, S. 94; Wettling, BWVPr 1987, 151, 154.

Gerade die Bekanntmachung der Zulässigkeitsentscheidung, die nur gegenüber den Unterzeichnern des Bürgerbegehrens erfolgt[630], verdeutlicht, daß die Entscheidung über die Zulässigkeit keine Maßnahme des Innenrechtskreises darstellt. Denn eine Bekanntgabe wäre in diesem Fall nicht erforderlich[631], müßte aber ggf. gegenüber der gesamten Bürgerschaft erfolgen, da im Hinblick auf die spätere Entscheidung allenfalls diese und nicht die einzelnen Unterzeichner ein gemeindliches Organ darstellt[632].

Demnach handelt es sich bei der Entscheidung über die Zulässigkeit um einen feststellenden Verwaltungsakt[633], der mit Wirkung für alle Unterzeichner gemäß § 41 I 2 VwVfG gegenüber den Vertretern des Bürgerbegehrens bekanntgegeben und somit wirksam werden kann[634]. Sollten keine Vertreter benannt sein, wie es in Brandenburg und Thüringen möglich ist, kommt angesichts der Vielzahl von Unterzeichnern eine öffentliche Bekanntgabe gemäß § 41 III 2 VwVfG in Betracht[635]. Eine solche ist im Saarland gemäß § 88 II KWG Saarl, in Sachsen gemäß § 25 III 1 SächsGemO und in Sachsen-Anhalt gemäß § 25 IV 2 GO LSA sogar ausdrücklich vorgeschrieben.

---

630 In Schleswig-Holstein und Niedersachsen ist die Entscheidung zusätzlich der betroffenen Gemeindevertretung bekanntzugeben; vgl. Borchert in: Galette/Laux, GO SchlHolst, § 16 g, zu Abs. 5, Anm. 2.

631 Heermann, Der Gemeinderatsbeschluß, S. 143.

632 Hölzl/Hien, BayGO, Art. 18 a, Anm. 8; Rehn/Cronauge, GO NW, § 25, Anm. VII 1.

633 VGH BW, DÖV 1988, 476; Borchert in: Galette/Laux, GO SchlHolst, § 16 g, zu Abs. 5, Anm. 2; v. Danwitz, DVBl 1996, 134, 141; Hölzl/Hien, BayGO, Art. 18 a, Anm. 8; Hofmann, VR 1997, 156, 161; v. Lennep/Paal, StGR 1995, 295, 300; Masson/Samper, BayGO, Art. 18 a, Rn. 25; Oebbecke, DÖV 1995, 701, 705; Schneider in: Dieckmann/Heinrichs, GO NW, § 26, Anm. 7; Wehr in: Knemeyer, Bürgerbegehren und Bürgerentscheid in Bayern, S. 54. Von einer Allgemeinverfügung i.S.v. § 35 S. 2, 1. Alt. VwVfG ist dieser Verwaltungsakt insofern zu unterscheiden, als er sich auf einen zahlenmäßig konkret bestimmten und nicht nur nach allgemeinen Merkmalen bestimmbaren Personenkreis bezieht; unklar Rehn/Cronauge, GO NW, § 25, Anm. VII 1, die von einer Allgemein- oder Sammelverfügung ausgehen. Eine Sammelverfügung, bei der es sich um eine Bündelung mehrerer Verwaltungsakte, gerichtet an mehrere bestimmte Personen handelt, liegt ebenfalls nicht vor, da es sich bei den Unterzeichnern zwar um einen genau bestimmbaren Personenkreis handelt, die Entscheidung sich jedoch auf einen Einzelfall bezieht. Zum Begriff einer Sammelverfügung siehe Henneke in: Knack, VwVfG, § 35, Rn. 6.1.; Wolff/Bachof/Stober, VerwR I, § 45, Rn. 77.

634 § 53 II KomWO BW; § 8 b III 2 HGO; § 8 VII DVO GO SchlHolst; vgl. auch Borchert in: Galette/Laux, GO SchlHolst, § 16 g, zu Abs. 5, Anm. 2; Burkhardt, Bürgerentscheid, S. 167; Thiele, Das neue kommunale Verfassungsrecht in Nds., Rn. 134.

635 Rehn/Cronauge, GO NW, § 25, Anm. VII 1.

Selbst wenn der Zulässigkeitsbeschluß durch eine Entscheidung der Rechtsaufsichtsbehörde korrigiert werden sollte, ist in dieser Entscheidung ebenfalls eine Maßnahme mit Außenwirkung zu sehen[636], denn den Entscheidungen der Rechtsaufsichtsbehörde kommt im hier betroffenen eigenen Wirkungskreis der Gemeinden regelmäßig Außenwirkung zu, da sie die Gemeinden in ihrem Selbstverwaltungsrecht berühren[637]. Nichts anderes kann im Verhältnis zu den Bürgern gelten, die in einem Bürgerentscheid eine Entscheidung für die Gemeinde treffen[638].

bb) Außenwirkung der Zulässigkeitsentscheidung in Niedersachsen und Schleswig-Holstein

Obwohl in Niedersachsen und Schleswig-Holstein die Zulässigkeitsentscheidung durch den Verwaltungsausschuß bzw. die Rechtsaufsichtsbehörde getroffen wird, ändert das nichts an dem eben gewonnenen Ergebnis, daß die Zulässigkeitsentscheidung gegenüber den Bürgern im Außenverhältnis ergeht[639].
Der Verwaltungsausschuß stellt wie der Gemeinderat ein Organ der Gemeinde dar, so daß es zu keiner Veränderung der Rechtsstellung der Bürger gegenüber der Gemeinde kommt. Den Entscheidungen der Rechtsaufsichtsbehörden in Schleswig-Holstein kommt genau wie den oben erwähnten korrigierenden Entscheidungen in den übrigen Ländern Außenwirkung zu.

cc) Konsequenzen für die Wahl der Klageart

Trotz unterschiedlicher landesrechtlicher Regelungen ist in der Zulässigkeitsentscheidung jeweils eine Maßnahme des Außenrechtskreises zu sehen, die den Bürgern bzw. den Unterzeichnern in Form eines Verwaltungsakts bekanntgegeben wird. Um nicht nur eine Aufhebung des negativen Beschlusses zu erreichen, sondern gleichzeitig auch eine positive Zulässigkeitsentscheidung zu erwirken, ist somit eine Verpflichtungsklage die richtige Klageart, da eine Anfechtungsklage lediglich zur Aufhebung des Beschlusses führen würde und damit dem Verlangen

---

636 VGH BW, BWVPr 1975, 203, 205; Hölzl/Hien, BayGO, Art. 18 a, Anm. 8. Bei einer positiven Zulässigkeitsentscheidung könnte sogar die Gemeindevertretung selbst das Verwaltungsgericht anrufen und eine Verletzung der gemeindlichen Kompetenzverteilung geltend machen, vgl. dazu VG Sigmaringen, BWVBl 1962, 156; Kunze in: Kunze/ Bronner/Katz, GemO BW, § 21, Rn. 30.

637 BVerwGE 19, 121, 123; BVerwG, BayVBl 1989, 247; Gern, Kommunalrecht, Rn. 807; Kopp, VwGO, § 42, Rn. 95; Redeker/v. Oertzen, VwGO, § 42, Rn. 50; Waechter, Kommunalrecht, Rn. 212.

638 VGH BW, BWVPr 1975, 203, 204.

639 § 22 b VII NGO; § 16 g V GO SchlHolst.

der Bürger nach Durchführung eines Bürgerentscheids nicht entsprochen werden könnte[640].

b) Klage- und Prozeßführungsbefugnis

Gemäß § 42 II VwGO ist nur derjenige klagebefugt, der die Verletzung eines eigenen Rechts geltend machen kann; d.h. im Falle eines Bürgerbegehrens sind nur diejenigen klagebefugt, die durch die ablehnende Zulässigkeitsentscheidung in ihrem Recht auf Zulassung des Bürgerbegehrens verletzt sind. Es stellt sich also die Frage, wem das Recht auf Zulassung des Bürgerbegehrens zusteht.
Auf den ersten Blick scheinen die Gemeindeordnungen diesbzgl. unterschiedliche Regelungen zu treffen. So wird einerseits in Art. 18 a IX 2 BayGO und § 26 VI 2 GO NW bestimmt, daß die Vertreter des Bürgerbegehrens Klage bzw. Widerspruch gegen dessen Zurückweisung erheben können, während andererseits in § 41 II KomWG BW und § 25 VI i.V.m. § 24 VI GO LSA jeder Unterzeichner als berechtigt ansehen wird, Anfechtungs- oder Verpflichtungsklage zu erheben. Die übrigen Gemeindeordnungen enthalten keine entsprechenden Vorschriften.

§ 41 II KomWG BW und § 25 VI i.V.m. § 24 VI GO LSA werden allgemein als besondere Regelungen der Klagebefugnis angesehen[641]. Für Art. 18 a IX 2 BayGO und § 26 VI 2 GO NW ist es dagegen umstritten, ob es sich ebenfalls um eine Regelung der Klagebefugnis - allerdings bzgl. der Vertreter des Bürgerbegehrens - oder aber um einen Fall der gesetzlichen Prozeßvertretung i.S.v. § 62 III VwGO handelt. Um diese Frage zu beantworten, ist wie in den Ländern ohne entsprechende Vorschriften zunächst zu bestimmen, wem das Recht auf Zulassung des Bürgerbegehrens und damit auch gleichzeitig das Recht auf Durchführung des Bürgerentscheids zusteht.

aa) Klagebefugnis jedes Gemeindebürgers

Da die einschlägigen Vorschriften "den Bürgern" ein Recht auf Herbeiführung eines Bürgerentscheids zusprechen und die Zahl der Antragsteller für dieses Recht nicht näher bestimmt sei, wird vereinzelt vertreten, daß jeder einzelne Bürger ein Recht habe, einen Bürgerentscheid zu beantragen und ggf. auch gerichtlich geltend zu machen[642].

---

640 Burkhardt, Bürgerentscheid, S. 168; Kunze in: Kunze/Bronner/Katz, GemO BW, § 21, Rn. 30; Masson/Samper, BayGO, Art. 18 a, Rn. 25; Rehn/Cronauge, GO NW, § 26, VII 1 i.V.m. § 25 VII 1; für eine Anfechtungsklage z.B. Hölzl/Hien, BayGO, Art. 18 a, Anm. 8; Thiele, NSt-N 1996, 288, 290.

641 Wefelmeier, NdsVBl 1997, 31, 34; ders. in: Blum/Beckhof, NGO, § 22 b, Rn. 58; Wehr, BayVBl 1996, 549, 552.

642 VG Dessau, LKV 1996, 74, 75.

Dieser Ansicht kann entgegengehalten werden, daß nach den gesetzlichen Bestimmungen zwar jeder Bürger ein Recht auf Herbeiführung eines Bürgerentscheids hat, der Anspruch auf die eigentliche Durchführung des Bürgerentscheids jedoch erst nach Durchlaufen eines bestimmten Antragsverfahrens (Bürgerbegehren) entsteht. Daher kann von vornherein nur denjenigen, die sich am Antragsverfahren durch ihre Unterschrift beteiligt haben, also den Unterzeichnern eines Bürgerbegehrens, ein Anspruch auf Zulassung des Begehrens und Durchführung des Bürgerentscheids zustehen[643]. Das Recht zur Antragstellung gewährt insoweit nicht automatisch, sondern nur bei Unterzeichnung des Begehrens auch ein Recht aus der Antragstellung[644].

bb) Klagebefugnis der einzelnen Unterzeichner bzw. der Vertreter des Bürgerbegehrens

Aufgrund der bezeichneten Beschränkung der Klagebefugnis auf die Unterzeichner des Bürgerbegehrens vertreten andere, daß jedem einzelnen Unterzeichner das Recht auf Zulassung des Begehrens zustände[645].
Auch dieser Ansicht kann nicht gefolgt werden. Jeder einzelne Unterzeichner hat zwar das Recht, ein Bürgerbegehren zu initiieren und ihm mit seiner Unterschrift zum Erfolg zu verhelfen. Durch bestimmte Antragsquoren kann das Recht auf Zulassung jedoch erst durch Bündelung dieser Einzelrechte entstehen, so daß der einzelne Unterzeichner nicht als klagebefugt bzgl. dieses "Gesamtrechts" angesehen werden kann. Demnach steht das Recht auf Zulassung nur den Unterzeichnern in ihrer Gesamtheit zu, so daß diese nur gemeinsam klagebefugt sind[646].

(1) § 41 II KomWG BW und § 25 VI GO LSA

Gleiches gilt grundsätzlich auch für Baden-Württemberg und Sachsen-Anhalt. Gemäß § 41 II KomWG BW und § 25 VI GO LSA haben diese Länder jedoch abweichend von dem Grundsatz, daß eine Klagebefugnis nur bei Geltendmachung eigener Rechte zu bejahen ist[647], festgelegt, daß jeder Unterzeichner einzeln klagebefugt ist und die Rechte sämtlicher Unterzeichner im eigenen Namen geltend

643 Jaroschek, BayVBl 1997, 39, 41; Wehr, BayVBl 1996, 549, 551.
644 Wehr, BayVBl 1996, 549, 551.
645 VGH Kassel, Beschluß vom 16.07.96 - 6 TG 2264/96, S. 3; v. Danwitz, DVBl 1996, 134, 141; Schneider, StGR 1994, 399, 401; Thiele, Das neue kommunale Verfassungsrecht in Nds., Rn. 134; ders. NSt-N 1996, 288, 290.
646 BayVGH, BayVBl 1996, 597; VG Ansbach, BayVBl 1996, 411; Fischer, DÖV 1996, 181, 184 ff.; Wefelmeier, NdsVBl 1997, 31, 35; Wehr, BayVBl 1996, 549, 551.
647 Vgl. § 42 II VwGO.

machen kann. Hierin ist gleichzeitig ein Fall der gesetzlich geregelten Prozeßstandschaft zu sehen[648].

(2) Art. 18 a IX 2 BayGO und § 26 VI 2 GO NW

Ob Art. 18 a IX 2 BayGO und § 26 VI 2 GO NW Regelungen der Klagebefugnis bzw. der Prozeßstandschaft für die Vertreter des Bürgerbegehrens darstellen oder Fälle der gesetzlichen Prozeßvertretung i.S.v. § 62 III VwGO, ist dagegen umstritten[649].

Bzgl. der bayerischen Rechtslage wird argumentiert, daß zum einen die Bezeichnung "Vertreter" dagegen spreche, die Vertreter als Prozeßstandschafter anzusehen[650]. Zum anderen sei es aus rechtsstaatlicher Sicht bedenklich, wenn durch eine prozeßstandschaftliche Vertretung die Geltendmachung eines Rechts der Bürger, das in diesem Fall eine Bündelung von Einzelrechten darstellt, nur in die Hand einiger weniger Personen gelegt werde. Denn als Prozeßstandschafter machten die Vertreter fremde Rechte in eigenem Namen geltend, ohne daß für die Unterzeichner eine Möglichkeit bestehe, auf das entsprechende Handeln der Vertreter Einfluß zu nehmen - etwa durch Entzug der Vertretungsmacht, wie es bei einer Prozeßvertretung i.S.v. § 62 III VwGO möglich wäre[651]. Es sei daher davon auszugehen, daß Art. 18 a IX 2 BayGO keine Ausnahmeregelung zur Klagebefugnis, sondern einen Fall der gesetzlichen Prozeßvertretung gemäß § 62 III VwGO darstelle[652].

Demgegenüber wird behauptet, daß bereits prozeßökonomische Schwierigkeiten, etwa bei der Zustellung usw. dafür sprächen, daß Art. 18 a IX 2 BayGO als selb-

---

648 Bzgl. der Regelung der Klagebefugnis gem. § 42 II VwGO ist umstritten, ob es sich um ein eigenständiges Rechtsinstitut oder eine gesetzliche Regelung der aktiven Prozeßführungsbefugnis handelt. Selbst bei einer angestrebten Trennung von Klage- und Prozeßführungsbefugnis – so z.B. Hufen, Verwaltungsprozeßrecht, Rn. 38 – werden jedoch beide Institute miteinander vermischt, wenn davon ausgegangen wird, daß eine gewillkürte Prozeßstandschaft bereits wegen § 42 II VwGO unzulässig sei. Im folgenden wird daher die Klagebefugnis als eine eigene Sachurteilsvoraussetzung, mit der gleichzeitig die Prozeßführungsbefugnis geregelt wird, angesehen; so auch Schenke, Verwaltungsprozeßrecht, Rn. 490; Schmitt Glaeser, Verwaltungsprozeßrecht, Rn. 82a.

649 Befürwortend: VG Ansbach, BayVBl 1996, 411; Hölzl/Hien, BayGO, Art. 18 a, Anm. 8; verneinend: Jaroschek, BayVBl 1997, 39, 42; Masson/Samper, BayGO, Art. 18 a, Rn. 25; Wehr, BayVBl 1996, 549, 552; Widtmann/Gasser, BayGO, Art. 18 a, Rn. 10.

650 Wefelmeier, NdsVBl 1997, 31, 35; Wehr, BayVBl 1996, 549, 552.

651 Jaroschek, BayVBl 1997, 39, 42; Seckler, BayVBl 1997, 232, 236.

652 Jaroschek, BayVBl 1997, 39, 42; Wehr, BayVBl 1996, 549, 552; Widtmann/Gasser, BayGO, Art. 18 a, Rn. 10.

ständige und abschließende Regelung der Klagebefugnis anzusehen sei[653]. Nur auf diese Weise könne erreicht werden, daß im Streitfall die Prozeßführung auf einen überschaubaren Personenkreis beschränkt werde[654]. Gleichzeitig werde so verhindert, daß einzelne Unterzeichner mangels eindeutig ausscheidbarer Teilrechtspositionen über fremde Rechte verfügten[655].
Die Argumente für eine bloße Regelung der Prozeßvertretung scheinen vordergründig die Rechte der einzelnen Unterzeichner zu begünstigen. Die einzelnen Personen einer Gemeinschaft haben insofern grundsätzlich das Recht, beispielsweise durch Entzug der Vertretungsmacht auf ein Handeln ihrer bestellten Vertreter Einfluß zu nehmen. Dies stellt jedoch bei der großen Zahl der an einem Bürgerbegehren beteiligten Personen eine lediglich theoretische Möglichkeit dar, da es unwahrscheinlich sein dürfte, daß sämtliche Unterzeichner einen mehrheitlichen Willen zum Entzug der Vertretungsmacht bilden[656]. Aus dieser Sicht ist es daher unbedenklich, die Vertreter von vornherein als Prozeßstandschafter anzusehen. Weiterhin ist die Vertretung vor Gericht bereits von der allgemeinen Vertretungsbefugnis erfaßt[657], so daß eine gesonderte Regelung überflüssig wäre. Art. 18 a IX 2 BayGO ist daher als Ausnahmeregelung zur Klagebefugnis gemäß § 42 II VwGO oder als Regelung der Prozeßführungsbefugnis anzusehen.

Entsprechendes gilt für § 26 VI 2 GO NW. Danach sollen zwar die Vertreter ausdrücklich nur berechtigt sein, Widerspruch einzulegen; wenn man jedoch davon ausgeht, daß ein Vorverfahren gemäß §§ 68 ff. VwGO zwingende Sachurteilsvoraussetzung und damit eine "zu durchlaufende Station" einer Verpflichtungsklage darstellt, erscheint es widersinnig, den Vertretern nur die Widerspruchsbefugnis, nicht aber die Klagebefugnis zuzusprechen. § 26 VI 2 GO NW dürfte daher wie Art. 18 a IX 2 BayGO eine Regelung der Klage- bzw. Prozeßführungsbefugnis der Vertreter beinhalten[658]. Im Gegensatz zur bayerischen Rechtslage ist es gemäß § 26 VI 2 GO NW durch den Wortlaut - ***nur*** die Vertre-

---

653 VG Ansbach, BayVBl 1996, 411; Hölzl/Hien, BayGO, Art. 18 a, Anm. 8; Seckler, BayVBl 1997, 232, 235 f.; Treffer/Kroll, Bürgerbegehren und Bürgerentscheid in Bayern, Anm. 52, S. 101.

654 Seckler, BayVBl 1997, 232, 235 f.

655 VG Ansbach, BayVBl 1996, 411; Thum, Bürgerbegehren und Bürgerentscheid in Bayern, 13.00, Art. 18 a IX, Anm. 7.

656 Vgl. bzgl. der nachträglichen Bestellung eines Prozeßvertreters Seckler, BayVBl 1997, 232, 236; Wehr, BayVBl 1996, 549, 553.

657 S.o. 2. Teil, 2. Kapitel, I 2 e aa.

658 Rehn/Cronauge, GO NW, § 26, Anm. VII 1. Die ausdrückliche Bezugnahme auf das Widerspruchsverfahren in § 26 VI 2 GO NW ist daher als Hinweis zu verstehen, daß vor der eigentlichen Klage in jedem Fall ein Vorverfahren durchzuführen ist; a.A. Schneider in: Dieckmann/Heinrichs, GO NW, § 26, Anm. 7, der offenbar die einzelnen Unterzeichner als klagebefugt ansehen will, nur die Vertreter jedoch als widerspruchsberechtigt.

ter können Widerspruch einlegen - sogar noch deutlicher, daß es sich um eine Regelung der Klage- bzw. Prozeßführungsbefugnis und nicht der gesetzlichen Prozeßvertretung handeln soll, da bei einer bloßen Prozeßvertretung grundsätzlich auch andere Personen als die benannten Vertreter für eine gerichtliche Vertretung i.S.v. § 62 III VwGO beauftragt werden könnten.

cc) Klage- / Prozeßführungsbefugnis der Unterzeichner in ihrer Gesamtheit

Da derartige Regelungen der Klage- bzw. Prozeßführungsbefugnis wie in den Ländern Baden-Württemberg und Sachsen-Anhalt sowie in den Ländern Bayern und Nordrhein-Westfalen in den übrigen Ländern fehlen, kann das der Gesamtheit zustehende Recht auf Durchführung eines Bürgerentscheids wegen des Antragsquorums nach allgemeinen Grundsätzen nur gemeinsam geltend gemacht werden.

c) Prozessuale Durchsetzung

Auch die prozessuale Durchsetzung des Rechts auf Zulassung eines Bürgerbegehrens erfolgt in den einzelnen Bundesländern auf unterschiedliche Weise. Insbesondere bei der gemeinsamen Geltendmachung aller Unterzeichner kann es zu Problemen kommen.

aa) Baden-Württemberg und Sachsen-Anhalt sowie Bayern und Nordrhein-Westfalen

Aufgrund des Umstands, daß in Baden-Württemberg und Sachsen-Anhalt jeder einzelne Unterzeichner eines Bürgerbegehrens klagebefugt ist und in Bayern und Nordrhein-Westfalen nur die Vertreter eines Bürgerbegehrens, ergeben sich hier keine Schwierigkeiten bzgl. der prozessualen Durchsetzung des Rechts auf Zulassung eines Bürgerbegehrens. Der einzelne Unterzeichner bzw. die Vertreter als natürliche Personen sind gemäß § 61 Nr. 1 VwGO beteiligungsfähig und gemäß § 62 I Nr. 1 VwGO prozeßfähig. Sie tragen im Falle einer Niederlage die Kosten des Verfahrens[659].

bb) Prozeßführungsbefugnis der Vertreter in den weiteren Bundesländern

Da das Recht auf Zulassung eines Bürgerbegehrens ohne gesetzliche Regelung der Klagebefugnis in den übrigen Ländern grundsätzlich nur gemeinsam geltend gemacht werden kann, stellt sich hier die Frage, wer tatsächlich zur prozessualen Durchsetzung dieses Rechts befugt ist.

---

[659] Vgl. für die bayerische Rechtslage Thum, Bürgerbegehren und Bürgerentscheid in Bayern, 13.00, Art. 18 a IX, Anm. 8 e.

Bei den Unterzeichnern des Bürgerbegehrens handelt es sich um eine Vereinigung i.S.v. § 61 Nr. 2 VwGO[660], die als solche unproblematisch beteiligungsfähig ist. Für diese Vereinigung handeln gemäß § 62 III VwGO die gesetzlichen Vertreter oder besonders Beauftragte, so daß es naheliegt, die Vertreter des Bürgerbegehrens als Prozeßvertreter anzusehen[661]. Eine derartige Stellung ist jedoch umstritten.

(1) Vertreter als Organ des Bürgerbegehrens

So vertritt das VG Darmstadt[662] die Auffassung, daß die Vertreter des Bürgerbegehrens ein eigenes kommunales Organ darstellen, das die Handlungsfähigkeit der Unterzeichner des Bürgerbegehrens gewährleiste. Dieser Status wird damit begründet, daß ein erfolgreicher Bürgerentscheid die gleiche Wirkung wie ein Beschluß der Gemeindevertretung habe und einen solchen ersetzen könne.

Eine derartige Stellung der Vertreter hätte jedoch zur Folge, daß ausschließlich die Vertreter handlungsberechtigt wären, ohne daß Entscheidungskompetenzen bei den übrigen Unterzeichnern verbleiben würden. Dem steht der Gedanke der plebiszitären Willensbildung entgegen[663]. Weiterhin ist die Zugehörigkeit eines Organs oder eines Organteils zur entsprechenden Organisation zwingende Voraussetzung des Organbegriffs[664], was insofern gegen eine Organstellung der Vertreter spricht, als nicht jeder Vertreter eines Bürgerbegehrens auch zwingend das Bürgerbegehren unterzeichnet haben muß[665].

(2) Vertreter als Prozeßstandschafter

Teilweise werden die Vertreter als Prozeßstandschafter angesehen mit der Folge, daß sie im eigenen Namen die Rechte aller Unterzeichner geltend machen könnten[666].

Da eine prozeßstandschaftliche Geltendmachung von Rechten ohne gesetzliche Regelung generell unzulässig ist, scheidet eine derartige Stellung der Vertreter jedoch von vornherein aus, da keine entsprechenden Regelungen in den einzelnen Ländern vorzufinden sind.

---

660 Bier in: Schoch/Schmidt-Aßmann/Pietzner, VwGO, § 61, Rn. 5, 6; Fischer, DÖV 1996, 181, 184; Jaroschek, BayVBl 1997, 39, 41; Kopp, VwGO, § 61, Rn. 17; Wefelmeier, NdsVBl 1997, 31, 35; Wehr, BayVBl 1996, 549, 551.

661 Fischer, DÖV 1996, 181, 184 f.; Rehn/Cronauge, GO NW, § 25, Anm. VII 1;.

662 VG Darmstadt, NVwZ-RR 1995, 156, 157; vgl. auch Stargardt, VR 1995, 199, 206, der analog den Regelungen des Zulassungsverfahrens zu Volksbegehren und Volksentscheid nur die Vertreter als klagebefugt ansehen will.

663 Siehe auch oben 2. Teil, 2. Kapitel, I 2 e bb.

664 Wefelmeier, NdsVBl 1997, 31, 35; Wehr, BayVBl 1996, 549, 551.

665 S.o. 2. Teil, 2. Kapitel, I 2 e.

666 VG Darmstadt, NVwZ-RR 1995, 156, 157.

(3) Vertreter als Prozeßvertreter

Ohne entsprechende Regelungen kommt den Vertretern somit die Stellung eines Prozeßvertreters zu: Es ist davon auszugehen, daß die den Vertretern des Bürgerbegehrens zustehende Vertretungsmacht auch die Vertretung vor Gericht umfaßt[667]. Andernfalls könnten die Vertreter die Aufgabe, die Interessen des Bürgerbegehrens wahrzunehmen, nicht wirkungsvoll, d.h. mit allen zur Verfügung stehenden Mitteln, erfüllen.

Aus diesem Grund können selbst in Baden-Württemberg und Sachsen-Anhalt trotz expliziter Regelung der Klagebefugnis auch die Vertreter des Bürgerbegehrens, die selbst nicht unterzeichnungsberechtigt sind, aufgrund des Umfangs der Vertretungsmacht, neben den einzelnen Unterzeichnern als Prozeßvertreter gemäß § 62 III VwGO auftreten und die Rechte der Unterzeichner des Bürgerbegehrens in deren Namen geltend machen.

cc) Prozeßfähigkeit der einzelnen Unterzeichner

Unklar ist mit Ausnahme der Rechtslage in Baden-Württemberg und Sachsen-Anhalt, ob neben den Vertretern auch die einzelnen Unterzeichner zur prozessualen Durchsetzung des Rechts auf Zulassung eines Bürgerbegehrens befugt sind.

(1) Bayern, Nordrhein-Westfalen

Wie gezeigt sind in Bayern und Nordrhein-Westfalen die Vertreter klagebefugt[668]. In Nordrhein-Westfalen sollen sogar nur die Vertreter berechtigt sein, Widerspruch einzulegen. Im Umkehrschluß könnte daher anzunehmen sein, daß die einzelnen Unterzeichner nicht prozeßführungsberechtigt sind. Dafür spricht, daß eine prozeßstandschaftliche Geltendmachung von Ansprüchen, wie sie für die Durchsetzung eines der Gesamtheit zustehenden Rechts erforderlich wäre, ohne gesetzliche Regelung grundsätzlich unzulässig ist. Da jedoch eine Durchsetzung des Anspruchs durch die einzelnen Unterzeichner als Prozeßvertreter mangels Vertretungsmacht ebenfalls ausscheidet, könnten bei Untätigkeit der Vertreter Rechtsverletzungen von den einzelnen Unterzeichnern nicht angegriffen werden. Das könnte gegen Art. 19 IV GG verstoßen, wonach gegen Rechtsverletzungen durch die öffentliche Gewalt der Rechtsweg offensteht.

---

[667] BayVGH, BayVBl 1997, 89; Fischer, DÖV 1996, 181, 184 f.; Wefelmeier, NdsVBl 1997, 31, 35; Wehr, BayVBl 1996, 549, 552; zum Umfang der Vertretungsmacht siehe auch oben 2. Teil, 2. Kapitel, I 2 e aa.

[668] S.o. 2. Teil, 3. Kapitel, V 1 b bb (2).

Die Unterzeichner haben jedoch zum einen durch ihre Unterschrift freiwillig das weitere Verfahren einschließlich der gerichtlichen Durchsetzung regelmäßig in die Hände der Vertreter gelegt[669], so daß sie auch das Risiko eines Untätigbleibens der Vertreter zu tragen haben. Zum anderen haben die Unterzeichner theoretisch die Möglichkeit, nachträglich mehrheitlich einen Prozeßvertreter zu legitimieren, der die Interessen der Gesamtheit der Unterzeichner in fremdem Namen geltend machen kann[670], so daß die Rechtsschutzmöglichkeiten zwar eingeschränkt, nicht aber ausgeschlossen sind. Eine Verletzung der Rechtsweggarantie gemäß Art. 19 IV GG durch eine ausschließliche Klage- und Prozeßführungsbefugnis der Vertreter liegt daher in Bayern und Nordrhein-Westfalen nicht vor.

(2) Übrige Länder

In den übrigen Ländern fehlt es ebenfalls an der grundsätzlich notwendigen gesetzlichen Regelung für eine Prozeßstandschaft des einzelnen Unterzeichners. Aus o.g. Gründen besteht auch hier kein Bedürfnis für eine solche Stellung der Unterzeichner, da deren Interessen bereits in ausreichender Weise durch die von ihnen legitimierten Vertreter wahrgenommen werden. Im Unterschied zu den Ländern Bayern und Nordrhein-Westfalen treten die Vertreter hier allerdings als Prozeßvertreter i.S.v. § 62 III VwGO und nicht als Prozeßstandschafter auf.
Eine Besonderheit ergibt sich in Brandenburg und Thüringen. Hier besteht keine Verpflichtung zur Benennung von Vertretern[671]. Sollten tatsächlich keine Vertreter benannt sein, ist die Geltendmachung des der Gesamtheit zustehenden Anspruchs auf Zulassung des Bürgerbegehrens ohne prozeßstandschaftliche Stellung der einzelnen Unterzeichner praktisch nicht möglich.
Dennoch wird überwiegend mangels gesetzlicher Regelung eine Prozeßstandschaft des einzelnen ausgeschlossen[672]. Eine gewillkürte Prozeßstandschaft scheide ebenfalls aus, da die Rechtsinhaber, also die übrigen Unterzeichner, einzelne Unterzeichner nicht zur Prozeßführung ermächtigt hätten und somit eine

---

669 S.o. 2. Teil, 2. Kapitel, 2 e bb.

670 Zur Unfähigkeit der Bürger nach Einreichen des Bürgerbegehrens einen gemeinsamen Willen zu bilden Seckler, BayVBl 1997, 232, 236; Wehr, BayVBl 1996, 549, 553; vgl. auch Wansleben in: Held/Becker/Decker, GO NW, § 26, Anm. 4.2.

671 S.o. 2. Teil, 2. Kapitel, I 2 e.

672 VG Ansbach, BayVBl 1996, 411; Hölzl/Hien, BayGO, Art. 18 a, Anm. 8; Jaroschek, BayVBl 1997, 39, 42; Seckler, BayVBl 1997, 232, 235 f.; Wefelmeier, NdsVBl 1997, 31, 34 f.; Wehr, BayVBl 1996, 549, 552; Widtmann/Gasser, BayGO, Art. 18 a, Rn. 10.

wesentliche Voraussetzung für eine gewillkürte Prozeßstandschaft[673] nicht erfüllt sei[674].
Eine weitere Ansicht[675] leitet dagegen die Zulässigkeit einer prozeßstandschaftlichen Vertretung einzelner Unterzeichner aus Art. 19 IV GG ab, wonach jedem, der durch die öffentliche Gewalt in seinen Rechten verletzt ist, der Rechtsweg offensteht. Dadurch, daß Rechtsverletzungen nicht angegriffen werden könnten, werde der einzelne Unterzeichner in seinem Recht aus Art. 19 IV GG verletzt.

Für die letztgenannte Ansicht sprechen die überzeugenderen Argumente. Das Recht auf Zulassung des Bürgerbegehrens, das insofern eine Bündelung von Einzelrechten darstellt, vermittelt lediglich aufgrund des Antragsquorums nur den Unterzeichnern in ihrer Gesamtheit, nicht jedoch den einzelnen Unterzeichnern eine Klagebefugnis. Der Gesetzgeber hat demnach die Rechtsschutzmöglichkeiten durch einschränkende Verfahrensvoraussetzungen (Antragsquorum) beschnitten, ohne daß er durch eine spezielle Regelung der Klagebefugnis oder einer Verpflichtung zur Benennung von Vertretern Rechtsschutzmöglichkeiten sichergestellt hat. Das widerspricht dem Gedanken des Art. 19 IV GG, wonach der Rechtsweg lediglich von formalen Voraussetzungen abhängig gemacht, nicht aber gänzlich ausgeschlossen werden kann[676]. Aufgrund der fehlenden Verpflichtung zur Vertreterbenennung kann es nicht zu Lasten der Unterzeichner gehen, daß keine Vertreter benannt werden, die dann als Prozeßvertreter auftreten könnten[677]. Zumindest in dieser Situation muß daher eine prozeßstandschaftliche Geltendmachung der Rechte durch einzelne Unterzeichner ausnahmsweise zulässig sein[678].
Auf eine entsprechende Ermächtigung durch die übrigen Unterzeichner, die dem Schutz der jeweiligen Rechtsinhaber dient, kann insoweit verzichtet werden, da die Unterzeichner unabhängig vom Ausgang des Verfahrens im Falle einer Klage nicht nachteilig verpflichtet werden: Bei einem positiven Entscheid sind sie nicht zur Teilnahme am anschließenden Bürgerentscheid gezwungen; bei einer negativen Entscheidung sind etwaige Prozeßkosten von den Prozeßparteien, hier also

673 Vgl. BGHZ 4, 153, 165; BVerwGE 2, 353, 354; BVerwG, MDR 1960, 338; BVerwG, NVwZ 1982, 38, 40; Eyermann/Fröhler, VwGO, § 42, Rn. 131; Kopp, VwGO, vor § 40, Rn. 25; Thomas/Putzo, ZPO, § 51, Rn. 33 ff.

674 VG Ansbach, BayVBl 1996, 411; Wehr, BayVBl 1996, 549, 552; Widtmann/Gasser, BayGO, Art. 18 a, Rn. 10.

675 Fischer, DÖV 1996, 181, 185; Masson/Samper, BayGO, Art. 18 a, Rn. 25.

676 BVerfGE 9, 194, 199 f.; 10, 264, 268; vgl. auch Clausen in: Knack, VwVfG, § 17, Rn. 6 für die Vertreterbenennung bei gleichförmigen Eingaben.

677 Fischer, DÖV 1996, 181, 185.

678 Fischer, DÖV 1996, 181, 185; Masson/Samper, BayGO, Art. 18 a, Rn. 25; vgl. auch VGH Kassel, Beschluß vom 6.7.1996 - 6 TG 2264/96, S. 3.

dem Prozeßstandschafter, zu tragen[679]. Ferner handelt es sich nicht um einen der üblichen Fälle der Prozeßstandschaft, in denen der Prozeßstandschafter überhaupt keine eigenen Rechte geltend macht und nur ein schutzwürdiges Interesse an der Durchsetzung fremder Rechte hat. Im Falle einer Klage gegen die Zulässigkeitsentscheidung ist die aufgrund des Antragsquorums erforderliche Prozeßstandschaft auch zur Durchsetzung der eigenen Rechte erforderlich.
Im Ergebnis ist daher eine prozeßstandschaftliche Stellung einzelner Unterzeichner als zulässig anzusehen, falls keine Vertreter benannt sind. Anderenfalls ist es nicht notwendig, die einzelnen Unterzeichner als Prozeßstandschafter anzusehen, da deren Rechte bereits in ausreichender Weise durch die Vertreter gewahrt sind.

(3) Zusammenfassung

Die Möglichkeiten bzgl. der prozessualen Durchsetzung des Rechts auf Zulassung des Bürgerbegehrens sind somit sehr unterschiedlich. In Baden-Württemberg und Sachsen-Anhalt sind aufgrund besonderer gesetzlicher Bestimmungen die einzelnen Unterzeichner selbständig klage- und prozeßführungsbefugt. Das gilt auch für Brandenburg und Thüringen, falls eine Prozeßstandschaft der einzelnen Unterzeichner bei fehlender Vertreterbenennung wegen Art. 19 IV GG geboten ist. In Bayern und Nordrhein-Westfalen sind dagegen nur die Vertreter klagebefugt. Auch in den übrigen Ländern können allein die Vertreter des Bürgerbegehrens dessen Interessen durchsetzen, allerdings nicht als Prozeßstandschafter, sondern als Prozeßvertreter. Für eine Beschränkung der gerichtlichen Geltendmachung allein durch die Vertreter sprechen letztlich auch prozeßökonomische Gründe, da auf diese Weise das Verfahren auf einen überschaubaren Kreis von Personen beschränkt wird.

d) Vorverfahren gemäß § 68 VwGO

Sofern kein Ausschlußgrund gemäß § 68 I 2, 1. Alt. VwGO vorliegt, ist ein Vorverfahren gemäß § 68 VwGO zwingende Zulässigkeitsvoraussetzung einer Verpflichtungsklage[680]. In § 25 VI i.V.m. § 24 VI GO LSA und in § 26 VI 2 GO NW wird sogar ausdrücklich die Durchführung eines Widerspruchsverfahrens erwähnt. Hingegen wird gemäß Art. 18 a IX 2 BayGO, wonach gegen die Zurückweisung des Bürgerbegehrens Klage erhoben werden kann, nicht gesondert auf ein Vorverfahren verwiesen. Ob darin ein gesetzlicher Ausschluß des Vorverfahrens i.S.v. § 68 I 2, 1. Alt. VwGO zu sehen ist, ist jedoch zweifelhaft.

---

679 Thomas/Putzo, ZPO, § 51, Rn. 42; unklar: VG Ansbach, BayVBl 1996, 411; Seckler, BayVBl 1997, 232, 235.

680 Die h.M. sieht das Vorverfahren als Sachurteilsvoraussetzung an, die von Amts wegen im Rahmen der Zulässigkeit geprüft wird, vgl. Kopp, VwGO, vor § 68, Rn. 6; a.A. Redeker/ v. Oertzen, VwGO, § 68, Rn. 5 ff.

Zeitliche Aspekte sprechen für einen Ausschluß des Vorverfahrens[681], denn einem Widerspruch im Rahmen einer Verpflichtungsklage kommt gemäß § 80 I VwGO keine aufschiebende Wirkung zu[682], so daß die Gemeindevertretung grundsätzlich die Möglichkeit hätte, dem Bürgerbegehren entgegenstehende nicht wieder rückgängig zu machende Beschlüsse zu treffen und dadurch einem Bürgerentscheid die Grundlage zu entziehen. Dies könnten die Bürger während eines Rechtsstreits lediglich bei einer offensichtlich rechtswidrigen Zulässigkeitsentscheidung mittels einstweiliger Anordnung gemäß § 123 VwGO verhindern[683].
Andererseits wird in Art. 18 a IX 2 BayGO im Gegensatz zu sämtlichen anderen Fällen eines Ausschlusses des Vorverfahrens[684] ein Widerspruchsverfahren nicht ausdrücklich ausgeschlossen, sondern ein Vorverfahren wird lediglich nicht erwähnt. Damit allein dürfte jedoch noch keine Aufhebung des Vorverfahrens begründet werden können[685]; es müßte wenigstens ein entsprechender Wille des Gesetzgebers aus dem Gesamtzusammenhang hinreichend klar hervorgehen[686]. Das ist bei Art. 18 a IX 2 BayGO jedoch nicht der Fall; diese Vorschrift könnte vielmehr auch als bloße Regelung der Klagebefugnis verstanden werden[687].
Auch in Bayern ist daher wie in den übrigen Ländern vor Erhebung einer Verpflichtungsklage ein Vorverfahren gemäß § 68 VwGO durchzuführen.

Für die Entscheidung über den Widerspruch ist gemäß § 73 I Nr. 3 VwGO die Selbstverwaltungsbehörde zuständig, soweit nicht durch Gesetz etwas anderes bestimmt ist. Zu einer Selbstverwaltungsbehörde zählen sämtliche bei einer Selbstverwaltungskörperschaft bestehenden Behördeneinrichtungen, nicht nur die Behörde, die den umstrittenen Verwaltungsakt erlassen hat[688]. Diese entscheidet jedoch über den Widerspruch, soweit das Organisationsrecht der Länder keine speziellen Regelungen trifft[689].

---

681 VG Regensburg, Urteil vom 17.7.1996 - RO 3 K 96.929; Vollzugshinweise des Bay IM, XI 2; Hölzl/Hien, BayGO, Art. 18 a, Anm. 8; Thum, Bürgerbegehren und Bürgerentscheid in Bayern, 13.00, Art. 18 a IX, Anm. 8; Widtmann/Gasser, BayGO, Art. 18 a, Rn. 10.

682 Masson/Samper, BayGO, Art. 18 a, Rn. 25; Treffer/Kroll, Bürgerbegehren und Bürgerentscheid in Bayern, Anm. 46, S. 91; Wehr, BayVBl 1996, 549, 553.

683 S.u. 2. Teil, 4. Kapitel, III 3.

684 Dazu Redeker/v. Oertzen, VwGO, § 68, Rn. 10, 11.

685 Masson/Samper, BayGO, Art. 18 a, Rn. 25; Wehr, BayVBl 1996, 549, 553; ders. in: Knemeyer, Bürgerbegehren und Bürgerentscheid in Bayern, S. 55.

686 Kopp, VwGO, § 68, Rn. 17 a.

687 Wehr in: Knemeyer, Bürgerbegehren und Bürgerentscheid in Bayern, S. 55.

688 VGH BW, DÖV 1963, 767, 768.

689 Hofmann, VR 1997, 156, 163; Dolde in: Schoch/Schmidt-Aßmann/Pietzner, VwGO, § 73, Rn. 15.

Solche von § 73 I Nr. 3 VwGO abweichenden Zuständigkeiten bestimmen Art. 119 BayGO, § 6 AG zur VwGO RhPf, § 7 AG BW zur VwGO, § 41 II 2 KomWG BW und § 25 VI i.V.m. § 24 VI GO LSA, wonach die Rechtsaufsichtsbehörde als Widerspruchsbehörde auftritt.

e) Klagegegner

In den Ländern, in denen die Zulässigkeitsentscheidung durch die Gemeindevertretung oder durch den Verwaltungsausschuß erfolgt, ist die Gemeinde, vertreten durch den Bürgermeister bzw. in Hessen durch den Magistrat, als diejenige Körperschaft, deren Behörde den Verwaltungsakt erlassen hat, richtiger Klagegegner gemäß § 78 VwGO[690]. Der Gemeinderat selbst ist als Behörde nur in Brandenburg, Mecklenburg-Vorpommern und Nordrhein-Westfalen gemäß § 78 I Nr. 2 VwGO i.V.m. den entsprechenden landesrechtlichen Bestimmungen[691] beteiligungsfähig.
Auch Rechtsaufsichtsbehörden, die in Schleswig-Holstein grundsätzlich über die Zulässigkeit entscheiden und in den anderen Ländern die Entscheidung der Gemeindevertretung/des Verwaltungsausschusses korrigieren können, sind nur unter den Voraussetzungen des § 78 I Nr. 2 VwGO als selbständige Klagegegner anzusehen, während ansonsten die Klage gegen die entsprechende Körperschaft zu richten ist.

f) Rechtsschutzbedürfnis

Einer Verpflichtungsklage gegen eine ablehnende Zulässigkeitsentscheidung steht i.d.R. nicht das Fehlen eines Rechtsschutzbedürfnisses entgegen. Ein solches ist beispielsweise selbst dann zu bejahen, wenn mit der Durchführung eines Ratsbeschlusses, gegen den sich das Bürgerbegehren richtet, bereits begonnen wurde, da auch ein Bürgerentscheid zu diesem Zeitpunkt noch durchgeführt werden kann[692].

---

690 VGH BW, DÖV 1988, 476 f.; v. Danwitz, DVBl 1996, 134, 141; Rehn/Cronauge, GO NW, § 25, Anm. VII 1.

691 § 8 II VwGG Bbg; § 5 II AG zur VwGO NW; § 14 I GOrgG M-V.
§ 8 AG Nds, § 8 AG LSA und § 6 AG SchlHolst sehen diese Möglichkeit nur für Landesbehörden vor, nicht aber für Behörden anderer Körperschaften wie Gemeinden; vgl. Redeker/v. Oertzen, VwGO, § 78, Rn. 10, 1.

692 VGH BW, NVwZ 1985, 288 f.; Hager, VerwArch 84 (1993), 97, 116; Schlüter, VBlBW 1987, 54, 57.

2. Zustimmende Entscheidung

Etwas anders als bei einer negativen Zulässigkeitsentscheidung gestalten sich die Probleme bzgl. des Rechtsschutzes bei einer positiven Entscheidung. Hier stellt sich die Frage, wer überhaupt durch diese Entscheidung verletzt sein kann.

a) Rechtsverletzung der Gegner eines Bürgerentscheids

Nach allgemeiner Meinung steht es den Gegnern des mit dem Bürgerbegehren verfolgten Anliegens mangels Verletzung eines subjektiven Rechts nicht zu, gegen eine zustimmende Zulässigkeitsentscheidung rechtlich vorzugehen[693]. Um ihre Vorstellungen durchsetzen zu können, haben diese Personen ausschließlich im anschließenden Bürgerentscheid die Möglichkeit, die erforderliche Stimmenmehrheit zu erreichen bzw. im Vorfeld eine dahingehende Information zu betreiben.

b) Rechtsverletzung der unterlegenen Ratsmitglieder

Aufgrund der Verlagerung von Entscheidungskompetenzen von der Gemeindevertretung auf die Bürgerschaft ist eine Verletzung der Rechte des Rates bzw. der bei der Zulässigkeitsentscheidung unterlegenen Ratsmitglieder nicht ausgeschlossen. Diese könnten insoweit rechtswidrig in ihrer grundsätzlichen Entscheidungskompetenz gemäß Art. 28 I 2 GG eingeschränkt sein. Teilweise wird daher bei Verletzung des Mitwirkungsrechts der Fraktionen an der Willensbildung der Gemeindevertretung[694] den Fraktionen die Möglichkeit zugesprochen, im Wege eines Kommunalverfassungsstreitverfahrens gegen die Entscheidung des Gemeinderats vorzugehen[695]. Die Zulässigkeit einer derartigen Klage erscheint aber jedenfalls dann fraglich, wenn die Mitwirkungsrechte der Fraktionen nicht ausdrücklich normiert sind. Da Organteile grundsätzlich keine Rechte des entsprechenden Organs im Wege der Prozeßstandschaft geltend machen können[696], es sich bei der Übertragung der Entscheidungskompetenz aber um die Verletzung eines Rechts der gesamten Gemeindevertretung handelt, liegen keine von den Fraktionen einklagbaren Rechtspositionen vor.

---

693 Hölzl/Hien, BayGO, Art. 18 a, Anm. 8; Masson/Samper, BayGO, Art. 18 a, Rn. 25; Schneider, StGR 1994, 399, 401; Seeger in: Kühne/Meißner, Züge unmittelbarer Demokratie, S. 111; Thiele, NSt-N 1997, 288, 290; Wehr in: Knemeyer, Bürgerbegehren und Bürgerentscheid in Bayern, S. 54.

694 Vgl. nur § 40 II GO Bbg; § 36 a III HGO; § 39 b II NGO; § 56 II 1 GO NW.

695 V. Danwitz, DVBl 1996, 134, 141 f.; Wefelmeier in: Blum/Beckhof, NGO, § 22 b, Rn. 59.

696 BVerwG, NVwZ-RR 1993, 157; NVwZ 1994, 352 f.; OVG NW, NVwZ 1989, 989 ff.; Pietzcker in: Schoch/Schmidt-Aßmann/Pietzner, VwGO, § 42 II, Rn. 100.

Selbst bei einer ausdrücklichen Normierung der Fraktionsrechte ist jedoch zweifelhaft, ob diese verletzt sind und ein entsprechendes subjektiv-öffentliches Recht der Fraktionen begründen[697]. Das Recht auf Mitwirkung der Fraktionen an der politischen Willensbildung ist nicht gleichzusetzen mit dem Recht zur grundsätzlichen Entscheidungskompetenz der Gemeindevertretung, das dieser nur in ihrer Gesamtheit zusteht[698]. Aus den Fraktionsrechten allein folgt noch kein Anspruch, daß bestimmte Angelegenheiten überhaupt von der Gemeindevertretung verhandelt werden. Die Fraktionsrechte beziehen sich in erster Linie darauf, daß die Mitwirkungsrechte in den entsprechenden Sitzungen nicht verletzt werden. An dem Zulässigkeitsbeschluß haben jedoch auch die unterlegenen Fraktionen mitgewirkt, so daß die Rechte der Fraktionen gewahrt sind. Ein allgemeines Recht der Fraktionen auf rechtmäßige Ratsbeschlüsse existiert insoweit nicht[699]. Die Minderheit hat sich vielmehr auch bei einem rechtswidrigen Zulässigkeitsbeschluß der Mehrheit unterzuordnen, was jedoch aus rechtsstaatlicher Sicht ohne weiteres hingenommen werden kann, da die Beschlüsse des Rates, aber auch der Bürgerentscheid selbst, in jedem Falle der Kontrolle der Rechtsaufsichtsbehörde unterliegen.
Demnach besitzen die Fraktionen selbst kein Recht, das durch einen rechtswidrigen Zulässigkeitsbeschluß verletzt sein könnte[700]. Ein entsprechendes Vorgehen gegen die Zulässigkeitsentscheidung kommt daher nicht in Betracht.

c) Besonderheiten in Niedersachsen und Schleswig-Holstein

In Niedersachsen ist es dagegen aufgrund der Besonderheit, daß mit dem Verwaltungsausschuß ein vom Gemeinderat unabhängiges Gemeindeorgan über die Zulässigkeit entscheidet, möglich, daß die Rechtmäßigkeit der positiven Zulässigkeitsentscheidung im Wege eines Kommunalverfassungsstreitverfahrens geklärt wird, da hier das gesamte Organ Rat und nicht nur eine Minderheitsfraktion in seinem Recht auf ordnungsgemäße innergemeindliche Kompetenzverteilung verletzt sein könnte und somit klagebefugt ist.

In Schleswig-Holstein besteht für die Gemeindevertretung die Möglichkeit, mittels einer Anfechtungs- oder Verpflichtungsklage gegen die Zulässigkeitsentscheidung der Rechtsaufsichtsbehörde vorzugehen, da Entscheidungen der

---

[697] Bejahend v. Danwitz, DVBl 1996, 134, 142.
[698] Hölzl/Hien, BayGO, Art. 18 a, Anm. 8.
[699] OVG NW, NWVBl 1993, 91 f.; Hölzl/Hien, BayGO, Art. 18 a, Anm. 8; Wehmann in: Lüersen/Neuffer, NGO, § 47, Anm. 3.
[700] Hölzl/Hien, BayGO, Art. 18 a, Anm. 8; Thiele, NSt-N 1996, 288, 290.

Rechtsaufsichtsbehörde im eigenen Wirkungskreis Außenwirkung gegenüber den Gemeindeorganen entfalten[701].

Letztgenannte Klagearten kommen zudem in allen Ländern in Betracht, wenn die Rechtsaufsichtsbehörde als Widerspruchsbehörde aufgrund eines Widerspruchs der Unterzeichner gegen die Unzulässigkeitsentscheidung des Rates die Zulässigkeit des Bürgerbegehrens feststellt[702] oder die Zulässigkeit des Bürgerbegehrens erst aufgrund einer Beanstandung der Rechtsaufsichtsbehörde festgestellt wird[703]. In diesen Fällen entfällt ein Vorverfahren wegen § 68 I Nr. 2 VwGO.

Letztlich ist ein positiver Zulässigkeitsbeschluß deshalb mit Ausnahme von Niedersachsen nur dann rechtlich angreifbar, wenn er von der Rechtsaufsichtsbehörde getroffen wurde. Hier können die Gemeindevertretungen einen Eingriff in die innergemeindliche Kompetenzverteilung geltend machen. Bei der Durchführung der in Frage kommenden Anfechtungs- oder Verpflichtungsklagen treten keine besonderen Probleme auf.

4. Kapitel: Einstweiliger Rechtsschutz gegen dem Bürgerbegehren entgegenstehende Maßnahmen der Gemeindeorgane

I. Ausgangslage

Aufgrund der Tatsache, daß Bürgerbegehren und Bürgerentscheid gegenüber Ratsbeschlüssen mangels gesetzlicher Regelungen nach allgemeiner Auffassung keine aufschiebende Wirkung i.S.v. § 80 VwGO zukommt[704], besteht während der gesamten Dauer eines plebiszitären Entscheidungsverfahrens die Gefahr, daß das Entscheidungsrecht der Bürger bereits vor der eigentlichen Entscheidung durch entgegenstehende Maßnahmen der Gemeindevertretung vereitelt wird. Trotz laufenden Bestrebens der Bürger, eine eigene Entscheidung herbeizuführen, sind die Gemeindeorgane grundsätzlich nicht gehindert, Beschlüsse zu fassen und zu vollziehen, die dem Ziel des Bürgerbegehrens entgegenstehen und dieses u.U.

---

701 S.o. 2. Teil, 3. Kapitel, V 1 a aa (3).

702 VG Sigmaringen, BWVBl 1962, 156; Hager, VerwArch 84 (1993), 97, 115; Kromer, DVBl 1985, 143, 149; Kunze in: Kunze/Bronner/Katz, GemO BW, § 21, Rn. 30; Masson/Samper, BayGO, Art. 18 a, Rn. 25; Seeger in: Kühne/Meißner, Züge unmittelbarer Demokratie, S. 111.

703 VGH Kassel, NVwZ-RR 1996, 409 f.; Hölzl/Hien, BayGO, Art. 18 a, Anm. 8; Seeger in: Kühne/Meißner, Züge unmittelbarer Demokratie, S. 111.

704 VGH Kassel, NVwZ 1996, 721; Fischer, DÖV 1996, 181, 185; Hager, NVwZ 1994, 766 f.; Wansleben in: Held/Becker/Decker, GO NW, § 26, Anm. 9.

ins Leere laufen lassen. Insbesondere im Falle eines gegen einen Ratsbeschluß gerichteten Bürgerbegehrens besteht die Gefahr, daß der Rat das Begehren durch Vollziehung des relevanten Ratsbeschlusses und der Schaffung irreversibler Tatsachen gegenstandslos werden läßt. Beispielsweise ist der Abriß eines Bauwerks gegen den Widerstand der Bürger nicht wieder rückgängig zu machen[705].

Angesichts dieser Umstände sah der mittlerweile vom BayVerfGH[706] für nichtig erklärte Art. 18 a VIII BayGO vor, daß nach Abgabe von einem Drittel der für das Antragsquorum erforderlichen Unterschriften während der nächsten zwei Monate und für den Zeitraum zwischen Einreichen des gesamten Bürgerbegehrens und Durchführung des Bürgerentscheids entgegenstehende Entscheidungen der Gemeindeorgane nicht mehr getroffen oder ausgeführt werden dürfen[707].
In Sachsen-Anhalt sollen gemäß § 25 V GO LSA nach der Feststellung der Zulässigkeit derartige Entscheidungen oder ein entsprechender Vollzug unterbleiben.
In Sachsen ist es gemäß § 25 III 4 SächsGemO nicht erlaubt, daß nach der Zulässigkeitsfeststellung dem Bürgerbegehren widersprechende Entscheidungen getroffen werden. Der Vollzug eines durch ein Bürgerbegehren angegriffenen Ratsbeschlusses ist jedoch nicht untersagt, so daß das Interesse der Unterzeichner an einer Verhinderung des Vollzugs nicht befriedigt wird[708].
Während die Gemeindeordnungen der übrigen Länder keine entsprechenden Vorschriften enthalten, hat sich der niedersächsische Gesetzgeber eindeutig gegen den Schutz der Rechte der Bürger entschieden. Gemäß § 22 b IX 1, 2 NGO ist es der Gemeindevertretung ausdrücklich erlaubt, dem Bürgerbegehren entgegenstehende Entscheidungen zu treffen und zu vollziehen. Erfahrungsgemäß ist die Gefahr, daß dadurch Bürgerbegehren und Bürgerentscheid vereitelt werden, jedoch nicht besonders groß, da die Gemeindevertreter durch dem Bürgerbegehren entgegenstehende unpopuläre Entscheidungen das Risiko eingehen würden, bei der nächsten Wahl das Vertrauen der Wähler zu verlieren und somit von vornherein von einer derartigen Entscheidung absehen[709].

Um das Entscheidungsrecht der Bürger zu schützen, wird allerdings teilweise angenommen, daß das Recht auf Durchführung eines Bürgerentscheids den Unterzeichnern einen Anspruch gewähre, entgegenstehende Maßnahmen der Gemeindeorgane mittels einer einstweiligen Anordnung gemäß § 123 VwGO zu verhin-

---

705 OVG RhPf, NVwZ-RR 1995, 411; VGH Kassel, NVwZ 1996, 721.
706 BayVerfGH, BayVBl 1997, 622, 625 f.; siehe dazu unten 2. Teil, 4. Kapitel, 2.
707 Zur genauen Bestimmung der erwähnten Zeitpunkte, siehe Wittzack in: Knemeyer, Bürgerbegehren und Bürgerentscheid in Bayern, S. 41 f.
708 Hager, NVwZ 1994, 766, 767 f.
709 Wefelmeier, NdsVBl 1997, 31, 37.

dern[710]. Der Anwendung von § 123 VwGO stehe die fehlende aufschiebende Wirkung von Bürgerbegehren und Bürgerentscheid grundsätzlich nicht entgegen, da Ansprüche auch ohne ausdrückliche Anordnung der aufschiebenden Wirkung vorläufig gesichert werden könnten[711].

II. Meinungsstand in Rechtsprechung und Literatur

Bzgl. des Bestehens eines sicherungsfähigen Anspruchs besteht keine Einigkeit in Rechtsprechung und Literatur.

Der VGH Kassel[712] geht davon aus, daß bereits vor Einreichen eines Bürgerbegehrens am Beginn einer Unterschriftensammlung ein Anordnungsanspruch gemäß § 123 I 1 VwGO bestehe, gerichtet auf Unterlassung der Vollziehung des Ratsbeschlusses, gegen den sich das Bürgerbegehren richten soll. Der Anordnungsanspruch ergebe sich aus dem Initiativrecht der Bürger auf Bürgerbegehren und Bürgerentscheid gemäß § 8 b HGO.

Der VGH BW und das OVG NW[713] verneinen dagegen einen Anspruch der Bürger auf Erlaß einer einstweiligen Anordnung, da den Bürgern kein entsprechendes Recht zur Verfügung stehe und der Rat erst im Falle eines erfolgreichen Bürgerentscheids gehindert sei, diesem entgegenstehende Ratsbeschlüsse zu fassen und zu vollziehen.

Das OVG RhPf[714] hat bzgl. eines Einwohnerantrags die Auffassung vertreten, daß ab der positiven Zulässigkeitsentscheidung vereitelnde Maßnahmen der Gemeindevertretung durch eine einstweilige Anordnung gemäß § 123 I VwGO verhindert werden können, da anderenfalls direktdemokratische Entscheidungselemente nicht ausreichend zur Geltung kämen.

---

710 Vorläufiger Rechtsschutz gemäß § 80 V VwGO scheidet aus, da weder Bürgerbegehren noch Bürgerentscheid aufschiebende Wirkung haben, vgl. nur VGH Kassel, NVwZ 1996, 721.

711 VGH Kassel, Beschluß vom 16.07.1996 - 6 TG 2264/96, S. 4 mit dem Hinweis auf § 123 V VwGO; vgl. auch Hager, NVwZ 1994, 766, 767; a.A. VGH BW, NVwZ 1994, 397; v. Danwitz, DVBl 1996, 134, 141, die aus der fehlenden aufschiebenden Wirkung eines Bürgerbegehrens herleiten, daß ein Anspruch auf einstweilige Anordnung nicht gewollt sei, ohne dabei allerdings die grundsätzliche Zulässigkeit einer einstweiligen Anordnung ohne aufschiebende Wirkung in Frage zu stellen.

712 VGH Kassel, NVwZ 1994, 396 f.

713 VGH BW, NVwZ 1994, 397; OVG NW, Beschluß vom 18.10.1995 - 15 B 2799/95.

714 OVG RhPf, NVwZ-RR 1995, 411, 413.

Das OVG M-V[715] erkennt wiederum einen Anordnungsanspruch nur für den Zeitraum eines Rechtsstreits über die Zulässigkeit eines Bürgerbegehrens an, weil ein Rechtsstreit im Falle eines zulässigen Bürgerbegehrens eine unzulässige Verzögerung im Hinblick auf die Durchführung eines Bürgerentscheids darstelle und der dadurch entstandene Zeitverlust nicht zu Lasten der Bürger gehen dürfe.

Der BayVGH[716] geht grundsätzlich davon aus, daß auch nach Wegfall des Art. 18 a VIII BayGO a.F. ein Sicherungsanspruch der Bürger bestehen könne. Dieser Anspruch ergebe sich aus einer Abwägung des Einzelfalls, bei der sich der aus einem erfolgreichen Bürgerbegehren resultierende Anspruch auf Durchführung eines Bürgerentscheids und das Selbstverwaltungsrecht der Gemeinden, welches nicht ausgehöhlt werden dürfe, gegenüberstünden.

Auch in der Literatur ist umstritten, ob den Bürgern ein sicherungsfähiger Anspruch zusteht[717]. Lediglich das Vorliegen eines Anordnungsgrundes (besondere Eilbedürftigkeit) wird allgemein anerkannt, wenn ein dem Bürgerbegehren entgegenstehender Ratsbeschluß oder der Vollzug eines solchen unmittelbar bevorsteht und somit die Gefahr droht, daß irreversible Fakten geschaffen werden[718].

III. Eigener Ansatz

Die kurze Darstellung des Meinungsstands zeigt, daß das Vorliegen eines sicherungsfähigen Anspruchs, sogenannter Anordnungsanspruch, trotz ähnlicher Rechtslage in den meisten Ländern keineswegs einheitlich beurteilt wird und daher einer näheren Untersuchung bedarf.
Ein Anordnungsanspruch besteht dann, wenn den Bürgern ein materielles Recht auf Unterlassung von Maßnahmen seitens der Gemeinde zusteht[719]. Zunächst ist

---

715 OVG M-V, StGT M-V 1996, 650, 655.

716 BayVGH, Beschluß vom 12.9.1997 - 4 ZE 97.2758, BayVGH, Beschluß vom 7.10.1997 - 4 ZE 97.2965, abgedr. bei Thum, Bürgerbegehren und Bürgerentscheid in Bayern, 43.01 und 43.02.

717 Ablehnend: v. Danwitz, DVBl 1996, 134, 141; Hager, NVwZ 1994, 766; Rehn/Cronauge, GO NW, § 26, Anm. IV; Schneider in: Dieckmann/Heinrichs, GO NW, § 26, Anm. 2; befürwortend: Fischer, DÖV 1996, 181, 185 ff.; Seewald/Rassow, BayVBl 1997, 609, 617.

718 VGH Kassel, NVwZ 1994, 396, 397; VGH Kassel, NVwZ 1996, 721; VG Wiesbaden, HSGZ 1993, 453, 454; VG Wiesbaden, HSGZ 1993, 491.

719 Vgl. OVG SchlHolst, NVwZ 1994, 590, 591; Kopp, VwGO, § 123, Rn. 6; Schoch in: Schoch/Schmidt-Aßmann/Pietzner, VwGO, § 123, Rn. 70. In Rspr. und Literatur – vgl. OVG Koblenz, NVwZ 1990, 1087, 1088; Eyermann/Fröhler, VwGO, § 123, Rn. 7 - wird teilweise die Auffassung vertreten, für einen Anordungsanspruch die Behauptung eines Rechts durch den Antragsteller ausreichen zu lassen und erst beim Anordnungsgrund oder beim Ermessen des Gerichts hinsichtlich des Erlasses einer einstweiligen Anordnung das

zu berücksichtigen, daß das Recht der Bürger auf Entscheidung anstelle des Rates erst nach dem Durchlaufen mehrerer Verfahrensabschnitte entsteht - Initiierung bis Abgabe des Bürgerbegehrens, Zulässigkeitsentscheidung und diesbzgl. Rechtsstreitigkeiten, positiver Zulässigkeitsbeschluß bis zur Durchführung des Bürgerentscheids - und möglicherweise nicht in jedem Stadium ein sicherungsfähiges materielles Recht vorhanden ist. Fest steht lediglich, daß nach einem erfolgreichen Bürgerentscheid diesem entgegenstehende Maßnahmen nicht mehr getroffen werden dürfen und die Gemeindevertretung an die Entscheidung der Bürger gebunden ist[720].

1. Einstweiliger Rechtsschutz nach bestandskräftiger Zulässigkeitserklärung

Ob den Bürgern bereits nach bestandskräftiger Zulässigkeitserklärung ein Unterlassungsanspruch gegen Maßnahmen der Gemeinde zusteht, ist umstritten.

a) Sicherungsfähiges Recht i.S.v. § 123 VwGO

Nach der bestandskräftigen Zulässigkeitserklärung kann der Rat eine Entscheidung der Bürger nur noch durch einen dem Bürgerbegehren entsprechenden Beschluß abwenden[721]. Hiermit deutet der Gesetzgeber an, daß die Gemeindevertretung nur durch Eingehen auf den Bürgerwillen und nicht durch weitere den Bürgerentscheid zu Fall bringende Ratsbeschlüsse berechtigt sein soll, die bevorstehende Bürgerentscheidung zu verhindern. Ein Vollzugsverbot bereits gefaßter Beschlüsse kann hieraus allerdings nicht abgeleitet werden.

Ein Anspruch auf Verhinderung des Vollzugs ergibt sich jedoch möglicherweise aus der durch die Zulässigkeitsentscheidung auf die Bürger übergegangenen Entscheidungskompetenz i.V.m. den Rechtswirkungen eines Bürgerentscheids. Danach wird einem Bürgerentscheid nach erfolgter Bürgerentscheidung eine gewisse Vorrangstellung vor den Beschlüssen der Repräsentativorgane eingeräumt[722]. Obwohl in den Elementen direkter Demokratie lediglich eine Ergänzung zur re-

---

Bestehen des behaupteten Rechts anhand der Erfolgsaussichten in der Hauptsache zu prüfen. Auf diese Auffassung soll hier nicht näher eingegangen werden, da sie zum einen in der Sache zu keinen unterschiedlichen Ergebnissen führt und zum anderen bisher im Rahmen des vorläufigen Rechtsschutzes zu Bürgerbegehren und Bürgerentscheid noch nicht vertreten wurde.

720 So selbst VGH BW, NVwZ 1994, 397.

721 § 21 IV 2 GemO BW; Art. 18 a XIV BayGO; § 20 II 3 GO Bbg; § 8 b IV 3 HGO; § 20 IV 5 KV M-V; § 22 b IX 3 NGO; § 26 VI 3 GO NW; § 17 a V GemO RhPf; § 21 a V 4 KSVG Saarl; § 24 V SächsGemO; § 25 IV 4 GO LSA; § 16 g V 2 GO SchlHolst; § 17 V 1 ThürKO; zum ganzen s.u. 2. Teil, 5. Kapitel.

722 VGH Kassel, NVwZ 1994, 396.

präsentativ-demokratischen Entscheidungsfindung zu sehen ist, verdrängen einmal plebiszitär getroffene Entscheidungen die der Repräsentativorgane und nicht umgekehrt. Das geht daraus hervor, daß ein Ratsbeschluß unter Beachtung bestimmter Einreichungsfristen durch einen Bürgerentscheid aufgehoben werden kann, während ein Bürgerentscheid innerhalb einer mehrjährigen Frist aufgrund der sogenannten Abänderungssperre nur durch einen neuen Bürgerentscheid abgeändert werden darf[723]. Da die Entscheidung der Bürger somit einem Ratsbeschluß vorgeht, darf nicht allein die Schwerfälligkeit des plebiszitären Entscheidungsverfahrens dazu führen, daß das einmal begründete Entscheidungsrecht den Bürgern durch bloßen Vollzug eines Ratsbeschlusses wieder entzogen werden kann[724]. Den Bürgern steht daher grundsätzlich ein Anordnungsanspruch i.S.v. § 123 VwGO zu.

Der Umstand, daß es noch unsicher ist, ob die Entscheidung der Bürger überhaupt i.S.d. Bürgerbegehrens ausfällt, schließt den Erlaß einer einstweiligen Anordnung nicht aus, da es sich insofern um eine sogenannte offene Hauptsachelage handelt, bei der eine vorläufige Regelung zu treffen ist, wenn das Aussetzungsinteresse der Bürger deutlich das Interesse der Gemeindevertretung an einer baldigen Vollziehung des Ratsbeschlusses überwiegt[725]. Bei Schaffung irreversibler Fakten wird eine derartige Abwägung i.d.R. zugunsten der Bürger ausfallen, sollten nicht besonders gewichtige Interessen für einen sofortigen Vollzug sprechen - etwa bereits eingegangene Verbindlichkeiten oder rechtliche Verpflichtungen der Gemeinde[726].

Der Anspruch auf Erlaß einer einstweiligen Anordnung kann ferner durch den auch auf Kommunalebene übertragbaren ungeschriebenen Verfassungsgrundsatz der Organtreue[727] bestärkt werden; danach haben die einzelnen Organe bei ihren Entscheidungen auf die Kompetenzen anderer Organe Rücksicht zu nehmen[728].

---

[723] S.u. 2. Teil, 9. Kapitel, I 3.

[724] OVG RhPf, NVwZ-RR 1995, 411, 413; a.A. OVG NW, Beschluß vom 18.10.1995 - 15 B 2799/95, S. 3 f.; OVG M-V, StGT-M-V 1996, 650, 654; Jaroschek, BayVBl 1997, 39, 43. Vgl. auch Oebbecke, DÖV 1995, 701, 706, der in diesem Verfahrensstadium die Vorschriften über Dringlichkeitsentscheidungen (§ 60 GO NW) anwenden will, demnach der Rat eine Entscheidung nur treffen darf, wenn eine unmittelbare Bürgerentscheidung nicht rechtzeitig erfolgen würde.

[725] VG Wiesbaden, HSGZ 1993, 491, 492; Eyermann/Fröhler, VwGO, § 123, Rn. 7; vgl. auch OVG RhPf, NVwZ-RR 1995, 411, 414.

[726] VGH Kassel, NVwZ 1994, 396, 397.

[727] Zum Grundsatz der Organtreue vgl. BVerfGE 12, 205, 254; 35, 193, 199; 45, 1, 39; 90, 286, 337.

[728] OVG RhPf, NVwZ-RR 1995, 411, 413; Fischer, DÖV 1996, 181, 186; Oebbecke, DÖV 1995, 701, 706; Wefelmeier, NdsVBl 1997, 31, 36; ablehnend OVG NW, Beschluß vom

Mithin sind Maßnahmen, die ohne große Nachteile verschoben werden können und die nur durchgeführt werden, um einen Bürgerentscheid zu verhindern, als rechtsmißbräuchlich und damit rechtswidrig anzusehen[729].

Durch eine einstweilige Anordnung wird nicht in unzulässiger Weise für einen vom Gesetzgeber nicht gewollten Fall aufschiebende Wirkung i.S.v. § 80 VwGO eingeführt[730], denn der Sicherungsanspruch aus dem Entscheidungsrecht der Bürger unterscheidet sich deutlich von der aufschiebenden Wirkung i.S.v. § 80 VwGO: Letztere bezieht sich nur auf möglicherweise rechtswidrige staatliche Maßnahmen, deren Aufhebung durch Anfechtungswiderspruch bzw. -klage erstrebt wird und entfällt nur in den Fällen des § 80 II VwGO. Die Entscheidungskompetenz der Bürger hemmt dagegen grundsätzlich alle einem Bürgerentscheid entgegenstehenden Maßnahmen der Gemeinde, ohne daß diese als solche rechtswidrig wären. Da es sich bei einer einstweiligen Anordnung um eine Abwägung zwischen Vollzugs- und Aussetzungsinteresse handelt, tritt die Sperrwirkung hier außerdem nur ein, wenn nicht besonders wichtige öffentliche oder private Interessen dem Aussetzungsinteresse der Bürger vorgehen[731], so daß sie nicht wie in den Fällen des § 80 VwGO unbegrenzt ist.
Diese Abwägung im Einzelfall verhindert gleichzeitig, daß nicht zu weitgehend in das Selbstverwaltungsrecht der Repräsentativorgane eingegriffen wird. Dieses Recht wird außerdem dadurch geschützt, daß es die Gemeindevertretung selbst in der Hand hat, so bald wie möglich nach der Zulässigkeitsentscheidung einen Bürgerentscheid und damit eine endgültige Entscheidung herbeizuführen, mit der die Ungewißheit beendet werden kann.

Zur Sicherung ihres Entscheidungsrechts steht den Bürgern daher ab der bestandskräftigen Zulässigkeitserklärung ein Anordnungsanspruch auf Aussetzung des Vollzugs zu. Das entspricht der Rechtslage des § 25 V GO LSA.

b) Besonderheiten der niedersächsischen und baden-württembergischen Rechtslage

Anders gestaltet sich die niedersächsische Rechtslage. Da gemäß § 22 b IX 1, 2 NGO ausdrücklich entgegenstehende Maßnahmen und Entscheidungen der Gemeindevertretung zulässig sind, kann aus der bereits übergegangenen Entschei-

---

18.10.95 - 15 B 2799/95, S. 4; Jaroschek, BayVBl 1997, 39, 43 für die bayerische Rechtslage.

729 Rehn/Cronauge, GO NW, § 26, Anm. IV; Wansleben in: Held/Becker/Decker, GO NW, § 26, Anm. 9.

730 A.A. Hager, NVwZ 1994, 766, 767.

731 VG Wiesbaden, HSGZ 1993, 491, 492; Fischer, DÖV 1996, 181, 186 f.

dungskompetenz kein Anordnungsanspruch der Bürger abgeleitet werden. Obwohl so die Rechte der Bürger eingeschränkt werden, bestehen gegen diese Vorschrift keine rechtlichen Bedenken, denn der Gesetzgeber ist zur Einführung plebiszitärer Elemente nicht verpflichtet und kann daher selbst entscheiden, in welchem Umfang er den Bürgern ein Mitspracherecht einräumen möchte[732]. Aus o.g. Gründen erscheint eine derartige Regelung jedoch nicht empfehlenswert.

In Baden-Württemberg ist gemäß VwV Nr. 4 zu § 21 GemO BW ein Vollzug des angegriffenen Ratsbeschlusses bis zur abschließenden Bürgerentscheidung ebenfalls ausdrücklich gestattet. Verwaltungsvorschriften können allerdings grundsätzlich als bloßes Innenrecht der Verwaltung[733] die aus der gesetzlich normierten Bürgerkompetenz begründeten Ansprüche nicht verdrängen. Trotz dieser Verwaltungsvorschrift besteht daher in Baden-Württemberg nach bestandskräftiger Zulässigkeitsentscheidung ein Anordnungsanspruch der Bürger i.S.v. § 123 VwGO.

2. Einstweiliger Rechtsschutz vor der Zulässigkeitsentscheidung

Anders als nach einer bestandskräftigen Zulässigkeitsentscheidung steht den Bürgern vor einer solchen noch kein den Kompetenzen des Rates entsprechendes Entscheidungsrecht zu, so daß auf diese Weise kein Anordnungsanspruch begründet werden kann. Die Bürger haben vor der Zulässigkeitsentscheidung lediglich das Recht, ein Bürgerbegehren zu initiieren. Es stellt sich die Frage, ob sich hieraus bereits ein Anordnungsanspruch i.S.v. § 123 VwGO herleiten läßt. Ein bloßes Initiativrecht als Vorstufe zu einer möglichen Entscheidungsbefugnis kann nicht gleichwertig neben der grundsätzlichen Entscheidungskompetenz der Gemeindevertretung stehen, denn während der Unterschriftensammlung steht nicht einmal fest, ob das Bürgerbegehren überhaupt zustande kommt und ob ein Bürgerentscheid stattfindet. Hier kommt der Grundsatz der repräsentativen Demokratie zum Tragen und der Umstand, daß plebiszitäre Elemente nur eine Ergänzung des repräsentativen Systems darstellen: Einerseits sollen zwar die Elemente plebiszitärer Demokratie bei Vorliegen der Zulässigkeitsvoraussetzungen größtmögliche Wirkung entfalten[734], andererseits darf aber auch nicht die Gesamtverantwortung und die Stabilität der Arbeit der Repräsentativorgane durch zu lange

[732] Wefelmeier, NdsVBl 1997, 31, 36; vgl. auch VG Hannover, NdsVBl 1997, 159, 161.
[733] Maurer, VerwR AT, § 24, Rn. 15 ff.; Wolff/Bachof/Stober, VerwR I, § 24, Rn. 21 ff.
[734] Vgl. im Hinblick auf den eben dargestellten Anordnungsanspruch bzgl. § 123 VwGO nach der Zulässigkeitserklärung 2. Teil, 4. Kapitel, III 1.

und von ungewissen Ereignissen abhängende Vollzugshemmungen gefährdet werden[735].

So sah der BayVerfGH die Regelung des Art. 18 a VIII BayGO a.F. wegen Verstoßes gegen das Selbstverwaltungsrecht der Gemeinden als nichtig an. Gemäß Art. 18 a VIII BayGO a.F. durften nach Abgabe von einem Drittel der für das Antragsquorum erforderlichen Unterschriften während der folgenden zwei Monate und für den Zeitraum zwischen Einreichen des gesamten Bürgerbegehrens und Durchführung des Bürgerentscheids entgegenstehende Entscheidungen der Gemeindeorgane nicht mehr getroffen oder ausgeführt werden.
Bis zur endgültigen Entscheidung über die Zulässigkeit konnten seit dem Einreichen von einem Drittel der Unterschriften bis zu vier Monate vergehen[736], wobei sich dieser Zeitraum durch eventuelle Rechtsstreitigkeiten über die Zulässigkeit noch verlängern konnte. Ohne daß feststand, ob es überhaupt zu einem Übergang der Entscheidungskompetenz kommt, wurde der Rat bereits vier Monate vor der diesbzgl. Entscheidung in seiner Handlungsfreiheit eingeschränkt.
In dieser Regelung sah der BayVerGH einen Eingriff in den Kernbereich des Selbstverwaltungsrechts, welcher neben einem gewissen Bestand an Aufgaben auch die Funktionsfähigkeit der zuständigen Gemeindeorgane garantiere, indem diese eigenverantwortlich und selbständig über Angelegenheiten der Gemeinde entscheiden könnten[737]. Zu derartigen Entscheidungen seien die gemeindlichen Organe bei einer weitreichenden und langandauernden Sperrwirkung, wie sie Art. 18 a VIII BayGO a.F. vorsah, nicht mehr in der Lage, da ihre Tätigkeit über mehrere Monate blockiert würde[738]. Bürgerbegehren und Bürgerentscheid, durch die nur punktuell in bestimmten Angelegenheiten entschieden werde, könnten insofern die Repräsentativorgane, durch die eine kontinuierliche gemeindliche Arbeit gesichert werden soll, nicht ersetzen und rechtfertigten deshalb auch nicht eine derart lange Blockierung der Entscheidungen der Repräsentativorgane[739].

Dies muß in gleicher Weise für die Herleitung eines Anordnungsanspruchs aus dem Initiativrecht der Bürger gelten. Eine Berufung auf den Grundsatz der Or-

---

[735] BayVerfGH, BayVBl 1997, 622, 626; OVG NW, Beschluß vom 18.10.95 - 15 B 2799/95, S. 4; vgl. auch Burkhardt, Bürgerentscheid, S. 36 ff. Teilweise wird aus dem Regel-Ausnahme-Verhältnis zwischen repräsentativer und plebiszitärer Demokratie hergeleitet, daß der Gemeinderat solange zuständig sein soll, bis eine endgültige Entscheidung durch die Bürger getroffen worden ist, vgl. OVG M-V, StGT M-V 1996, 650, 654 f.; Hager, NVwZ 1994, 766, 767.

[736] Vgl. Art. 18 a VIII, IX BayGO.

[737] BayVerfGH, BayVBl 1997, 622, 625.

[738] BayVerfGH, BayVBl 1997, 622, 626.

[739] BayVerfGH, BayVBl 1997, 622, 626.

gantreue[740] scheidet insoweit aus, da die Unterzeichner des Bürgerbegehrens im Gegensatz zu den entscheidungsberechtigten Personen noch kein kommunales Organ darstellen[741].
Durch eine einstweilige Anordnung würden den Bürgern verfahrensrechtliche Positionen eingeräumt, für die ihnen kein materiell-rechtlicher Anspruch zusteht[742]. Aufgrund dessen scheidet vor der Zulässigkeitsentscheidung einstweiliger Rechtsschutz gemäß § 123 VwGO für ein Bürgerbegehren somit grundsätzlich aus. Es muß bis zur Entscheidung über die Zulässigkeit in Kauf genommen werden, daß durch Schaffung irreversibler Tatsachen ein Bürgerbegehren sinnlos werden kann[743].

3. Einstweiliger Rechtsschutz während eines Rechtsstreits über die Zulässigkeit eines Bürgerbegehrens

Während eines Rechtsstreits über die Zulässigkeitsentscheidung wegen verweigerter Zulässigkeit ist die Entscheidungskompetenz ebenfalls noch nicht auf die Bürger übergegangen, so daß sich hieraus während dieses Zeitraums kein Anordnungsanspruch i.S.v. § 123 VwGO ergeben könnte. Bei einer rechtswidrigen Zulässigkeitsentscheidung liegen jedoch die tatsächlichen Voraussetzungen für den Übergang der Entscheidungskompetenz bereits vor, indem das Bürgerbegehren die geforderten Voraussetzungen erfüllt, so daß ein Rechtsstreit über eine rechtswidrige Zulässigkeitsentscheidung nur eine Verzögerung des Entscheidungsübergangs darstellt.
Die tatsächlichen Gegebenheiten allein vermitteln den Bürgern allerdings noch keinen materiell-rechtlichen Anspruch auf Durchführung eines Bürgerentscheids, sondern lediglich einen Anspruch auf unverzügliche Entscheidung über die Zulässigkeit[744]. Dieser Anspruch wird durch schuldhafte Verzögerungen seitens der zuständigen Behörde verletzt. Er kann daher sicherungsfähig sein, wenn der Rechtsstreit eine von der entsprechenden Behörde verschuldete Verzögerung darstellt. Es darf nicht zu Lasten der Bürger gehen, wenn die Zulässigkeitsentscheidung schuldhaft verzögert wird und während dieses Zeitraums vollendete Tatsachen geschaffen werden, die einem zulässigen Bürgerbegehren die Grundlage

---

740 S.o. 2. Teil, 4. Kapitel, III 1 a.

741 S.o. 2. Teil, 3. Kapitel, V 1 a aa (2); vgl. auch OVG NW, Beschluß vom 18.10.95 - 15 B 2799/95, S. 4; OVG RhPf, NVwZ-RR 1995, 411, 413 zur Rücksichtnahmepflicht im Rahmen des Einwohnerantrags.

742 VGH BW, NVwZ 1994, 397; Jaroschek, BayVBl 1997, 39, 43; Rehn/Cronauge, GO NW, § 26, Anm. IV.

743 OVG RhPf, NVwZ-RR 1995, 411; Jaroschek, BayVBl 1997, 39, 42 f.; a.A.: VGH Kassel, NVwZ 1994, 396, 397; VGH Kassel, NVwZ 1996, 721; VG Wiesbaden, HSGZ 1993, 453; Fischer, DÖV 1996, 181, 186; Sundermann, DVP 1995, 295, 297.

744 S.o. 2. Teil, 3. Kapitel, II.

entziehen[745]. Ein schuldhaftes Handeln der Behörde dürfte aber nur anzunehmen sein, falls die negative Zulässigkeitsentscheidung aus offensichtlich unvertretbaren Gründen erfolgt ist, so daß sich nur in diesen Fällen ein Anordnungsanspruch ergeben kann[746]. Lediglich in Niedersachsen ist gemäß § 22 b IX NGO jeglicher Anspruch ausgeschlossen, da hier die Entscheidungskompetenzen der Gemeindevertretung während des gesamten plebiszitären Entscheidungsverfahrens unberührt bleiben[747].

4. Zwischenergebnis

Das Recht der Bürger auf Durchführung eines Bürgerentscheids vermittelt mit Ausnahme von § 22 b NGO den Unterzeichnern eines Bürgerbegehrens einen Anordnungsanspruch auf Unterlassung der dem Begehren entgegenstehenden Maßnahmen ab der positiven Entscheidung über die Zulässigkeit, bei einer offensichtlich rechtswidrigen Ablehnung eines Bürgerbegehrens auch während eines Rechtsstreits über die Zulässigkeitsentscheidung.

Die Anordnung der aufschiebenden Wirkung stellt dabei keine unzumutbare Beeinträchtigung der zuständigen Repräsentativorgane dar[748], da diese erstens ohnehin verpflichtet sind, nach dem Grundsatz der Wirtschaftlichkeit und Sparsamkeit zu handeln und unnötige Rückabwicklungskosten zu vermeiden, zweitens es in der Hand der Repräsentativorgane liegt, möglichst bald die Durchführung des Bürgerentscheids zu veranlassen, und drittens ein Anordnungsanspruch entfällt, wenn besonders wichtige Interessen für die Eilbedürftigkeit des Vollzugs sprechen.

Durch eine derartige Handhabung der Rechtsschutzmöglichkeiten kann somit ohne ausdrückliche Regelung der aufschiebenden Wirkung von Bürgerbegehren und Bürgerentscheid im Hinblick auf größtmöglichste Effektivität sowohl von repräsentativen als auch von plebiszitären Willensbildungselementen ein sinnvoller Ausgleich zwischen beiden Formen der Willensbildung geschaffen werden.

---

[745] OVG M-V, StGT M-V 1996, 650, 655; Masson/Samper, BayGO, Art. 18 a, Rn. 25; Seewald/Rassow, BayVBl 1997, 609, 617.

[746] OVG M-V StGT M-V 1996, 650, 655; offengelassen: VG Frankfurt, HSGZ 1997, 199 f.

[747] S.o. 2. Teil, 4. Kapitel, III 1 b.

[748] VGH Kassel, NVwZ 1994, 396, 397; OVG RhPf, NVwZ-RR 1995, 411, 413; VGH Kassel, NVwZ 1996, 721; Fischer, DÖV 1996, 181, 186.

5. Kapitel: Die Entscheidung der Gemeindevertretung i.S.d. Bürgerbegehrens

I. Überblick

Um Kosten für das aufwendige Verfahren eines Bürgerentscheids zu sparen oder größere zeitliche Verzögerungen zu vermeiden, haben die Gemeindevertretungen in allen Bundesländern die Möglichkeit, vor Beginn des eigentlichen Abstimmungsverfahrens eines Bürgerentscheids die Entscheidung durch die Bürger abzuwenden, indem sie die Durchführung der mit dem Bürgerbegehren verfolgten Maßnahme beschließen[749] bzw. dem Bürgerbegehren entsprechen[750]. In Niedersachsen reicht es gemäß § 22 b IX 3 NGO bereits aus, wenn der Rat vollständig oder im wesentlichen i.S.d. Begehrens entscheidet. In allen diesen Fällen kommt es nicht mehr zu einem anschließenden Bürgerentscheid, weil der Grund hierfür entfallen ist und das Ziel des Bürgerbegehrens bereits ohne unmittelbare Bürgerentscheidung erreicht wurde, ein Bürgerentscheid sich mithin erledigt hat.

II. Die Voraussetzungen für die Erledigung eines Bürgerentscheids

Nach allgemeiner Ansicht erledigt sich ein Bürgerentscheid durch einen Ratsbeschluß, wenn dieser inhaltlich mit einem erfolgreichen Bürgerentscheid übereinstimmt[751]. Ein bloßes "sich bereit erklären" zur späteren Durchführung der Maßnahme, das Versprechen von Ersatzmaßnahmen oder das Abändern eines Ratsbeschlusses reichen noch nicht aus[752]. Selbst die Aufhebung eines Ratsbeschlusses, gegen den ein Bürgerbegehren gerichtet ist, genügt einer Erledigung dann nicht, wenn das Begehren neben der Aufhebung noch ein darüber hinausgehendes Ziel verfolgt[753].

---

749 § 21 IV 2 GemO BW; Art. 18 a XIV BayGO; § 20 II 3 GO Bbg (Beschluß durch Gemeindevertretung oder Hauptausschuß); § 8 b IV 3 HGO; § 20 VI 5 KV M-V; § 22 b IX 3 NGO; § 26 VI 3 GO NW; § 17 a V GemO RhPf; § 24 V SächsGemO; § 25 IV 4 GO LSA; § 16 g V 2 GO SchlHolst; § 17 V 1 ThürKO.

750 § 26 VI 3 GO NW; § 21 a V 4 KSVG Saarl.

751 Rehn/Cronauge, GO NW, § 26, Anm. VII 2.

752 Kunze in: Kunze/Bronner/Katz, GemO BW, § 21, Rn. 29; Masson/Samper, BayGO, Art. 18 a, Rn. 26; Rehn/Cronauge, GO NW, § 26, Anm. VII 2; Schneider in: Dieckmann/Heinrichs, GO NW, § 26, Anm. 7; Treffer/Kroll, Bürgerbegehren und Bürgerentscheid in Bayern, Anm. 67, S. 145.

753 OVG RhPf, Beschluß vom 06.02.96 - 7 A 12861/95.OVG, S. 17; Burkhardt, Bürgerentscheid, S. 168 f.; Nitsche in: Becker/Nitsche/Pampel, GO LSA, § 25, Rn. 10.

1. Teilerledigung

In diesem Zusammenhang stellt sich die Frage, ob auch ein Teilbereich eines Bürgerbegehrens für erledigt erklärt werden kann. Beispielsweise könnte die Gemeindevertretung bei einem Bürgerbegehren, das den Abriß eines alten Schwimmbads und gleichzeitig den Bau eines modernen Freizeitbads fordert, nur den Abriß des alten Schwimmbads beschließen, über den Bau eines Freizeitbads müßte nach wie vor ein Bürgerentscheid stattfinden. Auf diese Weise würde sichergestellt, daß jedenfalls ein Teil des Begehrens Erfolg hätte.
Die Durchführung der "mit dem Bürgerbegehren verfolgten Maßnahme" dürfte sich jedoch bereits aufgrund des Wortlauts der gesetzlichen Vorschriften auf den gesamten Antragsgegenstand - in dem Beispielsfall der Abriß des alten und der Bau des neuen Schwimmbads - beziehen, so daß eine Teilerledigung unzulässig ist. Des weiteren ist die Gemeindevertretung auch bei der Durchführung eines Bürgerentscheids bzgl. der zu entscheidenen Frage an die Formulierung des Bürgerbegehrens gebunden und darf die Fragestellung nur bei Unzulässigkeit ändern[754]. Die Gemeinden sind zur Objektivität während des Abstimmungsverfahrens verpflichtet[755]. Durch eine Teilerledigung könnte die Gemeindevertretung jedoch möglicherweise Einfluß auf die Willensbildung der Bürger nehmen, da die Meinungsbildung zu einer Teilfrage u.U. völlig anders ausfallen kann als die zu einem Gesamtprojekt[756].
Teilerledigungen reichen daher nicht aus, um die Durchführung eines Bürgerentscheids abzuwenden[757].

2. Anforderungen an die Erledigungserklärung gemäß § 22 b IX NGO

Während im allgemeinen die Voraussetzungen für eine Erledigungserklärung klar bestimmt werden können, besteht nach der niedersächsischen Gemeindeordnung Unklarheit darüber, welche Anforderungen der Rat erfüllen muß, um "im wesentlichen" im Sinne des Begehrens zu entscheiden. Zwar ist es dem Gesetzgeber grundsätzlich erlaubt, generalklauselartige Begriffe zu verwenden, allerdings verlangt das Bestimmtheitsgebot, daß die Voraussetzungen für den Eintritt einer Rechtsfolge für den Bürger klar vorhersehbar sind[758]. Durch die Formulierung

---

754 S.o. 2. Teil, 2. Kapitel, I 2 c.

755 S.u. 2. Teil, 6. Kapitel, II 2 bzgl. der gemeindlichen Informationspflichten; zum Neutralitätsgebot bei Abstimmungen vgl. auch BVerfGE 37, 84, 91.

756 Fischer, NWVBl 1995, 366, 371.

757 Fischer, NWVBl 1995, 366, 371; Thum, Bürgerbegehren und Bürgerentscheid in Bayern, 13.00, Art. 18 a XIV, Anm. 2.

758 BVerfGE 21, 73, 79; 31, 255, 264; Maunz/Dürig-Herzog, GG, Art. 20 VII, Rn. 63; Schnapp in: v. Münch/Kunig, GG, Art. 20, Rn. 25; Wolff/Bachof/Stober, VerwR I, § 28, Rn. 15.

"im wesentlichen" gemäß § 22 b IX 3 NGO könnte der Gemeindevertretung jedoch ein Entscheidungsspielraum eingeräumt sein, der es den Bürgern unmöglich macht vorherzusehen, wann sich ein Bürgerbegehren erledigt hat. Damit würde diese Regelung dem Bestimmtheitsgrundsatz widersprechen[759].
Aus dem Gesamtzusammenhang von § 22 b NGO, vor allem aus der Bindung der Gemeindevertretung an die im Bürgerbegehren formulierte Frage, ergibt sich jedoch, daß die Gemeindevertretung nicht befugt sein soll, durch Eingriff in das Entscheidungsverfahren das Ziel des Bürgerbegehrens in eine von ihr gewünschte Richtung zu lenken[760]. Für eine Einflußnahme durch einen Erledigungsbeschluß kann nichts anderes gelten. Demnach würden vom Ziel des Begehrens teilweise abweichende Entscheidungen der Gemeindevertretung einen unzulässigen Eingriff in den Verfahrensablauf darstellen und somit trotz der allgemein gehaltenen Formulierung "im wesentlichen" zu keiner Erledigung des Begehrens führen. Bei der notwendigen Bestimmtheit der Fragestellung ist es ohnehin unwahrscheinlich, daß für eine geringfügig abweichende Entscheidung des Rates Raum bliebe[761].
Auch § 22 b IX 3 NGO läßt somit der Gemeindevertretung keinen Entscheidungsspielraum und ist daher mit dem Bestimmtheitsgrundsatz vereinbar.

III. Zeitpunkt der Erledigungserklärung

Entsprechend dem Zweck der Vorschriften, den Kosten- und Zeitaufwand zu minimieren, ist es dem Rat möglich, sowohl vor als auch nach der Zulässigkeitserklärung eine Sachentscheidung i.S.d. Begehrens zu treffen. Selbst wenn bereits Vorkehrungen für die Durchführung eines Bürgerentscheids getroffen worden sein sollten, unterbleibt die Durchführung desselben[762], denn es würde dem Grundsatz der Wirtschaftlichkeit und Sparsamkeit widersprechen, wenn ein Erledigungsbeschluß der Gemeindevertretung durch einen anschließenden Bürgerentscheid bestätigt würde[763]. Hier wirkt sich der partizipatorische Druck und die antreibende Wirkung der plebiszitären Elemente aus[764], indem der Rat bereits aufgrund der bloßen Möglichkeit eines Bürgerentscheids zu einer bestimmten Entscheidung veranlaßt wird.

---

759 In diese Richtung Fischer, NWVBl 1995, 366, 371; v. Lennep/Paal, StGR 1994, 295, 300 für den Gesetzentwurf zur GO NW.

760 S.o. 2. Teil, 2. Kapitel, I 2 c.

761 Wefelmeier in: Blum/Beckof, NGO, § 22 b, Rn. 67.

762 Kunze in: Kunze/Bronner/Katz, GemO BW, § 21, Rn. 29; Wiegand in: Wiegand/Grimberg, GO LSA, § 25, Rn. 4.

763 Treffer/Kroll, Bürgerbegehren und Bürgerentscheid in Bayern, Anm. 12, S. 53.

764 S.o. 1. Teil, 4. Kapitel, II.

IV. Die zur Erledigungserklärung Berechtigten

Unabhängig von den Voraussetzungen und dem Zeitpunkt einer Erledigungserklärung erfolgt diese immer einseitig durch die Gemeindevertretung. Die Vertreter des Bürgerbegehrens sind dagegen nicht berechtigt, von sich aus eine Angelegenheit für erledigt zu erklären, etwa weil der Rat ihr bereits in einigen Punkten entsprochen hat. Eine solche Erklärung ist möglicherweise nicht i.S.d. ursprünglichen Begehrens und damit nicht von der Vertretungsmacht umfaßt[765].
Dadurch, daß die Sachentscheidung des Rates den Bürgerentscheid gegenstandslos werden läßt und gleichzeitig die möglicherweise bereits auf die Bürger übergegangene Entscheidungskompetenz wieder entzieht, muß die Erledigungserklärung den Unterzeichnern des Begehrens als belastende Maßnahme bekanntgemacht werden. Sie ist anschließend entsprechend den Rechtsschutzmöglichkeiten gegen eine ablehnende Zulässigkeitsentscheidung einer gerichtlichen Überprüfung zugänglich[766].

Teilweise wird der Einwand erhoben, daß durch eine Sachentscheidung des Rates die für einen Bürgerentscheid geltende Abänderungssperre, nach der ein Bürgerentscheid innerhalb einer bestimmten Frist nicht durch einen Ratsbeschluß abgeändert werden dürfe, unterlaufen werden könne, da der entsprechende Ratsbeschluß jederzeit durch einen weiteren abgeändert werden könne[767].
Die Abänderungssperre dient jedoch nicht in erster Linie dazu, der Entscheidung als solcher erhöhte Bestandskraft zu verleihen, sondern dazu, das kostspielige und zeitaufwendige Verfahren eines Bürgerentscheids gegen einen einfachen Ratsbeschluß abzusichern[768]. Letzteres spielt bei einem Erledigungsbeschluß keine Rolle, da im folgenden kein Bürgerentscheid durchgeführt wird, so daß der Zweck der Abänderungssperre nicht unterlaufen würde. Es dürfte allerdings unwahrscheinlich sein, daß der Rat ohne Vorliegen von gewichtigen Gründen einen Erledigungsbeschluß gegen den mehrheitlichen Willen der Bürger ändert.

---

765 S.o. 2. Teil, 2. Kapitel, I 2 e aa.

766 Burkhardt, Bürgerentscheid, S. 169; Klang/Gundlach, GO LSA, § 26, Rn. 2; Masson/Samper, BayGO, Art. 18 a, Rn. 26; Schneider, StGR 1994, 399, 401; Wefelmeier in: Blum/Beckhof, NGO, § 22 b, Rn. 67; zu den Rechtsschutzmöglichkeiten vgl. oben 2. Teil, 3. Kapitel, V 1.

767 Hölzl/Hien, BayGO, Art. 18 a, Anm. 10 a.E.; vgl. auch Thum, Bürgerbegehren und Bürgerentscheid in Bayern, 13.00, Art. 18 a, Anm. 13, mit dem Vorschlag, daß die ursprünglichen Unterschriften wieder aufleben sollen, wenn der entsprechende Ratsbeschluß geändert wird.

768 Zur Abänderungssperre s.u. 2. Teil, 9. Kapitel, I 3.

6. Kapitel: Die Durchführung des Bürgerentscheids

I. Durchführungsfrist

Ist ein Bürgerbegehren für zulässig erklärt worden und hat die Gemeindevertretung die Angelegenheit nicht i.S.d. Begehrens entschieden, so ist die Gemeinde zur Durchführung des Bürgerentscheids verpflichtet. Einige Gemeindeordnungen bestimmen eine Frist, in welcher der Bürgerentscheid durchzuführen ist: In einigen Ländern hat ein Bürgerentscheid innerhalb von drei Monaten[769], in anderen unverzüglich nach der Zulässigkeitsentscheidung stattzufinden[770]. Die übrigen Länder setzen keine ausdrückliche zeitliche Begrenzung.

Unabhängig von einer Fristbestimmung haben die Unterzeichner eines Bürgerbegehrens jedoch in allen Bundesländern aufgrund der Zulässigkeitserklärung einen Anspruch auf Durchführung des Bürgerentscheids. Nach den allgemeinen Regeln des BGB[771] kann ein Anspruch sofort geltend gemacht werden. Auch in den Ländern, die keine Fristbestimmung vorsehen, ist daher davon auszugehen, daß der Anspruch der Bürger auf Durchführung des Bürgerentscheids unverzüglich, d.h. ohne schuldhaftes Zögern[772] erfüllt werden muß. Die Durchführung eines Bürgerentscheids innerhalb eines Zeitraums von drei Monaten ist angesichts des organisatorischen Aufwands und der Terminplanung als unverzüglich anzusehen, so daß dieser von einigen Ländern gewählte Zeitraum als unverbindlicher Maßstab für die Durchführung des Bürgerentscheids in den übrigen Ländern gelten kann.

Verstöße gegen diese Frist seitens der Gemeinde werden sich wahrscheinlich für die Praxis als theoretisches Problem erweisen, da aufgrund des Drucks der Öffentlichkeit eine zügige Durchführung gesichert sein dürfte. Sollten dennoch von der Gemeinde verschuldete Verzögerungen auftreten, so sind die Unterzeichner berechtigt, nach Ablauf des Durchführungszeitraums ihren Anspruch auf Durchführung des Bürgerentscheids ggf. mit Hilfe einer allgemeinen Leistungsklage gerichtlich durchzusetzen[773].
Zur Festlegung dieses Zeitraums muß in den Ländern, die eine Durchführungsfrist vorsehen, zunächst der Beginn der Frist bestimmt werden. Die Vorschriften der

---

769 Art. 18 a X 1 BayGO; § 22 b VII 2 NGO; § 26 VI 2 GO NW; § 25 III 3 SächsGemO; § 25 IV 3 GO LSA.

770 § 55 I 3 KWG Hess; § 15 I 1 KV-DVO M-V; § 67 I 1 KWG RhPf; § 88 I KWG Saarl; § 9 I DVO GO SchlHolst.

771 Vgl. § 271 I BGB.

772 Vgl. § 121 I 1 BGB.

773 Rehn/Cronauge, GO NW, § 26, Anm. VII 4; Wefelmeier in: Blum/Beckhof, NGO, § 22 b, Rn. 60.

meisten Gemeindeordnungen beziehen den Beginn der Durchführungsfrist auf die Zulässigkeit des Bürgerbegehrens[774], so daß anzunehmen ist, daß mit der positiven Zulässigkeitsentscheidung der Lauf der Frist in Gang gesetzt wird. Vereinzelt wird vertreten, daß bereits mit Einreichen des Begehrens die Frist beginne[775]. Damit wäre zwar auch die Zeit zwischen Einreichen des Begehrens und Zulässigkeitsentscheidung einer zur Verfahrensbeschleunigung beitragenden Frist ausgesetzt[776]. Letztlich entsteht der Anspruch auf Durchführung des Bürgerbegehrens jedoch erst mit einer positiven Zulässigkeitsentscheidung, so daß erst dann der Lauf einer Frist zur Erfüllung dieses Anspruchs beginnen kann.

Demgegenüber sieht § 26 VI 2 GO NW vor, daß ein Bürgerentscheid innerhalb von drei Monaten durchzuführen ist, falls der Rat dem Begehren nicht entspricht[777]. Aufgrund dessen wird die Ansicht vertreten, daß die Durchführungsfrist erst mit Ablehnung einer Sachentscheidung durch den Rat zu laufen beginne[778]. Diese Auffassung ist jedoch abzulehnen, denn durch Hinausschieben einer solchen Entscheidung könnte der Gemeinderat den Beginn der Frist in nicht unerheblicher Weise verzögern, was gerade durch die Fristbestimmung verhindert werden soll[779]. Des weiteren läßt sich aus dem Gesetzeswortlaut des § 26 VI GO NW nicht entnehmen, daß der Rat überhaupt gezwungen ist, über eine Ablehnung der Sachentscheidung zu beschließen; vielmehr hat er lediglich die Möglichkeit, auch noch nach Feststellung der Zulässigkeit und Entstehung des Entscheidungsanspruchs der Bürger über die entsprechende Angelegenheit selbst zu entscheiden. Bei fehlender Entscheidung des Rates würde somit eine Frist gar nicht erst in Gang gesetzt werden.

---

774 Vgl. nur den Wortlaut des § 22 b VII NGO: "Ist das Bürgerbegehren zulässig, so ist über die begehrte Sachentscheidung innerhalb von drei Monaten ein Bürgerentscheid durchzuführen" oder noch deutlicher der Wortlaut des § 55 I 3 KWG Hess: "Der Bürgerentscheid ist unverzüglich nach der Entscheidung der Gemeindevertretung über die Zulässigkeit des Bürgerbegehrens durchzuführen".

775 Klang/Gundlach, GO LSA, § 25, Rn. 4 mit dem Hinweis auf Sinn und Zweck der Vorschrift und einem Vergleich mit § 24 V 2 GO LSA.

776 Das ist ansonsten nur gemäß Art. 18 a IX 1 BayGO der Fall, wonach die Zulässigkeitsentscheidung innerhalb von zwei Monaten nach Eingang des Bürgerbegehrens zu erfolgen hat, und gemäß § 21 a V 1 KSVG, wonach die Zulässigkeitsentscheidung unverzüglich erfolgen muß; dazu oben 2. Teil, 4. Kapitel, II.

777 Eine derartige Regelung war zunächst auch für § 22 b NGO vorgesehen, vgl. Gesetzentw. der Landesreg. vom 12.10.1995, LT-Drs. 13/1450, S. 8, fand aber keinen Eingang in die neue Gemeindeordnung.

778 V. Lennep/Paal, StGR 1994, 295, 300; Muckel, NVwZ 1997, 223, 225; Rehn/Cronauge, GO NW, § 26, Anm. VIII 4; Sundermann, DVP 1995, 295, 297.

779 Wansleben in: Held/Becker/Decker, GO NW, § 26, Anm. 5.2; vgl. auch; OVG NW, Beschl. vom 20.03.95 - 15 B 546/95, S. 3 f.; Fischer, NWVBl 1995, 366, 370.

Daher kann auch in Nordrhein-Westfalen nur die eigentliche Zulässigkeitsentscheidung den Lauf der Frist in Gang setzen.

II. Informationspflicht und Werbung im Vorfeld der Entscheidung der Bürger

1. Gesetzliche Regelungen

Neben der Pflicht zur Durchführung eines Bürgerentscheids werden in Baden-Württemberg, Hessen, Mecklenburg-Vorpommern, Rheinland-Pfalz und Schleswig-Holstein die Gemeinden nach den entsprechenden Gemeindeordnungen verpflichtet, vor Durchführung des Bürgerentscheids den Bürgern die zur Angelegenheit des Bürgerbegehrens vertretenen Auffassungen innerhalb der Gemeindeorgane, namentlich der Gemeindevertretung und des Bürgermeisters bzw. des Magistrats, darzulegen[780]. Im Saarland wird gemäß § 89 II Nr. 4 KWG Saarl diese bezeichnete Pflicht ausdrücklich dem Bürgermeister zugeschrieben.

Die Länder Brandenburg, Niedersachsen, Nordrhein-Westfalen, Sachsen, Sachsen-Anhalt und Thüringen verzichten auf eine Normierung einer den Bürgerentscheid betreffenden Informationspflicht der Gemeinde; die Gemeinden sind jedoch auch hier im Rahmen der allgemeinen kommunalen Öffentlichkeitsarbeit angehalten, entsprechende Informationen über den Entscheidungsgegenstand zu verbreiten.

Für die bayerischen Gemeinden besteht zwar keine ausdrückliche Informationspflicht im Rahmen eines Bürgerentscheids[781]; gemäß Art. 18 a XV BayGO dürfen jedoch die im Gemeinderat und die von den Vertretern des Bürgerbegehrens vertretenen Auffassungen zum Gegenstand eines Bürgerentscheids in Veröffentlichungen und Veranstaltungen der Gemeinde nur in gleichem Umfang dargestellt werden.

Eine bestimmte Form der Darlegung der Informationen ist - soweit eine Normierung der Informationspflicht besteht - in den meisten Gemeindeordnungen nicht vorgesehen, es muß lediglich jedem Bürger die Möglichkeit der Kenntnisnahme der Informationen eröffnet werden: Hierfür bieten sich eine öffentliche oder ortsübliche Bekanntmachung, eine Bürger- oder Einwohnerversammlung, die Offenlegung von Unterlagen oder die Unterrichtung der Bürger zusammen mit einer

---

780 § 21 V GemO BW; § 8 b V HGO; § 15 II KV-DVO M-V; § 17 a VI GemO RhPf; § 16 g VI GO SchlHolst, § 9 II DVO GO SchlHolst.

781 Thum, Bürgerbegehren und Bürgerentscheid in Bayern, 13.00, Art. 18 a XV, Anm. 4; für eine Informationspflicht in den übrigen Ländern vgl. Schneider, StGR 1994, 399, 401.

Abstimmungsbenachrichtigung an[782]. Lediglich in Rheinland-Pfalz und im Saarland ist zwingend eine öffentliche Bekanntmachung vorgeschrieben[783].

2. Zweck und Umfang der gesetzlichen Regelungen

Unabhängig von ihrer konkreten Ausgestaltung verfolgen die Vorschriften über die Information im Vorfeld eines Bürgerentscheids den Zweck, den abstimmungsberechtigten Bürgern eine sachgerechte Entscheidung zu ermöglichen, indem Informationen über die einzelnen Aspekte und Argumente der zu entscheidenden Angelegenheit veröffentlicht werden[784].

a) Baden-Württemberg, Hessen, Mecklenburg-Vorpommern, Rheinland-Pfalz, Saarland und Schleswig-Holstein

In den Ländern, die lediglich die Darlegung der von den Gemeindeorganen vertretenen Auffassungen verlangen, kann dem genannten Zweck nur entsprochen werden, wenn die Darstellung neben der Auffassung des Bürgermeisters (Magistrats) und der in der Gemeindevertretung vertretenen Mehrheitsmeinung auch die wesentlichsten Gesichtspunkte abweichender Meinungen, etwa einer unterlegenen Gruppe von Ratsmitgliedern, beinhaltet. Ebenso muß sie ein Mindestmaß an Informationen über den Abstimmungsgegenstand als Entscheidungsgrundlage enthalten, da andernfalls die Darlegung der verschiedenen Auffassungen keine wirkliche Entscheidungshilfe wäre[785]. Die Informationen dürfen allerdings nicht über den Charakter einer Entscheidungshilfe hinausgehen: Eine aktive Entscheidungsbeeinflussung der Bürger durch gezielte Werbekampagnen ist aus Gründen des Demokratieprinzips i.V.m. der Chancengleichheit unzulässig[786], so daß die

---

782 Burkhardt, Bürgerentscheid, S. 252; Kunze in: Kunze/Bronner/Katz, GemO BW, § 21, Rn. 31; v. Mutius/Rentsch, GO SchlHolst, § 16 g, Rn. 6; Schefold, Entwicklungstendenzen, S. 112; Schneider, StGR 1994, 399, 401; Wettling, BWVPr 1981, 278, 279; Wiegand in: Wiegand/Grimberg, GO LSA, § 26, Rn. 4; vgl. auch § 15 II KV-DVO M-V.

783 § 17 a VI GemO RhPf; § 89 II Nr. 4 KWG Saarl.

784 Statt vieler: Burkhardt, Bürgerentscheid, S. 253; Masson/Samper, BayGO, Art. 18 a, Rn. 35; v. Mutius/Rentsch, GO SchlHolst, § 16 g, Rn. 6; Schefold, Entwicklungstendenzen, S. 112; Wiegand in: Wiegand/Grimberg, GO LSA, § 26, Rn. 4.

785 Borchert in: Galette/Laux, GO SchlHolst, § 16 g, zu Abs. 6; Burkhardt, Bürgerentscheid, S. 249 ff.; Klang/Gundlach, GO LSA, § 26, Rn. 4; Kunze in: Kunze/Bronner/Katz, GemO BW, § 21, Rn. 31; v. Mutius/Rentsch, GO SchlHolst, § 16 g, Rn. 6; Schefold, Entwicklungstendenzen, S. 112; Wettling, BWVPr 1981, 278 f.

786 Vgl. BVerfGE 37, 84, 91; BayVerfGH, BayVBl 1994, 203.

Gemeinde im Rahmen der Darlegungspflicht um eine sachliche Darstellung der verschiedenen Meinungen bemüht sein muß[787].

Bei der Auferlegung der Informationspflicht handelt es sich in den bezeichneten Ländern um bloße Verfahrensvorschriften, deren Einhaltung nach allgemeiner Meinung zumindest der Kontrolle durch die Rechtsaufsichtsbehörden unterliegt[788]; einen Anspruch auf Einschreiten der Rechtsaufsichtsbehörden haben die Bürger allerdings nicht[789]. Ob die entsprechenden Normen darüber hinaus einen Anspruch i.S.e. subjektiven Rechts des einzelnen begründen können, richtet sich zunächst entsprechend der von der Rechtsprechung entwickelten Schutznormtheorie danach, ob die Normen die Interessen einzelner schützen sollen und nicht nur dem Interesse der Allgemeinheit dienen[790].
Zweck der hier relevanten Vorschriften ist die umfassende Information der entscheidungsberechtigten Bürger, die vor einer unsachgemäßen Entscheidung geschützt werden sollen und somit vom Schutzbereich erfaßt sind. Das gilt dagegen nicht für einzelne oder Gruppen von Ratsmitgliedern. Diesen steht daher jedenfalls in ihrer Eigenschaft als Ratsmitglied von vornherein kein Anspruch auf Darstellung einer bestimmten von ihnen vertretenen Meinung zu[791].
Da es sich bei den Vorschriften über die Informationspflichten jedoch um bloße Verfahrensvorschriften handelt, deren Verletzung ein subjektiv-öffentliches Recht nur dann begründet, wenn dadurch eine geschützte Rechtsstellung tatsächlich berührt wird[792], steht aber auch den einzelnen Bürgern nur dann ein Anspruch auf ordnungsgemäße Information durch die Gemeinde zu, wenn sich die Pflichtverletzung seitens der Gemeinde auf die Rechte der Bürger ausgewirkt hat bzw.

---

787 Burkhardt, Bürgerentscheid, S. 248 Klang/Gundlach, GO LSA, § 26, Rn. 4; Masson/ Samper, BayGO, Art. 18 a, Rn. 36; vgl. auch BVerfGE 44, 125, 147 f.; BayVerfGH, BayVBl 1994, 203, 205.

788 VGH BW, BWVPr 1981, 195; Masson/Samper, BayGO, Art. 18 a, Rn. 35; Treffer/Kroll, Bürgerbegehren und Bürgerentscheid in Bayern, Anm. 68, S. 148; Wettling, BWVPr 1981, 278, 279 f.

789 OVG NW, Urteil vom 5.6.1968; vgl. auch OVG NW, OVGE 26, 93; Becker in: Held/ Becker/Decker, GO NW, § 116, Anm. 7; Maurer, VerwR AT, § 23, Rn. 22.

790 BVerfG, NJW 1990, 2249; BVerwGE 61, 256, 262; 72, 226, 229; BVerwG, NJW 1987, 1837; Krebs in: v. Münch/Kunig, GG, Art. 19, Rn. 60; Kopp, VwGO, § 42, Rn. 43; Schmidt-Aßmann in: Maunz/Dürig, GG, Art. 19 IV, Rn. 127 ff.

791 VGH BW, BWVPr 1981, 195; Burkhardt, Bürgerentscheid, S. 252 f.; Hager, VerwArch 84 (1993), 97, 117; Kunze in: Kunze/Bronner/Katz, GemO BW, § 21, Rn. 31; Thum, Bürgerbegehren und Bürgerentscheid in Bayern, 13.00, Art. 18 a XV, Anm. 1; Wettling, BWVPr 1981, 278, 279; Widtmann/Gasser, BayGO, Art. 18 a, Rn. 16.

792 Vgl. § 46 VwVfG; § 44 a VwGO.

auswirken wird[793]. Es kann daher ein Anspruch auf Darstellung einer bestimmten Meinung nur angenommen werden, wenn das Fehlen gerade dieser Information Auswirkungen auf den Abstimmungsausgang haben könnte[794]. Diesbzgl. ist zu berücksichtigen, daß die Bürger nicht nur durch "offizielle" Darstellungen seitens der Gemeinde über den anstehenden Bürgerentscheid informiert werden, sondern auch durch die Initiatoren des Bürgerbegehrens selbst oder durch die politischen Parteien und andere Interessengruppen, so daß sich eine fehlerhafte Darlegung der Verwaltungsauffassung u.U. gar nicht auf den Abstimmungsausgang auswirkt, weil die Bürger bereits ausreichend informiert sind[795].
Gerade bei einem Bürgerentscheid, der sich auf zwei mögliche Entscheidungsalternativen beschränkt, deren Positionen i.d.R. in den Grundzügen bekannt sind, ist eine Verfälschung der Meinungsbildung durch unvollständige gemeindliche Darstellung nicht sehr wahrscheinlich. Sie wird nur in den seltensten Fällen eindeutig nachzuweisen sein[796]. Im übrigen geht aus den Vorschriften selbst hervor, daß der Darlegung der Verwaltungsauffassung von vornherein nicht der Charakter der einzigen Informationsquelle zukommen soll, denn es sind lediglich die Auffassungen der Gemeindeorgane, nicht aber beispielsweise die der Initiatoren des Bürgerbegehrens darzustellen. Der Gesetzgeber scheint davon auszugehen, daß die Befürworter eines Begehrens ihrerseits Werbung für ihr Anliegen betreiben. Es ist anzunehmen, daß die Bürger auch bei einer einseitigen und damit fehlerhaften gemeindlichen Information ausreichend informiert sind und entsprechende Fehler i.d.R. nicht zur Verfälschung des Abstimmungsausgangs führen werden. Die Bürger haben daher in den Ländern Baden-Württemberg, Hessen, Mecklenburg-Vorpommern, Rheinland-Pfalz, Saarland und Schleswig-Holstein wie auch einzelne oder Gruppen von Ratsmitgliedern i.d.R. keinen Anspruch auf Darstellung einer bestimmten im Gemeinderat vertretenen Auffassung[797].

---

793 Wettling, BWVPr 1981, 278, 280; zum Bestehen eines subjektiv öffentlichen Rechts aufgrund einer Verfahrensvorschrift vgl. BVerwGE 75, 285, 291; 85, 348, 368; BVerwG, NVwZ 1989, 1168.

794 VGH BW, BWVPr 1975, 203, 205; Burkhardt, Bürgerentscheid, S. 268 f.; Hager, VerwArch 84 (1993), 97, 117.

795 Muckel, NVwZ 1997, 223, 228; Wettling, BWVPr 1981, 278, 280.

796 Vgl. das Beispiel bei Mayer, Bürgerbegehren und Bürgerentscheide in Gemeinden, S. 30 f. - Bürgerentscheid zum Kongreßzentrum in Freiburg, bei dem trotz einer einseitigen Information seitens der Gemeindevertretung für den Bau des Kongreßzentrums die Bürger sich mehrheitlich gegen das Kongreßzentrum entschieden hatten, allerdings das erforderliche Erfolgsquorum von 30 % der Stimmberechtigten verfehlt hatten.

797 A.A. Burkhardt, Bürgerentscheid, S. 253, der davon ausgeht, daß nur bei vollständiger Darlegung der Verwaltungsauffassung eine sachgerechte Entscheidung der Bürger möglich ist.

b) Brandenburg, Niedersachsen, Nordrhein-Westfalen, Sachsen, Sachsen-Anhalt und Thüringen

Auch in den Ländern Brandenburg, Niedersachsen, Nordrhein-Westfalen, Sachsen, Sachsen-Anhalt[798] und Thüringen, in denen Informationspflichten der Gemeinde im Vorfeld eines Bürgerentscheids nicht ausdrücklich vorgeschrieben sind, können die angesprochenen Probleme auftreten, denn im Rahmen der kommunalen Öffentlichkeitsarbeit[799] sind die Gemeinden zur Unterrichtung der Bürger über wichtige Angelegenheiten der Gemeinde verpflichtet[800].
Die kommunale Öffentlichkeitsarbeit ist als Ausfluß des Demokratieprinzips und der Wahrnehmung von Selbstverwaltungsaufgaben für eine effektive Bürgermitwirkung im Hinblick auf das Engagement der Bürger und die Akzeptanz einer Entscheidung von besonderer Bedeutung[801]. Diese Bedeutung schlägt sich für einen Bürgerentscheid in der Weise nieder, daß die Bürger ohne ein Mindestmaß an allgemeinen Informationen über den Abstimmungsgegenstand keine verantwortungsvolle Entscheidung treffen können. Da die kommunale Öffentlichkeitsarbeit lediglich der allgemeinen Information in einem repräsentativ-demokratischen System und nicht der Entscheidungshilfe für die plebiszitäre Willensbildung dient, sind die Gemeinden jedoch nicht verpflichtet, wohl aber berechtigt, zusätzlich zu der von der Öffentlichkeitsarbeit geforderten allgemeinen Information über den Abstimmungsgegenstand die von den Gemeideorganen dazu vertretenen Ansichten darzulegen[802]. Bereits aus dem Selbstverwaltungsrecht der Gemeinden nach Art. 28 II GG kann sich ein solches Interesse der Gemeinde an einer Stellungnahme zu einer bestimmten Angelegenheit ergeben[803]. Sollte eine Gemeinde ihrem Recht zur Darlegung der von den Gemeindeorganen vertretenen Auffassungen nachkommen, so ist sie dabei an das sogenannte Objektivitäts- und Sachlichkeitsgebot gebunden, denn die Willensbildung des Volkes hat sowohl bei

---

798 Die Regelung der Informationspflicht gemäß § 26 IV GO LSA a.F. wurde mit dem Kommunalrechtsänderungsgesetz vom 31.7.1997, GVBl., S. 721 aufgehoben.

799 Vgl. § 20 GemO BW; § 16 GO Bbg; § 8 a HGO; § 16 KV M-V; § 23 GO NW; §§ 15, 16 GemO RhPf; § 11 SächsGemO; § 16 a GO SchlHolst; § 15 ThürKO; vgl. auch Knemeyer, Bürgerbeteiligung und Kommunalpolitik, S. 151.

800 Knemeyer, Bürgerbeteiligung und Kommunalpolitik, S. 88 ff, S. 225; Sundermann, DVP 1995, 295, 298; Wittzack in: Knemeyer, Bürgerbegehren und Bürgerentscheid in Bayern, S. 39; a.A. Thiele, NSt-N 1996, 288, 291; Thum, Bürgerbegehren und Bürgerentscheid in Bayern, 13.00, Art. 18 a XV, Anm. 4, die eine Unterrichtungspflicht bzgl. eines Bürgerentscheids nur bei einer ausdrücklichen gesetzlichen Normierung annehmen.

801 Knemeyer, Bürgerbeteiligung und Kommunalpolitik, S. 158; Müller, Information, Kommunalverwaltung und Öffentlichkeitsarbeit, S. 94 ff.; Sarcinelli, Öffentlichkeitsarbeit der Parlamente, S. 85 ff.; Treffer/Kroll, Bürgerbegehren und Bürgerentscheid in Bayern, Anm. 68, S. 146.

802 Burkhardt, Bürgerentscheid, S. 249; Sundermann, DVP 1995, 295, 298.

803 BayVGH, BayVBl 1996, 597.

mittelbaren als auch bei unmittelbaren Volksentscheidungen grundsätzlich frei von staatlichen Einflüssen zu bleiben[804].

Wenn die Gemeinde nicht einmal verpflichtet ist, Informationen i.S.e. Entscheidungshilfe zu geben, können im Rahmen der allgemeinen Unterrichtungspflicht erst recht keine Ansprüche auf Darstellung einer bestimmten Meinung hergeleitet werden[805].

c) Bayern

Auch in Bayern läßt sich eine Informationspflicht im Rahmen eines Bürgerentscheids nur aus der allgemeinen kommunalen Öffentlichkeitsarbeit herleiten; Art. 18 a XV BayGO regelt insofern nur das Informationsverfahren[806]. Hiernach ist eine gleichwertige Darstellung der Ansichten des Gemeinderats und der Vertreter eines Bürgerentscheids erforderlich.
Durch Art. 18 a XV BayGO wird die allgemeine Sachlichkeitspflicht, der die Gemeinde unterliegt, konkretisiert[807]. Zwar hat die Willensbildung des Volkes sowohl bei mittelbaren als auch bei unmittelbaren Volksentscheidungen grundsätzlich frei von staatlichen Einflüssen zu bleiben[808]; das bei Wahlen geltende Neutralitätsgebot für staatliche Organe wird jedoch bzgl. unmittelbarer Sachentscheidungen durch die Bürger zu einem Objektivitäts- oder Sachlichkeitsgebot abgeschwächt[809]. Solange die kommunalen Organe trotz Parteiergreifung nicht wie eine der beteiligten Gruppen in den Abstimmungskampf eingreifen und keine eindeutigen Abstimmungsempfehlungen aussprechen, liegt daher keine unzulässige staatliche Einflußnahme vor[810]. Eine strenge Pflicht zur Neutralität wäre mit

---

804 Zum Neutralitätsgebot bei Wahlen BVerfGE 44, 125, 139 ff.; bei bei Abstimmungen BVerfGE 37, 84, 91; zum Objektivitäts- und Sachlichkeitsgebot 2. Teil, 6. Kapitel, II 2 c.

805 Vgl. VGH BW, BWVPr 1981, 195.

806 Vgl. Thum, Bürgerbegehren und Bürgerentscheid in Bayern, 13.00, Art. 18 a XV, Anm. 4.

807 BayVGH, BayVBl 1996, 597; BayVGH, BayVBl 1997, 435; Widtmann/Gasser, BayGO, Art. 18 a, Rn. 16.

808 Zum Neutralitätsgebot bei Wahlen: BVerfGE 44, 125, 139 ff.; bei Abstimmungen: BVerfGE 37, 84, 91.

809 BayVerfGH, BayVBl 1994, 203, 205; BayVGH, BayVBl 1997, 435; vgl. auch BayVGH, BayVBl 1996, 597; Thum, Bürgerbegehren und Bürgerentscheid in Bayern, 13.00, Art. 18 a XV, Anm. 8 a.

810 BVerfGE 37, 84, 91; BayVerfGH, BayVBl 1994, 203; Masson/Samper, BayGO, Art. 18 a, Rn. 36; Widtmann/Gasser, BayGO, Art. 18 a, Rn. 16; a.A. Thum, Bürgerbegehren und Bürgerentscheid in Bayern, 13.00, Art. 18 a XV, Anm. 4, der amtliche Werbeaktionen ohne nähere Begründung gemäß Art. 18 a XV BayGO als zulässig ansieht.

dem Selbstverwaltungsrecht nicht zu vereinbaren, das den Gemeinden garantiert, zu allen Angelegenheiten der örtlichen Gemeinschaft Stellung zu nehmen[811].

Da nach Art. 18 a XV BayGO nur eine Gegenüberstellung der Auffassungen des Gemeinderats und der Befürworter des Bürgerbegehrens gefordert wird, genügt hierbei eine Information lediglich über die Mehrheitsmeinung des Gemeinderats[812]. Es ist sogar zweifelhaft, ob die Darstellung einer davon abweichenden Meinung überhaupt noch vom Zweck des Art. 18 a XV BayGO umfaßt wird; denn durch die Darstellung von abweichenden Meinungen würde die mehrheitliche Auffassung der Gemeindevertretung u.U. zugunsten der Ansicht der Vertreter des Bürgerbegehrens abgeschwächt[813]. Da jedoch für die Initiatoren des Bürgerbegehrens, politische Parteien oder andere Interessengruppen ein Objektivitätsgebot nicht gilt und sie nicht gehindert sind, ihrerseits mit allen zulässigen Mitteln über ihre Zielvorstellungen zu informieren und diesbzgl. Überzeugungsarbeit zu leisten[814], ist insgesamt ohnehin eine absolut gleichwertige Information über die Argumente beider Seiten nicht gewährleistet. Zumindest eine freiwillige Darstellung von Mindermeinungen in der Gemeindevertretung dürfte daher nicht gegen Art. 18 a XV BayGO verstoßen, solange dies mehrheitlich von der Gemeindevertretung beschlossen wird.

Aufgrund der Gewährleistung der Chancengleichheit bzgl. der Werbung im Vorfeld der Abstimmung haben die Vertreter des Bürgerbegehrens gemäß Art. 18 a XV BayGO einen Anspruch auf Darlegung ihrer Auffassung im Rahmen der gemeindlichen Informationstätigkeit[815]. Wegen des ausdrücklichen Wortlauts des Art. 18 a XV BayGO steht dieser Anspruch, der ggf. mit Hilfe des einstweiligen Rechtsschutzes gemäß § 123 VwGO gerichtlich durchgesetzt werden kann, nur den Vertretern des Begehrens zu[816], nicht dagegen den Unterzeichnern des Bürgerbegehrens bzw. den Bürgern, die i.d.R. durch eine fehlende Information nicht

[811] BayVGH, BayVBl 1996, 597.

[812] BayVGH, BayVBl 1996, 597, 598; Masson/Samper, BayGO, Art. 18 a, Rn. 35; Thum, Bürgerbegehren und Bürgerentscheid in Bayern, 13.00, Art. 18 a XV, Anm. 1; Widtmann/Gasser, BayGO, Art. 18 a, Rn. 16.

[813] Vgl. Thum, Bürgerbegehren und Bürgerentscheid in Bayern, 21.00, § 21, Anm. 2.

[814] BayVGH, BayVBl 1996, 597; Hölzl/Hien, BayGO, Art. 18 a, Anm. 11; Thum, Bürgerbegehren und Bürgerentscheid in Bayern, 13.00, Art. 18 a XV, Anm. 6. Zur Zulässigkeit von Äußerungen des Bürgermeisters als Privatperson vgl. BayVGH, BayVBl 1997, 435.

[815] BayVGH, BayVBl 1996, 597; BayVGH, BayVBl 1997, 435; Masson/Samper, BayGO, Art. 18 a, Rn. 35, 37; Widtmann/Gasser, BayGO, Art. 18 a, Rn. 16.

[816] BayVGH, BayVBl 1996, 597; Masson/Samper, BayGO, Art. 18 a, Rn. 37; Widtmann/Gasser, BayGO, Art. 18 a, Rn. 16. Der Anspruch bezieht sich vor allem auf die Zurverfügungstellung von Räumen und Plakatierungsflächen o.ä.; Treffer/Kroll, Bürgerbegehren und Bürgerentscheid in Bayern, Anm. 71, S. 149.

in ihren subjektiv-öffentlichen Rechten verletzt werden[817]. Ebenso scheidet ein Anspruch einzelner oder Gruppen von Gemeindevertretern auf Darstellung einer bestimmten Meinung aus, da unter der im Gemeinderat vertretenen Ansicht nur die Mehrheitsmeinung des Rates zu verstehen ist.

Bei einer vergleichenden Beurteilung ergibt sich für die Informationsregelung nach der bayerischen Gemeindeordnung die größte Chancengleichheit zwischen Befürwortern und Gegnern eines Bürgerbegehrens. Da nach den übrigen Gemeindeordnungen eine Verpflichtung der Gemeinde zur Information über die Ansicht der Befürworter des Bürgerbegehrens fehlt, ergibt sich für letztere ein Ungleichgewicht bzgl. der Finanzierung ihrer Informationsarbeit, denn für die Befürworter eines Bürgerbegehrens besteht kein Anspruch auf diesbzgl. Finanzausstattung oder Erstattung der Kosten[818]. Um die aus den finanziellen Nachteilen resultierende Chancenungleichheit bzgl. der Abstimmungswerbung einzelner Interessengruppen in den übrigen Ländern ebenfalls zu minimieren, wird vereinzelt ein der Wahlkampfkostenerstattung ähnelndes System vorgeschlagen[819], wofür die teilweise auf Landesebene bereits vorhandenen Regelungen bzgl. der Erstattung der Kosten für Volksbegehren und Volksentscheid als Vorbild dienen könnten[820].

III. Weiteres Verfahren[821]

Das weitere Verfahren der Abstimmung - insbesondere die Bekanntmachung des Abstimmungstermins, die Durchführung der Abstimmung, die Feststellung und Bekanntgabe des Abstimmungsergebnisses - ist nur ansatzweise in den Gemeindeordnungen selbst geregelt. In einigen Ländern befinden sich diesbzgl. Regelungen in den Kommunalwahlgesetzen und den Kommunalwahlordnungen[822], in anderen Ländern werden die Vorschriften für die Wahl der Bürgermeister und Gemeinderäte für entsprechend anwendbar erklärt[823]. § 17 VI ThürKO bestimmt,

---

817 S.o. 2. Teil, 6. Kapitel, II 2 a.

818 Thiele, NSt-N 1996, 288, 291; Thum, Bürgerbegehren und Bürgerentscheid in Bayern, 13.00, Art. 18 a X, Anm. 4; Treffer/Kroll, Bürgerbegehren und Bürgerentscheid in Bayern, Anm. 52, S. 102; Wefelmeier in: Blum/Beckhof, NGO, § 22 b, Rn. 61.

819 Dazu Mayer, Flensburger Hefte 25, S. 113, 119 f., der Möglichkeiten aufzeigt, die Chancengleichheit durch vorherige Bereitstellung eines Etats zu wahren.

820 Vgl. z.B. Art. 73 III SächsVerf; Art. 81 VI LV LSA; Art. 42 III 2 LV SchlHolst.

821 Übersichten über den Verfahrensablauf bei Sundermann, DVP 1995, 295, 297; Thum, Bürgerbegehren und Bürgerentscheid in Bayern, 39.00, S. 1 f.

822 §§ 40, 41 KomWG BW; §§ 52, 53 KomWO BW; §§ 54 ff. KWG Hess; §§ 76 ff. KWO Hess; §§ 56 ff. KWG RhPf; §§ 83 ff. KWO RhPf; §§ 89 ff KWG Saarl; §§ 117 ff. KWO Saarl; §§ 55-57 KWG LSA.

823 § 20 VII GO Bbg; § 15 III 1 KV-DVO M-V; § 9 III DVO GO SchlHolst.

daß die näheren Regelungen von der Gemeinde in ihrer Hauptsatzung zu treffen sind.

Da es sich bei der Durchführung des Bürgerentscheids um eine Angelegenheit des eigenen Wirkungskreises handelt[824], besteht aber auch für die Gemeinden der Länder, in denen die Vorschriften der Kommunalwahlgesetze nicht für entsprechend anwendbar erklärt werden oder eine Verordnungsermächtigung an den Landesgesetzgeber fehlt[825], eine Verpflichtung zur Regelung des Verfahrens von Bürgerbegehren und Bürgerentscheid. Damit ist nicht zwingend die Form einer Satzung vorgeschrieben, möglich wäre auch ein einfacher Ratsbeschluß. Aufgrund der Vielzahl von derartigen Verfahren erscheint jedoch eine abstrakt generelle Regelung in Form einer Satzung angebracht[826].

Als Ermächtigungsgrundlage kann die allgemeine Satzungsermächtigung[827] bzw. in Thüringen § 17 V 4 ThürKO herangezogen werden, da es sich bei einem Bürgerentscheid um eine Angelegenheit des eigenen Wirkungskreises handelt[828]. Diese Ermächtigungsgrundlagen berechtigen die Gemeinden allerdings nicht, über die gesetzlichen Regelungen hinausgehende Einschränkungen der Rechte der Bürger zu treffen, sondern lediglich die Lücken der Verfahrensvorschriften zu schließen[829]. Dabei können die Regelungen der Kommunalwahlgesetze eine

[824] Hölzl/Hien, BayGO, Art. 18 a, Anm. 12; Rehn/Cronauge, GO NW, § 26, Anm. VIII; Thiele, Das neue kommunale Verfassungsrecht in Nds., Rn. 135; Treffer/Kroll, Bürgerbegehren und Bürgerentscheid in Bayern, Anm. 2, S. 14.

[825] Eine landesgesetzliche Verordnung wäre in diesen Ländern mangels gesetzlicher Ermächtigungsgrundlage sogar unzulässig, vgl. Masson/Samper, BayGO, Art. 18 a, Rn. 1; Thum, Bürgerbegehren und Bürgerentscheid in Bayern, 21.00, S. 1; Treffer/Kroll, Bürgerbegehren und Bürgerentscheid in Bayern, Anm. 2, S. 13 f.; Widtmann/Gasser, BayGO, Art. 18 a, Rn. 1; Vollzugshinweise des Bay IM, I 2.

[826] Hölzl/Hien, BayGO, Art. 18 a, Anm. 12; Mustersatzung für die Durchführung von Bürgerentscheiden, "Mitteilungen" NWStGB 1997, 19, 20; Thiele, Das neue kommunale Verfassungsrecht in Nds.; Wittzack in: Knemeyer, Bürgerbegehren und Bürgerentscheid in Bayern, S. 40 f.

[827] § 4 GemO BW; Art. 23 ff. BayGO; § 5 GO Bbg; § 5 HGO; § 5 KV M-V; § 6 NGO; § 7 GO NW; § 24 GemO RhPf; § 12 KSVG Saarl; § 4 SächsGemO; § 6 GO LSA; § 4 GO SchlHolst.

[828] Masson/Samper, BayGO, Art. 18 a, Rn. 1; Thum, Bürgerbegehren und Bürgerentscheid in Bayern, 21.00, S. 2 m.w.H. sowohl für als auch gegen die Verfahrensregelung in einer Satzung; vgl. auch Wittzack in: Knemeyer, Bürgerbegehren und Bürgerentscheid in Bayern, S. 40; Vollzugshinweise des Bay IM, I 2, 3.

[829] Thum, Bürgerbegehren und Bürgerentscheid in Bayern, 21.00, S. 2 f.

Orientierungshilfe sein[830]. Aufgrund der Entscheidung für die freiheitlich demokratische Grundordnung auch auf kommunaler Ebene sind außerdem die allgemeinen Wahlrechtsgrundsätze gemäß Art. 28 I 2 GG zu beachten, die als ungeschriebenes Verfassungsrecht auch für die Abstimmungen in Form von Sachplebisziten gelten[831]. Innerhalb der Wahlrechtsgrundsätze bietet sich ein gewisser Gestaltungsspielraum, so daß die Durchführung eines Bürgerentscheids als Selbstverwaltungsangelegenheit in den einzelnen Gemeinden eines Landes nicht identisch, sondern nur ähnlich ablaufen muß.

1. Bekanntmachung des Abstimmungstermins und der Abstimmungsfrage

Das Demokratieprinzip i.V.m. dem Grundsatz der Allgemeinheit und Gleichheit der Wahl zwingt zunächst zu einer öffentlichen oder ortsüblichen Bekanntmachung[832] des Abstimmungstermins und der Abstimmungsfrage[833]. Auf diese Weise erhalten alle Abstimmungsberechtigten die Möglichkeit, Kenntnis von der Abstimmung zu nehmen, so daß eine Ausübung des Stimmrechts gewährleistet ist. Eine über diese Bekanntgabe hinausgehende gesonderte Benachrichtigung der Abstimmungsberechtigten ist nicht notwendig, genau wie bei Wahlen aber möglich[834]. Falls die Kommunalwahlgesetze und Kommunalwahlordnungen für anwendbar erklärt werden, sind derartige Benachrichtigungen regelmäßig vorgesehen[835].

830 Zu den Problemen bei einer entsprechenden Anwendung der Vorschriften über die Gemeindewahlen vgl. aber Wittzack in: Knemeyer, Bürgerbegehren und Bürgerentscheid in Bayern, S. 40.

831 Hölzl/Hien, BayGO, Art. 18 a, Anm. 12; Rehn/Cronauge, GO NW, § 26, Anm. VIII; Wefelmeier in: Blum/Beckhof, NGO, § 22 b, Rn. 72; zur Bundesebene vgl. BVerfGE 13, 54, 91 f.; 28, 220, 224; 41, 1, 12; 51, 222, 234 f.; Heun, Das Mehrheitsprinzip in der Demokratie, S. 167.

832 Zu diesen Formen siehe auch 2. Teil, 3. Kapitel, I 2 h aa.

833 Hölzl/Hien, BayGO, Art. 18 a, Anm. 12; Hofmann, VR 1997, 156, 162; Wansleben in: Held/Becker/Decker, GO NW, § 26, Anm. 6.

834 Vgl. § 7 Mustersatzung für die Durchführung von Bürgerentscheiden, "Mitteilungen" NWStGB 1997, 19 ff.; Hölzl/Hien, BayGO, Art. 18 a, Anm. 12; Rehn/Cronauge, GO NW, § 26, Anm. VIII 1; Schneider in: Dieckmann/Heinrichs, GO NW, § 26, Anm. 8; Sundermann, DVP 1995, 295, 297; Vollzugshinweise des Bay IM, XIII 2.

835 § 4 I KomWO BW; § 23 II KWG Bbg; § 10 KWO Hess; § 17 III KWG M-V; § 85 I KWO RhPf; § 89 II Nr. 1, 2 KWG Saarl; § 16 KWO LSA; § 12 GKrWO SchlHolst.

Als Abstimmungstag muß ohne entsprechende gesetzliche Regelungen[836] nicht zwangsläufig ein Sonntag bestimmt werden, vielmehr kommt auch ein anderer Tag[837] oder ein Abstimmungszeitraum in Betracht, solange jedem Bürger, insbesondere auch Berufstätigen, ohne größere Umstände eine Abstimmungsteilnahme ermöglicht wird[838]. Die Durchführung der Abstimmung an einem Sonntag erscheint jedoch am geeignetsten, um die Teilnahme aller Bürger zu ermöglichen.

2. Verzeichnis der abstimmungsberechtigten Bürger

Zur eindeutigen Feststellung einer bestimmten Abstimmungsbeteiligung und zur Gewährleistung eines reibungslosen Ablaufs der Abstimmung am Abstimmungstag ist es sinnvoll, ohne gesetzliche Regelung jedoch nicht zwingend, bereits vor der Abstimmung ein Verzeichnis der abstimmungsberechtigten Bürger zu erstellen[839] und die Abstimmungsberechtigung von einer dortigen Eintragung abhängig zu machen. Da die Abstimmungsberechtigung von der Wahlberechtigung abhängt[840], kann allerdings zur Vereinfachung auf das ohnehin zwingend anzulegende Wählerverzeichnis zurückgegriffen werden[841]. Eine Eintragung in ein solches Verzeichnis als formale Voraussetzung des Abstimmungsrechts stellt keinen Verstoß gegen den Grundsatz der Allgemeinheit der Wahl dar, denn für jeden Bürger wird ohne weiteres diese Bedingung erfüllt[842], da die Eintragung in das Wählerverzeichnis regelmäßig von Amts wegen aufgrund des Melderegisters erfolgt[843].

Lediglich die zur Wahl der Gemeindevertreter berechtigten Unionsbürger werden in den Ländern Bayern und Sachsen nur auf Antrag in ein Wählerverzeichnis eingetragen. Da Unionsbürger jedoch nach der hier vertretenen Ansicht[844] im Ge-

---

836 Sonntag als einzig möglicher Abstimmungstag: § 2 II KomWG BW; § 7 KWG Bbg; § 55 I KWG Hess; § 15 I 2 KV-DVO M-V; § 67 I 2 KWG RhPf; § 89 I KWG Saarl; § 5 II 2 KWG LSA; § 1 II GKrWG SchlHolst.

837 Gemäß § 22 b VIII NGO darf der Tag der Abstimmung lediglich nicht mit der Wahl der Gemeindevertretung oder der Bürgermeister zusammenfallen; vgl. auch Sundermann, DVP 1995, 295, 297.

838 Hölzl/Hien, BayGO, Art. 18 a, Anm. 12; § 8 Mustersatzung für die Durchführung von Bürgerentscheiden, "Mitteilungen" NWStGB 1997, 19 ff.; Rehn/Cronauge, GO NW, § 26, Anm. VIII 1; Vollzugshinweise des Bay IM, XIV 4.

839 Glaser in: Schweriner Kommentierung, § 20, Rn. 8.

840 S.u. 2. Teil, 7. Kapitel.

841 Ausdrücklich Art. 18 a V 2 BayGO; § 56 I 3 KWG LSA; vgl. auch § 6 Mustersatzung für die Durchführung von Bürgerentscheiden, "Mitteilungen" NWStGB 1997, 19 ff.

842 OVG Lüneburg, DÖV 1985, 153 ff.; Hesse, Grundzüge des Verfassungsrechts, Rn. 146; Schreiber, BWahlG, § 1, Rn. 7, § 12, Rn. 4.

843 Schreiber, BWahlG, § 17, Rn. 2.

844 S.u. 2. Teil, 7. Kapitel, I.

gensatz zu Kommunalwahlen ohnehin bei einem Bürgerentscheid nicht abstimmungsberechtigt sind, ergeben sich hieraus keine Probleme.

3. Gestaltung des Stimmzettels

Bestimmte Mindestanforderungen ergeben sich aufgrund der Wahlrechtsgrundsätze für die Gestaltung des Stimmzettels. Um dem Grundsatz der Freiheit der Wahl gerecht zu werden, darf der Stimmzettel nur die zu beantwortende Frage enthalten und muß die Möglichkeit bieten, diese Frage durch Ankreuzen o.ä. mit "Ja" oder "Nein" zu beantworten; weitere Zusätze, etwa eine Begründung des Bürgerbegehrens, sind unzulässig[845], da sie eine nicht statthafte Beeinflussung der Abstimmenden[846] und somit einen Verstoß gegen die Freiheit der Wahl darstellen würden. Das dürfte demnach ebenfalls für eine bereits in der Frage enthaltene Begründung gelten.

4. Mehrere Fragen in einem Verfahrensgang

a) Sogenanntes "Huckepackverfahren"

Aus rechtlicher Sicht ist es möglich, daß mehrere zeitgleich eingereichte Bürgerbegehren, die sich auf unterschiedliche Verfahrensgegenstände beziehen, am selben Tag / im selben Abstimmungszeitraum zur Abstimmung gestellt werden. Dabei handelt es sich selbst bei einer technischen Zusammenfassung auf einem Stimmzettel weiterhin um selbständige Bürgerentscheide, deren Erfolge nicht voneinander abhängen[847]. Für diese Verfahrensweise sprechen vor allem praktische und finanzielle Gründe. Ihnen steht allerdings eine mögliche Verfälschung des Abstimmungsergebnisses gegenüber, die dadurch zustande kommen kann, daß in einer die Bürger nicht in besonderem Maße ansprechenden Angelegenheit die erforderliche Abstimmungsbeteiligung nur erreicht wird, indem zeitgleich über eine weitaus brisantere Frage abgestimmt wird. Man spricht von einem sogenannten "Huckepackverfahren"[848], dessen Gefahren zugunsten einer Verwaltungsvereinfachung hingenommen werden.

---

[845] § 56 KWG Hess; § 68 KWG RhPf; § 90 I KWG Saarl; vgl. auch § 53 III 2 i.V.m. § 52 II 1, 2 KomWO BW; § 15 III 2 KV-DVO M-V; § 9 IV DVO GO SchlHolst; vgl. auch §§ 9, 11 II Mustersatzung für die Durchführung von Bürgerentscheiden, "Mitteilungen" NWStGB 1997, 19 ff.; Vollzugshinweise des Bay IM, XIX, 7, 8.

[846] Glaser in: Schweriner Kommentierung, § 20, Rn. 8; Hölzl/Hien, BayGO, Art. 18 a, Anm. 12; Rehn/Cronauge, GO NW, § 26, Anm. VIII 1; Thiele, Das neue kommunale Verfassungsrecht in Nds., Rn. 135; Thum, Bürgerbegehren und Bürgerentscheid in Bayern, 35.20, S. 1 ff. mit Beispielen für die Stimmzettelgestaltung.

[847] Klang/Gundlach, GO LSA, § 25, Rn. 3.

[848] Hager, VerwArch 84 (1993), 97, 111; Masson/Samper, BayGO, Art. 18 a, Rn. 10; Sapper, VBlBW 1983, 89, 92.

b) Mehrere Teilfragen zu einer Gesamtplanung

Problematischer ist die Rechtslage, wenn mehrere Teilfragen einer Gesamtplanung selbständig einem Bürgerentscheid unterstellt werden sollen. Solange ein solcher Teilbereich eine wichtige Gemeindeangelegenheit darstellt, erscheint dies grundsätzlich möglich. Es besteht allerdings die Gefahr, daß die einzelnen Abstimmungen zu widersinnigen Ergebnissen führen, z.B. wenn über den Bau eines Schwimmbads mit "Nein", über den Standort jedoch mit "Ja" abgestimmt würde. In dieser Situation scheint eine Zusammenfassung der einzelnen Teilbereiche trotz selbständiger Abstimmungsgegenstände zu einer einheitlichen Frage zwecks eindeutiger Abstimmungsergebnisse geboten[849]. In Betracht käme eine Fragestellung wie: "Sind Sie für den Bau des Schwimmbads auf dem Platz A - Ja/Nein?".

Bei dieser Fragestellung ergibt sich das Problem, daß die den Standort ablehnenden, aber den Bau des Schwimmbads befürwortenden Bürger abwägen müßten, ob die Verhinderung des Standortes ihnen wichtiger ist als der grundsätzliche Bau des Schwimmbads. In diesem Fall müßten sie die Frage mit "Nein" beantworten, anderenfalls müßten sie die Ablehnung des Standortes zurückstellen und mit "Ja" stimmen. Dieses Dilemma könnte abgeschwächt werden durch eine Koppelung von Fragen etwa in folgender Weise:

> **Frage 1:** " Sind Sie für den grundsätzlichen Bau eines Schwimmbads - Ja/Nein?"
>
> **Frage 2:** "Für den Fall, daß Frage 1 mit "Ja" beantwortet wird, sind Sie für den Bau des Schwimmbads auf Platz A - Ja/Nein?"

Mit dieser Koppelung von zwei Fragen wäre der Vorgabe des Bundesverfassungsgerichts[850] genüge getan, wonach der Abstimmungsberechtigte jede Teilfrage unabhängig voneinander mit "Ja" oder "Nein" beantworten können muß. Bei einer Koppelung von mehreren Teilfragen darf jedoch das Gebot einer Ja/Nein-Fragestellung nicht umgangen werden. Dies sei durch folgendes Beispiel verdeutlicht:

> **Frage 1:** "Sind Sie für den grundsätzlichen Bau eines Schwimmbads - Ja/Nein?"
>
> **Frage 2:** "Für den Fall, daß Frage 1 mit "Ja" beantwortet wird, sind Sie für den Bau des Schwimmbads auf Platz A - Ja/Nein?"

---

849 § 8 I DVO GO SchlHolst; Burkhardt, Bürgerentscheid, S. 238 ff.; Hager, VerwArch 84 (1993), 97, 111; Masson/Samper, BayGO, Art. 18 a, Rn. 10; Nitsche in: Becker/Nitsche/ Pampel, GO LSA, § 25, Rn. 5.

850 BVerfGE 1, 14, 45 ff.; Burkhardt, Bürgerentscheid, S. 242 ff; Treffer/Kroll, Bürgerbegehren und Bürgerentscheid in Bayern, Anm. 63, S. 140.

Frage 3: "Für den Fall, daß Frage 1 mit "Ja" beantwortet wird, sind Sie für den Bau des Schwimmbads auf Platz B - Ja/Nein?"

Frage 2 und 3 ergeben zusammen die Frage: "Sind Sie für den Standort A oder B?", die nicht wie gesetzlich vorgeschrieben mit "Ja" oder "Nein" beantwortet werden kann. Frage 2 und 3 stellen somit eine Umgehung des Gebots einer Ja/Nein-Fragestellung dar und sind daher unzulässig.

Zusammenfassend läßt sich sagen, daß eine Koppelung nur i.S.d. ersten Beispiels möglich und auch zweckmäßig ist; dies gilt uneingeschränkt für alle Länder mit Ausnahme von Schleswig-Holstein, wo gemäß § 8 I DVO GO SchlHolst eine Koppelung unterschiedlicher Bürgerbegehren ausgeschlossen ist.

c) Gegenläufige Begehren

Ein weiteres Problem ergibt sich, wenn zu ein und demselben Abstimmungsgegenstand nahezu gleichzeitig sich widersprechende Bürgerbegehren eingereicht werden oder der Rat ein einem laufenden Bürgerbegehren entgegenstehendes Ratsbegehren initiiert (sogenannte Konkurrenzvorlage). Beide Begehren sind bei Vorliegen der entsprechenden Voraussetzungen zulässig. Bisher sind solche Begehren allerdings ausschließlich in Bayern praxisrelevant geworden. Die in diesem Land vorzufindenden niedrigen Antragsquoren für ein Bürgerbegehren sowie das fehlende Erfolgsquorum[851] für einen Bürgerentscheid scheinen gegenläufige Begehren zu begünstigen.

Im Falle gegenläufiger Begehren ist es grundsätzlich möglich, wenn nicht wegen des Grundsatzes der Wirtschaftlichkeit und Sparsamkeit sogar geboten, daß beide Begehren in einem Verfahrensgang zur Abstimmung gestellt werden. Dabei handelt es sich jedoch nach wie vor um zwei getrennte Verfahren, bei denen die Bürger jeweils eine Stimme haben[852].

Schwierigkeiten bereitet dieses Verfahren, wenn beide Bürgerentscheide erfolgreich mit "Ja" beantwortet werden, was zur Folge hat, daß keiner der beiden Bürgerentscheide vollziehbar ist[853]. Der Gemeinderat soll deswegen berechtigt, nicht

---

851 Dazu unten 2. Teil, 8. Kapitel, II.

852 Vollzugshinweise des Bay IM, II 2; Hölzl/Hien, BayGO, Art. 18 a, Anm. 3; Masson/ Samper, BayGO, Art. 18 a, Rn. 23; Treffer/Kroll, Bürgerbegehren und Bürgerentscheid in Bayern, Anm. 64, S. 141; Widtmann/Gasser, BayGO, Art. 18 a, Rn. 5.

853 Vollzugshinweise des Bay IM, II 4; Masson/Samper, BayGO, Art. 18 a, Rn. 40; Widtmann/Gasser, BayGO, Art. 18 a, Rn. 5. Vgl. auch Thum, Bürgerbegehren und Bürgerentscheid in Bayern, 20.00 (Satzung), § 29 VI, wonach bei Fehlen einer Stichfrage der Bürgerentscheid gelten soll, der die meisten "Ja"-Stimmen erhalten hat. Hiergegen spricht jedoch, daß ein Bürgerentscheid unabhängig von seinem demokratischen Legitimations-

aber verpflichtet sein, für diesen Fall eine zusätzliche Stichfrage zu formulieren, bei der sich die Bürger zu entscheiden haben, welcher Bürgerentscheid gelten soll[854]. Da es sich bei dieser Stichfrage quasi um ein Ratsbegehren handelt, ist hierfür die für ein Ratsbegehren erforderliche Mehrheit notwendig[855] - in den meisten Ländern eine Zweidrittel-Mehrheit.
Des weiteren wird vereinzelt angenommen, daß die Gemeindevertretung von vornherein die Möglichkeit habe, bei annähernd gleichen Erfolgsaussichten zweier Begehren eine Frage zu bilden, bei der die Bürger direkt zwischen beiden möglichen Alternativen entscheiden könnten, demnach nur noch eine Stimme hätten[856]. Auch auf diese Weise kann es bei Stimmengleichheit zu einer Pattsituation kommen. Da das Erfordernis einer Ja/Nein-Fragestellung umgangen wird, dürfte eine derartige Fragestellung jedoch ohnehin rechtswidrig und damit unzulässig sein. Zur Umgehung einer unvollziehbaren Entscheidung bei Zusammenfassung zweier Begehren in einem Verfahrensgang käme somit nur die eben beschriebene Möglichkeit einer Stichfrage in Betracht.

Neben der Abstimmung über zwei gegenläufige Begehren an einem Tag ist auch an eine zeitlich getrennte Durchführung der Bürgerentscheide zu denken. Hierbei wäre eine vollziehbare Entscheidung zwar garantiert, da ein erfolgreicher Bürgerentscheid jederzeit durch einen weiteren abgeändert werden kann und der spätere Entscheid den früheren verdrängt[857]; der Rat hat es bei einem derartigen Verfahrensablauf jedoch in der Hand, unabhängig vom Eingang der Bürgerbegehren den Zeitpunkt der jeweiligen Entscheidungen festzulegen, solange die Durchführungsfrist beider Begehren eingehalten wird[858]. Gesetzliche Vorschriften über die Einhaltung einer bestimmten Reihenfolge bestehen nicht, so daß der Rat durch willkürliche Festlegung des Abstimmungstermins in nicht erwünschter Weise auf das endgültige Abstimmungsergebnis Einfluß nehmen kann.

---

wert als erfolgreich i.S.d. entsprechenden Vorschriften gilt; vgl. dazu Deubert, BayVBl 1997, 619, 620.

854 Vollzugshinweise des Bay IM, II 4; Masson/Samper, BayGO, Art. 18 a, Rn. 23; Thum, Bürgerbegehren und Bürgerentscheid in Bayern, 13.00, Art. 18 a II, Anm. 4 c; Widtmann/Gasser, BayGO, Art. 18 a, Rn. 5.

855 Vollzughinweise des Bay IM, II 4; Deubert, BayVBl 1997, 619 f.; Thum, Bürgerbegehren und Bürgerentscheid in Bayern, 13.00, Art. 18 a II, Anm. 4 c; Treffer/Kroll, Bürgerbegehren und Bürgerentscheid in Bayern, Anm. 64, S. 141; Widtmann/Gasser, BayGO, Art. 18 a, Rn. 4.

856 VG Meiningen, LKV 1994, 413, 414; vgl. auch Sapper, VBlBW 1983, 89, 92.

857 Art. 18 a XIII 2 BayGO; § 20 V 2 GO Bbg; vgl. auch Vollzugshinweise des Bay IM, II 5; Thum, Bürgerbegehren und Bürgerentscheid in Bayern, 13.00, Art. 18 a II, Anm. 4 c; Widtmann/Gasser, BayGO, Art. 18 a, Rn. 5.

858 Treffer/Kroll, Bürgerbegehren und Bürgerentscheid in Bayern, Anm. 64, S. 140 f.; vgl. auch Masson/Samper, BayGO, Art. 18 a, Rn. 23.

Um diesbzgl. Manipulationen, aber auch unnötige Kosten einer mehrfachen Abstimmung zu vermeiden, sollte daher durch die Gemeinden in ihren Verfahrensregelungen festgelegt werden, daß über gegenläufige Begehren zu derselben Angelegenheit an einem einheitlichen Abstimmungstermin in getrennten Verfahren entschieden wird. Darüber hinaus sollte ggf. die Bildung einer zusätzlichen Stichfrage zwingend sein, damit in jedem Fall eine vollziehbare Entscheidung vorliegt.

5. Geheimheit der Abstimmung

Bei der Durchführung der eigentlichen Abstimmung ist grundsätzlich die Geheimheit der Abstimmung zu gewährleisten[859]. Eine Ausnahme von diesem Grundsatz stellt § 15 IV KV-DVO M-V dar, wonach ein Bürgerentscheid in kleineren Gemeinden auch im Rahmen einer Einwohnerversammlung in einer offenen Abstimmung durchgeführt werden kann.
Eine derartige Abweichung ist auf kommunaler Ebene aufgrund der Zulässigkeit einer Gemeindeversammlung gemäß Art. 28 I 4 GG zur Verfahrensvereinfachung nur möglich, solange der Begriff der "kleinen Gemeinden" in § 15 IV KV-DVO M-V i.S.v. Art. 28 I 4 GG ausgelegt wird. Eine Einwohnerversammlung ist zwar nicht gleichzusetzen mit einer Gemeindeversammlung, doch auch in letzterer stimmen sämtliche anwesenden Bürger/Einwohner einer Gemeinde über eine Sachfrage i.d.R. offen ab[860], genauso wie es bei einer offenen Abstimmung i.S.v. § 15 IV KV-DVO M-V der Fall wäre. Ein Bürgerentscheid in kleineren Gemeinden, bei denen an die Stelle der Gemeindevertretung eine Gemeindeversammlung tritt[861], würde sich erübrigen, da hier ohnehin die Gesamtheit der Bürger zur Abstimmung aufgerufen ist. Aufgrund dessen kann auch eine offene Abstimmung in einem Bürgerentscheid im Rahmen einer Einwohnerversammlung als zulässig angesehen werden. Wegen der Beschränkung der Abstimmungsberechtigten auf die Bürger einer Gemeinde muß jedoch sichergestellt werden, daß nur diese Bürger und keine weiteren Personen, beispielsweise an einer Einwohnerversammlung teilnahmeberechtigte Jugendliche, über den Bürgerentscheid abstimmen[862].

Daß prinzipiell Ausnahmen von dem Grundsatz der Geheimheit der Abstimmung möglich sind, ergibt sich ferner aus der Gleichsetzung der Wirkung eines Bürgerentscheids mit der eines Ratsbeschlusses, bei dem über Sachfragen grundsätzlich offen abgestimmt wird[863]. Diese Offenheit der Abstimmung kann aller-

---

859 Ausdrücklich § 17 IV 1 ThürKO; Heun, Das Mehrheitsprinzip in der Demokratie, S. 168 f.; Rehn/Cronauge, GO NW, § 26, Anm. VIII 1; vgl. auch § 11 I Mustersatzung für die Durchführung von Bürgerentscheiden, "Mitteilungen" NWStGB 1997, 19 ff.

860 Pieroth, JuS 1991, 89, 95 f.

861 S.o. 1. Teil, 1. Kapitel, IV 1.

862 Vgl. oben 1. Teil, 1. Kapitel, IV 2.

863 Vgl. Pieroth, JuS 1991, 89, 95 f.; Rollwagen, BayBgm 1951, 148, 149.

dings nur auf das Verfahren eines Bürgerentscheids übertragen werden, falls die Entscheidungsfindung der Bürger unter ähnlichen Bedingungen abläuft wie bei einem Ratsbeschluß. Davon ist bei Kleinstgemeinden wegen ihrer Überschaubarkeit auszugehen, nicht jedoch, wenn das Verfahren eines Bürgerentscheids in größeren Gemeinden zu einem Massenverfahren wird. Anders als bei einem Beratungsverfahren zu einem Ratsbeschluß oder einer Beratung in einer Gemeindeversammmlung hat dann bei einem Bürgerentscheid nicht jede entscheidungsberechtigte Person die Möglichkeit, durch eine allen übrigen Stimmberechtigten zugehende Stellungnahme die Entscheidung zu beeinflussen, so daß eine offene Abstimmung mit dem Ziel der Durchschaubarkeit der kommunalen Willensbildung[864] ihrem Zweck nicht gerecht würde. Vielmehr ist in einem derartigen Massenverfahren eine geheime Abstimmung geboten. Diese garantiert jedem Bürger die Möglichkeit frei entscheiden zu können, ohne sich dafür rechtfertigen zu müssen.

6. Briefwahl

Anders als bzgl. der Geheimheit der Stimmabgabe sind die Länder bzw. die Gemeinden frei in ihrer Entscheidung, eine Briefwahl bei einem Bürgerentscheid zuzulassen. So wird gemäß § 20 VII 1 GO Bbg die Möglichkeit der Briefwahl bei einem Bürgerentscheid ausdrücklich ausgeschlossen. Umgekehrt gewährleistet Art. 18 a X 4 BayGO diese explizit. Auch in den Ländern, die eine Anwendung der Vorschriften über die Gemeindewahlen vorsehen, gelten die Vorschriften der Kommunalwahlgesetze über die Briefwahl entsprechend. Allerdings werden die Gemeinden durch die Grundsätze der Allgemeinheit und Gleichheit der Wahl nicht gezwungen, den Bürgern die Möglichkeit der brieflichen Abstimmung einzuräumen; denn dem Gesetzgeber kommt keine Pflicht zu, aktiv dafür zu sorgen, daß jeder die Möglichkeit erhält, an einer Wahl bzw. an einer Abstimmung teilzunehmen; ihm ist es lediglich untersagt, bestimmte Personen von der Stimmberechtigung auszuschließen[865]. Insofern verstößt keine der bezeichneten Regelungen gegen geltendes Recht. Dennoch sollte eine Briefwahl zugelassen werden, um eine möglichst hohe Abstimmungsbeteiligung zu erreichen, obwohl eine Briefwahl i.d.R. keine Auswirkungen auf den Abstimmungsausgang haben dürfte.

---

864 Pieroth, JuS 1991, 89, 96; allgemein Heun, Das Mehrheitsprinzip in der Demokratie, S. 170.

865 VG Düsseldorf, Beschluß vom 25.4.1996 - 1 L 1477/96; Rehn/Cronauge, GO NW, § 26, Anm. VIII 1; Thiele, NSt-N 1996, 288, 291; für die Wahlen auf Bundesebene BVerfGE 12, 139, 142; 15, 165, 167; 21, 200, 204; 59, 119, 125 ff.; Klein in: Schmidt-Bleibtreu/ Kein, GG, Art. 38, Rn. 16, 19; Schreiber, BWahlG, § 36, Rn. 4; a.A. v. Münch in: v. Münch/Kunig, GG, Art. 38, Rn. 20.

7. Abschluß des Verfahrens

Für das weitere Verfahren und den Abschluß des Bürgerentscheids, namentlich die Stimmenzählung, die Feststellung und Bekanntmachung des Abstimmungsergebnisses, bietet sich in besonderem Maße eine Orientierung an den Vorschriften über die Gemeindewahlen an, da insoweit keine wesentlichen Unterschiede bestehen. Um einen reibungslosen Ablauf zu gewährleisten, sollte ein Abstimmungsausschuß/-vorstand gebildet werden, der für die Durchführung der Abstimmung und für die Feststellung und Bekanntgabe des Ergebnisses zuständig ist[866]. Da einem Bürgerentscheid die Wirkung eines Ratsbeschlusses zukommt, kann die Feststellung des Abstimmungsergebnisses aber auch durch die Gemeindevertretung erfolgen und durch den Ratsvorsitzenden bekanntgegeben werden[867].

Nach den in einigen Ländern für anwendbar erklärten Vorschriften über die Gemeindewahlen ist eine öffentliche Bekanntmachung als Form der Bekanntgabe vorgesehen[868]. Art. 18 a V BayGO sieht eine ortsübliche Bekanntmachung vor. Aufgrund des Rechtsstaatsprinzips, welches u.a. die Bekanntgabe von Beschlüssen verlangt, die für die Gemeinde Geltung beanspruchen[869], muß jedoch auch in den übrigen Ländern die Form der Bekanntgabe eines Bürgerentscheids derartig geregelt werden, daß jeder Bürger die Möglichkeit hat, über den wesentlichen Inhalt desselben Kenntnis zu erlangen. In jedem Fall ist somit eine amtliche Bekanntmachung erforderlich[870]. Die Form der Bekanntmachung einer Satzung, also eine öffentliche Bekanntmachung, ist aufgrund der Gleichsetzung der Rechtswirkungen eines Bürgerentscheids mit denen eines Ratsbeschlusses nur zwingend,

---

866 Vgl. die für entsprechend anwendbar erklärten Vorschriften der Kommunalwahlgesetze: § 28 KomWG BW; §§ 46 ff. KWG Bbg; § 22 KWG Hess; §§ 33, 36, 40 KWG M-V; § 69 KWG RhPf, § 87 III KWO RhPf; § 119 KWO Saarl; §§ 36 ff. GO LSA; § 54 ff GKrWO SchlHolst.

867 § 28 KomWG BW; § 87 III KWO i.V.m. § 7 KWG RhPf; § 119 II KWO Saarl; § 42 i.V.m. § 9 I KWG LSA; vgl. auch § 14 Mustersatzung für die Durchführung von Bürgerentscheiden, "Mitteilungen" NWStGB 1997, 19 ff.

868 § 28 KomWG BW; § 50 KWG Bbg; § 23 KWG Hess; § 40 KV M-V; § 87 III KWO RhPf; § 119 II KWO Saarl; § 42 KWG LSA; § 64 GKrWO SchlHolst.

869 Vgl. für die Bekanntgabe von Satzungen: BVerfGE 65, 283, 291; BVerwG, NVwZ 1987, 317; BVerwG, NVwZ-RR 1993, 262; BayVerfGH, BayVBl 1990, 78, 80; Gern, Kommunalrecht, Rn. 282; Waechter, Kommunalrecht, Rn. 496.

870 Vgl. bzgl. der Bekanntmachung eines Ratsbeschlusses oben 2. Teil, 3. Kapitel, I 2 h aa; a.A. Wansleben in: Held/Becker/Decker, GO NW, § 26, Anm. 6, der bereits die Bekanntgabe in einer öffentlichen Ratssitzung als ausreichend erachtet; vgl. auch Masson/Samper, BayGO, Art. 18 a, Rn. 43, die entgegen der hier vertretenen Ansicht (2. Teil, 3. Kapitel, I 2 h aa) eine ortsübliche Bekanntmachung nicht als amtliche Bekanntmachung ansehen.

sofern in dem Bürgerentscheid über eine Satzung entschieden wurde[871]. Solange nicht wie bei Satzungen eine besondere Form der Bekanntmachung vorgeschrieben ist, sind auch andere Formen der amtlichen Bekanntmachung, z.B. eine ortsübliche zugelassen, da ein besonderer Formzwang als einschränkende Verfahrensregelung ausdrücklich erfolgen müßte.

8. Träger der Kosten für die Durchführung eines Bürgerentscheids

Art. 18 a X 2 BayGO regelt ausdrücklich, daß die Kosten für die Durchführung des Bürgerentscheids von der Gemeinde zu tragen sind. Da es sich bei einem derartigen Verfahren um eine Angelegenheit der Gemeinde im eigenen Wirkungskreises handelt, gilt jedoch für die übrigen Länder ohne entsprechende Vorschriften nichts anderes[872].

9. Beurteilung

Insgesamt sind bzgl. des Verfahrens bei der Durchführung eines Bürgerentscheids in den einzelnen Ländern nur kleinere Unterschiede festzustellen. Das erklärt sich damit, daß sich die Länder, die nicht ausdrücklich auf die Vorschriften der Kommunalwahlgesetze verweisen, dennoch bei den Verfahrensregelungen an diesen Vorschriften orientieren. Aufgrund der Tatsache, daß die Gemeinden durch die Wahlrechtsgrundsätze in ausreichender Weise an die demokratischen Spielregeln und die Grundprinzipien des Grundgesetzes gebunden sind, konnte der Gesetzgeber ohne weiteres auf konkrete Regelungen verzichten und den Gemeinden auf diese Weise ein Höchstmaß an Gestaltungsfreiheit im Rahmen ihres Selbstverwaltungsrechts gewähren.

7. Kapitel: Abstimmungsberechtigte Personen bei einem Bürgerentscheid

Nach den einschlägigen Vorschriften über Bürgerbegehren und Bürgerentscheid wird der Kreis der abstimmungsberechtigten Personen auf die Bürger beschränkt. Da als Bürger einer Gemeinde alle wahlberechtigten Einwohner gelten, ist die Wahlberechtigung somit gleichzeitig auch entscheidend für die Abstimmungs-

---

871 Vgl. Masson/Samper, BayGO, Art. 18 a, Rn. 43; Thum, Bürgerbegehren und Bürgerentscheid in Bayern, 13.00, Art. 18 a XVI, Anm. 1; a.A. wohl Treffer/Kroll, Bürgerbegehren und Bürgerentscheid in Bayern, Anm. 72, S. 149 f., die die ortsübliche Bekanntmachung gemäß Art. 18 a V BayGO mit der Bekanntgabe von Satzungen gleichsetzen.

872 Fischer, NWVBl 1995, 366, 371 für die nordrhein-westfälische Rechtslage.

berechtigung, d.h. die Teilnahme an einem Bürgerentscheid[873]. Wahlberechtigt für die Gemeindewahlen ist jeder Deutsche i.S.d. Art. 116 I GG oder jeder Staatsangehörige eines der übrigen Mitgliedstaaten der EU mit Wohnsitz in Deutschland (Unionsbürger), der das 18. Lebensjahr[874] vollendet hat, mindestens drei Monate seinen Wohnsitz in der Gemeinde hat und nicht von seinem Wahlrecht ausgeschlossen ist[875]. Im Hinblick auf die Tendenzen, das Alter für das Wahlrecht herabzusetzen, sind konsekutive Veränderungen beim Bürgerentscheid nicht auszuschließen.

I. Die Teilnahme von Unionsbürgern an kommunalen Bürgerbegehren und Bürgerentscheiden

Durch Art. 19 I EGV (früher Art. 8 b I EGV)[876] i.V.m. der dazu ergangenen EU-Richtlinie[877], zu deren Umsetzung die einzelnen Mitgliedstaaten verpflichtet waren, wurde den Unionsbürgern das aktive und passive Wahlrecht in den Gemeinden und Kreisen zu denselben Bedingungen wie den Angehörigen des betreffenden Mitgliedstaats eingeräumt. Damit wären die EU-Ausländer wegen der Verknüpfung von Wahlrecht und Bürgereigenschaft[878] als Bürger einer Gemeinde anerkannt und nach den einschlägigen Vorschriften der Gemeindeordnungen über Bürgerbegehren und Bürgerentscheid, die sämtlich die Bürgereigenschaft als Voraussetzung für die Abstimmungsberechtigung ansehen, befugt, an einem plebiszitären Entscheidungsverfahren aktiv teilzuhaben und somit unmittelbar staatliche Gewalt auszuüben[879]. Teilweise wird dieses Abstimmungsrecht neben

---

873 Die Wahlberechtigung ist zwar bereits für die Gültigkeit der Unterschriften eines Bürgerbegehrens relevant (s.o. 2. Teil, 2. Kapitel, I 2 g bb), erlangt hier jedoch weitaus größere Bedeutung, da es bei einem Bürgerentscheid um die eigentliche Ausübung von Staatsgewalt geht, die nur den Stimmberechtigten vorbehalten sein kann; vgl. BVerfGE 47, 253, 273; 83, 60, 73.

874 Beachte § 34 I Nr. 1 NGO; § 3 I Nr. 1 GKrWG SchlHolst, wonach Personen bereits ab dem 16. Lebensjahr wahlberechtigt sind; siehe auch unten 2. Teil, 7. Kapitel, II.

875 §§ 12, 14 GemO BW; Art. 1, 2 BayGO; §§ 8, 9 KWG Bbg; § 30 HGO; §§ 7, 8 KWG M-V; § 34 NGO; § 6 GO NW; § 13, 14 GemO RhPf i.V.m. § 1 KWG RhPf; § 13 KWG Saarl; §§ 15, 16 SächsGemO; § 3 GKrWG SchlHolst; § 10 ThürKO i.V.m. §§ 1, 2 KWG Thü.

876 Die Umnummerierung beruht auf Art. 12 des Amsterdamer Vertrages vom 2.10.1997, BGBl. II 1998, 386.

877 Richtlinie 94/80/EG des Rates, Abl.EGL 368/38 vom 31.12.94.

878 Engelken, DÖV 1996, 737, 739, Fn. 10.

879 Burkholz, DÖV 1995, 816, 817; Engelken, NVwZ 1995, 432 f.; Kremer, VR 1995, 145, 146, Fn. 14; Meyer-Teschendorf/Hofmann, ZRP 1995, 290; Wehr, BayVBl 1996, 549. Zur Entscheidungskompetenz als Merkmal der Ausübung von Staatsgewalt siehe BVerfGE 47, 253, 273; 83, 60, 73.

dem Wahlrecht sogar ausdrücklich in den Landesverfassungen[880] oder in den Gemeindeordnungen[881] verankert. Art. 28 I 3 GG als dem Landesrecht höherrangigem Recht gewährt dagegen Unionsbürgern ausdrücklich nur die aktive und passive Wahlberechtigung. Dem Wortlaut nach werden Abstimmungen in Form von plebiszitären Sachentscheidungen nicht erfaßt. Ebenso erwähnt Art. 19 I EGV als dem Grundgesetz höherrangiges Recht[882] die kommunalen Abstimmungen nicht, so daß die bereits bestehenden landesgesetzlichen Regelungen wegen Verstoßes gegen höherrangiges Recht nichtig sein könnten bzw. eine Abstimmungsteilnahme von Unionsbürgern trotz deren Bürgereigenschaft nicht möglich wäre.

Für eine Einbeziehung der EU-Ausländer sprechen eindeutige rechtspolitische Erwägungen: Es erscheint widersinnig, wenn Unionsbürger die kommunale Volksvertretung und somit mittelbar auch deren Entscheidungen legitimieren können, ihre Stimmen jedoch keine Legitimationsgrundlage für einzelne Sachentscheidungen darstellen würden, die im Ergebnis einer durch Wahlen legitimierten Ratsentscheidung gleichzusetzen sind (sogenanntes a-maiore-ad-minus-Argument)[883]. Ferner gebietet das Ziel der Einheitlichkeit der demokratischen Legitimationsgrundlage in ein und derselben Gebietskörperschaft die Zulässigkeit einer Teilnahme von Unionsbürgern auch an kommunalen Abstimmungen[884]: Anderenfalls könnten beispielsweise Unionsbürger und Deutsche i.S.v. Art. 116 I GG über Wahlen Ratsentscheidungen legitimieren, eine Aufhebung dieser Entscheidungen im Wege eines Bürgerentscheids bliebe jedoch allein den deutschen Staatsbürgern vorbehalten.

Der Wortlaut des Art. 19 I EGV sowie des Art. 28 I 3 GG scheint demgegenüber einer Teilnahme von Unionsbürgern entgegenzustehen. Weder in Art. 19 I EGV noch in Art. 2 I b der auf Art. 19 I EGV beruhenden Richtlinie werden Abstim-

---

880 Art. 72 I 2 LV BW.

881 § 30 I HGO, § 16 I 2 SächsGemO.

882 Zum Verhältnis zwischen Gemeinschaftsrecht und nationalem Recht vgl. Schweitzer/Hummer, Europarecht, Rn. 845 ff.; Streinz, Europarecht, Rn. 200 ff., 179 ff. jeweils m.w.H.

883 Engelken, DÖV 1996, 737, 738; Hölzl/Hien, BayGO, Art. 18 a, Anm. 2; Kremer, VR 1996, 145, 147.

884 Begr. des Gesetzentw. der Landesreg. für ein Gesetz zur Einführung des Kommunalwahlrechts für Unionsbürger und Unionsbürgerinnnen vom 19.5.1995, LT-Drs. (Hess) 14/93, S. 11 f.; Engelken, NVwZ 1995, 432, 435; ders., DÖV 1996, 737, 738; Rehn/Cronauge, GO NW, § 26, Anm. II 1; Thum, Bürgerbegehren und Bürgerentscheid in Bayern, 13.00, Art. 18 a X, Anm. 5.

mungen erwähnt[885]. Gemäß der Richtlinie werden Wahlen i.S.v. Art. 19 I EGV als diejenigen allgemeinen und unmittelbaren Wahlen definiert, die darauf abzielen, die Mitglieder der Vertretungskörperschaft und ggf. den Leiter und die Mitglieder des Exekutivorgans einer "lokalen Gebietskörperschaft der Grundstufe" zu bestimmen. Auch in 28 I 3 GG werden die Abstimmungen nicht erwähnt, während beispielsweise in Art. 20 II GG ausdrücklich zwischen Wahlen und Abstimmungen differenziert wird[886]. Diese im Gegensatz zu Art. 20 GG fehlende Differenzierung in Art. 28 I 3 GG deutet darauf hin, daß ein Abstimmungsrecht nicht geregelt werden sollte[887].

1. Zulässigkeit einer Teilnahme von Unionsbürgern an kommunalen Abstimmungen gemäß Art. 19 I EGV

Maßgeblich für die Einführung des kommunalen EU-Wahlrechts, möglicherweise aber auch des Abstimmungsrechts, ist zunächst der dem nationalen Recht vorgehende Art. 19 I EGV. Art. 28 I 3 GG wird demgegenüber allgemein lediglich als Öffnungsklausel ohne konstitutive Wirkung verstanden, die den Zweck hatte, eine Kollision zwischen Gemeinschaftsrecht und Grundgesetz bei Inkrafttreten des EGV zu vermeiden[888]. Wegen der ursprünglichen Verfassungswidrigkeit eines Ausländerwahlrechts[889] war Art. 19 I EGV insofern eine der wenigen Bestimmungen des Gemeinschaftsrechts, die eine Grundgesetz-Änderung erforderlich machten[890], damit das Zustimmungsgesetz verfassungsgemäß war und aus deutscher Sicht der EGV ratifiziert werden konnte.

---

885 Dazu Burkholz, DÖV 1995, 816 f.; Meyer-Teschendorf/Hofmann, ZRP 1995, 290, 291; Roller, Kommunalwahlrecht für Unionsbürger, S. 98 ff.

886 Burkholz, DÖV 1995, 816, 817; Maunz/Dürig-Scholz, GG, Art. 28, Rn. 41 f; Meyer-Teschendorf/Hofmann, ZRP 1995, 290; Schrapper, DVBl 1995, 1167, 1179; zur Unterscheidung der Begriffe Wahlen und Abstimmungen vgl. auch Pieroth, JuS 1991, 89 f.; zum Begriff der Abstimmungen vgl. Roller, Kommunalwahlrecht für Unionsbürger, S. 91 ff.

887 Daß Art. 28 I 2 GG und somit auch Art. 28 I 3 GG nur die Wahlen der Vertretungskörperschaften einschließen und nicht auch Wahlen zu anderen Vertretungen oder Sachabstimmungen umfassen, wird durch die Rspr. des BVerfG bestätigt: BVerfGE 47, 253, 272; vgl. auch Meyer-Teschendorf/Hofmann, ZRP 1995, 290, 292.

888 Begr. Gesetzentw. BReg. vom 2.10.1992, BT-Drs. 12/3338, S. 5; Burkholz, DÖV 1995, 816, 818 f.; Engelken, DÖV 1996, 737, 739; Kremer, VR 1995, 145; Maunz/Dürig-Scholz, GG, Art. 28, Rn. 41 b, 41 c; Meyer-Teschendorf/Hofmann, ZRP 1995, 290, 291; Schrapper, DVBl 1995, 1167, 1170; zweifelnd Engelken, VBlBW 1995, 217, 232, Fn. 71.

889 Vgl. BVerfGE 83, 37; 83, 60.

890 Bericht der gemeinsamen Verfassungskommission, BT-Drs. 12/6000, S. 25; Gesetzentw. der Landesreg. vom 19.5.1995, LT-Drs. (Hess) 14/93, S. 12; Burkholz, DÖV 1995, 816, 818; Maunz/Dürig-Scholz, GG, Art. 28, Rn. 41 b; Meyer-Teschendorf/Hofmann, ZRP 1995, 290, 291; Schweitzer/Hummer, Europarecht, Rn. 823; Wehr, BayVBl 1996, 549,

Nach dem Wortlaut des Art. 19 I EGV und der darauf beruhenden Richtlinie werden die kommunalen Abstimmungen nicht in die Regelung einbezogen[891], wohingegen sie allerdings auch nicht ausdrücklich verboten werden[892]. Ein Umkehrschluß dahingehend, daß die Nichtregelung eines Sachverhalts zwingend dessen Ausschluß bedeutet, ist nur dann zulässig, wenn sich aus dem Gesamtzusammenhang eines entsprechenden Gesetzes ergibt, daß sich eine Vorschrift ausschließlich auf den geregelten Tatbestand bezieht[893]. Die Entstehungsgeschichte des Art. 19 I EGV gibt hierüber keinen Aufschluß[894]. Der Gesamtzusammenhang des EGV deutet jedoch darauf hin, daß trotz der gemäß Art. 2 I b der Richtlinie erfolgten Definitionen der Wahlen die Teilnahme von Unionsbürgern an kommunalen Abstimmungen nicht durch Art. 19 I EGV ausgeschlossen sein sollte[895]. Denn es entspricht den gemeinschaftsrechtlichen Zielen, hier vor allem der Gleichbehandlung in- und ausländischer Unionsbürger innerhalb eines vereinten Europas, wenn den Unionsbürgern auf nationaler Ebene neben dem ausdrücklich garantierten Wahlrecht weitere Mitbestimmungsrechte eingeräumt werden[896]. Gerade eine Mitbestimmung bei Sachentscheidungen auf kommunaler Ebene, wo die Bürger direkt über ihre eigenen Belange entscheiden, kann die Integration von Ausländern fördern. Es sind insoweit keine gemeinschaftsrechtlichen Vorschriften ersichtlich, die eine Teilnahme von Unionsbürgern an kommunalen Abstimmungen verbieten. Die Abstimmungsteilnahme ist daher nach dem Gemeinschaftsrecht zulässig, ohne daß sie durch eine Norm ausdrücklich gefordert ist, was allerdings zur Folge hat, daß eine Umsetzung der Abstimmungsbeteiligung in nationales Recht nicht zwingend ist[897]. Das grundsätzlich vorrangige

---

550. Wegen Art. 23 I 2 GG, der nur auf Art. 79 II, III GG, nicht aber auf das in Art. 79 I GG verankerte Zitiergebot verweist, wird teilweise die Notwendigkeit einer Verfassungsänderung verneint, Engelken, DÖV 1996, 737, 739; vgl. auch Bericht der gemeinsamen Verfassungskommission, BT-Drs. 12/6000, S. 21; Gesetzentw. BReg., BT-Drs. 12/3338, S. 5; Maunz/Dürig-Scholz, GG, Art. 23, Rn. 80. Diese Ansicht ist jedoch abzulehnen, da ohne eine Textänderung des Grundgesetzes das Ratifikationsgesetz verfassungswidrig gewesen wäre.

891 Burkholz, DÖV 1995, 816, 817; Meyer-Teschendorf/Hofmann, ZRP 1995, 290, 291; Roller, Kommunalwahlrecht für Unionsbürger, S. 98.

892 Engelken, NVwZ 1995, 432, 433; ders. VBlBW 1995, 217, 232; ders., DÖV 1996, 737, 740; Roller, Kommunalwahlrecht für Unionsbürger, S. 99 f.

893 Engelken, NVwZ 1995, 432, 433 mit ausführlicher Begründung; ders. VBl BW 1995, 217, 232; ders., DÖV 1996, 737, 740; Roller, Kommunalwahlrecht für Unionsbürger, S. 99.

894 Roller, Kommunalwahlrecht für Unionsbürger, S. 98 ff.

895 Engelken, VBlBW 1995, 217, 232, Fn. 71; Roller, Kommunalwahlrecht für Unionsbürger, S. 100; Wehr, BayVBl 1996, 549, 550.

896 Vgl. nur Präambel, Art. 2, 3, 5 EGV; so auch Engelken, VBlBW 1995, 217, 232, Fn. 71; Roller, Kommunalwahlrecht für Unionsbürger, S. 100; Wehr, BayVBl 1996, 549, 550.

897 Roller, Kommunalwahlrecht für Unionsbürger, S. 102.

Gemeinschaftsrecht ist insoweit nicht bindend für die Mitgliedstaaten; aus Gründen der Rechtsklarheit folgt, daß unverbindliches EU-Recht keine verfassungsrechtliche Bedeutung hat und entgegenstehendes Verfassungsrecht nicht verdrängen kann[898].
Eine dennoch erfolgte landesrechtliche Verwirklichung derartiger Zielvorstellungen des EGV wie die Einführung eines EU-Abstimmungsrechts neben dem Wahlrecht muß daher nur den Anforderungen des nationalen Verfassungsrechts, insbesondere des Art. 28 I GG und i.V.m. Art. 20 II GG, genügen[899].

Hingegen wird teilweise die Ansicht vertreten, daß aufgrund der Maßgeblichkeitsklausel des Art. 28 I 3 GG allein das Gemeinschaftsrecht richtungsweisend sei[900]. Doch auch nach der Maßgabeklausel des Art. 28 I 3 GG, wonach den Unionsbürgern das kommunale Wahlrecht nach Maßgabe des Rechts der Europäischen Gemeinschaft gewährt wird, sind aus Gründen der Rechtssicherheit und -klarheit nur verbindliche Regelungen anzuerkennen[901], d.h. allein diese beeinflussen das deutsche Verfassungsrecht, nicht aber sämtliche nicht ausdrücklich geregelten Bereiche wie die Abstimmungsteilnahme[902].

2. Vereinbarkeit einer Abstimmungsteilnahme mit deutschem Verfassungsrecht, insbesondere mit Art. 28 I 3 GG

Bei der Beurteilung der Zulässigkeit einer Abstimmungsteilnahme nach deutschem Verfassungsrecht kommt Art. 28 I 3 GG eine besondere Bedeutung zu[903]. Durch diese Vorschrift wurde der Kreis der Legitimationssubjekte bei Wahlen in

---

898 Maunz/Dürig-Scholz, GG, Art. 28, Rn. 41 f.

899 Burkholz, DÖV 1995, 816, 819; Maunz/Dürig-Scholz, GG, Art. 28, Rn. 41 f; Meyer-Teschendorf/Hofmann, ZRP 1995, 290, 292; Schrapper, DVBl 1995, 1167, 1170.

900 Engelken, DÖV 1995, 217, 229.

901 In diese Richtung auch Engelken, VBlBW 1995, 217, 232.

902 Maunz/Dürig-Scholz, GG, Art. 28, Rn. 41 f.

903 Die Einführung des Art. 28 I 3 GG wird zu Recht allgemein als vereinbar mit Art. 79 III GG angesehen. Art. 79 III GG i.V.m. Art. 20 II GG schützt den Grundsatz der Volkssouveränität vor einer vollständigen Preisgabe. Durch das kommunale EU-Wahlrecht wird er jedoch lediglich modifiziert, da weiterhin alle Staatsgewalt von den Bürgern ausgeht, deren Kreis sich um die Unionsbürger erweitert hat. Im übrigen bezieht sich die Ausnahme des Art. 28 I 3 GG in erster Linie auf den Grundsatz der einheitlichen Legitimationsgrundlage gemäß Art. 28 I 2 GG, der jedoch nicht von Art. 79 III GG erfaßt ist. Da die kommunalen Gebietskörperschaften keine Staatsqualität besitzen, wird auch die von Art. 79 III GG geschützte Staatsqualität der Länder nicht durch eine Modifikation der Volkssouveränität auf kommunaler Ebene verletzt. Vgl. zu diesem Problem: BVerfGE 83, 37, 59; Klein in: Schmidt-Bleibtreu/Klein, GG, Art. 28, Rn. 7; Löwer in: v. Münch/Kunig, GG, Art. 28, Rn. 30; Maunz/Dürig-Randelzhofer, GG, Art. 24 Abs. I, Rn. 171, 172.

Gemeinden und Kreisen auf Unionsbürger ausgedehnt[904], während es auf Bundes- und Landesebene bei dem Grundsatz geblieben ist, daß die Staatsgewalt in Form von Wahlen und Abstimmungen gemäß Art. 20 II, 28 I 1, 2 GG nur durch das Volk, d.h. von allen Deutschen und ihnen nach Art. 116 I GG gleichgestellten Personen[905] ausgeübt wird. Ohne Art. 28 I 3 GG wäre eine Abstimmungsteilnahme von Unionsbürgern aufgrund der Verfassungswidrigkeit eines Ausländerwahlrechts von vornherein unzulässig[906]. Der Wortlaut und die fehlende Differenzierung zwischen Wahlen und Abstimmungen in Art. 28 I 3 GG im Gegensatz zu Art. 20 II 2 GG deuten darauf hin, daß die Erweiterung des Kreises der Legitimationssubjekte auf kommunaler Ebene sich nur auf Wahlen i.e.S. beschränken und nicht die Teilnahme an Abstimmungen erfassen sollte. Der deutsche Verfassungsgeber geht im Gegensatz zur Rechtslage in der Europäischen Union grundsätzlich davon aus, daß die Ausübung sämtlicher Staatsgewalt den Deutschen vorbehalten sein soll[907], so daß Ausnahmen von diesem Grundsatz ausdrücklich normiert werden müßten. Hätte der Gesetzgeber die Absicht gehabt, auch eine Regelung bzgl. plebiszitärer Abstimmungen zu treffen, hätte er diese Abstimmungen explizit in die gesetzlichen Vorschriften aufnehmen müssen[908]. Daß er diese Problematik durchaus nicht übersehen hat, zeigen die parlamentarischen Beratungen zur Änderung des Grundgesetzes, bei denen Anträge, die eine ausdrückliche Gewährung auch des kommunalen Abstimmungsrechts vorsahen, abgelehnt wurden[909]. Aufgrund dessen ist hier ein Umkehrschluß dahingehend, daß die Nichtregelung einer Materie deren Ausschluß bedeutet, zulässig[910]. Demnach ist eine Abstimmungsteilnahme gemäß Art. 28 I 3 GG unzulässig.

Teilweise wird angenommen, daß eine landesgesetzliche Einführung aufgrund des Homogenitätsgebots des Art. 28 I 1 GG dennoch zulässig sei[911]. Die Erweiterung

---

904 Gesetz zur Änderung des GG vom 21.12.1992, BGBl. I, 2086.

905 BVerfGE 83, 37, 50 f.; 83, 60, 71 f.; BK-Wernicke, GG, Art. 20, Anm. 2 b; Klein in: Schmidt-Bleibtreu/Klein, GG, Art. 28, Rn. 6; Löwer in: v. Münch/Kunig, GG, Art. 28, Rn. 25.

906 BVerfGE 83, 37; 83, 60.

907 Vgl. Art. 20 II, Art. 38, Art. 116 GG; BVerfGE 83, 37, 50 f.; 83, 60, 71.

908 Burkholz, DÖV 1995, 816, 818; Hölzl/Hien, BayGO, Art. 18 a, Anm. 2; Maunz/Dürig-Scholz, GG, Art. 28, Rn. 41 f; Meyer-Teschendorf/Hofmann, ZRP 1995, 290; Wehr, BayVBl 1996, 549, 550.

909 Kommissionsdrs. Nr. 3, 4 (neu) in: BT-Drs. 12/6000, S. 140 f.; Burkholz, DÖV 1995, 816, 818; Maunz/Dürig-Scholz, GG, Art. 28, Rn. 41 f; Schrapper, DVBl 1995, 1167, 1170; a.A. Wefelmeier in: Blum/Beckhof, NGO, § 22 b, Rn. 6.

910 Burkholz, DÖV 1995, 816, 818; Roller, Kommunalwahlrecht für Unionsbürger, S. 102 f.; so selbst Engelken, DÖV 1996, 737, 740.

911 Begr. des Gesetzentw. der Landesreg. vom 18.9.1995, LT-Drs. (NW) 12/175, S. 12; Engelken, NVwZ 1995, 432, 434 f; ders. VBlBW 1995, 217, 232; ders. DÖV 1996, 737,

des Kreises der Wahlberechtigten gemäß Art. 28 I 3 GG wirke sich über das Homogenitätsprinzip auch auf die Legitimation anderer Formen der Ausübung von Staatsgewalt wie kommunaler Abstimmungen aus. Es liege mithin im Spielraum des Landesgesetzgebers, den Unionsbürgern neben dem Wahlrecht auch ein Abstimmungsrecht einzuräumen. Zwar sei mit Art. 28 I 3 GG eine Begrenzung des Homogenitätsgebots erfolgt, dieses betreffe jedoch allein die Zulässigkeit eines allgemeinen kommunalen Ausländerwahlrechts[912].

Dieser Sichtweise steht die Systematik der Regelungen des Grundgesetzes im Hinblick auf das Homogenitätsgebot sowie der Charakter des Art. 28 I 3 GG entgegen. Durch das Homogenitätsgebot gemäß Art. 28 I GG wird sichergestellt, daß sämtliche Formen der Ausübung von Staatsgewalt in Bund und Ländern nur durch das deutsche Volk legitimiert werden. Gemäß Art. 28 I 2 GG gilt dieser Grundsatz der Volkssouveränität auch für die Kreise und Gemeinden, wird allerdings bzgl. der Wahlen durch Art. 28 I 3 GG um die Unionsbürger erweitert. Art. 28 I 3 GG stellt insofern eine Ausnahme von dem in Art. 28 I 1, 2 GG bestimmten Grundsatz der Volkssouveränität dar[913]. Ausnahmeregelungen sind nach allgemeinen Rechtsgrundsätzen grundsätzlich eng auszulegen und können über ihren eigentlichen Regelungsgehalt keine weiteren Rechtswirkungen entfalten. Daher kann die Zulässigkeit des EU-Wahlrechts gemäß Art. 28 I 3 GG nicht gleichzeitig die Zulässigkeit eines Abstimmungsrechts begründen, so daß es bei den ursprünglichen Grenzen des Homogenitätsgrundsatzes bleiben muß, demzufolge die Ausübung von Staatsgewalt den Deutschen i.S.v. Art. 116 I GG vorbehalten ist[914].
Die durch Art. 28 I 3 GG nur bzgl. der Wahlen erfolgte Erweiterung der Homogenitätsklausel kann ihrerseits nicht durch das Homogenitätsgebot wieder erwei-

---

738; Rehn/Cronauge, GO NW, § 26, Anm. II; Roller, Kommunalwahlrecht für Unionsbürger, S. 109 f.

912 Beschlußempfehlung und Bericht des Ständigen Ausschusses, LT-Drs. (BW) 11/5402, S. 31 f.; Begr. des Gesetzentw. der Landesreg. für ein Gesetz zur Einführung des Kommunalwahlrechts für Unionsbürger und Unionsbürgerinnen vom 19.5.1995, LT-Drs. (Hess) 14/93, S. 10 ff.

913 Maunz/Dürig-Scholz, GG, Art. 28, Rn. 41 f; Meyer-Teschendorf/Hofmann, ZRP 1995, 290, 292. Als sachlicher Grund für diese Ausnahme ist in erster Linie die fortschreitende europäische Einigung zu nennen, deren Verwirklichung die Bundesrepublik Deutschland gemäß der Präambel und Art. 23 I GG ausdrücklich zum Staatsziel erklärt hat, vgl. Maunz/Dürig-Scholz, GG, Art. 28, Rn. 41 d; a.A. Engelken, VBlBW 1995, 217, 232, Fn. 71, der in Art. 28 I 3 GG keine Ausnahme zu dem wegen Art. 79 III GG unantastbaren Grundsatz der Volkssouveränität sieht, sondern lediglich die Übernahme der durch das EG-Recht herbeigeführten begrenzten Erweiterung des Volksbegriffs.

914 Burkholz, DÖV 1995, 816, 819; Maunz/Dürig-Scholz, GG, Art. 28, Rn. 41 f; Meyer-Teschendorf/Hofmann, ZRP 1995, 290, 292.

tert werden. Daher ist eine landesgesetzliche Einführung eines kommualen EU-Abstimmungsrechts neben dem kommunalen EU-Wahlrecht nicht von dem durch Art. 28 I 1 GG gewährten Spielraum gedeckt.

Als bloße Öffnungsklausel mit lediglich deklaratorischer Wirkung kann Art. 28 I 3 GG ohnehin über seinen eigentlichen Regelungsgehalt hinaus, d.h. der Einführung des kommunalen EU-Wahlrechts, keinen weiteren Einfluß auf die bestehenden Regelungen des Grundgesetzes haben[915]. Dem wird zwar entgegengehalten, daß die lediglich deklaratorische Öffnungsklausel keine den gemeinschaftsrechtlichen Zielvorstellungen einschränkenden Regelungsgehalt haben könne und folglich keinen Ausschluß der nach Gemeinschaftsrecht zulässigen Abstimmungsberechtigung begründen könne[916]; Art. 28 I 3 GG kann jedoch nicht als Ausschlußbestimmung verstanden werden, sofern das Gemeinschaftsrecht wie im Fall einer Abstimmungsteilnahme von Unionsbürgern unverbindlich ist. Da das Grundgesetz wie gezeigt auch ohne Art. 28 I 3 GG von der Unzulässigkeit der Teilnahme von Unionsbürgern an kommunalen Abstimmungen ausgeht, handelt es sich bei Art. 28 I 3 GG somit lediglich um eine nichterfolgte Einführung des Abstimmungsrechts, zu der der Gesetzgeber nicht verpflichtet war.

Im Ergebnis ist daher eine Teilnahme von Unionsbürgern an Bürgerentscheiden mit deutschem Verfassungsrecht nicht vereinbar.

3. Abstimmungsrecht von Unionsbürgern aufgrund der Staatszielbestimmung des Art. 23 I 1 GG

Schließlich kann auch die Staatszielbestimmung des Art. 23 I 1 GG den Volksbegriff des Art. 20 II, 28 I, 116 I GG auf kommunaler Ebene nicht in der Weise erweitern, daß Unionsbürger neben den Wahlen auch an kommunalen Abstimmungen teilnehmen könnten, da Staatszielbestimmungen für eine Modifizierung von Verfassungsgrundsätzen zu unbestimmt sind[917].

4. Zusammenfassung und Ausblick

Im Ergebnis ist festzuhalten, daß eine Abstimmungsbeteiligung von Unionsbürgern nach gemeinschaftsrechtlichen Bestimmungen durchaus zulässig, nicht jedoch zwingend geboten ist, nach deutschem Verfassungsrecht einer Teilnahme jedoch Art. 28 I 1, 2, 3 GG i.V.m. Art. 20 II, 116 I GG entgegenstehen.

---

915 Burkholz, DÖV 1995, 816, 819; Meyer-Teschendorf/Hofmann, ZRP 1995, 290, 292.

916 Engelken, NVwZ 1995, 432, 433; vgl. auch Schrapper, DVBl 1995, 1167, 1170.

917 Maunz/Dürig-Randelzhofer, GG, Art. 24 Abs. I, Rn. 17 ff., 171 f.; a.A. Roller, Kommunalwahlrecht für Unionsbürger, S. 113 f.

Dieses auch im Hinblick auf die europäische Vereinigung rechtspolitisch nicht wünschenswerte Ergebnis könnte allein durch eine ausdrückliche Aufnahme der kommunalen Abstimmungen in Art. 19 I EGV oder/und in Art. 28 I 3 GG oder durch eine generelle Ausdehnung des Volksbegriffs des Art. 20 II GG im Hinblick auf die kommunale Ebene entsprechend verändert werden[918]. Ohne derartige Reformen ist eine landesgesetzliche Einbeziehung von Unionsbürgern in kommunale Abstimmungen verfassungswidrig. Unionsbürger sind daher nicht berechtigt, an Bürgerbegehren und Bürgerentscheiden teilzunehmen.

Gleiches gilt für alle weiteren Ausländer, die keine Unionsbürger sind; diese sind ohne eine Verfassungsänderung[919] nicht einmal berechtigt, an den Kommunalwahlen teilzunehmen[920], so daß ihnen nicht der Status eines Bürgers einer Gemeinde zukommt und sie bereits aus diesem Grund nicht abstimmungsberechtigt sind.

II. Abstimmungsalter

Die Wahlberechtigung wird neben der Einschränkung, daß nur Deutsche und Unionsbürger, die ihren Wohnsitz mindestens drei Monate in der betroffenen Gemeinde haben, wahlberechtigt sind, nach den Vorschriften der meisten Länder außerdem an die Vollendung des 18. Lebensjahres geknüpft. Lediglich Niedersachsen und Schleswig-Holstein haben auf kommunaler Ebene der in den letzten Jahren verstärkt geführten politischen Diskussion um eine Herabsenkung des Wahlalters Rechnung getragen und das aktive Wahlrecht bereits ab der Vollendung des 16. Lebensjahres eingeführt[921]. Damit sind 16 und 17jährige Jugendliche wegen der Verknüpfung der Abstimmungsberechtigung mit der Wahlberechtigung gleichzeitig auch berechtigt, durch Bürgerbegehren und Bürgerentscheid an der Ausübung der Staatsgewalt teilzunehmen[922].

---

918 Ausführlich Burkholz, DÖV 1995, 816, 818 ff.; Meyer-Teschendorf/Hofmann, ZRP 1995, 290, 292 f.

919 Zu diesbzgl. Bestrebungen vgl. Bericht der Gemeinsamen Verfassungskommission, BT-Drs. 12/6000, S. 25 f.; S. 97 f.; Maunz/Dürig-Scholz, GG, Art. 28, Rn. 41 b.

920 BVerfGE 83, 37; 83, 60.

921 § 34 NGO, geändert durch Gesetz zur Reform des nds. Kommunalverfassungsrechts vom 1.4.1996, GVBl., S. 82; § 3 GKrWG SchlHolst, geändert durch Gesetz zur Änderung des GKrWG vom 27.02.97, GVBl., S. 101.

922 Zum Ausschluß der Unionsbürger von der Abstimmungsteilnahme s.o. 2. Teil, 7. Kapitel, I.

1. Mindestalter bei Wahlen

Zumindest für Wahlen ist die Festsetzung eines Mindestwahlalters innerhalb bestimmter Grenzen verfassungsrechtlich grundsätzlich zulässig und im Hinblick auf eine verantwortungsvolle Entscheidung, die erst ab einem gewissen Alter und einer gewissen Reife getroffen werden kann, auch geboten. Solange bei der konkreten Bestimmung der Altersgrenze nur solche Gesichtspunkte einbezogen werden, die für die politische Urteilsfähigkeit von Bedeutung sind[923], verstößt eine derartige Altersbeschränkung daher nicht gegen den Grundsatz der Allgemeinheit der Wahl[924].

Die untere Altersgrenze für die politische Urteilsfähigkeit im Hinblick auf das aktive Wahlrecht wird heute größtenteils mit der Erlangung der Volljährigkeit und damit der zivilrechtlichen Geschäftsfähigkeit gleichgesetzt[925]. Zwar besteht zwischen der privatrechtlichen Geschäftsfähigkeit und der politischen Urteilsfähigkeit ein nicht unbedeutender Unterschied, und von einer der genannten Fähigkeiten kann nicht zwingend auf die andere geschlossen werden[926], aber die Überlegungen bzgl. der Festlegung der Geschäftsfähigkeit ab Vollendung des 18. Lebensjahres sind durchaus auch für die politische Urteilsfähigkeit heranzuziehen.

Mit der Festlegung der Altersgrenze sollen die Minderjährigen in beiden Fällen vor möglichen nachteiligen Folgen einer aufgrund mangelnden Alters leichtfertig abgegebenen Erklärung geschützt werden[927]. Bei privatrechtlichen Willenserklärungen geht es beispielsweise um den Schutz vor rechtlichen oder finanziellen Abhängigkeiten. Der Schutz vor nachteiligen Folgen für die eigene Person scheint dagegen bei der Bestimmung des Wahlalters auf den ersten Blick keine derart gewichtige Rolle zu spielen: Die Abgabe einer Stimme neben den der anderen Stimmberechtigten scheint für den einzelnen eine geringere Bedeutung zu haben als die Abgabe einer rechtsgeschäftlichen Willenserklärung zwischen zwei Parteien des Privatrechts. Doch auch die Ausübung staatlicher Gewalt verlangt eine

---

923 Klein in: Schmidt-Bleibtreu/Klein, GG, Art. 38, Rn. 5.

924 BVerfGE 36, 139, 141; 42, 312, 341; Spies, Die Schranken des allgemeinen Wahlrechts in Deutschland, S. 47 f.

925 Zur geschichtlichen Entwicklung des Wahlalters vgl. nur Hattenhauer, JZ 1996, 9, 10 ff.; Schreiber, BWahlG, § 12, Rn. 10; Spies, Die Schranken des allgemeinen Wahlrechts in Deutschland, S. 41 ff.

926 Spies, Die Schranken des allgemeinen Wahlrechts in Deutschland, S. 53, allerdings nur bzgl. der Feststellung, daß die Geschäftsfähigkeit nicht notwendig die politische Urteilsfähigkeit nach sich zieht.

927 MüKo-Gitter, BGB, § 106, Rn. 1; Palandt-Heinrichs, BGB, § 106, Rn. 2; Soergel-Hefermehl, BGB, § 106, Rn. 1.

verantwortungsvolle Entscheidung. Im Gegensatz zur privatrechtlichen Willenserklärung wird hier die Verantwortung zugunsten des Gemeinwohls und nicht zugunsten der Interessen der einzelnen übernommen. Da diesbzgl. Entscheidungen gegenüber Entscheidungen im Privatleben zudem häufig viel abstrakter und komplexer und damit schwerer durchschaubar sind bzw. wegen ihrer Abstraktheit eine gewisse Gleichgültigkeit der Abstimmenden bei der Entscheidung hervorrufen, spricht einiges dafür, auch die Grenze für das Wahlalter nicht unter 18 Jahre festzusetzen. Es ist allerdings nicht Thema dieser Arbeit, die einzelnen Aspekte für ein bestimmtes Wahlalter genau zu untersuchen[928].

2. Mindestalter bei Abstimmungen

Für die vorliegende Arbeit interessiert jedoch, ob die Festlegung des Wahlalters auch gleichzeitig für das Abstimmungsalter verbindlich sein sollte. Anders als bei den allgemeinen politischen Wahlen der Repräsentanten geht es bei einem Bürgerentscheid um einzelne Sachfragen und nicht um die Auswahl ganzer Wahlprogramme. Diese Entscheidungen betreffen u.U. sogar in erster Linie die Belange jüngerer Altersgruppen, etwa die Einrichtung eines Jugendzentrums, so daß ähnlich der Betroffenheitsbeteiligung in einem verwaltungsrechtlichen Verfahren eine Einbeziehung der Jugendlichen als Betroffene geboten sein könnte[929]. Eine Beteiligung der Jugendlichen in solchen Angelegenheiten wird beispielsweise in etlichen Ländern bzgl. einer Einwohnerversammlung oder eines Einwohnerantrags praktiziert[930].

---

928 Für eine Herabsetzung des Wahlalters wird beispielsweise die allgemeine Testierfähigkeit gemäß § 2229 BGB ab der Vollendung des 16. Lebensjahres, die strafrechtliche Schuldfähigkeit gemäß § 19 StGB ab dem 14. Lebensjahr, die Ehemündigkeit gemäß § 1 II Ehegesetz ab dem 16. Lebensjahr oder die Überrepräsentation älterer Bevölkerungsgruppen in der gesamten Wählerschaft angeführt. Vgl. zum ganzen: Hattenhauer, JZ 1996, 9 ff.; Hoerschelmann, Die Welt vom 25.7.1992, S. 2; Hoffmann-Lange/de Rijke, ZParl 1997, 572 ff.; Hurrelmann, Die Zeit vom 19.6.1992, S. 16; Knödler, ZParl 1997, 553 ff.; Löw, FuR 1993, 25 ff.; Schreiber, BWahlG, § 12, Rn. 10; Spies, Die Schranken des allgemeinen Wahlrechts in Deutschland, S. 50 ff.; Staatsanzeiger für das Land Hessen vom 13.7.1992, S. 1554, 1565.

929 In diese Richtung Hurrelmann, Die Zeit vom 19.6.1992, S. 16.

930 Für eine Einwohnerversammlung: § 17 GO Bbg; § 16 KV M-V; § 23 II GO NW; § 16 GemO RhPf; § 20 I KSVG Saarl; § 22 SächsGemO; § 27 I GO LSA; § 16 b GO SchlHolst; § 15 I ThürKO. Für einen Einwohnerantrag: § 19 GO Bbg; § 18 KV M-V; § 22 a NGO; § 25 GO NW; § 17 GemO RhPf; § 23 SächsGemO; § 24 GO LSA; § 16 f GO SchlHolst. Zu den Einflußmöglichkeiten von Einwohnerversammlung und Einwohnerantrag s.o. 1. Teil, 1. Kapitel, V 2 a, b.

Die einschlägigen Vorschriften über Bürgerbegehren und Bürgerentscheid[931] sehen jedoch nur die Bürger als abstimmungsberechtigt an. Aufgrund der Verknüpfung der Bürgereigenschaft mit der Wahlberechtigung[932] kommt es daher nach der bestehenden Gesetzeslage zu keiner unterschiedlichen Festsetzung des Wahl- und Abstimmungsalters im Hinblick auf einen Bürgerentscheid. Gegen eine Abweichung würde aber auch die Einheitlichkeit des Kreises der Legitimationssubjekte in ein und derselben Gebietskörperschaft sprechen. Allein die Tatsache, daß Jugendliche in einer Angelegenheit besonders betroffen sind, würde es nicht rechtfertigten, die Ausübung der Staatsgewalt einem erweiterten Personenkreis zu übertragen. Jugendliche könnten dann über einen Bürgerentscheid Entscheidungen legitimieren, die bei einem gleichlautenden Beschluß der Gemeindevertretung von dieser Personengruppe nicht über die Wahlen legitimiert wäre. Außerdem können auch einzelne Sachentscheidungen insbesondere im Hinblick auf die Finanzierung häufig nur im Rahmen eines politischen Gesamtprogramms und nicht losgelöst von allen übrigen Entscheidungen getroffen werden, so daß die Beurteilung einer einzelnen Sachfrage u.U. nicht weniger abstrakt und damit nicht einfacher ist als die Entscheidung im Rahmen einer Stimmabgabe bei Wahlen zu einer Volksvertretung. Auch aus diesem Grund wäre daher eine unterschiedliche Festsetzung des Wahl- und des Abstimmungsalters nicht geboten.

Anders verhält es sich dagegen mit einem Stimmrecht von Jugendlichen bei Abstimmungen in den Einwohnerversammlungen, bei denen es sich mangels endgültiger Entscheidungsbefugnis nicht um die Ausübung von Staatsgewalt im eigentlichen Sinn handelt[933]. Für die hier getroffenen Entscheidungen müssen die Jugendlichen keine Verantwortung übernehmen, weil letztlich die Gemeindevertretung die eigentliche Entscheidung zu treffen hat. Durch eine Beteiligung der Jugendlichen an den Einwohnerversammlungen ist jedoch gewährleistet, daß diese ihre Interessen angemessen repräsentieren können. Gleiches gilt für einen Einwohnerantrag, mit dem die Einwohner verlangen können, daß sich die Gemeindevertretung bei Vorliegen einer bestimmten Anzahl von Unterschriften mit einer Gemeindeangelegenheit befaßt und ggf. auch entscheidet. Die Einbeziehung von Jugendlichen im Vorfeld der eigentlichen Ausübung der Staatsgewalt ist daher durchaus positiv zu bewerten. Für einen Bürgerentscheid sollte jedoch wei-

---

931 § 21 III 1 GemO BW; Art. 18 a X 3 BayGO; § 20 I 1 GO Bbg; § 8 b I HGO; § 20 I 1 KV M-V; § 22 b I NGO; § 26 I GO NW; § 17 a I 1 GemO RhPf; § 21 a I 1 KSVG Saarl; § 24 I 1 SächsGemO; § 26 I 1 GO LSA; § 16 g I 1 GO SchlHolst; § 17 IV 1 ThürKO.

932 S.o. 2. Teil, 7. Kapitel I.

933 Eine Ausnahme stellt § 15 IV KV-DVO M-V dar, wonach ein Bürgerentscheid in kleineren Gemeinden auch im Rahmen einer Einwohnerversammlung in einer offenen Abstimmung durchgeführt werden kann, dazu oben 2. Teil, 6. Kapitel, III 5.

terhin das jeweils festgelegte Mindestwahlalter Voraussetzung für die Abstimmungsberechtigung sein.

8. Kapitel: Die Voraussetzungen für einen wirksamen Bürgerentscheid, insbesondere das Erfolgsquorum

I. Inhaltliche Voraussetzungen für die Wirksamkeit eines Bürgerentscheids

In den Ländern Brandenburg, Niedersachsen, Sachsen-Anhalt und Thüringen ist ausdrücklich geregelt, daß ein Bürgerentscheid nur dann entsprechende Rechtswirkungen erzeugt, wenn der gestellte Antrag von der Mehrheit der Stimmberechtigten mit "Ja" beantwortet ist[934], während einem mehrheitlich mit "Nein" beantworteten Bürgerentscheid ebenso wie einem Bürgerentscheid, bei dem zwar die Mehrheit der Abstimmenden, aber nicht die Mehrheit der Abstimmungsberechtigten den Antrag bejaht hat, keine Rechtswirkungen zukommen.

Demgegenüber ist ein Bürgerentscheid in den übrigen Ländern in dem Sinne entschieden und erzeugt diesbzgl. Wirkungen, wenn die gestellte Frage von der Mehrheit der abgegebenen gültigen Stimmen beantwortet worden ist[935]. Gemäß dem Wortlaut der relevanten Vorschriften, wonach ein Bürgerentscheid i.S.d. Mehrheit der gültigen Stimmen entschieden ist, wird hier sowohl ein positiv als auch ein negativ beantworteter Bürgerentscheid unter Einhaltung der weiteren Voraussetzungen als rechtswirksam angesehen.
Für die bayerische Rechtslage wird allerdings trotz dieses Wortlauts teilweise angenommen, daß auch hier wie in Brandenburg, Niedersachsen, Sachsen-Anhalt und Thüringen nur ein mehrheitlich mit "Ja" beantworteter Bürgerentscheid Rechtswirkungen erzeugen könne[936], denn wie ein abgelehnter Beschluß der Gemeindevertretung könne auch ein Bürgerentscheid bei einer negativen Entscheidung keine Bindungswirkung erzeugen[937].
Dafür spricht, daß nur bei einem mehrheitlich mit "Ja" beantworteten Bürgerentscheid in jedem Fall ein konkreter Handlungsauftrag garantiert ist.
Dieser Ansicht kann jedoch der Wortlaut der entsprechenden Vorschriften, vor allem aber die Bedeutung einer Mehrheitsentscheidung entgegengehalten werden.

---

934 § 20 V 1 GO Bbg; § 22 b IX 1 NGO; § 26 V 1 GO LSA; § 17 V 2 ThürKO.
935 § 20 IV 2 GO Bbg; § 8 b VI 1 HGO; § 20 VII 1 KV M-V; § 22 b X 3 NGO; § 26 VII 2 GO NW; § 17 a GemO RhPf; § 21 a VI KSVG Saarl; § 24 III 1 SächsGemO; § 26 IV 1 GO LSA; § 16 g VII 1 GO SchlHolst; § 17 IV 2 ThürKO.
936 Vollzugshinweise des Bay IM, II 14.
937 Vollzugshinweise des Bay IM, II 14.

Eine Mehrheit ist definitionsgemäß der größere Teil von zwei Teilen einer Personengesamtheit und kann bei einer Abstimmung sowohl auf der Seite der Befürworter als auch auf der Seite der Gegner zustande kommen[938]. Das über Art. 28 I 1, 2 GG auch auf Gemeindeebene anzuwendende demokratische Mehrheitsprinzip verlangt des weiteren, daß sich die Minderheit der Mehrheit unterordnet[939] – unabhängig davon, ob ein Bürgerentscheid von der Mehrheit positiv oder negativ beantwortet wird. Darüber hinaus stünde es dem Zweck der Einführung plebiszitärer Entscheidungselemente verbunden mit einer Stärkung der Bürgerbeteiligung entgegen, wenn eine mehrheitliche negative Entscheidung der Bürger keine Rechtswirkungen hätte. Insoweit muß zwischen Rats- und Bürgerentscheidung unterschieden werden. Über einen negativ beantworteten Gemeinderatsbeschluß setzt sich allenfalls die Gemeindevertretung selbst durch einen weiteren Beschluß hinweg. Würde dagegen ein mehrheitlich mit "Nein" entschiedener Bürgerentscheid wirkungslos bleiben, so könnte der Rat anschließend ohne weiteres durch einfachen Ratsbeschluß gegen den Bürgerwillen entscheiden, obwohl ihm die Entscheidungskompetenz in dieser Angelegenheit eigentlich entzogen wurde. Die Übertragung der Entscheidungskompetenz auf die Bürgerschaft wäre somit wirkungslos[940].

Aus den genannten Gründen erscheinen die entsprechenden Regelungen in Brandenburg, Niedersachsen, Sachsen-Anhalt und Thüringen im Hinblick auf eine demokratische Mehrheitsentscheidung bedenklich. In diesen Ländern kann nur ein mehrheitlich mit "Ja" beantworteter Bürgerentscheid Rechtswirkungen erzeugen; die Gegner eines Bürgerentscheids haben daher nur die Möglichkeit, durch mehrheitliche Ablehnung des Antrags den Erfolg des Bürgerentscheids bei der Abstimmung abzuwenden, ohne daß ihre eigene Meinung jedoch auf Dauer umgesetzt wird. Obwohl dieser Entscheidung nicht die Wirkung eines erfolgreichen Bürgerentscheids zukommt, wird es für die Gemeindevertretung allerdings schwer, einen von dem Bürgervotum abweichenden Beschluß, der zwar grundsätzlich zulässig wäre, zu rechtfertigen.

Einer Mehrheitsentscheidung - gleichgültig ob positiv oder negativ - sollte aus o.g. Gründen dennoch in jedem Fall Rechtswirksamkeit zukommen.
Bei Stimmengleichheit gilt ein Bürgerentscheid in allen Ländern als mit "Nein" beantwortet[941]. Ein Losentscheid in dieser Situation ist unzulässig[942].

---

938 Jäger, Staatslexikon, Bd. 3, "Mehrheit", Sp. 1082.

939 Maunz/Dürig-Herzog, GG, Art. 20 II, Rn. 15.

940 Thum, Bürgerbegehren und Bürgerentscheid in Bayern, 13.00, Art. 18 a XIII, Anm. 6.

941 § 21 VI 2 GemO BW; Art. 18 a XII 1 BayGO; § 20 IV 3 GO Bbg; § 8 b VI 2 HGO;§ 20 VII 2 KV M-V; § 22 b X 4 NGO; § 26 VII 3 GO NW; § 17 a VII 2 GemO RhPf;§ 21 a VI 2 KSVG Saarl; § 16 g VII 2 GO SchlHolst; § 17 IV 3 ThürKO.

II. Das Zustimmungs- oder Erfolgsquorum

Unabhängig davon, ob nur ein positiv oder auch ein negativ beantworteter Bürgerentscheid Rechtswirkungen erzeugt, muß die für die Wirksamkeit des Bürgerentscheids geforderte Mehrheit nach fast allen Gemeindeordnungen einen bestimmten Prozentsatz der Stimmberechtigten ausmachen. Diese Mehrheit wird allgemein als Erfolgs- oder Zustimmungsquorum bezeichnet.

In Baden-Württemberg war 1955 bei Einführung des Bürgerentscheids gemäß § 21 IV GemO zunächst eine Mindeststimmbeteiligung von 50 % der Stimmberechtigten vorgeschrieben. Im Jahre 1975 wurde die gesetzliche Regelung dahingehend geändert, daß ein Bürgerentscheid bereits dann als erfolgreich gilt, wenn die Mehrheit der Abstimmenden für das Begehren stimmt, sofern diese Mehrheit mindestens 30 % der Stimmberechtigten beträgt. Dies schien zumindest im Hinblick auf die größeren Städte eine Erleichterung, da dort eine 50prozentige Abstimmungsbeteiligung selten erreicht wurde[943]. Allerdings scheiterten aufgrund der Neuregelung auch einige Bürgerentscheide, die nach der alten Fassung des § 21 GemO erfolgreich gewesen wären[944]. Beispielsweise ist ein Bürgerentscheid nach der früher geforderten 50prozentigen Abstimmungsbeteiligung schon als erfolgreich anzusehen, wenn 26 % der Abstimmungsberechtigten den Antrag befürworten und gleichzeitig 24 % der Stimmberechtigten den Antrag ablehnen, während derselbe Bürgerentscheid bei einem 30prozentigem Quorum als gescheitert gilt.
Derzeit sehen neben Baden-Württemberg noch Rheinland-Pfalz und das Saarland ein 30prozentiges Erfolgsquorum vor[945], während in den übrigen Bundesländern ein Bürgerentscheid bereits erfolgreich ist, wenn 25 % der Stimmberechtigten für das Begehren votieren[946]; in Bayern wird sogar völlig auf ein Zustimmungsquorum verzichtet, hier entscheidet die einfache Mehrheit der Abstimmenden.

Drehte sich die Diskussion in Deutschland[947] somit zunächst vornehmlich um die Herabsetzung der Quoren, so stellt sich heute spätestens seit der Einführung des

---

942 Borchert in: Galette/Laux, GO SchlHolst, § 16 g, zu Abs. 7, Anm. 2; Klang/Gundlach, GO LSA, § 26, Rn. 3; Kunze in: Kunze/Bronner/Katz, GemO BW, § 21, Rn. 32.

943 Kreutz-Gers, StGR 1989, 311, 314 f.

944 V. Arnim, DÖV 1990, 89, 93; Beilharz, Politische Partizipation, S. 98; Mayer, Bürgerbegehren und Bürgerentscheide in Gemeinden, S. 18; Weichert, BWVPr 1988, 290, 291.

945 § 17 a VII 1 GemO RhPf; § 21 a VI KSVG Saarl.

946 § 20 IV 2 GO Bbg; § 8 b VI 1 HGO; § 20 VII 1 KV M-V; § 22 b X 3 NGO; § 26 VII 2 GO NW; § 24 III 1 SächsGemO; § 26 IV 1 GO LSA; § 16 g VII 1 GO SchlHolst; § 17 IV 2 ThürKO.

947 Die Notwendigkeit von Erfolgsquoren stellt sich als typisch deutsches Problem dar, vgl. Kühne in: Kühne/Meißner, Züge unmittelbarer Demokratie, S. 50; Wehling, Informatio-

Art. 18 a BayGO[948] mit völligem Verzicht auf ein Erfolgsquorum die Frage nach völliger Abschaffung derartiger Quoren (1.). Sollte diese Frage jedoch negativ beantwortet werden, besteht nach wie vor die Notwendigkeit, eine angemessene Höhe des Quorums zu bestimmen (2.).

1. Notwendigkeit eines Erfolgsquorums

Im Mittelpunkt der Diskussion um das Erfolgsquorum steht aus rechtlicher Sicht die Bedeutung des aus dem Demokratieprinzip folgenden Grundsatzes der Mehrheitsentscheidung[949] und dessen Auswirkungen auf die Repräsentativität und die Legitimität einer staatlichen Entscheidung. Angesichts des Sachverhalts, daß gemäß Art. 18 a XII 1 BayGO rein hypothetisch eine einzige Person die gesamte Bürgerschaft in einem Bürgerentscheid repräsentieren und über eine wichtige Gemeindeangelegenheit entscheiden bzw. diese legitimieren könnte[950], erscheint es wie bereits bei einer sehr niedrigen Abstimmungsbeteiligung zweifelhaft, ob noch von einer Mehrheitsentscheidung durch die Bürgerschaft i.S.e. demokratischen Willensbildung gesprochen werden kann. Aufgrund einer weit verbreiteten Teilnahmslosigkeit besteht die Gefahr, daß sich Minderheiten, die sich durch eine Entscheidung besonders betroffen fühlen oder an ihr aus sonstigen Gründen interessiert sind, ohne weiteres durchsetzen[951].

a) Argumente gegen die Einführung von Erfolgsquoren

Der Gefahr einer Minderheitenherrschaft werde nach Ansicht der Gegner von Erfolgsquoren bereits in ausreichender Weise durch die für ein Bürgerbegehren erforderliche Anzahl von Unterschriften entgegengesteuert[952], so daß aus dieser Sicht ein Erfolgsquorum nicht erforderlich wäre. Auch das Beispiel, daß nur eine Person über einen Bürgerentscheid entscheiden könnte, sei kein Argument für die Erforderlichkeit eines Zustimmungsquorums, da es sich um eine ausschließlich theoretische Überlegung handele[953]. Die Erfahrungen in Bayern hätten gezeigt, daß sowohl die Befürworter als auch die Gegner eines Bürgerentscheids ihre An-

---

nen zur politischen Bildung 1994, 1. Quartal, S. 15, 27 jeweils mit Hinweis auf die Referendumsdemokratie der Schweiz.

948 Gesetz zur Einführung des kommunalen Bürgerentscheids vom 27.10.1995, GVBl., S. 730.

949 BVerfGE 1, 299, 315; 29, 154, 165.

950 Vgl. Stellungnahme der Staatsregierung zum Gesetentw. des Volksbegehrens vom 11.4.1995, LT-Drs. (Bay) 13/1252, S. 8; Gesetzentw. der Landesreg. vom 26.4.1995, LT-Drs. (Bay) 13/1333, S. 8.

951 Burkhardt, Bürgerentscheid, S. 254 f.; Henneke, ZG 1996, 1, 20; Muckel, NVwZ 1997, 223, 227; Wefelmeier in: Blum/Beckhof, NGO, § 22 b, Rn. 70.

952 Jung, RuP 1995, 206, 208.

953 Hölzl/Hien, BayGO, Art. 18 a, Anm. 9.

sichten aktiv bei der Abstimmung verträten und sich nicht passiv zurückhielten. Insbesondere die Antragsgegner würden häufig durch die politischen Parteien und Gruppierungen mobilisiert, die aufgrund des Profilierungsdrucks auch auf kommunaler Ebene selten eine Gelegenheit ausließen, sich den Wählern zu repräsentieren[954]. Bei einem 25 - 30prozentigen Erfolgsquorum würde es den Gegnern eines Bürgerentscheids dagegen ermöglicht, diesen allein durch Fernbleiben von der Abstimmung scheitern zu lassen, falls die erforderliche Mehrheit für die Befürworter eines Begehrens schwer erreichbar zu sein scheint[955]. Ein Fernbleiben von der Abstimmung bzw. diesbzgl. Boykottaufrufe im Vorfeld der Abstimmung seien erheblich bequemer als eine aktive Überzeugungsarbeit, so daß sich die Gegner eines Bürgerentscheids solange mit einer sachlichen Argumentation zurückhielten, wie sie sich in Sicherheit wiegen könnten, daß ein bestimmtes Erfolgsquorum ohnehin nicht erreicht werde. Das Risiko der Nichtwähler fiele somit fast ausschließlich den Befürwortern des Bürgerentscheids zu, deren Engagement durch Zustimmungsquoren nur gehemmt würde[956]. Quoren wirkten sich daher meistens zur Sicherung des status quo aus[957], da entweder ein Bürgerentscheid von vornherein nicht durchgeführt oder die erforderliche Mehrheit verfehlt werde.

b) Argumente für die Einführung von Erfolgsquoren

Die Befürworter von Erfolgsquoren gehen demgegenüber davon aus, daß Zustimmungsquoren insbesondere zur Verhinderung einer Minderheitenherrschaft rechtlich geboten seien[958]. Zugunsten des Gemeinwohls, das einen Ausgleich zwischen öffentlichen und privaten Interessen darstellen solle[959], müsse mittels Quoren verhindert werden, daß sich Sonderinteressen ohne weiteres durchsetzen könnten und das aus dem Selbstverwaltungsrecht folgende Recht der Repräsentanten auf eigenverantwortliche Entscheidungen einschränkten[960]. Anders als bei Ratsmitgliedern, die sich von vornherein für eine Verantwortungsübernahme für eine Reihe von Entscheidungen entschieden hätten, bestehe für die Gemeindebür-

---

954 Jung, RuP 1995, 206, 209; Weichert, BWVPr 1988, 290, 291.

955 V. Arnim, DÖV 1990, 89, 93; Kühne in: Kühne/Meißner, Züge unmittelbarer Demokratie, S. 50 f.; Mayer, Flensburger Hefte 25, S. 162, 164 f.; Pestalozza, Der Popularvorbehalt, S. 33; Schefold, Entwicklungstendenzen, S. 125; Wefelmeier in: Blum/Beckhof, NGO, § 22 b, Rn. 70; Wehling, AfK 1989, 110, 114.

956 Jung, RuP 1995, 201, 209; Weichert, BWVPr 1988, 290, 291.

957 Heun, Das Mehrheitsprinzip in der Demokratie, S. 123.

958 Burkhardt, Bürgerentscheid, S. 254; Henneke, ZG 1996, 1, 20; Muckel, NVwZ 1997, 223, 227; Streinz, Die Verwaltung 1983, 293, 303 f.; Thiele, Das neue kommunale Verfassungsrecht in Nds., Rn. 135; Wefelmeier in: Blum/Beckhof, NGO, § 22 b, Rn. 70; Gesetzentw. des Volksbegehrens vom 11.04.95, LT-Drs. (Bay) 13/1252, S. 8.

959 Hollerbach, Staatslexikon, Bd. 2, "Gemeinwohl", Sp. 862.

960 Vgl. BayVerfGH, BayVBl 1997, 622, 627.

ger neben dem Interesse, auch zwischen den Wahlen möglichst häufig auf die Gemeindepolitik Einfluß nehmen zu können, gleichzeitig auch ein schützenswertes Interesse, nicht ständig abstimmen zu müssen, nur um die Durchsetzung der Interessen einer kleinen Minderheit zu verhindern[961]. Der alleinigen Hürde des Unterschriftenquorums für ein Bürgerbegehren käme keine ausreichende Filterfunktion zu, da auch Vertreter von Sonderinteressen es häufig schafften, die erforderlichen Unterschriften aufzubringen[962].

c) Stellungnahme

Während die Gegner von Erfolgsquoren die Chancengleichheit bei der Abstimmung in den Vordergrund stellen, sehen die Befürworter den Schutz vor einer Minderheitenherrschaft und die Sicherung des Grundsatzes der repräsentativen Demokratie als vorrangig an. Für die zweite Ansicht spricht das grundsätzlich anerkannte Prinzip einer demokratischen Mehrheitsentscheidung[963] und seiner Bedeutung für die repräsentative Demokratie. Mit einer Mehrheitsentscheidung wird u.a. das Ziel verfolgt, die gemeinwohlverträglichste Lösung zu finden[964], die von der Mehrheit der Bevölkerung akzeptiert wird, obwohl die Entscheidung nur von der Mehrheit der Abstimmenden und nicht unbedingt der Stimmberechtigten getragen wird. Um dieses zu gewährleisten, erscheint es angesichts der Tatsache, daß eine getroffene Entscheidung regelmäßig für einen größeren Personenkreis als denjenigen der Abstimmenden verbindliche Geltung beansprucht[965], geboten, die Repräsentativität einer Mehrheitsentscheidung durch Zustimmungsquoren zu sichern. Wenn die Anzahl der Abstimmenden zu stark absinkt, ist es nicht unwahrscheinlich, daß sich vom mehrheitlichen Willen abweichende Sonderinteressen derjenigen durchsetzen, die ihre Anhänger am besten mobilisieren. Obwohl die schweigende Mehrheit diese Entscheidung billigend in Kauf nimmt - etwa weil ihr die Entscheidung ohnehin gleichgültig ist - kann nicht von einer breiten Zustimmung gesprochen werden, denn die schweigende Mehrheit hätte die entgegengesetzte Entscheidung in gleicher Weise getragen. Eine wirklich repräsentative Mehrheitsentscheidung ist daher von der Bedingung abhängig, daß möglichst viele Stimmberechtigte bereit sind, an der Ausübung von Staatsgewalt

---

961 Hendler, Der Landkreis 1995, 321, 324; Henneke, ZG 1996, 1, 20 f.; Muckel, NVwZ 1997, 223, 227; Streinz, Die Verwaltung 1983, 293, 303 f.; a.A. Jung, RuP 1995, 206, 210 f. mit dem Hinweis auf Wahlen und Referenden, bei denen ebenfalls keine Quoren erforderlich seien.

962 Henneke, ZG 1996, 1, 20.

963 BVerfGE 1, 299, 315; 29, 154, 165; Heun, Das Mehrheitsprinzip in der Demokratie, S. 79 ff.; Klein in: FS für Carstens, Bd. 2, S. 645, 649 ff.

964 Heun, Das Mehrheitsprinzip in der Demokratie, S. 91; Stern, Staatsrecht I, S. 612.

965 Heun, Das Mehrheitsprinzip in der Demokratie, S. 40, 203 ff.; Jäger, Staatslexikon, Bd. 3, "Mehrheit, Mehrheitsprinzip", Sp. 1082; Streinz, Die Verwaltung 1983, 293, 303 f.

teilzunehmen[966]. Sollte eine Einhaltung dieser "demokratischen Spielregeln" nicht automatisch erfolgen, sollte sich der Gesetzgeber verpflichtet fühlen, die Repräsentativität einer Entscheidung durch Erfolgsquoren zu sichern.
Für eine solche Verpflichtung spricht bei einer Entscheidung unmittelbar durch die Bürger das Regel-Ausnahme-Verhältnis zwischen repräsentiver und plebiszitärer Demokratie. Die Entscheidung der Repräsentativorgane werden durch die Bürger über die Wahlen der Gemeindevertretung mit einer i.d.R. mindestens 60 - 80prozentigen Wahlbeteiligung legitimiert[967] - selbst die Wahl eines Bürgermeisters wird von einer meistens ca. mindestens 50prozentigen Wahlbeteiligung getragen, so daß bei Kommunalwahlen und Bürgermeisterwahlen allein schon aus diesem Grund auf ein Quorum verzichtet werden kann. Darüber hinaus wird bei Kommunalwahlen das Regel-Ausnahme-Verhältnis nicht durchbrochen, und es werden keine unmittelbaren Sachentscheidungen getroffen, d.h. keine unmittelbare Staatsgewalt ausgeübt, so daß selbst bei geringerer Wahlbeteiligung die demokratische Legitimation zwar abnähme, aber nicht verletzt würde und daher auf diesbzgl. Ouoren verzichtet werden kann. Aus allen diesen Gründen können plebiszitäre Entscheidungen als Ausnahme Entscheidungen der Repräsentativorgane nur ersetzen, wenn sie eine annähernd gleiche Legitimation aufweisen, denn die Qualität eines Systems soll durch Zulassung von Ausnahmen regelmäßig nicht gemindert, sondern gestärkt bzw. verbessert werden. Eine Entscheidung eines kleinen Teils der gesamten Bürgerschaft einer Gemeinde hat jedoch eine erheblich geringere Legitimationswirkung als die einer Vielzahl von Bürgern oder die der gewählten Repräsentanten[968], so daß auf die Sicherung der Repräsentativität eines Bürgerentscheids Wert gelegt werden muß. Schließlich ist auch bei Sachentscheidungen der Gemeindevertretung oder auch des Bundes- oder Landtags zur Sicherung der Repräsentativität einer Entscheidung und der Beachtung möglichst vieler Interessen für die Beschlußfähigkeit die Anwesenheit einer bestimmten Anzahl von Mitgliedern bzw. Abgeordneten erforderlich[969].

---

966 Heun, Das Mehrheitsprinzip in der Demokratie, S. 203 ff.; Streinz, Die Verwaltung 1983, 293, 304.

967 Ritter/Niehuss, Wahlen in Deutschland 1990 - 1994, S. 27 ff.

968 Zur Vergleichbarkeit der Legitimation einer unmittelbaren Volkentscheidung mit der Entscheidung gewählter Repräsentanten s.o. 1. Teil, 4. Kapitel, I.

969 § 37 II GemO BW; Art. 47 II BayGO; § 46 I GO Bbg; § 53 I HGO; § 30 I KV M-V; § 46 I NGO; § 49 I GO NW; § 39 I GemO RhPf; § 44 I KSVG Saarl; § 39 II SächsGemO; § 53 I GO LSA; § 38 I GO SchlHolst; § 36 I ThürKO; vgl. auch BayVerfGH, BayVBl 1997, 622, 627; Henneke, ZG 1996, 1, 20; Leicht, Die Zeit vom 06.10.95, S. 1; Wefelmeier in: Blum/Beckhof, NGO, § 22 b, Rn. 70; Wittzack in: Knemeyer, Bürgerbegehren und Bürgerentscheid in Bayern, S. 45; zur Beschlußfähigkeit des Bundestages vgl. § 45 I Geschäftsordnung BT.

Etwas anderes gilt dagegen für Volksentscheide auf Landesebene. Hier wird teilweise auf ein Zustimmungsquorum verzichtet[970]. Allerdings haben die Repräsentanten die Möglichkeit, einen Volksentscheid jederzeit abzuändern, so daß sichergestellt ist, daß keine dem mehrheitlichen Willen der Bürger widersprechenden Entscheidungen Bestand haben müssen und die Arbeit der Repräsentanten unerträglich behindern. Auf kommunaler Ebene verhindert dagegen die sogenannte Abänderungssperre, daß ein Bürgerentscheid durch einfachen Ratsbeschluß wieder aufgehoben werden kann[971]. Da es hier anders als auf Landesebene häufiger zu einem Bürgerentscheid kommt, könnte die Gemeindevertretung eher versucht sein, einen ihrer Ansicht entgegenstehenden Bürgerentscheid wegen der Häufigkeit der Bürgerentscheidungen und der damit verbundenen Störung einer kontinuierlichen Ratsarbeit abzuändern. Es sollte daher auf eine Abänderungssperre nicht ohne weiteres verzichtet werden, denn möglicherweise würden dann auch solche mit hoher Stimmbeteiligung getroffene Entscheidungen der Bürger aufgehoben, so daß das Instrument des Bürgerentscheids mehr an Effektivität verlieren könnte als durch ein angemessenes Zustimmungsquorum. Zur Sicherung der Repräsentativität einer demokratischen Mehrheitsentscheidung ist bei einem Festhalten an einer Abänderungssperre allerdings die Einführung bzw. Beibehaltung eines Zustimmungsquorums aus den dargestellten Gründen angemessen. Insoweit ist auch in Bayern die Einführung eines Zustimmungsquorums zu empfehlen[972]. Zwar könnte durch Abstimmungspflicht[973] auch ohne Quorum eine größtmögliche Repräsentativität erzielt werden. Im Gegensatz zu einem Erfolgsquorum wird hier die Entscheidungsfreiheit der Bürger tangiert, so daß eine Abstimmungspflicht selbst bei Annahme von Verfassungskonformität als einschränkenderes Mittel abzulehnen ist.

2. Die Größe des Quorums

Wie beim Antragsquorum[974] bleibt dem Gesetzgeber bei der Festsetzung der Größe des Quorums ein politischer und juristischer Gestaltungsspielraum[975]. Die

---

970 BayVerfGH, BayVBl 1997, 622, 627; Jürgens, Direkte Demokratie in den Bundesländern, S. 128.

971 Zur sogenannten Abänderungssperre s.u. 2. Teil, 9. Kapitel, I 3.

972 Vgl. BayVerfGH, BayVBl 1997, 622, 626 f., der ein fehlendes Zustimmungsquorum i.V.m. einer dreijährigen Abänderungssperre für nicht vereinbar mit dem Selbstverwaltungsrecht hält.

973 Zur Vereinbarkeit einer Wahlpflicht mit dem Grundsatz der Freiheit der Wahl vgl. Klein in: Schmidt-Bleibtreu/Klein, GG, Art. 38, Rn. 18; Maunz/Dürig-Maunz, GG, Art. 38, Rn. 32; ablehnend v. Münch in: v. Münch/Kunig, GG, Art. 38, Rn. 33; Schreiber, BWahlG, § 1, Rn. 13.

974 S.o. 2. Teil, 2. Kapitel, I 2 f bb.

975 Vgl. Burkhardt, Bürgerentscheid, S. 255.

Quoren sollten jedoch einerseits nicht so hoch angesetzt werden, daß ein erfolgreicher Bürgerentscheid insbesondere in großen Gemeinden nahezu unerreichbar ist und die Gegner tatsächlich einen Erfolg allein durch Fernbleiben von der Abstimmung verhindern könnten, andererseits aber auch nicht so niedrig, daß von einer Mehrheitsentscheidung nicht mehr gesprochen werden kann.

a) Ausgangslage

Erfahrungen aus der Praxis zeigen, daß die Bereitschaft zu kommunalpolitischer Aktivität sowie zur Teilnahme an Bürgerentscheiden mit zunehmender Gemeindegröße abnimmt[976]. Während in Gemeinden mit bis zu 5.000 Einwohnern eine dem ursprünglichen Gedanken der kommunalen Selbstverwaltung entsprechende Teilnahmebereitschaft zu erkennen ist, stellt ein 25 - 30prozentiges Quorum bei einem Bürgerentscheid für Städte und Gemeinden ab 50.000 Einwohnern aufgrund der größeren Anonymität in der Bevölkerung häufig ein kaum lösbares Organisations- und Kommunikationsproblem dar[977].

Teilweise wird ähnlich dem Antragsquorum eines Bürgerbegehrens für Gemeinden ab 20.000 Einwohnern eine nach Gemeindegröße abgestufte Regelung der Erfolgsquoren vorgeschlagen[978], damit auch Bürgerentscheide in größeren Gemeinden eine realistische Erfolgschance hätten. Diese auf in Baden-Württemberg gemachte Erfahrungen beruhende Forderung wurde jedoch weder in Baden-Württemberg noch in anderen Bundesländern bei der Einführung von Bürgerbegehren und Bürgerentscheid gesetzlich umgesetzt. Um die für größere Gemeinden vorhandenen Nachteile auszugleichen, sehen die Gemeindeordnungen der Länder Bayern und Nordrhein-Westfalen statt dessen die Möglichkeit eines sogenannten Stadtbezirksentscheids, die sächsische Gemeindeordnung die eines Ortschaftsentscheids vor[979]. Danach können Bürgerbegehren und -entscheide auf das Gebiet eines Stadtteils bzw. einer Ortschaft der Gemeinde begrenzt werden.

---

976 V. Arnim, DÖV 1990, 85, 86; Beilharz, Politische Partizipation, S. 99; Burkhardt, Bürgerentscheid, S. 256; Henneke, ZG 1996, 1, 10; Wehling, AfK 1989, 110, 112.

977 Deubert, BayVBl 1996, 268, 270; Hölzl/Hien, BayGO, Art. 18 a, Anm. 9; Hofmann, VR 1997, 156, 161; Mayer, Bürgerbegehren und Bürgerentscheide in Gemeinden, S. 19 ff., 41; Muckel, NVwZ 1997, 223, 224; Schefold, Entwicklungstendenzen, S. 125; Seeger, ZParl 1988, 516, 528; Wehling, Informationen zur politischen Bildung 1994, 1. Quartal, S. 15, 27.

978 Behnke, VR 1996, 113, 115; Beilharz, Politische Partizipation, S. 98; Bretzinger, Die Kommunalverfassung der DDR, S. 201; Burkhard, Bürgerentscheid, S. 256; Hölzl/Hien, BayGO, Art. 18 a, Anm. 9.

979 Art. 18 a VII, XI BayGO; § 26 IX GO NW; gemäß § 69 II 3 SächsGemO kann in der Hauptsatzung bestimmt werden, daß die Vorschriften über Bürgerbegehren und Bürgerentscheid für Ortschaften entsprechend anzuwenden sind.

b) Gestaffelte Quoren

Bzgl. einer Staffelung der Quoren erscheint es im Hinblick auf eine Gleichbehandlung der Bürger eines Landes zweifelhaft, ob allein in der Gemeindegröße und der daraus resultierenden unterschiedlichen sozialen Strukturen ein Differenzierungsgrund gesehen werden kann, der es rechtfertigt, die Anforderungen an eine demokratische Mehrheitsentscheidung und damit an die Legitimation einer Entscheidung unterschiedlich zu beurteilen. Zwar wurde bei dem Antragsquorum eines Bürgerbegehrens eine derartige Differenzierung als rechtmäßig angesehen[980], jedoch liegen bei einem Bürgerentscheid andere Voraussetzungen vor: Während es bei einem Bürgerbegehren allein in der Hand von Privatpersonen liegt, die erforderliche Anzahl von Unterschriften aufzubringen, ist die Durchführung eines Bürgerentscheids Aufgabe der Gemeinde, die u.a. dafür Sorge zu tragen hat, daß jeder Bürger von der Abstimmung Kenntnis erlangt. Trotz der Anonymität größerer Städte ist hier also im Gegensatz zu einem privaten Sammelverfahren der Unterschriften gesichert, daß sämtliche Bürger die Möglichkeit haben, an der Abstimmung teilzunehmen. Die für größere Gemeinden vergleichsweise höhere absolute Zahl der erforderlichen Stimmen sowie Ungleichheiten aufgrund unterschiedlicher sozialer Strukturen bedürfen daher keines Ausgleichs durch ein gestaffeltes Zustimmungsquorum. Ferner muß gerade bei der Anonymität in größeren Städten und Gemeinden durch ausreichende Zustimmungsquoren vermieden werden, daß sich egoistische Interessen einer politisch engagierten Minderheit ohne weiteres durchsetzen können. Hier ist die Orientierung am Gemeinwohl, das sich möglichst aus der Berücksichtigung aller Interessen, repräsentiert durch eine Vielzahl von Stimmberechtigten, zusammensetzt, vorrangig vor dem grundsätzlichen Interesse der Bürger bzw. einzelner Gruppen von Bürgern zu bewerten, auch zwischen den Wahlen möglichst häufig Einfluß auf die Gemeindepolitik zu nehmen. Das geht letztlich aus dem Grundsatz der repräsentativen Demokratie hervor, in der durch Schaffung eines überschaubaren Gremiums erreicht wird, daß Beschlüsse allgemeinwohlorientiert getroffen werden können und alle Entscheidungen annähernd dieselbe Legitimation aufweisen.
Eine nach Gemeindegröße gestaffeltes Zustimmungsquorum erscheint daher bedenklich.

c) Stadtbezirks- und Ortschaftsentscheide

Um die Effektivität der unmittelbaren Bürgerbeteiligung auch in den größeren Gemeinden zu steigern, ohne gleichzeitig durch Senkung der Erfolgsquoren einen Qualitätsverlust bzgl. der Legitimation in Kauf zu nehmen, könnte es sinnvoll sein, die Gemeinden in einzelne Teile zu untergliedern, somit die Zahl der

---

[980] S.o. 2. Teil, 2. Kapitel, I 2 f bb.

Stimmberechtigten zu verringern und in diesen Teilen selbständige Begehren und Entscheide mit entsprechenden Quoren zuzulassen[981]. Auf diese Weise könnte durch Verkleinerung des Abstimmungsgebiets der örtliche Bezug der Bürger zu den Entscheidungen der Gemeinde gesteigert werden und damit auch gleichzeitig die Motivation für die Mitwirkung an diesen Entscheidungen.
Entsprechende Ansätze finden sich allerdings nur in Bayern, Nordrhein-Westfalen und Sachsen.

aa) Reiner Stadtbezirks- / Ortschaftsentscheid

Die Zurückhaltung bei der Einführung eines Stadtbezirks-/Ortschaftsentscheids ist auf dieselben Gründe zurückzuführen, die auch bei der Übertragung von Entscheidungskompetenzen auf Stadtbezirks- oder Ortschaftsvertretungen eine Rolle gespielt haben. Letzteren sind nur begrenzt Entscheidungskompetenzen, stattdessen vorwiegend Anhörungs- und Beratungsrechte übertragen worden, um zum einen die Interessen der Gesamtgemeinde bzw. die Einheitlichkeit der Verwaltung nicht durch Partikularinteressen zu gefährden und zum anderen, um den Entscheidungsablauf nicht noch undurchsichtiger und schwerfälliger werden zu lassen[982]. Auch das Selbstverwaltungsrecht gemäß Art. 28 I 2 GG, das allein der Gemeinde und nicht den Stadtbezirken und Ortschaften als unselbständigen Verwaltungseinheiten zusteht[983], setzt der Übertragung von Entscheidungskompetenzen Grenzen. Damit das Recht der Selbstverwaltung nicht gefährdet wird, muß nach von der Rechtsprechung aufgestellten Kriterien bei der Übertragung von Kompetenzen zum einen sichergestellt sein, daß die Gemeinde in allen bedeutenden Angelegenheiten selbst entscheidet, zum anderen dürfen nur solche Aufgaben auf Stadtbezirke und Ortschaften übertragen werden, die ausschließlich auf den Stadtteil bzw. die Ortschaft begrenzt sind; ferner müssen die Entscheidungen von einer direkt von den Bürgern oder vom Gemeinderat legitimierten Vertretung getroffen werden[984].

Da die Bürger anstelle der entsprechenden Bezirks-/Ortschaftsvertretungen entscheiden, gelten diese Beschränkungen bei einer Übertragung von Entscheidungskompetenzen auch für die direkten Entscheidungen durch die Bürger eines Stadtteils bzw. einer Ortschaft. Die Angelegenheiten, über die hier ein Bürgerentscheid stattfinden kann, sind damit zusätzlich zu der grundsätzlichen Beschrän-

---

981 Hofmann, VR 1997, 156, 161; vgl. auch Kreutz-Gers, StGR 1989, 311, 315.
982 OVG RhPf, NVwZ-RR 1991, 500, 501; Gern, Kommunalrecht, Rn. 630; Treffer/Kroll, Bürgerbegehren und Bürgerentscheid in Bayern, Anm. 59, 60, S. 105 ff.
983 Gern, Kommunalrecht, Rn. 630; Maunz/Dürig-Maunz, GG, Art. 28, Rn. 55; Pappermann in: HbkWP, Bd. 1, S. 303 f.; Schmidt-Aßmann, Kommunalrecht, Rn. 92.
984 Vgl. BVerfGE 47, 253, 275; 52, 95, 112; OVG RhPf, NVwZ-RR 1991, 500, 501; OVG NW, OVGE 43, 65, 75; Waechter, Kommunalrecht, Rn. 390.

kung des Anwendungsbereichs von Bürgerbegehren und Bürgerentscheid[985] sehr begrenzt, so daß der angestrebte Ausgleich zwischen großen und kleinen Gemeinden bzgl. der Nachteile im Hinblick auf die Anwendbarkeit eines plebiszitären Entscheidungsverfahrens in Frage gestellt ist[986].

Zusätzlich zu dem begrenzten Kompetenzumfang der Stadtbezirksvertretungen ist die Anwendung in Bayern dadurch erschwert, daß es Voraussetzung für ein Stadtbezirksbegehren gemäß Art. 18 a XI BayGO ist, daß die Gemeindevertretung mittels einer Satzung Entscheidungskompetenzen auf die Bezirksausschüsse übertragen hat. Dazu ist sie jedoch gemäß Art. 60 II 2 BayGO nicht verpflichtet, und bisher wurde diese Möglichkeit auch nur in München angewendet[987].

Auf der Ebene der Ortschaften, wo die Bedingungen für einen Bürgerentscheid allein wegen der Größe und Überschaubarkeit der Gemeinschaft günstig wären, scheinen sich aufwendige Verfahren eines Bürgerentscheids zu erübrigen, da aufgrund der meist engen Beziehung zwischen Bürgern und Repräsentanten das bürgerschaftliche Element der kommunalen Selbstverwaltung häufig noch funktioniert[988]. Die Bürger nehmen eher durch direkten Kontakt mit den Repräsentanten, Bürgerversammlungen, Bürgerinitiativen o.ä. auf die Willensbildung des Ortschaftsbeirats Einfluß, so daß für das aufwendige Verfahren eines Bürgerentscheids kein großes Bedürfnis vorhanden zu sein scheint.

bb) "Stadtbezirksbegehren" gemäß Art. 18 a VII BayGO

Um den Bürgern eines Stadtteils trotz geringer oder fehlender Entscheidungskompetenzen der Stadtbezirksvertretungen möglichst weitreichende Einflußmöglichkeiten zu gewähren, sieht die bayerische Rechtslage neben dem oben beschriebenen reinen Stadtbezirksbegehren i.S.v. Art. 18 a XI BayGO ein Begehren für die Angelegenheiten vor, die zwar einen Stadtteil besonders betreffen, die aber dennoch als gesamtstädtische Angelegenheit von einem Zentralorgan bzw. von der Gesamtheit der Bürger entschieden werden müssen. Ein derartiges Begehren muß gemäß Art. 18 a VII BayGO allerdings von mindestens 25 % der Bürger eines Stadtbezirks unterzeichnet sein. Dieses relativ hohe Quorum im Gegensatz zu einem Bürgerbegehren auf Gemeindeebene soll sicherstellen, daß

---

985 S.o. 2. Teil, 1. Kapitel.

986 Oebbecke, DÖV 1995, 701, 705 f.; Thum, Bürgerbegehren und Bürgerentscheid in Bayern, 13.00, Art. 18 a XI, Anm. 2; befürwortend: Treffer/Kroll, Bürgerbegehren und Bürgerentscheid in Bayern, Anm. 36, S. 83.

987 Thum, Bürgerbegehren und Bürgerentscheid in Bayern, 13.00, Art. 18 a XI, Anm. 2.

988 Seeger, ZParl 1988, 516, 528.

nicht leichtfertig einen Stadtteil besonders betreffende Angelegenheiten an die Gesamtbürgerschaft herangetragen werden[989].
Auf diese Weise können die Bürger eines Stadtteils Einfluß auf die Entscheidungen der gesamten Selbstverwaltungskörperschaft nehmen. Es wird ihnen aber durch die besondere Betroffenheit der Bürger eines Stadtteils und der Reduzierung der absoluten Zahl der erforderlichen Unterschriften allenfalls das Erfüllen des Antragsquorums erleichtert. Ein 25prozentiges Quorum eines Stadtbezirks entspricht i.d.R. einer kleineren absoluten Zahl von Stimmberechtigten als ein 10 - 3prozentiges Quorum[990] auf der Ebene der Gesamtgemeinde[991]. Letztlich entscheidend für die Wirksamkeit der Einrichtung ist jedoch das Abstimmungsergebnis, wobei es für die Initiatoren eines solchen Begehrens schwer wird, ihre Interessen auch gegenüber den weniger betroffenen Bürgern der Gesamtstadt durchzusetzen[992]. Die Bürger der Gesamtstadt könnten einem entsprechenden Entscheid mangels direkter Betroffenheit gleichgültig gegenüberstehen. Verstärkt werden diese Schwierigkeiten hervortreten, falls in Zukunft auch in Bayern ein Erfolgsquorum für einen Bürgerentscheid eingeführt werden sollte[993].
Zu häufig an die Gesamtbürgerschaft herangetragene Begehren, die von vornherein zum Scheitern verurteilt sind, bedeuten nur einen unnötigen Kosten- und Verwaltungsaufwand. Außerdem würde durch diese stadtbezirksbezogenen Begehren letztlich die Filterfunktion eines für die Gesamtstadt geltenden Antragsquorums umgangen, die sicherstellen soll, daß nicht für den Kreis der Abstimmungsberechtigten völlig unbedeutende Angelegenheiten zur Abstimmung gestellt werden[994].

Im Ergebnis bleibt festzustellen, daß die derzeitigen Möglichkeiten eines Stadtteil- oder Ortschaftsbürgerentscheids einschließlich eines Stadtbezirksbegehrens gemäß Art. 18 a VII BayGO nicht wesentlich zu einer Verbesserung der Bürgerbeteiligung beitragen, da hauptsächlich wegen fehlender Kompetenzen der Bezirksvertretungen bzw. in den Ortschaften auch wegen anderer Einwirkungsmöglichkeiten der Bürger kein Bedürfnis für derartige Entscheidungen besteht. Die mit zunehmender Größe abnehmende Geeignetheit von Gebietskörperschaften für plebiszitäre Entscheidungsverfahren kann insoweit nicht ausgeglichen werden. Der Verzicht der meisten Länder auf die entsprechenden Einrichtungen ist daher unter diesen Umständen gerechtfertigt. Es muß in Kauf genommen wer-

---

989 Hölzl/Hien, BayGO, Art. 18 a, Anm. 6; Treffer/Kroll, Bürgerbegehren und Bürgerentscheid in Bayern, Anm. 36, S. 83 f.
990 Dazu oben 2. Teil, 2. Kapitel, I 2 f aa.
991 Treffer/Kroll, Bürgerbegehren und Bürgerentscheid in Bayern, Anm. 37, S. 84.
992 A.A. Henneke, ZG 1996, 1, 19.
993 S.o. 2. Teil, 8. Kapitel, II 1 c.
994 S.o. 2. Teil, 2. Kapitel, I 2 f bb.

den, daß der Erfolg eines Bürgerentscheids u.a. von der Größe der Gemeinde beeinflußt werden kann.

d) Verhältnis zwischen Antrags- und Erfolgsquorum

Unabhängig von der Größe der Gemeinde ist bei der Bestimmung eines angemessenen Erfolgsquorums das Verhältnis zwischen Antrags- und Erfolgsquorum zu berücksichtigen. Beide Arten von Quoren dienen der Sicherung der repräsentativen Demokratie und sollen die Durchsetzung von Einzelinteressen verhindern[995]. Während das Antragsquorum insbesondere die Funktion hat, die Wichtigkeit einer Gemeindeangelegenheit zu dokumentieren[996], soll das Zustimmungsquorum eine ausreichende Legitimation der Entscheidung i.S.e. breiten Zustimmung sichern. Die Wichtigkeit einer Entscheidung dürfte wie bereits erläutert mit 10 % gesichert sein. Hingegen erfordert das Erfolgsquorum einen deutlich höheren Prozentsatz, um eine ausreichende Legitimation einer Entscheidung zu gewährleisten. Auch um die Chancengleichheit zwischen Gegnern und Befürwortern eines Bürgerentscheids zu wahren, ist es angebracht, das Zustimmungsquorum gegenüber dem Antragsquorum in angemessener Weise zu erhöhen. Denn es darf bei einer Abstimmung nicht zu Lasten der Gegner gehen, daß die Befürworter eines Anliegens aufgrund des Bürgerbegehrens ihre Anhänger bereits in ausreichender Weise mobilisiert haben.

Aus dieser Sicht scheint die Regelung des § 17 IV 2 ThürKO, wonach ein 25prozentiges Zustimmungsquorum bei einem 20prozentigen Antragsquorum vorgesehen ist, bedenklich. Ein 25prozentiges Erfolgsquorum dürfte dagegen angesichts der höchstens 15prozentigen Antragsquoren in den übrigen Ländern das Risiko des Scheiterns eines Bürgerentscheids zwischen Befürwortern und Gegnern eines Bürgerentscheids angemessen verteilen[997].

---

995 Kritisch Jung, RuP 1995, 206, der die Ansicht vertritt, daß Erfolgsquoren lediglich eingeführt würden, um den Druck auf die Repräsentativorgane zu mindern.

996 S.o. 2. Teil, 2. Kapitel, I f bb.

997 In diese Richtung auch Boden, Zum Entwurf einer Gemeindeordnung für Sachsen, S. 48; für ein 25prozentiges Erfolgsquorum vgl. auch Muckel, NVwZ 1997, 223, 227.

9. Kapitel: Die rechtliche Wirkung eines durchgeführten Bürgerentscheids

I. Erfolgreicher Bürgerentscheid

In sämtlichen Gemeindeordnungen der einzelnen Länder werden für einen erfolgreichen Bürgerentscheid[998] mit Ausnahme der sogenannten Abänderungssperre[999] keine eigenen Rechtswirkungen festgesetzt. Statt dessen wird einem solchen Bürgerentscheid die Wirkung eines Ratsbeschlusses[1000] zugeschrieben.

1. Rechtswirkungen und Rechtsnatur eines Gemeinderatsbeschlusses

Zur Bestimmung der Rechtswirkungen eines Bürgerentscheids ist es daher zunächst notwendig, die für den Bürgerentscheid relevanten Rechtswirkungen eines Gemeinderatsbeschlusses unter Berücksichtigung von dessen Rechtsnatur aufzuzeigen[1001].

Terminologisch wird unter einem Gemeinderatsbeschluß der Abschluß eines Willensbildungsprozesses innerhalb des Gemeinderats verstanden, der den mehrheitlichen Willen dieses Organs zum Ausdruck bringt[1002]. Je nach Art des Beschlusses werden jedoch unterschiedliche Rechtswirkungen sowohl im innerorganisatorischen Bereich als auch gegenüber den Bürgern im Außenrechtskreis erzielt. Zu unterscheiden ist im wesentlichen zwischen drei Arten von Beschlüssen: Beschlüsse, die Außenwirkung durch eine Umsetzung erlangen einschließlich Satzungsbeschlüssen, Beschlüsse, die Außenwirkung bereits mit Bekanntgabe in der Gemeinderatssitzung erlangen und Beschlüsse ohne Außenwirkung, d.h. solche, die nur die Rechtsstellung anderer Gemeindeorgane betreffen[1003].

Alle drei Arten von Ratsbeschlüssen binden im innerorganisatorischen Bereich die Gemeindevertreter an die getroffene Entscheidung[1004] und enthalten gleichzeitig einen Auftrag an den Ratsvorsitzenden, das Ergebnis des Beschlusses in

---

998 Dazu oben 2. Teil, 8. Kapitel, II.

999 S.u. 2. Teil, 9. Kapitel, I 3.

1000 § 21 VII 1 GemO BW; Art. 18 a XIII 1 BayGO; § 8 b VII 1 HGO; § 20 I 3 KV M-V; § 26 VIII 1 GO NW; § 17 a VIII 1 GemO RhPf; § 21 a VII 1 KSVG Saarl; § 24 IV 1 SächsGemO; § 16 g VII 1 GO SchlHolst.

1001 Ausführlich Burkhardt, S. 174 ff. mit genauer Differenzierung zwischen organinterner, interorganer und organexterner Wirkung.

1002 Gern, Kommunalrecht, Rn. 498; Heermann, Der Gemeinderatsbeschluß, S. 70; Meyer, Beschlüsse kommunaler Vertretungskörperschaften, S. 17 f.

1003 Vgl. Gern, Kommunalrecht, Rn. 498 ff.; Meyer, Beschlüsse kommunaler Vertretungskörperschaften, S. 32 ff., 71 ff., 108 ff.; Waechter, Kommunalrecht, Rn. 295 ff.

1004 Burkhardt, Bürgerentscheid, S. 177; Meyer, Beschlüsse kommunaler Vertretungskörperschaften, S. 29 ff.

der öffentlichen Sitzung bekanntzugeben bzw. bei in nicht öffentlicher Sitzung gefaßten Beschlüssen in der nächsten öffentlichen Sitzung[1005].

Damit die Beschlüsse, die über den innerorganisatorischen Bereich hinaus Geltung beanspruchen sollen, auch im Außenrechtskreis gegenüber den Bürgern wirksam werden, ist ein besonderer Vollzugsakt erforderlich. Zu diesem wird das entsprechende Vollzugsorgan (Bürgermeister bzw. Magistrat) durch den gefaßten Beschluß, der als solcher als organisationsinterner Rechtsakt bezeichnet wird[1006], verpflichtet[1007]. Ist ein Vollzug entbehrlich, z.B. bei einem Beschluß des Gemeinderats einen Straßennamen zu ändern[1008], muß das Vollzugsorgan der Gemeinde die Beschlüsse lediglich bekanntgeben bzw. verlautbaren[1009]. Falls sich Ratsvorsitzender und Vollzugsorgan in einer Person vereinigen, deckt sich diese Bekanntgabe i.d.R. mit der Bekanntgabe für die Wirksamkeit eines Beschlusses im innerorganisatorischen Bereich[1010].

2. Übertragung auf den Bürgerentscheid

Da oben[1011] bereits festgestellt wurde, daß der Gesamtheit der Bürger bei Verwendung des Organbegriffs im funktionellen Sinn für den Akt der gemeindlichen Willensbildung der Status eines kommunalen Organs zukommt, kann ein Bürgerentscheid ohne weiteres wie ein Ratsbeschluß als organisationsinterner Rechtsakt angesehen werden, so daß es keine Schwierigkeiten bereitet, die Rechtswirkungen eines Ratsbeschlusses auf einen Bürgerentscheid zu übertragen[1012].

1005 Vgl. § 35 I 4 GemO BW; § 52 II HGO; § 31 III KV M-V; § 37 I 3 SächsGemO; § 50 II 3 GO LSA; § 35 III GO SchlHolst.

1006 Burkhardt, Bürgerentscheid, S. 186; Heermann, Der Gemeinderatsbeschluß, S. 84 f.; zur Zuordnung zum gemeindlichen Innenbereich, vgl. auch Meyer, Beschlüsse kommunaler Vertretungskörperschaften, S. 33 f.

1007 Burkhardt, Bürgerentscheid, S. 183 f.; Gern, Kommunalrecht, Rn. 504; Meyer, Beschlüsse kommunaler Vertretungskörperschaften, S. 32 ff.; Waechter, Kommunalrecht, Rn. 296.

1008 VGH BW, NJW 1981, 1749 f.; VGH BW, VBlBW 1992, 141; Gern, Kommunalrecht, Rn. 505.

1009 Burkhardt, Bürgerentscheid, S. 182 f.; a.A. VGH BW, BWVPr 1975, 202, 203; VGH BW, VBlBW 1992, 140, 141; Gern, Kommunalrecht, Rn. 505; Meyer, Beschlüsse kommunaler Vertretungskörperschaften, S. 72 ff.; wonach den Beschlüssen selbst unmittelbare Außenwirkung innewohnen soll. Dagegen spricht jedoch die Tatsache, daß i.d.R. der Bürgermeister bzw. der Magistrat als Behörde im organisatorischen Sinn die Gemeinde nach außen vertritt und nicht die Gemeindevertretung, der der Charakter eines Parlaments zukommt; dazu Burkhardt, Bürgerentscheid, S. 183.

1010 Vgl. Burkhardt, Bürgerentscheid, S. 182 f.

1011 S.o. 2. Teil, 3. Kapitel, V 1 a aa.

1012 Ausführlich Burkhardt, Bürgerentscheid, S. 174 ff.

Die für die Effektivität eines Bürgerentscheids wichtigste Auswirkung ist dabei die Verpflichtung des Vollzugsorgans zum Vollzug bzw. der Bekanntgabe der Entscheidung, damit diese über die Rechtswirkungen für die Gemeinde auch Außenwirkung gegenüber den einzelnen Bürgern erlangen kann. Durch die eindeutige Feststellung der Vollzugszuständigkeit ist gesichert, daß der Erfolg eines Bürgerentscheids nicht an einer mangelhaften Umsetzung scheitert[1013].

3. Auslösung einer Sperrfrist - sogenannte Abänderungssperre

Über diese generelle Übertragbarkeit der Rechtswirkungen eines Ratsbeschlusses auf den Bürgerentscheid hinausgehend hat der Gesetzgeber im Hinblick auf die Aufwendigkeit eines plebiszitären Entscheidungsverfahrens den Bestandsschutz eines Bürgerentscheids gesondert gesichert. Während ein Ratsbeschluß jederzeit durch einen erneuten Beschluß der Gemeindevertretung aufgehoben oder abgeändert werden kann[1014], schreiben die einzelnen Gemeindeordnungen vor, daß ein erfolgreicher Bürgerentscheid innerhalb eines bestimmten Zeitraums nicht durch einen einfachen Ratsbeschluß abgeändert werden darf[1015]. Insofern reicht die Wirkung eines Bürgerentscheids weiter als die eines Ratsbeschlusses. Diese dem Schutz der getroffenen Bürgerentscheidung dienende sogenannte Abänderungssperre[1016] vermittelt den Bürgern sogar ein subjektives Recht auf Aufrechterhaltung und Beachtung des Bürgerentscheids bei Verletzungen durch gegen die Sperre verstoßende Ratsbeschlüsse oder durch Maßnahmen der Rechtsaufsichtsbehörde[1017].

[1013] Vgl. Borchert in: Galette/Laux, GO SchlHolst, § 16 g, zu Abs. 8, Anm. 1.

[1014] Gegen einen Bürgerentscheid aufgrund eines Bürgerbegehrens wird der Ratsbeschluß durch die für das Bürgerbegehren geltende Ausschlußfrist gesichert, s.o. 2. Teil, 2. Kapitel, I 2 h.

[1015] § 21 VII 2 GemO BW; Art. 18 a XIII 2 BayGO; § 20 V 2 GO Bbg; § 8 b VII 2 HGO; § 20 I 3 KV M-V; § 22 b XI 2 NGO; § 26 VII 2 GO NW; § 17 a VIII 3 GemO RhPf; § 21 a VII 2 KSVG Saarl; § 24 IV 2 SächsGemO; § 26 V 2 GO LSA; § 16 g VIII 2 GO SchlHolst; § 17 V 3 ThürKO.

[1016] Glaser in: Schweriner Kommentierung, § 20, Rn. 9; Kunze in: Kunze/Bronner/Katz, GemO BW, § 21, Rn. 35; v. Mutius/Rentsch, GO SchlHolst, § 16 g, Rn. 9; Treffer/Kroll, Bürgerbegehren und Bürgerentscheid in Bayern, Anm. 66, S. 143.

[1017] VGH BW, BWVPr 1975, 203, 204; OVG Schleswig, Urteil vom 21.6.1995 - 2 L 121/94, abgedr. bei v. Mutius, Rspr. zum kommunalen Verfassungsrecht, Entscheidung Nr. 4 zu § 26 GO NW, S. 21; Borchert in: Galette/Laux, GO SchlHolst, § 16 g, zu Abs. 8, Anm. 2; Hager, VerwArch 84 (1993), 97, 118; Kunze in: Kunze/Bronner/Katz, GemO BW, § 21, Rn. 30, 35; Masson/Samper, BayGO, Art. 18 a, Rn. 44; Wefelmeier in: Blum/Beckhof, NGO, § 22 b, Rn. 75; Widtmann/Gasser, BayGO, Art. 18 a, Rn. 14; anders dagegen auf Bundesebene, wo allerdings eine Sperrfrist auch nicht ausdrücklich normiert ist, vgl. BVerfGE 49, 15, 19 f.

Neben dieser Sicherung des Bürgerentscheids gegen einfache Beschlüsse der Gemeindevertretung ist bzgl. des Bestandsschutzes eines Bürgerentscheids außerdem die in den meisten Ländern geltende Initiativsperre[1018] zu beachten, durch die die Aufhebung eines Bürgerentscheids durch einen weiteren Bürgerentscheid aufgrund eines Bürgerbegehrens ausgeschlossen ist. Für die Gemeindevertretung gilt diese Initiativsperre nicht, auch nicht während der Abänderungssperre, so daß ein Bürgerentscheid aufgrund eines Ratsbegehrens - soweit vorgesehen - grundsätzlich möglich ist. Um die Bedeutung der Abänderungssperre bzw. der Bestandskraft eines Bürgerentscheids herauszustellen, müssen daher Initiativsperre und Abänderungssperre im Zusammenhang betrachtet werden.

a) Überblick über die gesetzlichen Regelungen

Die Abänderungssperre weist in den einzelnen Ländern eine unterschiedliche Länge auf. So darf in den Ländern Baden-Württemberg, Bayern, Hessen, Rheinland-Pfalz und Sachsen innerhalb von drei Jahren, in den Ländern Brandenburg, Mecklenburg-Vorpommern, Niedersachsen, Nordrhein-Westfalen, Saarland, Schleswig-Holstein und Thüringen innerhalb von zwei Jahren und in Sachsen-Anhalt innerhalb eines Jahres die Gemeindevertretung einen Bürgerentscheid nicht durch einen Ratsbeschluß abändern. Sie hat allerdings mit Ausnahme der Länder Hessen, Rheinland-Pfalz und Thüringen die Möglichkeit, innerhalb dieses Zeitraums, einen erneuten Bürgerentscheid aufgrund eines Ratsbegehrens herbeizuführen. Die Bürger sind dagegen aufgrund der Initiativsperre mit Ausnahme der Länder Bayern, Brandenburg und Thüringen, in denen die Initiativsperre nicht bzw. nur eingeschränkt (Thüringen) gilt, nicht berechtigt, ein erneutes Bürgerbegehren und damit auch einen zweiten Bürgerentscheid in der entsprechenden Angelegenheit anzustrengen. Lediglich in Sachsen, Sachsen-Anhalt und Schleswig-Holstein ist für die Fälle, in denen der erste Bürgerentscheid aufgrund eines Ratsbegehrens durchgeführt wurde, ein weiteres Bürgerbegehren möglich, da dann die Initiativsperre auch hier nicht gilt[1019].

b) Dauer der Sperrfrist

Die unterschiedliche Dauer der Sperrfrist - von einem bis zu drei Jahren - wirft die Frage auf, welche Länge die angemessenste ist. Bei der Bestimmung der Zeitspanne für die Abänderungssperre ist auf der einen Seite zu berücksichtigen, daß durch eine zu lange Sperrfrist die Arbeit der Verwaltung lahmgelegt werden könnte[1020], auf der anderen Seite muß der Schwerfälligkeit und dem erheblich

---

[1018] S.o. 2. Teil, 2. Kapitel, I 2 i.

[1019] Vgl. Klang/Gundlach, GO LSA, § 26, Rn. 5.

[1020] Vgl. Gesetzentw. des Volksbegehrens vom 11.4.1995, LT-Drs. (Bay) 13/1252, S. 8; Hölzl/Hien, BayGO, Art. 18 a, Anm. 10.

größeren zeitlichen und organisatorischen Aufwand eines plebiszitären Entscheidungsverfahrens gegenüber dem deutlich schnelleren und flexibleren Verfahren eines Ratsbeschlusses Rechnung getragen werden.

Zweifel bzgl. einer ausreichenden Berücksichtigung der Interessen der Bürger ruft zunächst § 26 V 2 GO LSA hervor, wonach die Abänderungssperre bereits nach einem Jahr endet. Es könnte zu einer großen Enttäuschung der Bürger führen, wenn der mit einem erheblichen Zeit- und Kostenaufwand verbundene Bürgerentscheid - allein das Sammeln der Unterschriften nimmt häufig schon mehrere Monate in Anspruch - schon nach einem Jahr durch einen einfachen Ratsbeschluß zunichte gemacht würde. Aus rechtlicher Sicht ist diese Regelung jedoch nicht zu beanstanden, denn der Gesetzgeber kann im Rahmen der Gesetze selbst entscheiden, in welchem Umfang er plebiszitäre Mitwirkungsrechte einführt, so daß selbst eine fehlende Bindungswirkung rechtmäßig wäre[1021]. Auch bei einer fehlenden oder einer sehr kurzen Bindungswirkung hat es die Gemeindevertretung aus praktischer Sicht jedoch schwer, sich ohne ausreichende Begründung bereits kurze Zeit nach Durchführung eines Bürgerentscheids über ein von den Bürgern getroffenes Votum hinwegzusetzen, wollen die Gemeindevertreter nicht entsprechende Konsequenzen bei der nächsten Wahl riskieren, so daß die Kürze der Abänderungssperre nicht zu stark ins Gewicht fallen dürfte.

Anders verhält es sich bei einer langen Bindungswirkung an eine einmal getroffene Entscheidung. Diese weist den Nachteil auf, daß sich nachträglich als falsch erweisende Entscheidungen eventuell nur zeitlich begrenzt rückgängig machen lassen. Des weiteren könnte das aus dem Selbstverwaltungsprinzip i.V.m. der repräsentativen Demokratie herzuleitende Recht des Rates auf kontinuierliche Ratsarbeit erheblich eingeschränkt werden[1022]. Zwar tragen Antrags- und Erfolgsquorum, Ausschlußkatalog, Kostendeckungsvorschlag und andere Zulässigkeits- und Erfolgsvoraussetzungen dazu bei, daß nicht zu einseitige und keine zufälligen Entscheidungen getroffen werden und die Gefahr von Fehlentscheidungen deutlich gemindert wird; diese Gefahr vergrößert sich jedoch, je niedriger diese Hürden gesetzt sind[1023], so daß die Länge der Abänderungssperre konsequenterweise mit den Anforderungen an die erfolgreiche Durchführung von Bürgerbegehren und Bürgerentscheid in Relation gesetzt werden muß.

[1021] Vgl. BayVerfGH, BayVBl 1997, 622, 627. Auf eine Abänderungssperre gänzlich verzichtet wird auch bei Volksentscheiden auf Bundes- und Landesebene; vgl. BVerfGE 45, 15, 19 f.

[1022] BayVerfGH, BayVBl 1997, 622, 627.

[1023] BayVerfGH, BayVBl 1997, 622, 626 f.; Henneke, ZG 1996, 1, 22.

So ist beispielsweise bei Art. 18 a XIII 2 BayGO, der eine dreijährige Sperrfrist vorsieht, fraglich, ob diesbzgl. ein angemessener Ausgleich getroffen worden ist. Verglichen mit den anderen Ländern, die ebenfalls eine dreijährige Sperrfrist vorsehen[1024], sind die eben erwähnten Anforderungen an ein erfolgreiches plebiszitäres Entscheidungsverfahren hier erheblich niedriger. Insbesondere wird der Erfolg eines Bürgerentscheids von keinem Zustimmungsquorum abhängig gemacht, so daß auf diese Weise nicht gesichert ist, daß die getroffene Entscheidung auch dem Mehrheitswillen der Bürger entspricht[1025]. Auch die im Vergleich zu den entsprechenden Vorschriften der übrigen Länder mit dreijähriger Sperrfrist[1026] weitreichenderen Durchbrechungsmöglichkeiten derselben - sowohl die Bürger als auch die Gemeindevertretung können einen neuen Bürgerentscheid in derselben Angelegenheit und damit eine Abänderung einer möglichen Fehlentscheidung innerhalb der Sperrfrist herbeiführen - tragen nicht wesentlich dazu bei, die Gesamtverantwortung des Rates sowie das Recht der Ratsmitglieder auf kontinuierliche Ratsarbeit in Form von gemeinwohlorientierten Entscheidungen zu sichern[1027]. Denn auch bei einem Initiativrecht des Rates in Form eines Ratsbegehrens entscheiden nach wie vor die Bürger, die nicht an die Ansicht des Rates gebunden sind. Um insbesondere durch das Fehlen eines ausreichenden Erfolgsquorums für einen Bürgerentscheid[1028] entstehende Nachteile für die Arbeit der Repräsentanten auszugleichen, sollte daher die Abänderungssperre verkürzt oder sogar auf sie verzichtet werden[1029].

Anders gestaltet sich die Rechtslage dagegen in den Ländern Hessen und Rheinland-Pfalz, in denen trotz einer dreijährigen Sperrfrist jegliche Abänderungsmöglichkeit fehlt - nicht einmal die Möglichkeit eines Bürgerentscheids aufgrund eines Ratsbegehrens ist vorgesehen. Eine Verkürzung der Abänderungssperre erscheint hier aus rechtlicher Sicht nicht zwingend, da in diesen Ländern im Gegensatz zu Bayern zahlreiche Vorkehrungen vorhanden sind (beispielsweise ausreichende Quoren, umfangreicher Negativkatalog), die das Risiko einer Fehlent-

---

[1024] § 21 VII 2 GemO BW; § 8 b VII 2 HGO; § 17 a VIII 3 GemO RhPf; § 24 IV 2 SächsGemO.

[1025] BayVerfGH, BayVBl 1997, 622, 627.

[1026] Baden-Württemberg, Hessen, Rheinland-Pfalz und Sachsen.

[1027] BayVerfGH, BayVBl 1997, 622, 627.

[1028] S.o. 2. Teil, 8. Kapitel, II 1.

[1029] Der BayVerfGH geht insoweit von der Verfassungswidrigkeit der Bindungswirkung des Art. 18 a XIII 2 BayGO aus; vgl. BayVerfGH, BayVBl 1997, 622, 627. Wegen des Zusammenspiels von Abänderungssperre und Zustimmungsquorum (vgl. 2. Teil, 8. Kapitel, II 1 c) habe der Gesetzgeber aber neben dem Verzicht auf die Abänderungssperre auch die Möglichkeit, durch entsprechende Zustimmungsquoren zu sichern, daß die Entscheidung in jedem Fall von einer Mehrheit der Bürger getragen wird, auch könne er beide Maßnahmen miteinander verknüpfen.

scheidung mindern, die Nachteile durch die Länge der Bindungswirkung kompensieren und damit eine Gefährdung einer kontinuierlichen Ratsarbeit reduzieren. Aus praktischer Sicht sollte jedoch sowohl im Interesse der Bürger als auch im Interesse der Gemeindevertretung zumindest die Möglichkeit bestehen, eine plebiszitäre Entscheidung durch eine solche auch wieder aufzuheben oder abzuändern. Dem Einwand, daß dann ständig über ein und dieselbe Sache abgestimmt werden könnte[1030], könnte durch entsprechende Zulässigkeitsvoraussetzungen für Bürgerbegehren und Bürgerentscheid entgegengewirkt werden. Quoren beispielsweise würden dazu beitragen, daß ein erneuter Bürgerentscheid nur bei entsprechender Änderung der öffentlichen Meinung erfolgreich sein könnte, da ansonsten die erforderliche Stimmenzahl nicht erreichbar zu sein scheint. Es ist somit kein Grund ersichtlich, einen Bürgerentscheid bzgl. einer Aufhebung anders zu behandeln als einen Ratsbeschluß, der jederzeit durch den gleichen Kreis von entscheidungsberechtigten Personen wieder abgeändert werden kann.

Die vorstehenden Ausführungen zeigen, daß das Zusammenspiel zwischen der Sperrfrist und den Voraussetzungen für den Erfolg von Bürgerbegehren und Bürgerentscheid es unmöglich macht, isoliert eine bestimmte Länge der Sperrfrist als die angemessenste zu bezeichnen. Darüber hinaus beeinflussen auch die im folgenden diskutierten unterschiedlichen Möglichkeiten des Rates, aber auch der Bürger, einen weiteren Bürgerentscheid innerhalb der Abänderungssperre herbeizuführen, die Auswirkungen der Abänderungssperre. Unter Berücksichtigung des hier vorgeschlagenen Antragsquorums von höchstens 10 %[1031] bei einem Erfolgsquorum von 25 %[1032] dürfte jedoch eine zweijährige Abänderungssperre mit der Möglichkeit eines zweiten Bürgerentscheids in derselben Angelegenheit angemessen sein.

c) Initiativrecht für einen zweiten Bürgerentscheid

Wie bereits erwähnt[1033], finden sich in den einzelnen Ländern, die eine Abänderungsmöglichkeit eines Bürgerentscheids durch einen zweiten vorsehen, unterschiedliche Regelungen darüber, wer die Initiative für einen solchen Bürgerentscheid ergreifen darf. Während in Bayern, Brandenburg und Thüringen sowohl die Gemeindevertretung als auch die Bürger einen erneuten Bürgerentscheid durch Rats- bzw. Bürgerbegehren einleiten können (in Thüringen sogar aus-

---

[1030] Vgl. VGH BW, VBlBW 1992, 421, 422; Glaser in: Schweriner Kommentierung, § 20, Rn. 9.

[1031] S.o. 2. Teil, 2. Kapitel, I 2 f bb.

[1032] S.o. 2. Teil, 8. Kapitel, II 2 d.

[1033] S.o. 2. Teil, 9. Kapitel, 3 a.

schließlich die Bürger), hat in den übrigen Ländern[1034] - soweit die Initiativsperre gilt - allein der Rat das Recht, einen zweiten Bürgerentscheid zu veranlassen. Mit dieser Beschränkung auf ein alleiniges Initiativrecht des Rates wird in diesen Ländern dem grundsätzlichen Initiativ- und Entscheidungsrecht der Gemeindevertretung als dem Hauptorgan der Gemeinde Rechnung getragen. Dadurch, daß in der entsprechenden Angelegenheit letztlich nach wie vor die Bürger entscheiden, wird die Beschränkung des Initiativrechts auf die Gemeindevertretung aber auch der Bedeutung einer unmittelbaren Entscheidung der Bürger gerecht, so daß ein eigenes Initiativrecht der Bürger verzichtbar erscheint[1035].

In Brandenburg, Niedersachsen, Nordrhein-Westfalen und im Saarland ist das Initiativrecht der Gemeindevertretung in einem plebiszitären Entscheidungsverfahren allerdings systemfremd, da in diesen Ländern ansonsten die Einrichtung eines Ratsbegehrens nicht vorgesehen ist[1036]. Da für den entsprechenden Beschluß eine einfache Ratsmehrheit ausreicht, wird außerdem die mit der Abänderungssperre bezweckte erhöhte Bestandskraft des Bürgerentscheids gegenüber einem Ratsbeschluß in Frage gestellt[1037].

Vereinzelt wird allerdings gefragt, ob dem Rat nach den entsprechenden Vorschriften überhaupt ein eigenes Initiativrecht i.S.e. Ratsbegehrens zusteht oder ob aufgrund des Ratsbeschlusses erst ein Bürgerbegehren vor dem darauffolgenden Bürgerentscheid durchgeführt werden müßte[1038]. Letztgenanntes Verständnis ist jedoch mit dem Wortlaut der Vorschriften nicht zu vereinbaren[1039]. Ein Antrag des Rates gemäß § 22 b XI 2 NGO bzw. eine Initiative des Rates gemäß § 26 VIII 2 GO NW und § 21 a VII 2 KSVG Saarl sind Handlungen, die auf die Durchführung einer bestimmten Maßnahme - dem Wortlaut des Gesetzes nach ein Bürgerentscheid und nicht zusätzlich ein Bürgerbegehren - gerichtet sind[1040]. Ein Bürgerbegehren stellt außerdem ein eigenes Initiativrecht allein der Bürger zur Herbeiführung einer Entscheidung dar. Ratsmitglieder können dieses zwar ebenfalls in ihrer Eigenschaft als Bürger nutzen; in ihrer Eigenschaft als Ratsmit-

---

1034 § 21 VII 2 GemO BW; § 20 I 3 KV M-V; § 22 b XI 2 NGO; § 26 VIII 2 GO NW; § 21 a VII 2 KSVG Saarl; § 24 IV 2 SächsGemO; § 26 V 2 GO LSA; § 16 g VIII 2 GO SchlHolst.

1035 S.o. 2. Teil, 2. Kapitel, I 2 i.

1036 Fischer, NWVBl 1995, 366, 371 f.; Wefelmeier in: Blum/Beckhof, NGO, § 22 b, Rn. 77.

1037 Fischer, NWVBl 1995, 366, 372.

1038 Vgl. Fischer, NWVBl 1995, 366, 372.

1039 Deutlich in diesem Punkt § 20 V 2 GO Bbg, wonach ein Bürgerentscheid verlangt wird, der aufgrund eines Bürgerbegehrens oder eines Gemeinderatsbeschlusses zustande gekommen ist.

1040 Vgl. Duden, "Antrag" = einen Antrag auf etwas stellen; "Initiative" = erste tätige Anregung zu einer Handlung.

glied dürften sie jedoch nicht die Durchführung eines Bürgerbegehrens beschließen, da sie ansonsten den Bürgern vorschreiben würden, über welchen Gegenstand diese einen Antrag zu stellen hätten, was dem eigentlichen Sinn eines Bürgerbegehrens entgegenstünde. Die Gemeindevertretung besitzt somit nur während der Abänderungssperre ein selbständiges Initiativrecht für einen Bürgerentscheid, ohne daß ihr ansonsten ein generelles Initiativrecht für einen Bürgerentscheid zusteht[1041].

Diese Stärkung der Rechtsposition verbunden mit der Tatsache, daß ein einen Bürgerentscheid einleitender Ratsbeschluß nur mit einfacher Mehrheit gefaßt werden muß, trägt dazu bei, daß die mit der Abänderungssperre bezweckte höhere Bestandskraft eines Bürgerentscheids gegenüber einem Ratsbeschluß abgeschwächt wird. Rechtlich bedenklich ist das jedoch nicht, da der Gesetzgeber wie bereits erwähnt, nicht einmal gehindert wäre, völlig auf eine Abänderungssperre zu verzichten.

d) Notwendigkeit des Vorliegens neuer entscheidungserheblicher Tatsachen

Damit die Abänderungssperre nicht zu häufig durch einen zweiten Bürgerentscheid durchbrochen wird, wollen Teile der Rechtsprechung und der Literatur das Initiativrecht für diesen Entscheid neben den gesetzlich normierten Anforderungen an einen Ratsbeschluß bzw. an ein entsprechendes Bürgerbegehren vom Vorliegen neuer entscheidungserheblicher Tatsachen abhängig machen[1042]. Das wird insbesondere für ein Ratsbegehren damit begründet, daß durch die vorgesehenen Durchbrechungen der Abänderungssperre lediglich dann die Möglichkeit zur Reaktion eröffnet werden sollte, wenn sich die Umstände eines Bürgerentscheids innerhalb von zwei Jahren nach seiner Durchführung wesentlich verändert hätten[1043]. Da die Bürger außer in Bayern und Brandenburg - hier fehlt eine Initiativsperre gänzlich - ebenfalls nur bei einer wesentlichen Änderung der Sach-

---

[1041] Thiele, Das neue kommunale Verfassungsrecht in Nds., Rn. 135; Wefelmeier in: Blum/Beckhof, NGO, § 22 b, Rn. 77.

[1042] VGH BW, VBlBW 1992, 421, 422; OVG Schleswig, Urteil vom 21.6.1995 - 2 L 121/94, abgedr. bei v. Mutius, Rspr. zum kommunalen Verfassungsrecht, Entscheidung Nr. 4 zu § 26 GO NW, S. 22; Borchert in: Galette/Laux, GO SchlHolst, § 16 g, zu Abs. 8, Anm. 3; Glaser in: Schweriner Kommentierung, § 20, Rn. 9; Kunze in: Kunze/Bronner/Katz, GemO BW, § 21, Rn. 36; Thiele, Das neue kommunale Verfassungsrecht in Nds., Rn. 135.

[1043] OVG Schleswig, Urteil vom 21.6.1995 - 2 L 121/94, abgedr. bei v. Mutius, Rspr. zum kommunalen Verfassungsrecht, Entscheidung Nr. 4 zu § 26 GO NW, S. 22; Thiele, Das neue kommunale Verfassungsrecht in Nds., Rn. 135.

lage die Möglichkeit haben, sich über die Initiativsperre hinwegzusetzen[1044], könne für den Rat nichts anderes gelten[1045].

Gegen diese Auffassung spricht zunächst, daß eine teilweise für Ratsbeschlüsse vorgesehene Regelung, wonach für eine nochmalige Beschlußfassung neue entscheidungserhebliche Tatsachen aufgetreten sein müssen[1046], für eine Durchbrechung der Abänderungssperre nicht vorgesehen ist. Die fehlende Regelung deutet zunächst darauf hin, daß der Gesetzgeber diese Bedingung für einen zweiten Bürgerentscheid nicht aufstellen wollte. Außerdem ist zweifelhaft, ob die Konsequenzen eines Vergleichs mit der Initiativsperre tragbar sind. Bedeutet eine wesentliche Änderung der Sachlage nämlich die Aufhebung der Initiativsperre[1047], so müßte sie dementsprechend auch eine Aufhebung der Abänderungssperre bewirken. Durch die Aufhebung leben dann die ursprünglichen Rechte der Bürger bzw. des Rates wieder auf: bei der Initiativsperre das Recht der Bürger, einen erneuten Bürgerentscheid zu initiieren, bei der Abänderungssperre das aus der grundsätzlichen Entscheidungskompetenz resultierende Recht des Rates, einen Bürgerentscheid durch einfachen Ratsbeschluß abzuändern[1048]; folglich müßte bei einer wesentlichen Änderung der Sachlage der Rat daher sogar berechtigt sein, einen Bürgerentscheid durch einfachen Ratsbeschluß und nicht über den Umweg eines Bürgerentscheids zu ändern. Das widerspricht jedoch den einschlägigen Vorschriften[1049], wonach während der Abänderungssperre ausdrücklich nur eine Änderung durch erneuten Bürgerentscheid ermöglicht wird. Somit sind keine zwingenden Gründe ersichtlich, ein Ratsbegehren während der Abänderungssperre vom Vorliegen neuer entscheidungserheblicher Tatsachen abhängig zu machen.

1044 S.o. 2. Teil, 2. Kapitel, I 2 i.

1045 OVG Schleswig, Urteil vom 21.6.1995 - 2 L 121/94, abgedr. bei v. Mutius, Rspr. zum kommunalen Verfassungsrecht, Entscheidung Nr. 4 zu § 26 GO NW, S. 22; Thiele, Das neue kommunale Verfassungsrecht in Nds., Rn. 135.

1046 Vgl. z.B. § 31 VII Mustergeschäftsordnung für Gemeinderäte, Allg. Ministerialblatt der Bayerischen Staatsregierung 1990, S. 291 ff.

1047 S.o. 2. Teil, 2. Kapitel, I 2 i.

1048 So ausdrücklich § 17 V 3 ThürKO; vgl. auch Wefelmeier in: Blum/Beckhof, NGO, § 22 b, Rn. 76; im Ergebnis auch Hager, VerwArch 84 (1993), 97, 114; Sapper, BWVBl 1983, 89, 95; a.A. Kunze in: Kunze/Bronner/Katz, GemO BW, § 21, Rn. 35; v. Mutius/Rentsch, GO SchlHolst, § 16 g, Rn. 9.

1049 § 21 VII 2 GemO BW; Art. 18 a XIII 2 BayGO; § 20 V 2 GO Bbg; § 8 b VII 2 HGO; § 20 I 3 KV M-V; § 22 b XI 2 NGO; § 26 VII 2 GO NW; § 17 a VIII 3 GemO RhPf; § 21 a VII 2 KSVG Saarl; § 24 IV 2 SächsGemO; § 26 V 2 GO LSA; § 16 g VIII 2 GO SchlHolst; § 17 V 3 ThürKO.

Ein Rats- oder ein Bürgerbegehren, das während der Abänderungssperre ohne besonderen Anlaß initiiert wird und allein dem Ziel dient, eine unterlegene Auffassung gegenüber der mehrheitlichen Entscheidung durchzusetzen, wäre allerdings wegen Verstoßes gegen die demokratischen Spielregeln, zu denen unter anderem die Bindung der unterlegenen Partei an die getroffene Mehrheitsentscheidung gehört, rechtswidrig. Wegen der Schwierigkeit, derartige Absichten nachzuweisen, kommt dem Vorliegen neuer entscheidungserheblicher Tatsachen an dieser Stelle ausnahmsweise eine Bedeutung zu: Obwohl eine wesentliche Änderung der Sachlage nach der oben vertretenen Ansicht zwar keine Voraussetzung für ein Ratsbegehren während der Abänderungssperre ist, muß sie in diesem Punkt zumindest als der Mißbrauchsabsicht entgegenstehendes Indiz gewertet werden, da ohne Änderung der Sachlage regelmäßig kein Grund besteht, eine erneute Bürgerentscheidung herbeizuführen. Über diese Funktion hinaus kommt einer Änderung der Sachlage jedoch keine weitere Bedeutung zu.

4. Rechtswidriger Bürgerentscheid

Die beschriebenen Rechtswirkungen gelten zunächst für rechtmäßige Bürgerentscheide. Da sich jedoch trotz der präventiven Zulässigkeitskontrolle auch ein erfolgreicher Bürgerentscheid als rechtswidrig erweisen kann - etwa aufgrund eines Verfahrensfehlers oder weil sich die Sachlage während des gesamten Entscheidungsverfahrens so wesentlich verändert hat, daß die Entscheidung nunmehr unter den veränderten Umständen rechtswidrig ist oder weil bereits ein Bürgerbegehren irrtümlich für zulässig erklärt wurde[1050] -, stellt sich die Frage, ob auch ein derartiger Bürgerentscheid die oben beschriebenen Rechtswirkungen erzeugt. Das wäre nur möglich, wenn der Bürgerentscheid trotz seiner Rechtswidrigkeit Bestand hätte und nicht von Anfang an nichtig, d.h. unwirksam wäre. Da auch ein rechtswidriger Bürgerentscheid mehrheitlich unter Berücksichtigung einer ggf. geforderten Mindeststimmbeteiligung entschieden werden kann, sind wie bei einem rechtmäßigen Bürgerentscheid die Rechtswirkungen eines Ratsbeschlusses maßgeblich.

a) Rechtswirkungen eines rechtswidrigen Ratsbeschlusses

Zu den Rechtswirkungen eines rechtswidrigen Ratsbeschlusses werden im wesentlichen drei verschiedene Ansichten vertreten. Die einen gehen davon aus, daß die Rechtswidrigkeit eines Ratsbeschlusses zu dessen Nichtigkeit und damit zur Unwirksamkeit führe[1051]. Andere sind dagegen der Ansicht, daß auch ein rechts-

---

[1050] Vgl. Burkhardt, Bürgerentscheid, S. 257 ff.; Treffer/Kroll, Bürgerbegehren und Bürgerentscheid in Bayern, Anm. 65, S. 142.

[1051] VGH BW, BWVPr 1975, 203, 206, mit der Einschränkung, daß der Beschluß nicht in dem Erlaß eines Verwaltungsaktes besteht.

widriger Ratsbeschluß grundsätzlich wirksam sei[1052]. Eine dritte Gruppe unterscheidet bei einem Ratsbeschluß wie bei einem Verwaltungsakt zwischen nichtigen und rechtswidrigen, d.h. anfechtbaren Beschlüssen[1053].

Für eine Unwirksamkeit von Ratsbeschlüssen spricht, daß staatliche Handlungen im Verwaltungsrecht mit Ausnahme von Verwaltungsakten grundsätzlich keine Bindungswirkung erzeugen[1054]. Nur bei Verwaltungsakten ist ausdrücklich geregelt, daß diese trotz Rechtswidrigkeit wirksam sind, solange keine besonderen Nichtigkeitsgründe gemäß § 44 VwVfG vorliegen. Derartige Regelungen fehlen für einen Ratsbeschluß, so daß von dessen Unwirksamkeit ausgegangen werden müßte.

Demgegenüber deutet das in den Gemeindeordnungen für rechtswidrige Beschlüsse vorgesehene Beanstandungsrecht des Bürgermeisters und der Rechtsaufsichtsbehörde darauf hin, daß die Rechtswidrigkeit von Ratsbeschlüssen nicht von vornherein mit deren Unwirksamkeit gleichgesetzt werden kann. Anderenfalls wäre ein Beanstandungsrecht, das auf die Aufhebung von Ratsbeschlüssen gerichtet ist, überflüssig. Da im Gegensatz zu einem Verwaltungsakt außerdem eine zwischen Nichtigkeit und Anfechtbarkeit differenzierende gesetzliche Regelung fehlt, wäre sogar anzunehmen, daß grundsätzlich alle Beschlüsse wirksam sind und damit Rechtswirkungen erzeugen[1055].

Für eine Differenzierung der Rechtsfolgen wie bei einem Verwaltungsakt bestünde auch kein Bedürfnis. Hier sind aufgrund der Betroffenheit außenstehender Dritter in erster Linie Gesichtspunkte der Rechtssicherheit und des Vertrauensschutzes des einzelnen maßgeblich, diese stehen jedoch für einen Ratsbeschluß als Organisationsinternum nicht im Vordergrund. Bei einem Ratsbeschluß kommt es im Hinblick auf die Rechtssicherheit eher darauf an, daß er innerhalb einer bestimmten Zeit vollzogen wird, da anderenfalls die Arbeit der Gemeindevertretung als dem Hauptorgan der Gemeinde durch Ungewißheit über die Wirksamkeit eines Beschlusses behindert würde[1056]. Zwar wäre das Vollzugsorgan der Gemeinde auf diese Weise u.U. verpflichtet, einen rechtswidrigen Ratsbe-

1052 Burkhardt, Bürgerentscheid, S. 262 ff.; Kunze in: Kunze/Bronner/Katz, GemO BW, § 37, Rn. 12; Meyer, Beschlüsse kommunaler Vertretungskörperschaften, S. 36 ff.; Waechter, Kommunalrecht, Rn. 296.

1053 Heermann, Der Gemeinderatsbeschluß, S. 131 ff., 260.

1054 VGH Kassel, NJW 1962, 832 f.; Meyer, Beschlüsse kommunaler Vertretungskörperschaften, S. 36.

1055 Burkhardt, Bürgerentscheid, S. 262 ff.; Kunze in: Kunze/Bronner/Katz, GemO BW, § 37, Rn. 12; Meyer, Beschlüsse kommunaler Vertretungskörperschaften, S. 36 ff.; Waechter, Kommunalrecht, Rn. 296.

1056 Burkhardt, Bürgerentscheid, S. 264; Meyer, Beschlüsse kommualer Vertretungskörperschaften, S. 40.

schluß zu vollziehen, das Vollzugsorgan könnte dieses jedoch aus eigener Kraft aufgrund seines Beanstandungsrechts verhindern. Eine Beanstandung hat insofern aufschiebende Wirkung und entbindet den Bürgermeister von der Ausführung der Vollzugshandlung[1057]. Im übrigen ist auch die Rechtsaufsichtsbehörde verpflichtet, bei rechtswidrigen Ratsbeschlüssen einzuschreiten, so daß es aus rechtsstaatlicher Sicht unbedenklich ist, wenn rechtswidrige Ratsbeschlüsse zunächst wirksam sind[1058].
Unabhängig von der Art des Differenzierungskriteriums - etwa wie bei einem Verwaltungsakt die Schwere des Rechtsverstoßes oder aber die Nichtigkeit der Ausführungshandlung[1059] - scheidet somit eine Trennung von nichtigen und anfechtbaren Beschlüssen ohne gesetzliche Regelung aus.

Etwas anderes gilt allerdings hinsichtlich der Wirksamkeit von Ratsbeschlüssen im Rahmen von Satzungsverfahren. Eine aufgrund materieller Rechtsverletzung oder wesentlicher Verfahrensmängel rechtswidrige Satzung gilt nach allgemeiner Ansicht von Anfang an als nichtig, es sei denn es sind besondere Heilungsvorschriften vorgesehen wie etwa §§ 214 ff. BauGB[1060].

b) Übertragung auf einen Bürgerentscheid

Da wie bereits erwähnt auch die Rechtswirkungen eines rechtswidrigen Ratsbeschlusses auf einen rechtswidrigen, aber erfolgreichen Bürgerentscheid zu übertragen sind, hat auch letzterer grundsätzlich solange Bestand und erzeugt Rechtswirkungen, bis er für nichtig erklärt wird[1061]. Einschränkungen gelten in der eben beschriebenen Weise für Satzungsbeschlüsse.

1057 § 43 II GemO BW; Art. 59 II BayGO; § 65 GO Bbg; § 74 HGO; § 33 KV M-V; § 65 NGO; § 54 GO NW; § 42 GemO RhPf; § 60 KSVG Saarl; § 52 II SächsGemO; § 62 III GO LSA; §§ 43, 69 GO SchlHolst; § 44 ThürKO.

1058 Burkhardt, Bürgerentscheid, S. 263 f.; Meyer, Beschlüsse kommualer Vertretungskörperschaften, S. 40.

1059 So Heermann, Der Gemeinderatsbeschluß, S. 135 ff., der damit allerdings seine ansonsten vorgenommene Trennung zwischen Beschluß und Ausführungshandlung aufgibt; vgl. auch Burkhardt, Bürgerentscheid, S. 262 f.; Meyer, Beschlüsse kommunaler Vertretungskörperschaften, S. 42.

1060 Heermann, Der Gemeinderatsbeschluß, S. 260; Schmidt-Aßmann, Kommunalrecht, Rn. 98; Waechter, Kommunalrecht, Rn. 511; vgl. auch BVerwGE 45, 309, 329 f.; 75, 142 ff.

1061 Vgl. Treffer/Kroll, Bürgerbegehren und Bürgerentscheid in Bayern, Anm. 7, S. 42, die von der Nichtigkeit eines rechtswidrigen Bürgerentscheids ausgehen, wobei die Nichtigkeit allerdings gerichtlich festgestellt werden müsse.

c) Auswirkungen auf die Vollzugshandlungen

Eine mögliche Nichtigkeit der Ausführungshandlung wird genau wie der Vollzug eines Ratsbeschlusses unabhängig von dessen Rechtswidrigkeit nach den für die Vollzugshandlung anwendbaren Rechtsvorschriften beurteilt. Einem Verwaltungsakt kommt beispielsweise gemäß § 44 VwVfG grundsätzlich Bestandskraft zu[1062]; ob eine Satzung wirksam bekanntgemacht wurde, richtet sich nach den entsprechenden Bekanntmachungsvorschriften.

II. Gescheiterter Bürgerentscheid

Ähnlich wie bei einem Ratsbeschluß, bei dem die Beschlußunfähigkeit wegen zu geringer Abstimmungsbeteiligung dazu führt, daß der Abstimmungsgegenstand bei der folgenden Sitzung erneut zur Abstimmung auf die Tagesordnung gesetzt werden kann[1063], bleibt auch ein am Erfolgsquorum gescheiterter Bürgerentscheid und in Brandenburg und Sachsen-Anhalt zusätzlich auch die bei erfülltem Erfolgsquorum mehrheitlich abgelehnten Bürgerbegehren[1064] nach den Vorschriften der meisten Gemeindeordnungen nicht völlig wirkungslos. Die Gemeindevertretungen werden danach verpflichtet, selbst eine Entscheidung in der entsprechenden Angelegenheit zu treffen[1065] und sie nicht nur inhaltlich zu erörtern[1066]. Das gilt selbst für einen Bürgerentscheid aufgrund eines Ratsbegehrens, wobei bei dem erneuten Ratsbeschluß auch die in der öffentlichen Diskussion vorgebrachten Argumente zu berücksichtigen sind[1067]. Damit wird der Bedeutung und dem erheblichen organisatorischen Aufwand des plebiszitären Entscheidungsverfahrens Rechnung getragen, denn auch bei einem gescheiterten Bürgerentscheid hat die Zahl der Unterzeichner des Bürgerbegehrens, aber auch die der Abstimmenden gezeigt, daß die entsprechende Angelegenheit von besonderer Wichtigkeit für die Gemeinde ist[1068].

[1062] Meyer, Beschlüsse kommunaler Vertretungskörperschaften, S. 67; Waechter, Kommunalrecht, Rn. 296.

[1063] § 37 GemO BW; Art. 47, 114 BayGO; § 46 GO Bbg; § 53 HGO; § 46 NGO; 3 49 GO NW; § 39 GemO RhPf; § 44 II KSVG Saarl; § 39 SächsGemO; § 53 GO LSA; § 38 GO SchlHolst; § 36 ThürKO.

[1064] Zu den Anforderungen an den Erfolg eines Bürgerentscheids s.u. 2. Teil, 8. Kapitel I.

[1065] § 21 VI 3 GemO BW; § 20 IV 4 GO Bbg; § 8 b VI 3 HGO; § 20 VII 2 KV M-V; § 17 a VII 3 GemO RhPf; § 24 III 2 SächsGemO; § 26 V 3 GO LSA; § 16 g VII 3 GO SchlHolst.

[1066] Glaser in: Schweriner Kommentierung, § 20, Rn. 9.

[1067] Borchert in: Galette/Laux, GO SchlHolst, § 16 g, zu Abs. 7, Anm. 2; Klang/Gundlach, GO LSA, § 26, Rn. 6; Kunze in: Kunze/Bronner/Katz, GemO BW, § 21, Rn. 33; v. Mutius/Rentsch, GO SchlHolst, § 16 g, Rn. 8.

[1068] Klang/Gundlach, GO LSA, § 26, Rn. 6; vgl. auch Kühne in: Kühne/Meißner, Züge unmittelbarer Demokratie, S. 51.

Lediglich in Niedersachsen, Nordrhein-Westfalen und Thüringen besteht keine derartige Entscheidungspflicht für den Gemeinderat.

In allen Ländern löst ein gescheiterter Bürgerentscheid zudem wie ein erfolgreicher Bürgerentscheid die sogenannte Initiativsperre aus[1069], während die Abänderungssperre vom Erfolg eines Bürgerentscheids abhängig ist[1070]. Das hat in Niedersachsen, Sachsen-Anhalt und Thüringen, wo nur ein mehrheitlich mit "Ja" beantworteter Bürgerentscheid als erfolgreich gilt, zur Folge, daß selbst ein mehrheitlich mit "Nein" beantworteter Bürgerentscheid wegen fehlender Abänderungssperre, aber dennoch geltender Initiativsperre durch einfachen Ratsbeschluß abgeändert werden kann, die Bürger jedoch kein Initiativrecht für einen Bürgerentscheid haben. An dieser Stelle wird noch einmal deutlich, daß der Umstand, daß nur ein mehrheitlich mit "Ja" beantworteter Bürgerentscheid Rechtswirkungen erzeugt, die Bedeutung einer unmittelbaren Bürgerentscheidung erheblich mindert und über eine Abschaffung derartiger Regelungen nachgedacht werden sollte[1071].

10. Kapitel: Beanstandungsrecht und Rechtsschutzmöglichkeiten während und nach der Durchführung eines Bürgerentscheids

Aufgrund der Tatsache, daß ein Bürgerentscheid trotz formeller oder materieller Fehlerhaftigkeit lediglich rechtswidrig, aber nicht unwirksam ist und somit Rechtswirkungen erzeugt, kommt der Frage nach der Aufhebung und dem Rechtsschutz gegen einen Bürgerentscheid besondere Bedeutung zu. Der Rechtsschutz bezieht sich im wesentlichen auf drei Fehlerquellen: erstens auf die Überprüfung der inhaltlichen (= materiellen) Rechtmäßigkeit einer Entscheidung, wenn sich die Umstände seit der Zulässigkeitsentscheidung derartig verändert haben, daß eine neue Prüfung erforderlich ist oder bereits die Zulässigkeitsentscheidung in unzulässiger Weise erfolgte, zweitens auf die Bestandssicherung des Bürgerentscheids gegen entgegenstehende Beschlüsse der Gemeindevertretung und gegen Maßnahmen der Rechtsaufsichtsbehörde[1072] sowie drittens auf die Einhaltung der Verfahrensvorschriften, wobei Verfahrensfehler nur dann eine Rechtsverletzung darstellen, wenn sie erheblich sind, d.h. wenn sie geeignet sind, das Abstimmungsergebnis zu beeinflussen. Dieser sogenannte Erheblichkeitsgrundsatz folgt aus dem Prinzip der demokratischen Mehrheitsentscheidung, hinter dem eine subjektive Rechtsverletzung im Einzelfall zurücktreten muß, damit

---

1069 S.o. 2. Teil, 2. Kapitel, I 2 i.

1070 Vgl. Kunze in: Kunze/Bronner/Katz, GemO BW, § 21, Rn. 36.

1071 S.o. 2. Teil, 8. Kapitel, I.

1072 Siehe auch oben 2. Teil, 9. Kapitel, I 3.

nicht für das Abstimmungsergebnis irrelevante Verstöße die Ungültigkeit der Abstimmung bedingen[1073].

I. Befugnisse des Bürgermeisters und der Kommunalaufsicht

Als organisationsinterner Rechtsakt der Gemeinde unterliegt ein Bürgerentscheid vor seiner außenrechtlichen Umsetzung zunächst wie ein Ratsbeschluß den verwaltungsinternen und den staatlichen Kontrollmöglichkeiten durch den Bürgermeister bzw. die Rechtsaufsichtsbehörden.

1. Beanstandungs- oder Widerspruchsrecht des Bürgermeisters

Teilweise wird angenommen, daß dem Bürgermeister bzw. in Hessen und in den schleswig-holsteinischen Städten auch dem Magistrat[1074] aufgrund der Gleichstellung der Rechtswirkungen von Bürgerentscheid und Ratsbeschluß auch gegen einen Bürgerentscheid ein Beanstandungs- oder Widerspruchsrecht einschließlich der aufschiebenden Wirkung[1075] zustehe, da er ansonsten u.U. verpflichtet sei, einen rechtswidrigen Beschluß zu vollziehen, was gegen den Grundsatz der Gesetzmäßigkeit der Verwaltung verstieße[1076].

Die Statthaftigkeit derartiger Maßnahmen gegen einen Bürgerentscheid ist jedoch umstritten[1077]. In § 8 b VII 3 HGO und § 21 a VII 1 KSVG Saarl werden aus-

---

1073 VGH BW, BWVPr 1975, 203, 206; Hager, VerwArch 84 (1993), 97, 117; Schreiber, BWahlG, § 49, Rn. 11; vgl. auch Burkhardt, Bürgerentscheid, S. 268 f; Versteyl in: v. Münch/Kunig, GG, Art. 41, Rn. 3; Widtmann/Gasser, BayGO, Art. 18 a, Rn. 14.

1074 Im folgenden wird der Übersichtlichkeit halber nur noch das Beanstandungsrecht des Bürgermeisters erwähnt, die Ausführungen gelten jedoch für ein Beanstandungsrechts des Magistrats entsprechend.

1075 Das Recht des Bürgermeisters, gegen einen Ratsbeschluß vorzugehen, ist in den einzelnen Ländern nicht ganz einheitlich ausgestaltet; Beanstandung, Widerspruch oder Einspruch können hier jedoch synonym verwendet werden, da jeder dieser Maßnahmen aufschiebende Wirkung zukommt und sie den Bürgermeister von der Ausführung der Vollzugshandlung entbindet; vgl. § 43 II GemO BW; Art. 59 II BayGO; § 65 GO Bbg; § 74 HGO; § 33 KV M-V; § 65 NGO; § 54 GO NW; § 42 GemO RhPf; § 60 KSVG Saarl; § 52 II SächsGemO; § 62 III GO LSA; §§ 43, 69 GO SchlHolst; § 44 ThürKO.

1076 Rehn/Cronauge, GO NW, § 26, Anm. IX 1; Thiele, NSt-N 1996, 288, 291.

1077 Für ein Beanstandungsrecht: Vollzugshinweise des Bay IM, XVI 3.; v. Lennep/Paal, StGR 1994, 295, 300; Sapper, VBlBW 1983, 89, 95. Die überwiegende Ansicht hält ein Beanstandungsrecht jedoch für unzulässig, vgl. nur Borchert in: Galette/Laux, GO SchlHolst, § 16 g, zu Abs. 8, Anm. 1; Burkhardt, Bürgerentscheid, S. 266; Fischer, NWVBl 1995, 366, 371; Glaser in: Schweriner Kommentierung, § 20, Rn. 10; Hager, VerwArch 84 (1993), 97, 114; Hölzl/Hien, BayGO, Art. 18 a, Anm. 10; Masson/Samper, BayGO, Art. 18 a, Rn. 40; Rehn/Cronauge, GO NW, § 26, Anm. IX 1; Thum, Bürgerbe-

drücklich die Vorschriften über das Beanstandungsrecht des Bürgermeisters für nicht anwendbar erklärt. Auch § 17 V 4 ThürKO deutet darauf hin, daß dem Bürgermeister bei einem Bürgerentscheid kein Beanstandungsrecht zustehen soll, da danach nur die Befugnisse der Rechtsaufsichtsbehörden unberührt bleiben. In den übrigen Ländern spricht zunächst der Wortlaut der Vorschriften über das Beanstandungsrecht des Bürgermeisters gegen ein solches Recht: Der Bürgermeister kann sein Widerspruchsrecht ausdrücklich nur gegenüber Ratsbeschlüssen geltend machen. Ein Bürgerentscheid stellt jedoch keinen Ratsbeschluß dar, sondern wird lediglich in seiner Wirkung mit einem solchen gleichgesetzt[1078].

Darüber hinaus ist das Beanstandungs- und Widerspruchsrecht des Bürgermeisters von der Funktion her nicht auf die Eigenart eines Bürgerentscheids übertragbar. Die Beanstandung oder der Widerspruch zielen darauf ab, nach erneuter Beratung des entscheidenden Organs einen weiteren Beschluß desselben über die entsprechende Angelegenheit herbeizuführen. Dementsprechend kann nur das beschließende und zuständige Organ Adressat einer Beanstandung des Bürgermeisters sein. Eine an den Rat adressierte Beanstandung wäre daher sinnlos, da die Gemeindevertretung nicht befugt ist, einen Bürgerentscheid aufzuheben[1079]. Auch eine an die allein aufhebungsberechtigte Bürgerschaft gerichtete Beanstandung mit dem Inhalt, über die Aufhebung des Bürgerentscheids abzustimmen, wäre mithin rechtlich und praktisch nicht durchführbar[1080], da dem Bürgermeister zum einen auch im Rahmen seines Widerspruchsrechts kein eigenes Initiativrecht für die Durchführung eines Bürgerentscheids zusteht[1081] und es zum anderen zu einer Verfälschung des Ergebnis kommen könnte, da nicht an jeder Abstimmung der gleiche Kreis abstimmungsberechtigter Bürger teilnähme. Außerdem wäre eine im Falle eines Beanstandungsverfahrens vorgesehene Beratung über die Beanstandung vor einer weiteren Bürgerentscheidung wegen der Unübersichtlichkeit

gehren und Bürgerentscheid in Bayern, 13.00, Art. 18 a, Anm. 1 b; Wansleben in: Held/Becker/Decker, GO NW, § 26, Anm. 7.1.

1078 Borchert in: Galette/Laux, GO SchlHolst, § 16 g, zu Abs. 8, Anm. 1; Masson/Samper, BayGO, Art. 18 a, Rn. 40.

1079 Fischer, NWVBl 1995, 366, 371; Hölzl/Hien, BayGO, Art. 18 a, Anm. 10; Masson/Samper, BayGO, Art. 18 a, Rn. 40; Rehn/Cronauge, GO NW, § 26, Anm. IX 1; Thum, Bürgerbegehren und Bürgerentscheid in Bayern, 13.00, Art. 18 a XIII, Anm. 1 b; a.A. v. Lennep/Paal, StGR 1994, 295, 300 f., die die Durchführung eines zweiten Bürgerentscheids nach Entscheidung des Rates und der Rechtsaufsichtsbehörde für möglich halten.

1080 VGH BW, BWVPr 1975, 203, 206; Rehn/Cronauge, GO NW, §26, Anm. IX 1; vgl. auch Widtmann/Gasser, BayGO, Art. 18 a, Rn. 14.

1081 Thum, Bürgerbegehren und Bürgerentscheid in Bayern, 13.00, Art. 18 a XIII, Anm. 1 b; Widtmann/Gasser, BayGO, Art. 18 a, Rn. 14.

eines Massenverfahrens kaum möglich[1082]. Die o.g. Gründe führen somit dazu, daß das Beanstandungsverfahren des Bürgermeisters seiner verwaltungsinternen Kontrollfunktion bzgl. eines Bürgerentscheids nicht gerecht werden kann.

Der Bürgermeister ist im Rahmen seines kommunalinternen Widerspruchsrechts daher darauf angewiesen, bereits gegen den Zulässigkeitsbeschluß des Gemeinderats vorzugehen, um aus eigener Kraft zu verhindern, rechtswidrige Beschlüsse vollziehen zu müssen[1083]. Nach der hier vertretenen Auffassung hat daher die Rechtssicherheit, also das Vertrauen auf den Bestand des Bürgerentscheids, Vorrang vor dem Grundsatz der Gesetzmäßigkeit der Verwaltung. Die Rückstellung dieses Grundsatzes, der zwar nicht durch bloße Mehrheitsentscheidung der Bürger außer Kraft gesetzt werden kann[1084], ist insofern gerechtfertigt, als der Bürgermeister die folgenden Möglichkeiten hat, eine rechtswidrige Vollzugshandlung zu verhindern[1085]: Bei einem Bürgerentscheid kann er zum einen bereits den Zulässigkeitsbeschluß angreifen, zum anderen ist er berechtigt, sich jederzeit an die Rechtsaufsichtsbehörde zu wenden, die zumindest befugt ist, die Rechtswidrigkeit eines Bürgerentscheids festzustellen, so daß von diesem ggf. keine Rechtswirkungen mehr ausgehen[1086].

2. Befugnisse der Rechtsaufsichtsbehörde

Die Reichweite der Befugnisse der Rechtsaufsichtsbehörde gegen einen Bürgerentscheid - etwa in Form einer Beanstandung oder des Erlasses von bestimmten Anordnungen an die Gemeinde[1087] - ist wie auch die des Beanstandungsrechts des Bürgermeisters nicht eindeutig bestimmt. So legt § 17 V 4 ThürKO fest, daß die Befugnisse der Rechtsaufsichtsbehörde unberührt bleiben, während § 8 b II 3 HGO eine aufsichtsbehördliche Beanstandung ausschließt. In den übrigen Gemeindeordnungen sind Regelungen über die Anwendbarkeit der Vorschriften über

---

1082 Rehn/Cronauge, GO NW, § 26, Anm. IX 1.

1083 Hölzl/Hien, BayGO, Art. 18 a, Anm. 10; Wansleben in: Held/Becker/Decker, GO NW, § 26, Anm. 7.1.

1084 Burkhardt, Bürgerentscheid, S. 266; Humpert, DÖV 1990, 999, 1004; Rehn/Cronauge, GO NW, § 26, Anm. IX 1.

1085 Vgl. zur Rechtslage bei einem Ratsbeschluß Meyer, Beschlüsse kommunaler Vertretungskörperschaften, S. 40 f.

1086 Masson/Samper, BayGO, Art. 18 a, Rn. 40; Wansleben in: Held/Becker/Decker, GO NW, § 26, Anm. 7.1; Widtmann/Gasser, BayGO, Art. 18 a, Rn. 14; zu den Möglichkeiten der Rechtsaufsichtsbehörde im folgenden 2. Teil, 10. Kapitel, I 2.

1087 Zu den aufsichtsbehördlichen Befugnissen vgl. §§ 121 ff. GemO BW; Art. 112 f. BayGO; §§ 124 ff. GO Bbg; §§ 81 f. KV M-V; §§ 130 ff. NGO; § 120 GO NW; §§ 121 ff. GemO RhPf; §§ 130 ff. KSVG Saarl; §§ 114 ff. SächsGemO; §§ 136 ff. GO LSA; §§ 123 ff. GO SchlHolst; §§ 120 f. ThürKO.

die Befugnisse der Rechtsaufsichtsbehörden bzgl. eines Bürgerentscheids nicht vorhanden.

Eine Nichtanwendung, so wie sie in Hessen vorgeschrieben ist, erscheint aus rechtsstaatlicher Sicht bedenklich, da hier u.U. eine rechtswidrige Entscheidung vollzogen werden muß, nur weil die vorgesehenen verwaltungsinternen Kontrollmöglichkeiten ausgeschlossen sind.
Dabei ist zunächst kein Grund für einen Ausschluß ersichtlich, denn die Entscheidungen der Rechtsaufsichtsbehörden richten sich anders als das Beanstandungsrecht des Bürgermeisters nicht nur gegen Beschlüsse des Rates, sondern auch gegen sämtliche Maßnahmen einer Gemeinde. Zu diesen zählt auch ein Bürgerentscheid, der neben einer Ratsentscheidung nur eine weitere Form der Entscheidungsfindung darstellt und der Gemeinde zugerechnet wird[1088]. Auch eine direktdemokratische Mehrheitsentscheidung der Bürger kann die Gemeinde nicht von der Verpflichtung zu gesetzmäßigem Handeln entbinden[1089]. Um ein rechtswidriges Handeln der Gemeinde zu verhindern, sollten die Rechtsaufsichtsbehörden daher in allen Ländern auch ohne eine ausdrückliche Regelung eines Beanstandungsrechts bzgl. eines Bürgerentscheids grundsätzlich berechtigt sein, gegen einen rechtswidrigen Bürgerentscheid vorzugehen[1090].
Genau wie der Bürgermeister und die Gemeindevertretung hat die Rechtsaufsichtsbehörde allerdings keine Möglichkeit, den rechtswidrigen Bürgerentscheid aufzuheben[1091], auch nicht in Extremfällen oder wegen des Grundsatzes des gesetzmäßigen Verwaltungshandelns[1092]. Wegen mangelnder Zuständigkeit des Gemeinderats oder anderer Gemeindeorgane für eine Aufhebung des Bürgerentscheids kann gegenüber diesen Organen von der Rechtsaufsichtsbehörde nicht angeordnet werden, den rechtswidrigen Bürgerentscheid aufzuheben. Eine Auf-

---

[1088] BayVGH, BayVBl 1996, 597; Borchert in: Galette/Laux, GO SchlHolst, § 16 g, zu Abs. 8, Anm. 1.

[1089] Burkhardt, Bürgerentscheid, S. 266; Humpert, DÖV 1990, 999, 1004; Rehn/Cronauge, GO NW, § 26, Anm. IX 1.

[1090] Burkhardt, Bürgerentscheid, S. 266; Glaser in: Schweriner Kommentierung, § 20, Rn. 10; Humpert, DÖV 1990, 999, 1004; Rehn/Cronauge, GO NW, § 26, Anm. IX 1; Wefelmeier in: Blum/Beckhof, NGO, § 22 b, Rn. 74; a.A. Hölzl/Hien, BayGO, Art. 18 a, Anm. 10; Schneider, StGR 1994, 399, 401 und Wettling, BWVPr 1987, 151, 154, die zumindest für die Länder, die die Wirkung eines Bürgerentscheids mit denen eines "endgültigen" Ratsbeschlusses gleichsetzen (§ 21 VII 1 GemO BW; § 8 b VII 1 HGO; § 20 I 3 KV M-V; § 16 g VII 1 GO SchlHolst), den Schluß ziehen, daß die Endgültigkeit auch gleichzeitig ein Beanstandungsrecht der Aufsichtsbehörde ausschließe.

[1091] VGH BW, BWVPr 1975, 203, 206; Rehn/Cronauge, GO NW, § 26, Anm. IX 1; Widtmann/Gasser, BayGO, Art. 18 a, Rn. 14; Vollzugshinweise des Bay IM, XVI 6.

[1092] So aber Fischer, NWVBl 1995, 366, 372; Jaroschek, BayVBl 1997, 39, 43; Wansleben in: Held/Becker/Decker, GO NW, § 26, Anm. 7.3.

hebung durch die Bürgerschaft selbst kommt aus rechtlichen und praktischen Gründen wie dargestellt nicht in Betracht, da es an einem Initiativrecht für einen erneuten Bürgerentscheid fehlt und an der Abstimmung nicht exakt derselbe Personenkreis teilnähme[1093]. Die einzige Möglichkeit der Rechtsaufsichtsbehörde, wenigstens die Rechtswirkungen eines Bürgerentscheids zu beseitigen, besteht somit darin, dessen Nichtigkeit festzustellen, d.h. den Bürgerentscheid zu beanstanden[1094].

Trotz dieser Beanstandung bleibt zwar der Bürgerentscheid mangels Aufhebungsbeschlusses äußerlich weiterhin existent, entfaltet aber anders als ein lediglich rechtswidriger Entscheid aufgrund der Nichtigkeitsfeststellung nicht länger Rechtswirkungen und muß nicht durch den Bürgermeister vollzogen werden. Wegen der fehlenden Außenwirkung eines Bürgerentscheids im Vorfeld des Vollzugs kann eine derartige Existenz eines Bürgerentscheids im Hinblick auf die Rechtssicherheit anders als bei einem Verwaltungsakt ohne weiteres hingenommen werden, da außenstehende Dritte durch den Bürgerentscheid nicht betroffen werden[1095]. Eine nachträgliche rechtsaufsichtliche Beanstandung ist somit zwar möglich, beinhaltet allerdings auch negative politische und psychologische Aspekte, wenn in einem aufwendigen Verfahren getroffene Entscheidungen wieder rückgängig gemacht werden bzw. keine Wirkung erzeugen. Diese politischen und psychologischen Auswirkungen sind daher ein gewisses Druckmittel, bereits vor der Durchführung eines Bürgerentscheids, etwa bei der Überprüfung der Zulässigkeit, die Rechtswidrigkeit eines plebiszitären Entscheidungsverfahrens festzustellen[1096]; ein Verstoß gegen gesetzliche Vorschriften ist in aller Regel bereits zu diesem Zeitpunkt erkennbar und spätere Verfahrensfehler berechtigen nur noch zu einer Nichtigkeitsfeststellung des Bürgerentscheids, wenn sie geeignet sind, den Abstimmungsausgang zu verändern[1097].

Da es aber dennoch vorkommen kann, daß sich ein Bürgerentscheid nach der Zulässigkeitsentscheidung als rechtswidrig erweist, etwa weil sich die entscheidungserheblichen Tatsachen so wesentlich verändert haben, sollte jedoch auch in Hessen ein Einschreiten der Rechtsaufsichtsbehörde nach Durchführung des Bür-

---

[1093] S.o. 2. Teil, 10. Kapitel, I 1; VGH BW, BWVPr 1975, 203, 206; Rehn/Cronauge, GO NW, § 26, Anm. IX 1; Widtmann/Gasser, BayGO, Art. 18 a, Rn. 14.

[1094] VGH BW, BWVPr 1975, 203; Burkhardt, Bürgerentscheid, S. 267; Masson/Samper, BayGO, Art. 18 a, Rn. 40; Sapper, VBlBW 1983, 89, 95; Thum, Bürgerbegehren und Bürgerentscheid in Bayern, 13.00, Art. 18 a XIII, Anm. 5; Widtmann/Gasser, BayGO, Art. 18 a, Rn. 14.

[1095] Vgl. Burkhardt, Bürgerentscheid, S. 267; siehe auch oben bzgl. eines Ratsbeschlusses 2. Teil, 9. Kapitel, I 4 a.

[1096] Wehr in: Knemeyer, Bürgerbegehren und Bürgerentscheid in Bayern, S. 56; vgl. auch Hölzl/Hien, BayGO, Art. 18 a, Anm. 10, der aus diesem Grund ein nachträgliches Einschreiten der Rechtsaufsichtsbehörde für unzulässig hält.

[1097] S.o. 2. Teil, 10. Kapitel.

gerentscheids möglich sein, um in jedem Fall zu verhindern, daß rechtswidrige Entscheidungen der Gemeinde vollzogen werden müssen.

II. Rechtsschutzmöglichkeiten der Bürger

Neben der verwaltungsinternen Kontrolle durch die Rechtsaufsichtsbehörde, auf deren Einschreiten der einzelne Bürger keinen Anspruch hat[1098], stehen den Bürgern eigene Möglichkeiten offen, um gegen einen formell oder materiell rechtswidrigen Bürgerentscheid vorzugehen.

1. Abstimmungsprüfung und -anfechtung

Wegen der Orientierung des Abstimmungsverfahrens an den Vorschriften der Kommunalwahlgesetze ist für einen Bürgerentscheid die entsprechende Anwendung des für Wahlen vorgesehenen Wahlprüfungsverfahrens in Erwägung zu ziehen, durch das die richtige, d.h. die gesetzmäßige Zusammensetzung der Parlamente gewährleistet werden soll[1099].

Bzgl. eines Bürgerentscheids nehmen einige Länder, die die Kommunalwahlgesetze für entsprechend anwendbar erklären, die Vorschriften über das Wahlprüfungsverfahren allerdings ausdrücklich von der Anwendbarkeit aus[1100]. In Brandenburg, Mecklenburg-Vorpommern und Schleswig-Holstein fehlt wiederum ein solcher Ausschluß[1101]. Hier müßte ein Wahlprüfungsverfahren für einen Bürgerentscheid also ggf. entsprechend durchgeführt werden.

Es ist jedoch fraglich, ob eine entsprechende Anwendung sowohl in diesen Ländern als auch in den übrigen Ländern, in denen die Gemeindeordnungen nicht auf die Kommunalwahlgesetze verweisen, zulässig ist. Denn Voraussetzung für eine entsprechende Anwendung bzw. für eine Gesetzesanalogie ist neben einer unbeabsichtigten Regelungslücke ein wertungsmäßig vergleichbarer Tatbestand[1102].

[1098] OVG NW, Urteil vom 5.6.1968; vgl. auch OVG NW, OVGE 26, 93 ff.; Becker in: Held/Becker/Decker, GO NW, § 116, Anm. 7; Maurer, VerwR AT, § 23, Rn. 22.

[1099] Für die Bundesebene vgl. BVerfGE, 1, 430, 433; 4, 370, 372 f.; 22, 277, 281; 37, 84, 89; 42, 53, 63; Maunz/Dürig-Maunz, GG, Art. 41, Rn. 6; Versteyl in: v. Münch/Kunig, GG, Art. 41, Rn. 3.

[1100] § 41 III KomWG BW; § 76 KWO Hess; § 66 KWG RhPf; § 57 KWG LSA; vgl. auch § 15 Mustersatzung für die Durchführung von Bürgerentscheiden, "Mitteilungen" NWStGB 1997, 19 ff.

[1101] Brandenburg, Mecklenburg-Vorpommern; Schleswig-Holstein.

[1102] Larenz, Methodenlehre der Rechtswissenschaft, S. 381; Zippelius, Juristische Methodenlehre, § 11.

Zwar ist das Massenentscheidungsverfahren eines Bürgerentscheids eher dem Abstimmungsverfahren bei Wahlen nachgebildet als dem Beschlußverfahren eines überschaubaren Gremiums wie der Gemeindevertretung, bei dem keine gesonderte Prüfung des Abstimmungsverfahrens stattfindet; dennoch sind die Prüfungskriterien bzgl. der Rechtmäßigkeit eines Bürgerentscheids denen bzgl. der Rechtmäßigkeit einer Sachentscheidung des Rates angenähert. In beiden Fällen handelt es sich um eine Sachentscheidung, so daß die Entscheidungen nicht nur auf die formelle, sondern auch auf die inhaltliche (materielle) Rechtmäßigkeit - etwa die Vereinbarkeit mit sonstigem Recht und bei einem Bürgerentscheid zusätzlich mit dem Negativkatalog - hin überprüft werden. Ein Wahlprüfungsverfahren zielt dagegen im wesentlichen nur auf die Überprüfung der Einhaltung der gesamten Verfahrensvorschriften für eine ordnungsgemäße Zusammensetzung der Parlamente ab, da die materielle Rechtmäßigkeit für die Rechtmäßigkeit einer Wahl als Personalentscheidung eine unbedeutende Rolle spielt[1103]. Dieses Verfahren wird daher den Anforderungen an eine Überprüfung eines Bürgerentscheids nicht gerecht.

Bei einem Wahlprüfungsverfahren geht es zudem vorwiegend um öffentliche Interessen, insbesondere um die Sicherung der Arbeitsfähigkeit des Parlaments; subjektive Rechtsverletzungen einzelner Bürger, wie ein rechtswidriger Ausschluß eines einzelnen von der Teilnahme an der Wahl, treten dahinter zurück[1104]. So hängt die Anstrengung eines Wahlprüfungsverfahren ähnlich wie bei einer Popularklage nicht von der Geltendmachung eigener subjektiver Rechtsverletzungen ab[1105]. Dieser Vorrang der öffentlichen Interessen erklärt sich durch die Bedeutung der rechtmäßigen Zusammensetzung eines Parlaments[1106], denn die Stimmenverteilung bei einer Wahl ist insofern für eine ganze Reihe von Entscheidungen während der folgenden Legislaturperiode relevant. An einer derartig weitreichenden Bedeutung fehlt es jedoch bei einem Bürgerentscheid, dessen Rechtswirkungen sich in einem einmaligen Vollzug erschöpfen. Es handelt sich hierbei lediglich um eine andere Form der gemeindlichen Willensbildung neben den Entscheidungen der übrigen Gemeindeorgane[1107]. Aufgrund der begrenzten Rechtswirkungen eines Bürgerentscheids ist eine von subjektiven Rechtsverletzungen der Bürger losgelöste Rechtmäßigkeitsüberprüfung entsprechend einem Wahlprüfungsverfahren daher nicht angemessen.

1103 Versteyl in: v. Münch/Kunig, GG, Art. 41, Rn. 5.

1104 Klein in: Schmidt-Bleibtreu/Klein, GG, Art. 41, Rn. 1; Weber, JuS 1989, 902, 903.

1105 Klein in: Schmidt-Bleibtreu/Klein, GG, Art. 41, Rn. 1; Weber, JuS 1989, 902, 903.

1106 Dazu Versteyl in: v. Münch/Kunig, GG, Art. 41, Rn. 1.

1107 BayVGH, BayVBl 1996, 597; Widtmann/Gasser, BayGO, Art. 18 a, Rn. 14.

Dieses bestätigen auch die der Gemeindevertretung eingeräumten Möglichkeiten, nachträglich auf einen Bürgerentscheid Einfluß zu nehmen: Die Gemeindevertretung, die in den Ländern Hessen, Niedersachsen, Nordrhein-Westfalen und Schleswig-Holstein analog den Vorschriften der Kommunalwahlgesetze über die Einsprüche gegen den Bürgerentscheid im Rahmen eines Wahlprüfungsverfahrens zu entscheiden hätte, soll nach den einschlägigen Vorschriften über Bürgerbegehren und Bürgerentscheid nach der Zulässigkeitserklärung das Begehren und damit auch den Bürgerentscheid allenfalls dadurch beeinflussen können, daß sie selbst i.S.d. Begehrens entscheidet und sich der Bürgerentscheid damit erübrigt, nicht aber, indem sie nachträglich einen Bürgerentscheid für ungültig erklären könnte[1108]. Das System des Wahlprüfungsverfahrens, bei dem die gewählte Gemeindevertretung selbst über ihre rechtmäßige Zusammensetzung entscheiden könnte, ist demnach nicht auf einen Bürgerentscheid zugeschnitten[1109].

Ohne ausdrückliche Erklärung der Anwendbarkeit der entsprechenden Vorschriften liegen daher mangels vergleichbarer Rechtslage die Voraussetzungen für die Schließung einer Gesetzeslücke im Wege der Gesetzesanalogie nicht vor.

Teilweise wird sogar angenommen, daß ohne gesetzliche Ermächtigung eine satzungsrechtliche Normierung einer Abstimmungsprüfung nicht mehr von den Kompetenzen der Gemeinden gedeckt sei[1110]. Dem ist zuzustimmen, da einschränkende satzungsrechtliche Verfahrensregelungen bei einem Bürgerentscheid grundsätzlich unzulässig sind[1111]; bei einer Anwendung der Vorschriften über das Wahlprüfungsverfahren käme es aber zu einer Einschränkung der Rechte der

---

1108 Fischer, DÖV 1996, 181, 187.

1109 BayVGH, BayVBl 1996, 597. A.A. Jaroschek, BayVBl 1997, 39, 43; vgl. auch Fischer, DÖV 1996, 181, 187 f., der grundsätzlich ein Wahlprüfungsverfahren auch bei einem Bürgerentscheid für anwendbar hält, allerdings mit Einschränkungen bzgl. des Verfahrensablaufs: Da der Rat nicht wie bei einer Wahl über die Gültigkeit eines Bürgerentscheids entscheiden könne, müßten die Bürger nicht wie bei einem Wahlprüfungsverfahren die Gültigkeitsentscheidung anfechten, sondern könnten stattdessen Feststellungsklage gegen die Gemeinde erheben, um die Rechtswidrigkeit eines Bürgerentscheids feststellen zu lassen mit dem Ziel der erneuten Durchführung eines Bürgerentscheids. Für eine Anwendbarkeit auch OVG Frankfurt (Oder), LKV 1997, 174, allerdings für den Fall, daß ein Bürgermeister durch einen Bürgerentscheid abgewählt wird und es sich somit ebenfalls um eine Personalentscheidung handelt.

1110 Masson/Samper, BayGO, Art. 18 a, Rn. 40 und Thiele, Das neue kommunale Verfassungsrecht in Nds., Rn. 135 ohne nähere Begründung; vgl. auch Thum, Bürgerbegehren und Bürgerentscheid in Bayern, 21.00, S. 1 ff. zur generellen Zulässigkeit einer satzungsrechtlichen Normierung.

1111 S.o. 2. Teil, 6. Kapitel, III.

Bürger, da nach herrschender Meinung der Individualrechtsschutz der einzelnen im Hinblick auf Verfahrensfehler ausgeschlossen ist[1112].
Aufgrund der oben beschriebenen, auf einen Bürgerentscheid nicht zugeschnittenen Zielsetzungen eines Wahlprüfungsverfahrens sollte jedoch ohnehin von einer Durchführung desselben grundsätzlich Abstand genommen werden, auch wenn die entsprechenden Vorschriften nicht ausdrücklich ausgeschlossen werden.

2. Förmliche Rechtsbehelfe der Bürger

Aufgrund der fehlenden Außenwirkung eines Bürgerentscheids ist ein Bürgerentscheid von den Bürgern als natürlichen Personen nicht direkt mit förmlichen Rechtsbehelfen angreifbar[1113]. Lediglich die außenrechtswirksamen Vollzugshandlungen sind geeignet, subjektive Rechtsverletzungen i.S.d. Erheblichkeitsgrundsatzes hervorzurufen, so daß sich der Individualrechtsschutz der Bürger nur gegen diese Maßnahmen richten kann. Je nach Rechtsnatur und Begehren des Klägers kann der Vollzugsakt mit verwaltungsrechtlichen Rechtsbehelfen angegriffen werden, im Rahmen derer der Bürgerentscheid als Vollzugsgrundlage einer inzidenten Prüfung seiner Rechtmäßigkeit unterliegt[1114].
Bereits vor Durchführung der Abstimmung kann es bei den Bürgern zu einer Gefährdung ihrer Rechtspositionen kommen, etwa weil ihnen die Teilnahme an der Abstimmung versagt wird. Nach Abschluß der Abstimmung sind derartige Beeinträchtigungen wegen des für einen Verfahrensfehler geltenden Erheblichkeitsgrundsatzes meist nicht mehr zu beseitigen, da sie i.d.R. den Abstimmungsausgang nicht beeinflussen.
Um dieses zu verhindern, sind die Bürger auf den Rechtsschutz im Vorfeld der Abstimmung angewiesen. Dieser ist ebenfalls eingeschränkt. Für eine in diesem Fall in Betracht kommende vorbeugende Feststellungsklage im Hinblick auf die bloße Möglichkeit eines zukünftigen Bürgerentscheids fehlt es beispielsweise an einem hinreichend konkreten Rechtsverhältnis i.S.v. § 43 I 1 Alt. VwGO, denn

---

[1112] Dieser zunächst auf Bundesebene entwickelte Ausschluß wurde auch auf Landes- und Kommunalebene übertragen, vgl. Saftig, Kommunalwahlrecht in Deutschland, S. 219; allg.: Klein in: Schmidt-Bleibtreu/Klein, GG, Art. 41, Rn. 1; Weber, JuS 1989, 902, 903.

[1113] Thum, Bürgerbegehren und Bürgerentscheid in Bayern, 13.00, Art. 18 a XIII, Anm. 5; Wettling, BWVPr 1987, 151, 154; vgl. aber auch Widtmann/Gasser, BayGO, Art. 18 a, Rn. 14, die ohne nähere Begründung auch Bürgerentscheide, denen unmittelbare Außenwirkung zukommt, für möglich halten; unklar Begr. des Gesetzentw. der Landesreg. vom 6.1.1992, LT-Drs. (Hess) 13/1397, S. 41, wonach allein aufgrund der Tatsache, daß ein Wahlprüfungsverfahren nicht stattfindet, unmittelbar der Rechtsweg gegen einen Bürgerentscheid eröffnet sei.

[1114] Burkhardt, Bürgerentscheid, S. 269 f.; Hager, VerwArch 84 (1993), 97, 117; Hölzl/Hien, BayGO, Art. 18 a, Anm. 10; Masson/Samper, BayGO, Art. 18 a, Rn. 44; Schneider in: Dieckmann/Heinrichs, GO NW, § 26, Anm. 9; Seeger, ZParl 1988, 516, 523; Widtmann/Gasser, BayGO, Art. 18 a, Rn. 14; vgl. auch BayVGH, BayVBl 1996, 597.

die Durchführung eines Bürgerentscheids stellt sich als ein zukünftiges, ungewisses Ereignis dar[1115].
Ist dagegen die Durchführung beschlossen worden, bleibt den Bürgern wegen der besonderen Eilbedürftigkeit nur noch die Möglichkeit, die Einhaltung der Verfahrensvorschriften gemäß § 123 VwGO mittels einstweiligen Rechtsschutzes geltend zu machen, falls ihnen ohne Eilanordnung ein schwerer, nicht heilbarer Rechtsverlust droht[1116].

3. Organschaftliche Rechte der Bürgerschaft

Aufgrund der Doppelstellung der Bürger - auf der einen Seite Bürger als natürliche Person, auf der anderen Seite Teil des Organs der stimmberechtigten Bürgerschaft - können die Bürger über ihre individuellen Rechtspositionen hinaus u.U. auch organschaftliche Rechte gegenüber den übrigen Gemeindeorganen im Innenrechtskreis geltend machen. Für solche interorganschaftlichen Streitigkeiten ist das heute allgemein anerkannte Kommunalverfassungsstreitverfahren in Form einer Feststellungs- oder Leistungsklage vorgesehen[1117].

Da der Bürgerschaft nur während der eigentlichen Abstimmung die Stellung eines Organs zukommt, weil sie dann eine Entscheidung für die Gemeinde trifft, stehen nicht alle Rechte, die den Bürgern während des gesamten plebiszitären Entscheidungsverfahrens als natürliche Personen zukommen, der Bürgerschaft auch als Organ zu[1118]. Im Vorfeld der Abstimmung hat sich die Bürgerschaft mangels Entscheidungskraft noch nicht zu einem Organ konstituiert, so daß beispielsweise das Recht auf Abstimmungsteilnahme den Bürgern als Organteil erst ab Entscheidungsübergang, also ab der positiven Entscheidung über die Zulässigkeit eines Bürgerbegehrens[1119], zusteht.
Für die nachträgliche Geltendmachung der aus dem Bürgerentscheid folgenden Rechtswirkungen, speziell der Abänderungssperre, bewirkt die Organstellung der Bürgerschaft während der Abstimmung, daß gegen einen Bürgerentscheid verstoßende Beschlüsse der Gemeindevertretung oder der Rechtsaufsichtsbehörde bereits ohne außenwirksamen Vollzug in das aus der Sperrwirkung folgende subjektive Recht der Bürger eingreifen. Zwar kommt der Bürgerschaft mangels Fähigkeit, Entscheidungen für die Gemeinde zu treffen, nach der Abstimmung nicht

---

[1115] Fischer, DÖV 1996, 181, 188.
[1116] VG Darmstadt, NVwZ-RR 1995, 156, 157; Fischer, DÖV 1996, 181, 188; Jaroschek, BayVBl 1997, 39, 42.
[1117] BVerwG, NVwZ 1985, 112, 112; VGH BW, BWVPr 1977, 181; Bleutge, Der Kommunalverfassungsstreit; Gern, Kommunalrecht, Rn. 784 ff.; Kopp, VwGO, vor § 40, Rn. 6.
[1118] In diese Richtung aber offenbar Burkhardt, Bürgerentscheid, S. 270.
[1119] S.o. 2. Teil, 3. Kapitel, V 1 a aa (1).

mehr die Funktion eines gemeindlichen Organs zu, sie befindet sich vielmehr im Außenrechtskreis der Gemeinde[1120]. Die von den Bürgern durch den Bürgerentscheid getroffene Entscheidung zeigt jedoch nach wie vor auch Wirkung im Innenrechtskreis der Gemeinde, so daß das aus der Sperrwirkung des Bürgerentscheids folgende subjektiv-öffentliche Recht der Bürger trotz fehlender Organstellung auch ohne außenwirksame Vollzugshandlung verletzt sein kann. Wegen der Stellung der Bürger als Subjekt des Außenrechtskreises handelt es sich bei diesem Recht jedoch um keine eigentlich organschaftliche Rechtsposition, sondern um ein Individualrecht der Bürger, dessen Geltendmachung aufgrund der fehlenden Außenwirkung der entsprechenden Maßnahmen der Gemeindevertretung aber dennoch eine Streitigkeit im Innenrechtskreis der Gemeinde darstellen kann. Es wird daher von einer Art Kommunalverfassungstreit i.w.S. gesprochen[1121]. Für ein derartiges Verfahren ist es nicht erforderlich, daß sich beide Streitparteien im Innenrechtskreis der Gemeinde befinden, da insofern das Rechtsverhältnis nicht zwischen den Parteien des Feststellungsprozesses bestehen muß[1122].

Aufgrund der zeitlich begrenzten Organstellung kommt der Bürgerschaft als Organ mithin nur ein Recht auf ordnungsgemäße Beschlußfassung zu. Entsprechend der Beschlußfassung in der Gemeindevertretung steht dem einzelnen Abstimmenden als Organteil jedoch kein allgemeines Recht auf eine rechtmäßige Entscheidung zu, so daß eine Klage mangels Klagebefugnis entfallen müßte[1123]. Lediglich bei einer Verletzung organspezifischer Rechte eines Bürgers wie einem Ausschluß von der Abstimmungsteilnahme könnte dieser als Organteil im Wege eines Kommunalverfassungsstreitverfahrens gegen die Gemeinde vorgehen. Verfahrensfehler würden jedoch auch hier wegen des Erheblichkeitsgrundsatzes regelmäßig nicht zur Ungültigkeit der Abstimmung führen[1124].

Der Rechtsschutz ist somit vorwiegend als Individualrechtsschutz ausgestaltet, was letztlich auf die Sonderstellung, die die Bürgerschaft als Organ gegenüber den anderen gemeindlichen Organen einnimmt, zurückzuführen ist.

[1120] S.o. 2. Teil, 3. Kapitel, V 1 a aa (1).

[1121] VGH BW, BWVPr 1975, 203, 207.

[1122] BVerwG, NJW 1970, 2260; BVerwG, NVwZ 1985, 112, 113; VGH BW, BWVPr 1975, 203, 207; Eyermann/Fröhler, VwGO, § 43, Rn. 8; Pietzcker in: Schoch/Schmidt-Aßmann/Pietzner, VwGO, § 42, Rn. 29.

[1123] Für den Ratsbeschluß vgl. OVG NW, NWVBl 1993, 91 f.; Hölzl/Hien, BayGO, Art. 18 a, Anm. 8; Knemeyer, Bayerisches Kommunalrecht, Rn. 176; Wehmann in: Lüersen/Neuffer, NGO, § 47, Anm. 3.

[1124] Zur insoweit andersartigen Rechtslage bei einem Ratsbeschluß vgl. Knemeyer, Bayerisches Kommunalrecht, Rn. 221 d).

11. Kapitel: Bürgerbegehren und Bürgerentscheid auf Kreisebene

Mit Ausnahme der Landkreisordnungen von Baden-Württemberg, Hessen und Thüringen sind nach allen übrigen Kommunalverfassungen die auf Gemeindeebene vorhandenen Einrichtungen von Bürgerbegehren und Bürgerentscheid auch auf der Ebene der Kreise vorgesehen[1125]. Die diesbzgl. Vorschriften decken sich größtenteils mit denen der Gemeindeordnungen, so daß bzgl. des Verfahrens auf die dortigen Regelungen verwiesen werden kann[1126]; zur Vermeidung von Wiederholungen soll hier auf eine Diskussion der gleichen grundsätzlichen Probleme verzichtet werden und nur auf die Besonderheiten der Kreisebene eingegangen werden.

Wegen der Unterschiede zwischen Gemeinde- und Kreisebene wird angezweifelt, ob die Regelungen der Gemeindeebene, insbesondere der Negativkatalog, ohne Einschränkungen auf die Kreisebene übertragbar sind[1127]. Die Kritiker bzw. die Vertreter einer nur eingeschränkten Anwendung eines Bürgerentscheids auf Kreisebene befürchten, daß sich aufgrund der Großflächigkeit und der verbandskörperschaftlichen Struktur der Kreise - die Kreise stellen sich insofern als Zusammenschluß mehrerer Gemeinden dar - kein eigentliches homogenes Kreisvolk bilde und das Abstimmungsergebnis daher zu sehr von Segregationsinteressen geprägt sein könne[1128]. Des weiteren könne es in vielen Selbstverwaltungsangelegenheiten des Kreises, insbesondere bei Planungsverfahren bzgl. Standortfragen, zu einer Majorisierung nachteilig Betroffener kommen, deren Interessen in einem plebiszitären Entscheidungsverfahren anders als bei einem umfassenden Abwägungsprozeß des Kreistages nicht gebührend berücksichtigt werden könnten[1129]. Teilweise wird daher gefordert, daß diesen Schwierigkeiten zumindest durch eine kreisspezifische Regelung von Bürgerbegehren und Bürgerentscheid, insbesondere des Negativkatalogs, Rechnung getragen werde[1130].
In anderen Teilen der Literatur wird dagegen vertreten, daß bereits aufgrund der prinzipiellen Einheitlichkeit der Kommunalverfassung im Hinblick auf die Gemeinde- und Kreisebene eine gleichartige Regelung geboten sei[1131]. Außerdem

---

[1125] Art. 25 a LKrO Bay; § 18 LKrO Bbg; § 102 i.V.m. § 20 KV M-V; § 17 b NLO; § 23 KrO NW; § 11 d LKO RhPf; § 153 a KSVG Saarl; §§ 21, 22 SächsLKrO; §§ 18, 19 LKrO LSA; § 16 f KrO SchlHolst; vgl. Übersicht bei Henneke, Der Landkreis 1996, 159, 160 f.
[1126] Vgl. auch Henneke, Der Landkreis 1996, 159.
[1127] Henneke, ZG 1996, 1, 7; Schmidt-Aßmann, DVBl 1996, 533, 538.
[1128] Henneke, DVBl 1995, 1064, 1068; ders., ZG 1996, 1, 17.
[1129] Henneke, DVBl 1995, 1064, 1068; ders., ZG 1996, 1, 17.
[1130] Henneke, DVBl 1995, 1064, 1068; Schmidt-Aßmann, DVBl 1996, 533, 538.
[1131] Boden, LKV 1991, 156, 159, Fn. 39; Bretzinger, Die Kommunalverfassung der DDR, S. 204 f.; Erbguth, DÖV 1995, 793, 794.

bestehe ein besonderes Interesse für kreispolitische Entscheidungen beispielsweise für die Abfallbeseitigung[1132].

Bei einer Entscheidung für oder gegen eine Normierung von Bürgerbegehren und Bürgerentscheid auch auf Kreisebene ist die unterschiedliche Rechtsstellung von Gemeinden und Kreisen von Bedeutung. Diese Unterschiede könnten es rechtfertigen, von einer bloßen Übertragung der entsprechenden Vorschriften der Gemeindeordnungen abzusehen.
Kreise sind wie Gemeinden rechtsfähige Gebietskörperschaften des öffentlichen Rechts, darüber hinaus aber auch Gemeindeverbände i.S.v. Art. 28 II 2 GG (=Zusammenschluß mehrerer Gemeinden) und in den meisten Ländern unterste Stufe der staatlichen Verwaltung[1133].
Zwar sind die Vorschriften über Bürgerbegehren und Bürgerentscheid auf Gebietskörperschaften zugeschnitten[1134]; da sich die Kreise jedoch primär aus den im Kreisgebiet wohnenden Bürgern (=Kreisbürger) zusammensetzen und nicht aus den einzelnen Gemeinden[1135], bereitet der bei den Gemeinden nicht vorhandene Verbandskörperschaftscharakter der Kreise keine Probleme bei der Übernahme der Einrichtungen der Gemeindeebene. Die Auswirkungen eines Zusammenschlusses mehrerer selbständiger Körperschaften auf die Durchführung eines Bürgerentscheids zeigen sich allenfalls im Abstimmungsergebnis: Die Bürger einer kleineren homogeneren Gemeinschaft wie einer Gemeinde sind auch im Kreis als dem Gemeindeverband bestrebt, gemeindeeigene Interessen durchzusetzen, so daß sich mithin kein einheitlicher Kreis von Abstimmungsberechtigten bildet[1136] und von einem "Kreisvolk" allenfalls aufgrund der Gebietszugehörigkeit und nicht aufgrund gemeinsamer Kreisinteressen gesprochen werden kann. Bei annähernd gleicher Beteiligung der Bürger aller Gemeinden eines Kreises kann es jedoch hingenommen werden, daß Kreisangelegenheiten nach gemeindlichen Interessen entschieden werden, da sich dann diesbzgl. Interessenunterschiede i.d.R. wieder ausgleichen. Zudem erschweren die aus den oben genannten Gründen erforderlichen Erfolgsquoren[1137] eine "Bevorzugung" bestimmter Gemeinden in Kreisangelegenheiten bzw. eine Durchsetzung egoistischer Sonderinteressen.

1132 Dehn in: Galette/Laux, KrO SchlHolst, § 16 f, S. 110.

1133 Henneke, Der Landkreis 1995, 377 f.; Schmidt-Aßmann, Kommunalrecht, Rn. 149; Wolff/Bachof/Stober, VerwR II, § 89, Rn. 40.

1134 Vgl. bzgl. der bayerischen Zweckverbände BayVGH, BayVBl 1997, 21, 22; Seewald/Rassow, BayVBl 1997, 609, 615; Thum, Bürgerbegehren und Bürgerentscheid in Bayern, 13.00, Art. 18 a I, Anm. 3.

1135 Gern, Kommunalrecht, Rn. 863; Schmidt-Aßmann, Kommunalrecht, Rn. 136; Waechter, Kommunalrecht, Rn. 397; Wolff/Bachof/Stober, VerwR II, § 89; Rn. 7, 9.

1136 Henneke, DVBl 1995, 1064, 1068; ders, ZG 1996, 1, 7.

1137 S.o. 2. Teil, 8. Kapitel, II.

Aus dieser Sicht ist daher eine Übernahme der Vorschriften der Gemeindeordnungen möglich.

Die Tatsache, daß das Kreisgebiet zugleich den Bezirk der allgemeinen unteren staatlichen Verwaltungsbehörde bildet, also Selbstverwaltungsaufgaben und staatliche Aufgaben auf einer Ebene zusammentreffen, steht der Übertragung der Vorschriften der Gemeindeordnungen auf die Landkreisordnungen ebenfalls nicht entgegen[1138]. In den einzelnen Ländern wird der Kreis in unterschiedlicher Weise in die staatliche Verwaltung eingegliedert. In Niedersachsen, im Saarland, in Sachsen und Sachsen-Anhalt nimmt der gesamte Kreis die staatlichen Aufgaben im übertragenen Wirkungskreis wahr, während in den übrigen Ländern nur der Landrat im Wege der Organleihe mit der Erfüllung der staatlichen Aufgaben betraut wird[1139]. Bei zuletzt genanntem Modell scheidet ein Bürgerentscheid in staatlichen Angelegenheiten bereits deshalb aus, weil ein Bürgerentscheid nur in solchen Angelegenheiten zulässig ist, in denen der Kreistag entscheidet. Dazu kommt – was wiederum auch für Niedersachsen, das Saarland, Sachsen und Sachsen-Anhalt gilt -, daß die Selbstverwaltungsangelegenheiten der Kreise, für die entsprechend der Regelung auf Gemeindeebene ein Bürgerentscheid allein zulässig ist, von den Angelegenheiten des übertragenen Wirkungskreises bzw. von den staatlichen Aufgaben zur Erfüllung nach Weisung, für die allein die Kreisverwaltung zuständig ist, abgrenzbar sind[1140]: Im Unterschied zu den Gemeinden, für die gemäß Art. 28 II 1 GG das Prinzip der Allzuständigkeit für die Angelegenheiten der örtlichen Gemeinschaft gilt, werden die Selbstverwaltungsaufgaben den Kreisen durch Gesetz übertragen[1141]. Zu den Selbstverwaltungsangelegenheiten zählen dabei die überörtlichen, auf das Kreisgebiet bezogenen Aufgaben bzw. solche, die die Finanzkraft einer Gemeinde übersteigen könnten, beispielsweise der Bau von Kreisstraßen oder die Schaffung und Unterhaltung von Berufsschulen oder Kreiskrankenhäusern[1142].

Die Unterschiede bzgl. der Rechtsstellung der Kreise und Gemeinden schließen somit die Einführung von Bürgerbegehren und Bürgerentscheid nicht von vorn-

1138 Erbguth, DÖV 1995, 793, 794.

1139 Schmidt-Aßmann, Kommunalrecht, Rn. 149.

1140 Henneke, Der Landkreis 1995, 377, 379.

1141 Der Umfang des Aufgabenbestandes muß dabei so groß sein, wie er für eine effiziente Selbstverwaltung erforderlich ist, vgl. BVerfGE 79, 127, 143 ff.; BVerwGE 6, 23; BVerwG, NVwZ 1992, 365, 367; Gern, Kommunalrecht, Rn. 866; Henneke, Der Landkreis 1995, 277, 278; Knemeyer, Bayerisches Kommunalrecht, Rn. 42; a.A. BayVerfGH 2, 143, 163 f., wonach der Umfang allein durch die Gesetzgebung bestimmt werden soll.

1142 Gern, Kommunalrecht, Rn. 865 ff.; Schmidt-Aßmann, Kommunalrecht, Rn. 139 ff.; Waechter, Kommunalrecht, Rn. 173 ff.

herein aus. Vielmehr gibt die gebietskörperschaftliche Struktur verbunden mit dem gemäß Art. 28 I 2, II 2 GG auch für Kreise geltenden Prinzip der kommunalen Selbstverwaltung, dessen Ziel es ist, die Bürger zu aktiver Mitarbeit am politischen Geschehen zu aktivieren, den Anstoß, die Vorschriften über Bürgerbegehren und Bürgerentscheid auch auf Kreisebene zu übertragen. Eine kreisspezifische Regelung scheint wegen dieser Ähnlichkeit nicht erforderlich zu sein. Insbesondere besteht kein Grund für die von den Vertretern einer zurückhaltenden Anwendung von Bürgerbegehren und Bürgerentscheid auf Kreisebene vorgebrachte Befürchtung, daß der Betroffenenschutz innerhalb eines Planungsverfahrens mißachtet werde, da wie bei einem Bürgerentscheid auf Gemeindeebene[1143] die endgültigen Abwägungsentscheidungen eines Planungsverfahrens trotz Zulässigkeit eines Bürgerentscheids nach wie vor von der entscheidungsberechtigten Kreisbehörde getroffen werden.

Eine zusätzliche Einschränkung der Anwendungsvoraussetzungen ist daher nicht geboten, zumal die Häufigkeit von Bürgerentscheiden auf Kreisebene ohnehin schon geringer ist als auf Gemeindeebene[1144]. Bei den Kreisen bestätigt sich demnach die Tendenz, daß die Teilnahmebereitschaft an einem Bürgerentscheid mit zunehmender Anzahl der Stimmberechtigten abnimmt.
Durch eine generelle Normierung von Bürgerbegehren und Bürgerentscheid auf Kreisebene wird eine "Lücke" zwischen Landes- und Gemeindeebene, wo jeweils direkte Entscheidungsmöglichkeiten vorhanden sind, geschlossen, so daß bereits aus diesem Grund auf entsprechende Beteiligungsrechte nicht verzichtet werden sollte.

12. Kapitel: Gesamtbetrachtung der durchgeführten Bürgerbegehren und Bürgerentscheide

Bereits im Rahmen der Untersuchung der konkreten Ausgestaltung der einzelnen landesrechtlichen Vorschriften über Bürgerbegehren und Bürgerentscheid ist sichtbar geworden, daß bestimmte Regelungen der Anwendungshäufigkeit in besonderem Maße entgegenstehen, etwa eine generelle Beschränkung des Anwendungsbereichs, Antrags- und Erfolgsquoren oder bestimmte Fristen. Andere Faktoren wie die Erforderlichkeit eines Kostendeckungsvorschlags, einer Begründung oder einer bereits formulierten Entscheidungsfrage beeinflussen dagegen die Inanspruchnahme eher selten.
Im folgenden soll anhand konkreter Zahlen versucht werden darzustellen, wie häufig und mit welchem Erfolg die Instrumente Bürgerbegehren und Bürgerent-

[1143] S.o. 2. Teil, 1. Kapitel, IV 6.
[1144] Dehn in: Galette/Laux, KrO SchlHolst, § 16 f, S. 110 für Schleswig-Holstein.

scheid in den einzelnen Flächenstaaten der Bundesrepublik Deutschland tatsächlich genutzt werden. Wegen der unterschiedlichen Anzahl und Größe der Gemeinden pro Land und der unterschiedlichen Datenerfassung - es besteht in den meisten Ländern keine gemeindliche Mitteilungspflicht bzgl. der durchgeführten Bürgerbegehren und Bürgerentscheide - sind jedoch die einzelnen Zahlen nur bedingt vergleichbar. Darüber hinaus ist der unterschiedliche Einführungstermin für Bürgerbegehren und Bürgerentscheid in die einzelnen Gemeindeordnungen sowie der in allen Bundesländern mit Ausnahme von Baden-Württemberg insgesamt kurze Anwendungszeitraum einschränkend zu berücksichtigen.

I. Die Anzahl der durchgeführten Bürgerentscheide

1. Baden-Württemberg[1145]

Anzahl der Gemeinden: 1.111
Einführung des Bürgerentscheids: 1955
Erfassungszeitraum: 1976-1994
Eingereichte Bürgerbegehren: 166
    Zulässig: 84
    Unzulässig: 82
Gemeinderat entscheidet selbst i.S.d. Begehrens: 6
Durchgeführte Bürgerentscheide: 110
    Aufgrund eines Bürgerbegehrens: 77
    Aufgrund eines Ratsbegehrens: 33
Erfolgreich i.S.d. Begehrens: 48
Begehren mehrheitlich abgelehnt: 28
Erfolgsquorum (30%) verfehlt: 34

Baden-Württemberg, das als erstes Bundesland bereits 1955 den kommunalen Bürgerentscheid einführte, verfügt über die umfangreichsten und langfristigsten Erfahrungen. Hier wurden allerdings nur die Zahlen nach der Novellierung im Jahre 1975[1146] berücksichtigt, da es angesichts veränderter Zulässigkeitsvoraussetzungen zu nicht vergleichbaren Ergebnissen gekommen wäre. Außerdem fanden Anfang der 70er Jahre im Zuge der Gebietsreform zahlreiche durch die Gemeindevertretung veranlaßte Bürgerentscheide über entsprechende Gemeindegebietsänderungen statt[1147], was als die Häufigkeit eines Ratsbegehrens begünstigende Ausnahmesituation einzuordnen ist.

[1145] Zu den folgenden Angaben vgl. Wehling, Symposium, S. 7 f.; Hager, VerwArch 84 (1993), 97, 100; Henneke, ZG 1996, 1, 9; BWVPr 1992, 142, 143.

[1146] S.o. 1. Teil, 2. Kapitel, II; 2. Teil, 8. Kapitel, II.

[1147] 1971 fanden allein 60 Bürgerentscheide aufgrund eines Gemeinderatsbeschlusses statt; vgl. Henneke, ZG 1996, 1, 9; Wehling, AfK 1989, 110, 113.

Auffallend ist in diesem Land die große Zahl der unzulässigen Bürgerbegehren. In den meisten Fällen (41) scheiterte ein Bürgerbegehren daran, daß es keine wichtige Gemeindeangelegenheit i.S.v. § 21 I, III GemO BW beinhaltete, also die Angelegenheit weder im Positivkatalog noch in der Hauptsatzung aufgenommen war[1148]. Häufig scheiterte ein Bürgerbegehren aber auch, weil es nicht gemäß § 21 III GemO BW innerhalb der vierwöchigen Frist nach Bekanntgabe des Ratsbeschlusses eingereicht wurde oder die erforderliche Anzahl von Unterschriften nicht vorlag[1149], wobei zumindest bei einem Bürgerbegehren gegen einen Ratsbeschluß angenommen werden kann, daß die erforderlichen Unterschriften oft wegen der Kürze der Frist nicht aufgebracht werden konnten[1150]. Die übrigen Begehren waren wegen weiterer Formalien unzulässig, etwa wegen eines mangelhaften Kostendeckungsvorschlags oder einer unzureichenden Begründung (6 von 74 Bürgerbegehren, die von 1977-1987 eingereicht wurden[1151]).

Die meisten Begehren (ca. 70 %) richteten sich gegen einen Ratsbeschluß, so daß einem Bürgerentscheid hauptsächlich eine Korrekturfunktion bzgl. der Entscheidung der gewählten Repräsentanten zukam[1152]. Gegenstand eines Bürgerentscheids waren in der Mehrzahl der Fälle die Verwerfung eines kommunalen Bauvorhabens oder Probleme der Straßenplanung, wobei letztere in Baden-Württemberg nur dann zulässige Antragsgegenstände darstellen, wenn die Gemeinde den Positivkatalog entsprechend in ihrer Hauptsatzung erweitert hat. Zu einer derartigen Erweiterung kam es in 9 Fällen sogar nachträglich, nachdem bereits ein Bürgerbegehren eingereicht war, um auf diese Weise doch noch die Durchführung eines Bürgerentscheids zu ermöglichen[1153]. Um den Unmut in der Bevölkerung zu reduzieren, sah sich der Rat in anderen Fällen dazu veranlaßt, durch Ratsbegehren einen Bürgerentscheid einzuleiten, obwohl das vorausgegangene Bürgerbegehren wegen formaler Mängel gescheitert war[1154]. Insgesamt wurde jedoch von der generellen Möglichkeit eines entsprechenden Ratsbeschlusses nur zurückhaltend Gebrauch gemacht.

Einen besonderen Faktor bzgl. der Anwendungshäufigkeit und der Erfolgswahrscheinlichkeit bildete schließlich die Gemeindegröße. Da mit zunehmender Ge-

---

1148 Thronsberg, KomPraxis BW 1993, 134; Wehling, Symposium, S. 7.

1149 BWVPr 1992, 142, 143; Thronsberg, KomPraxis BW 1993, 134.

1150 Mayer, Bürgerbegehren und Bürgerentscheide in Gemeinden, S. 17.

1151 Seeger, ZParl 1988, 516, 525.

1152 Mayer, Bürgerbegehren und Bürgerentscheide in Gemeinden, S. 10.

1153 BWVPr 1992, 142, 143; siehe auch oben 2. Teil, 1. Kapitel, III 1.

1154 BWVPr 1992, 22, 23; Mayer, Bürgerbegehren und Bürgerentscheide in Gemeinden, S. 11.

meindegröße die Beteiligungsbereitschaft abnimmt[1155], scheiterten in größeren Gemeinden mehr Bürgerentscheide am Erfolgsquorum als in kleineren. Gleiches war trotz einer Staffelung der Quoren bereits bei Bürgerbegehren zu beobachten[1156].

2. Bayern[1157]

Anzahl der Gemeinden: 2.056
Einführung des Bürgerentscheids: 1.11.1995
Erfassungszeitraum: November 1995-Oktober 1996
Eingereichte Bürgerbegehren: 171
  Zulässig: 92
  Unzulässig: 65
  Nach Einreichung wieder zurückgezogen: 14
Gemeinderat entscheidet selbst i.S.d. Begehrens: 32
Durchgeführte Bürgerentscheide: 111
  Aufgrund eines Bürgerbegehrens: 90 (92)
  Aufgrund eines Ratsbegehrens: 19
Erfolgreich i.S.d. Bürgerbegehrens: 40
Bürgerbegehren mehrheitlich abgelehnt: 50

Unter Berücksichtigung der unterschiedlich langen Erfassungszeiträume zeigt sich, daß in Bayern im Vergleich zu Baden-Württemberg die Möglichkeiten von Bürgerbegehren und Bürgerentscheid weitaus häufiger genutzt werden. Das dürfte vor allem auf den knappen Negativkatalog bei nicht vorhandenem Positivkatalog, auf das niedrige Antragsquorum und schließlich auf das bisher noch nicht vorhandene Erfolgsquorum[1158] zurückzuführen sein[1159]. Die durchschnittliche Abstimmungsbeteiligung von ca. 48 % entspricht etwa der Beteiligung in Baden-Württemberg (52,7 %) und Hessen (48,6 %). Bei 13 von 106 Bürgerentscheiden lag die Beteiligung allerdings unter 30 %, in 2 Fällen sogar unter 20 %[1160], was aber in allen Fällen wegen des fehlenden Erfolgsquorums nicht zum Scheitern führte.

[1155] S.o. 2. Teil, 2. Kapitel, I 2 f bb.

[1156] Seeger, ZParl 1988, 516, 527; Wehling, Symposium, S. 9.

[1157] Zu den folgenden Angaben vgl. Mayer/Weber, Der Bürgerentscheid in Bayern, 3., 8.1.; in dieser Arbeit wird als Zahl der durchgeführten Bürgerentscheide aufgrund eines Bürgerbegehrens unter Punkt 3. 90, unter Punkt 8.3. 92 angegeben; dieser Widerspruch ließ sich durch Nachfrage der Verfasserin bei den Autoren nicht klären.

[1158] Zur Erforderlichkeit eines Erfolgsquorums vgl. oben 2. Teil, 8. Kapitel, II 1, insbesondere auch BayVerfGH, BayVBl 1997, 622, 626 f.

[1159] Mayer/Weber, Der Bürgerentscheid in Bayern, 4.1.

[1160] Mayer/Weber, Der Bürgerentscheid in Bayern, 7.1., ferner Zusammenstellung am Ende.

Die Unzulässigkeit der Bürgerbegehren beruhte in Bayern hauptsächlich darauf, daß unwesentliche förmliche Mängel bzgl. des Antrags entgegen der mittlerweile auch für Bayern vorliegenden Rechtsprechung zuungunsten der Antragsteller ausgelegt wurden, beispielsweise führte die fehlende Adresse eines benannten Vertreters zur Unzulässigkeit des Begehrens[1161].
Ähnlich wie in Baden-Württemberg waren auch in Bayern die Themen Verkehrsplanung, Bauleitpläne und öffentliche Einrichtungen am häufigsten Gegenstand eines Bürgerentscheids. Bezogen auf die Einwohnerzahl fanden in größeren Gemeinden deutlich mehr Bürgerbegehren statt als in kleineren, was darauf zurückgeführt wird, daß in größeren Gemeinden das Konfliktpotential zwischen Bürgern und Repräsentanten aufgrund eines weniger engen Kontakts erhöht sei[1162].

Wie auch in Baden-Württemberg ist die Zahl der Ratsbegehren in Bayern relativ gering. Häufig wurden diese in Bayern erst als sogenannte Konkurrenzvorlage[1163] beschlossen, wenn bereits ein Bürgerbegehren eingereicht war; es sollte insoweit durch ein Ratsbegehren lediglich die Gegenposition zu der Ansicht der Antragsteller bekräftigt werden[1164].

3. Brandenburg[1165]

Anzahl der Gemeinden: 1.700
Einführung des Bürgerentscheids: 18.10.1993
Erfassungszeitraum: 18.10.1993 - 31.12.1996
Eingereichte Bürgerbegehren: 50
  Zulässig: 29
  Unzulässig: 21
Durchgeführte Bürgerentscheide: 29
Erfolgreich i.S.d. Begehrens: 27
Erfolgsquorum (25%) verfehlt: 2

Anders als in den bereits genannten Ländern existieren für das Land Brandenburg keine umfangreichen Auswertungen der empirischen Daten. Nach einer Umfrage durch das Landesinnenministerium, deren Ergebnisse aufgrund freiwilliger Mitteilungen der Kommunen zusammengestellt und ausgewertet wurden (Stand

---

1161 Mayer/Weber, Der Bürgerentscheid in Bayern, 6.2.
1162 Mayer/Weber, Der Bürgerentscheid in Bayern, 4.3.
1163 S.o. 2. Teil, 6. Kapitel, III 4 c.
1164 Knemeyer in: ders., Bürgerbegehren und Bürgerentscheid in Bayern, S. 21; Mayer/Weber, Der Bürgerentscheid in Bayern, 6.3.
1165 Die folgenden Angaben beruhen auf einer schriftlichen Auskunft durch das Innenministerium des Landes Brandenburg vom 16.4.1997 auf Anfrage der Verfasserin.

1.1.1997)[1166], handelte es sich bei den Themen der Bürgerentscheide in diesem Land vorwiegend um Gemeindezusammenschlüsse bzw. Gemeindeeingliederungen oder um Zugehörigkeitsfragen zu Abwasserzweckverbänden sowie deren Gebührenforderungen. Gründe für die Unzulässigkeit seien dem Ministerium im einzelnen nicht bekannt. Ratsbegehren, die im Gegensatz zu Baden-Württemberg und Bayern in Brandenburg nur in den Angelegenheiten, in denen bereits ein Bürgerentscheid stattgefunden hat, während der Abänderungssperre möglich sind, werden in den Umfrageergebnissen des Innenministeriums nicht erwähnt und wurden offenbar noch nicht durchgeführt.

4. Hessen[1167]

Anzahl der Gemeinden: 426
Einführung des Bürgerentscheids: 1.4.1993
Erfassungszeitraum: April 1993 - März 1997
Eingereichte Bürgerbegehren: 69
Zulässig: 50
Unzulässig: 19
Gemeinderat entscheidet selbst i.S.d. Begehrens: 14
Kompromiß zwischen Antragstellern und Gemeindevertretern: 2
Durchgeführte Bürgerentscheide: 34
(Ratsbegehren nicht vorgesehen)
Erfolgreich i.S.d. Begehrens: 17
Begehren mehrheitlich abgelehnt: 10
Erfolgsquorum (25%) verfehlt: 7

In Hessen beruhte in etlichen Fällen die Unzulässigkeit eines Bürgerbegehrens darauf, daß den entsprechenden Angelegenheiten der Negativkatalog entgegenstand (5), weiterhin darauf, daß die Antragsquoren nicht erfüllt wurden (3) oder daß der geforderte Kostendeckungsvorschlag mangelhaft war (3); die übrigen Fälle waren wegen weiterer formaler Fehler unzulässig[1168].

Wie in Bayern zeigte sich auch in Hessen, daß es tendenziell in größeren Gemeinden häufiger zu einem Bürgerbegehren kommt als in kleineren[1169]. Die Bür-

---

[1166] Schriftliche Auskunft durch das Innenministerium des Landes Brandenburg vom 16.4.1997 auf Anfrage der Verfasserin.

[1167] Zu den folgenden Angaben vgl. Schiller/Mittendorf/Rehmet, Bürgerbegehren und Bürgerentscheide in Hessen; Antwort auf die kleine Anfrage des Abg. Bouffier (CDU) vom 21.2.1996, LT-Drs. 14/1420.

[1168] Schiller/Mittendorf/Rehmet, Bürgerbegehren und Bürgerentscheide in Hessen, S. 11; vgl. auch Behnke, VR 1996, 113, 115.

[1169] Schiller/Mittendorf/Rehmet, Bürgerbegehren und Bürgerentscheide in Hessen, S. 6.

gerbegehren richteten sich in der Mehrzahl der Fälle gegen einen Beschluß der Gemeindevertretung oder gegen eine in naher Zukunft zu erwartende Entscheidung[1170] (sogenannte korrigierende Wirkung eines Bürgerentscheids). Nur selten wurden neue Themen aufgegriffen (sogenannte initiierende Wirkung). Gegenstand der Entscheidung waren dabei wie in Baden-Württemberg und Bayern häufig Straßenbaumaßnahmen oder Fragen der Bauleitplanung, die in Hessen nicht wie in Brandenburg, Mecklenburg-Vorpommern, Niedersachsen, Nordrhein-Westfalen und im Saarland von vornherein durch einen Negativkatalog vom Anwendungsbereich des Bürgerentscheids ausgeschlossen sind[1171].

5. Mecklenburg-Vorpommern[1172]

Anzahl der Gemeinden: 1.080
Einführung des Bürgerentscheids: 22.4.1994
Erfassungszeitraum: 22.4.1994-3.2.1997
Eingereichte Bürgerbegehren: 5
Zulässig: 2
Unzulässig: 2
Noch nicht über die Zulässigkeit entschieden: 1
Durchgeführte Bürgerentscheide: 1
Durchführung geplant: 1
Erfolgreich i.S.d. Begehrens: 0
Begehren mehrheitlich abgelehnt: 1

Der einzige in diesem Land bis zu dem bezeichneten Zeitpunkt durchgeführte Bürgerentscheid behandelte thematisch die Sanierung eines Schloßgebäudes bei gleichzeitiger Zurückstellung anderer Strukturentwicklungsmaßnahmen im Straßenbau und in der Abwasserbeseitigung. Gegenstand der weiteren Begehren waren abfallwirtschaftliche Fragen, der Erhalt einer Realschule mit Grundschulteil und der Bau einer Tiefgarage.
Die Unzulässigkeit der beiden zurückgewiesenen Bürgerbegehren beruhte auf einem unzureichenden Kostendeckungsvorschlag.

6. Niedersachsen

In diesem Bundesland wurde der kommunale Bürgerentscheid am 1.4.1996 eingeführt. Diesbzgl. Erfahrungsberichte liegen noch nicht vor.

1170 Schiller/Mittendorf/Rehmet, Bürgerbegehren und Bürgerentscheide in Hessen, S. 15.
1171 Behnke, VR 1996, 113, 114; Schiller/Mittendorf/Rehmet, Bürgerbegehren und Bürgerentscheide in Hessen, S. 9, 19.
1172 Die folgenden Angaben beruhen auf einer schriftlichen Auskunft des Innenministeriums des Landes Mecklenburg-Vorpommern vom 3.2.1997 auf Anfrage der Verfasserin.

7. Nordrhein-Westfalen[1173]

Anzahl der Gemeinden: 396
Einführung des Bürgerentscheids: 17.10.1994
Erfassungszeitraum: 17.10.1994-17.4.1996
Eingereichte Bürgerbegehren: 50
Zulässig: 30
Unzulässig: 20
Gemeinderat entscheidet selbst i.S.d. Begehrens: 7
Durchgeführte Bürgerentscheide: 20
Erfolgreich i.S.d. Begehrens: 1
Begehren mehrheitlich abgelehnt: 11
Erfolgsquorum (25%) verfehlt: 8

Neben den Ländern Bayern und Hessen wurden die Instrumente Bürgerbegehren und Bürgerentscheid auch relativ häufig in Nordrhein-Westfalen genutzt, obwohl hier Fragen innerhalb eines bauplanungsrechtlichen Verfahrens oder der Verkehrsplanung, die in den beiden erstgenannten Ländern die Hauptanwendungsfälle eines Bürgerentscheids darstellen, bereits durch den Negativkatalog ausgeschlossen sind. Aufgrund dieses umfassenden Negativkatalogs waren fast die Hälfte der unzulässigen Bürgerbegehren wegen Fehlens einer bürgerentscheidsfähigen Angelegenheit unzulässig[1174].

8. Rheinland-Pfalz[1175]

Anzahl der Gemeinden: 2.305
Einführung des Bürgerentscheids: 18.3 1994
Erfassungszeitraum: 18.3.1994 - August 1996
Eingereichte Bürgerbegehren: 34
Zulässig: 17
Unzulässig: 11
Noch nicht entschieden: 6
Gemeinderat entscheidet selbst i.S.d. Begehrens: 4
Durchgeführte Bürgerentscheide: 10
(Ratsbegehren nicht vorgesehen)
Durchführung geplant: 3
Erfolgreich i.S.d. Begehrens: 4

1173 Zu den folgenden Zahlen vgl. Antwort auf die kleine Anfrage des Abg. Heinz Paus (CDU) vom 17.4.1996, LT-Drs. 12/910; Muckel, NVwZ 1997, 223.

1174 Hofmann, VR 1997, 156, 159.

1175 Zu den folgenden Zahlen vgl. Anwort auf die kleine Anfrage des Abg. Dieter Schmitt (CDU) vom 11.9.1996, LT-Drs. 13/470.

Begehren mehrheitlich abgelehnt: 3
Erfolgsquorum (30%) verfehlt: 3

In Rheinland-Pfalz wurden im zweiten Jahr nach Einführung von Bürgerbegehren und Bürgerentscheid deutlich mehr Bürgerentscheide durchgeführt als im ersten Jahr; das rheinland-pfälzische Innenministerium wertet diesen Anstieg als Anzeichen zunehmender Akzeptanz dieser Einrichtungen in der Bevölkerung[1176].
Die nach wie vor sehr hohe Anzahl von unzulässigen Bürgerbegehren führt das Innenministerium darauf zurück, daß die Initiatoren nicht rechtzeitig den fachlichen Rat der entsprechenden Kommunalverwaltung oder anderer kompetenter Stellen eingeholt hätten[1177]. Häufig scheiterten die Begehren an unzureichenden Finanzierungsvorschlägen oder daran, daß die entsprechenden Angelegenheiten nicht in den Anwendungsbereich eines Bürgerbegehrens fielen. Dreimal wurde das Unterschriftenquorum verfehlt.
Die Bürgerbegehren richteten sich in der Mehrzahl der Fälle gegen einen Gemeinderatsbeschluß und hatten dabei vor allem kommunale Bauvorhaben einschließlich Standortfragen zum Gegenstand. Auffallend hoch ist in diesem Land die durchschnittliche Abstimmungsbeteiligung von 67,43 %[1178].

9. Saarland

In diesem Bundesland wurde der kommunale Bürgerentscheid erst am 23.4.1997 eingeführt. Diesbzgl. Erfahrungsberichte liegen noch nicht vor.

10. Sachsen[1179]

Anzahl der Gemeinden: 970
Einführung des Bürgerentscheids: 21.4.1993
Erfassungszeitraum: April 1993-Sommer 1996
Beantragte Bürgerentscheide: ca. 40

Für das Land Sachsen existieren keine genauen Zahlen über die Durchführung von Bürgerbegehren und Bürgerentscheid. Nach Auskunft des sächsischen Innen-

1176 LT-Drs. 13/470.
1177 LT-Drs. 13/470.
1178 Die durchschnittliche Abstimmungsbeteiligung errechnet sich aus den Angaben der Landesreg. zur kleinen Anfrage des Abg. Dieter Schmitt (CDU) vom 11.9.1996, LT-Drs. 13/470.
1179 Zu den folgenden Zahlen vgl. Auflistung der Initiative Mehr Demokratie e.V., verfaßt von Thomas Mayer, 16.4.1996, Fritz-Berne-Str. 1, 81241 München.

ministeriums[1180] werden entsprechende Daten von keiner staatlichen Stelle erfaßt; soweit bekannt beinhalteten die bisher beantragten Bürgerentscheide vorwiegend Eingemeindungsfragen.

11. Sachsen-Anhalt[1181]

Anzahl der Gemeinden: 1.304 *Einführung des Bürgerentscheids: 1.7.1994* *Erfassungszeitraum: Juli 1994-Februar 1996* *Beantragte Bürgerentscheide: ca. 3*

In Sachsen-Anhalt existieren wie in Sachsen keine genauen statistischen Angaben und Auswertungen über die Durchführung von Bürgerbegehren und Bürgerentscheid seit Einführung einer eigenen Kommunalverfassung für das Land Sachsen-Anhalt (1.7.1994). 20 Monate nach diesem Zeitpunkt sollen lediglich ca. 3 Bürgerentscheide beantragt worden sein[1182].
Auf Anfrage teilte das Innenministerium des Landes Sachsen-Anhalt zwar keine Zahlen über die Bürgerentscheide nach Einführung der neuen Kommunalverfassung mit, jedoch die Ergebnisse eines vom Innenministerium initiierten 3jährigen Forschungsprojekts über die in Sachsen-Anhalt vor dem 1.7.1994 durchgeführten Bürgerbegehren und Bürgerentscheide. Diesem Projekt lag der Erfassungszeitraum 1990 bis 30.6.1994 zugrunde. Während dieser Zeit galt das Gesetz über die Selbstverwaltung der Gemeinden und Landkreise in der DDR, das gemäß § 18 eine §§ 25, 26 GO LSA ähnelnde Regelung von Bürgerbegehren und Bürgerentscheid vorsah[1183]. Danach wurden lediglich 4 Bürgerbegehren eingereicht, wovon 2 unzulässig waren. Von den 33 durchgeführten Bürgerentscheiden fanden 31 aufgrund eines Ratsbegehrens statt. Diese zahlreichen Ratsbegehren dürften jedoch auf die besonderen Umstände der während dieser Zeit durchgeführten Gebietsreform zurückzuführen und für die Häufigkeit der Inanspruchnahme nicht repräsentativ sein, so daß diese Zahlen hier unberücksichtigt bleiben, zumal die Regelung des § 18 KomVerf DDR nicht exakt mit den aktuellen Vorschriften übereinstimmt.

[1180] Schriftliche Auskunft des sächsischen Innenministeriums vom 3.2.1997 auf Anfrage der Verfasserin.

[1181] Zu den folgenden Angaben vgl. Auflistung der Initiative Mehr Demokratie e.V., verfaßt von Thomas Mayer, 16.4.1996, Fritz-Berne-Str. 1, 81241 München.

[1182] Auflistung der Initiative Mehr Demokratie e.V., verfaßt von Thomas Mayer, 16.4.1996, Fritz-Berne-Str. 1, 81241 München.

[1183] GBl. DDR I 1990, S. 255.

12. Schleswig-Holstein[1184]

Anzahl der Gemeinden: 1.131
Einführung des Bürgerentscheids: 27.3.1990
Erfassungszeitraum: April 1990 - Juni 1996
Eingereichte Bürgerbegehren: 131
Zulässig: 85
Unzulässig: 46
Gemeinderat entscheidet selbst i.S.d. Begehrens: 8
Durchgeführte Bürgerentscheide: 77
Aufgrund eines Bürgerbegehrens: 66
Aufgrund eines Ratsbegehrens: 11
Erfolgreich i.S.d. Begehrens: 43
Begehren mehrheitlich abgelehnt oder Erfolgsquorum (25%) verfehlt: 34

Bei den Gründen für die Unzulässigkeit der Bürgerbegehren ist in Schleswig-Holstein keine einheitliche Tendenz festzustellen. Wie in den übrigen westdeutschen Bundesländern waren ebenfalls kommunale Bauvorhaben, Fragen der Verkehrsplanung, aber auch schulpolitische Themen wie etwa die Einrichtung einer Gesamtschule bevorzugte Gegenstände von Bürgerentscheiden[1185]. Mit der Einrichtung eines Ratsbegehrens wird entsprechend dem Trend der übrigen Länder zurückhaltend umgegangen.

13. Thüringen[1186]

Anzahl der Gemeinden: 1.241
Einführung des Bürgerentscheids: 24.8.1993
Erfassungszeitraum: 24.8.1993 - März 1996
Beantragte Bürgerentscheide: ca. 2

Angesichts der Tatsache, daß seitens der Gemeinden keine Meldepflicht gegenüber dem Thüringer Landesamt für Statistik besteht, existieren in diesem Land keine entsprechenden statistischen Zusammenstellungen; auch das Innenmini-

1184 Die folgenden Zahlen beruhen auf einer schriftlichen Auskunft des schleswig-holsteinischen Innenministeriums vom 14.2.1997 auf Anfrage der Verfasserin; vgl. auch Hager, VerwArch 84 (1993), 97, 118; Henneke, ZG 1996, 1, 13; Mayer, Bürgerbegehren und Bürgerentscheide in Gemeinden, S. 35; Antwort der Landesreg. auf die kleine Anfrage des Abg. Bernd Saxe (SPD) vom 7.2.1994, LT-Drs. 13/1702.

1185 LT-Drs. 13/1702, S. 4 ff.; Mayer, Bürgerbegehren und Bürgerentscheide in Gemeinden, S. 35.

1186 Zu den folgenden Angaben vgl. Auflistung der Initiative Mehr Demokratie e.V., verfaßt von Thomas Mayer, 16.4.1996, Fritz-Berne-Str. 1, 81241 München.

sterium oder der Städte- und Gemeindebund sahen sich nicht zu entsprechenden Umfragen veranlaßt[1187]. Es liegt lediglich eine Untersuchung zur Wirksamkeit der Instrumente Bürgerantrag, Bürgerbegehren und Bürgerentscheid durch das Kommunalpolitische Forum Thüringen e.V. vor. Danach fanden in ca. 150 der befragten Gemeinden noch keine Bürgerentscheide statt[1188]. Allerdings handelt es sich bei insgesamt 1.241 Gemeinden in Thüringen um eine sehr schmale Datenbasis.
Die Initiative Mehr Demokratie e.V. geht davon aus, daß seit der Einführung der entsprechenden Vorschriften am 24.8.1993 bis März 1996 in allen Gemeinden erst ca. 2 Bürgerentscheide beantragt worden seien[1189]. Die Anwendungshäufigkeit ist also in Thüringen in der Tat äußerst gering.
Nach der Befragung der Gemeinden im Rahmen der oben bezeichneten Studie wurden von den Gemeinden überwiegend als Gründe für die Zurückhaltung genannt, daß die die Bürger interessierenden Angelegenheiten bereits durch den Negativkatalog für einen Bürgerentscheid ausgeschlossen seien und daß die Frist für ein Bürgerbegehren gegen einen Ratsbeschluß zu kurz sei. Der Hauptgrund für die Seltenheit eines Bürgerentscheids dürfte jedoch in der abschreckenden Wirkung eines 20prozentigen Unterschriftenquorums liegen[1190].

II. Gemeinsamkeiten und Unterschiede der jeweiligen landesrechtlichen Praxis

Zum Vergleich der Ergebnisse von Bürgerbegehren und Bürgerentscheid in den einzelnen Bundesländern sei zur Übersicht auf die auf den Seiten 248 und 249 folgende Tabelle hingewiesen, wobei die eingangs bereits erwähnten Schwierigkeiten der Vergleichbarkeit der Zahlen z.B. durch unterschiedliche Anzahl und Größe der Gemeinden pro Land sowie die unterschiedliche Zuverlässigkeit der statistischen Erfassung zu berücksichtigen sind.

Mit Ausnahme von Bayern, wo bisher kein Erfolgsquorum vorgesehen ist, scheiterten in den übrigen Ländern mit bereits mehrfach durchgeführten Bürgerentscheiden diese in vielen Fällen (6,9 % - 40 %) am Erfolgsquorum. Dennoch sollte

---

1187 Ergebnisse einer Studie des kommunalpolitischen Forums Thüringen e.V., Geschäftsstelle Erfurt, Eislebener Str. 1, 99086 Erfurt.
1188 Ebd.
1189 Auflistung der Initiative Mehr Demokratie e.V., verfaßt von Thomas Mayer, 16.4.1996, Fritz-Berne-Str. 1, 81241 München.
1190 Ergebnisse einer Studie des kommunalpolitischen Forums Thüringen e.V., Geschäftsstelle Erfurt, Eislebener Str. 1, 99086 Erfurt.

zur Sicherung der demokratischen Legitimation an einem 25prozentigen Zustimmungsquorum festgehalten werden[1191].
Das Vorhandensein von Erfolgsquoren beeinflußt vermutlich nicht wesentlich die Höhe der Abstimmungsbeteiligung; diese ist in den Ländern, für die ausreichendes Zahlenmaterial vorliegt (Bayern, Baden-Württemberg und Hessen) mit ca. 48 - 52 % durchaus vergleichbar. Lediglich in Rheinland-Pfalz, liegt die durchschnittliche Beteiligung mit 67,4 % deutlich höher, wobei jedoch einschränkend zu berücksichtigen ist, daß bisher erst 10 Bürgerentscheide durchgeführt wurden. Die Höhe der Abstimmungsbeteiligung scheint von anderen Faktoren abhängig zu sein, etwa von der Thematik und der daraus resultierenden Betroffenheit der Bürger durch einen Bürgerentscheid, von der Höhe des Geldeinsatzes für ein Bürgerbegehren, von der Art und Weise der Information im Vorfeld der Abstimmung oder von der Anzahl und Stärke der ein Bürgerbegehren unterstützenden Parteien oder Interessengruppen[1192].

In den Ländern Baden-Württemberg, Hessen, Nordrhein-Westfalen und Rheinland-Pfalz war die Unzulässigkeit eines Bürgerbegehrens unabhängig von der jeweiligen Reichweite des Negativkatalogs in vielen Fällen darauf zurückzuführen, daß die entsprechende Angelegenheit gar nicht in den Anwendungsbereich eines Bürgerentscheids fiel; für die übrigen Länder existieren bisher keine Angaben. In Baden-Württemberg, Hessen und Rheinland-Pfalz sind als häufige Gründe für die Unzulässigkeit das Versäumen der Einreichungsfrist für ein Bürgerbegehren gegen einen Ratsbeschluß und das Nichterreichen des erforderlichen Unterschriftenquorums belegbar.
Formale Mängel, wie unzureichender Kostendeckungsvorschlag oder unzulängliche Begründung werden für Baden-Württemberg als selten und nur für Mecklenburg-Vorpommern und Rheinland-Pfalz als häufig angegeben, wobei bei den letztgenannten Ländern die Zahl der Bürgerbegehren zu gering für eine aussagekräftige Beurteilung ist.

Die Möglichkeit der Gemeindevertretung, einen aufgrund eines zulässigen Bürgerbegehrens durchzuführenden Bürgerentscheid durch eigene Entscheidung i.S.d. Begehrens zu verhindern, sogenannter Erledigungsbeschluß, wurde in vielen Ländern genutzt. Auf diese Weise wurde den Initiatoren ohne die Hürde eines Bürgerentscheids zum Erfolg verholfen, gleichzeitig wurden aber auch Kosten und Verwaltungsaufwand für die Durchführung eines Bürgerentscheids eingespart, so daß sich, falls objektiv vertretbar, ein Erledigungsbeschluß sowohl für die Gemeinde als auch für die Bürger in der Praxis positiv auswirkt.

[1191] S.o. 2. Teil, 8. Kapitel, II 1 c.
[1192] Mayer/Weber, Der Bürgerentscheid in Bayern, 8.3., 8.4., 8.5.; Wehling, Symposium, S. 9.

Übersichtstabelle

	BW	Bayern	Bbg	Hessen	M-V	Nds 12)	NW
Anzahl der Gemeinden (Stichtag 31.12.94) 1)	1.111	2.056	1.700	426	1.080	1.032	396
Einführung des Bürgerentscheids	25.7. 1995	1.11. 1995	18.10. 1993	1.4. 1993	22.4. 1994	1.4. 1996	17.10. 1994
Erfasssungszeitraum	1976-1994 (18 J.)	1995-Okt. 96 (1 J.)	Okt. 93 –Dez.96 (ca. 3 J.)	April 93 –März 97 (4 J.)	24.4. 1994-3.2. 1997 (ca. 3 J.)		Okt. 94 - 17.4. 1996 (1,5 J.)
Eingereichte Bürger-Begehren	166 2)	171 4)	50 5)	69 6)	5 7)		50 8)
Davon unzulässig	82 (49,4 %) 2)	65 (32,8 %) 4)	21 (42 %) 5)	19 (27,5 %) 6)	1 (20 %) 7)		20 (40 %) 8)
Ratsbegehren	33 (30 %) 2)	19 (17,1 %) 4)	?) *)	nicht vorgesehen	?)	*)	?) *)
Rat entscheidet i.S.d. Begehrens	6 2)	32 4)	?)	14 6)	?)		7 8)
Durchgeführte Bürgerentscheide	110 2)	111 4)	29 5)	34 6)	1 7)		20 8)
Am Erfolgsquorum gescheitert	34 (30,9 %) 2)	---	2 (6,9 %) 5)	7 (20,6 %) 6)	0		8 (40 %) 8)
Abstimmungsbeteiligung	52,7 % 4)	48 % 4)	?)	48,6 % 4)	84,4 % 7)		?)
Durchschnittl. Häufigkeit der beantragten Bürgerentscheide pro Gemeinde 3)	126 J.	9 J.	128 J.	21 J.	225 J.		19 J.

1) Baratta, Der Fischer Weltalmanach 1997, S.146.
2) Wehling, Symposium, S.7 f.
3) Auflistung der Initiative Mehr Demokratie e.V., verfaßt von Thomas Mayer, 16.4.1996, Fritz-Berne-Str.1, 81241 München.
4) Mayer/Weber, Der Bürgerentscheid in Bayern; 3.; 8.1.
5) Schriftliche Auskunft durch das Innenministerium des Landes Brandenburg vom 16.4.1997 auf Anfrage der Verfasserin.
6) Schiller/Mittendorf/Rehmet, Bürgerbegehren und Bürgerentscheide in Hessen.

	RhPf	Saarl 12)	Sachsen	LSA	SchlHolst	Thü
Anzahl der Gemeinden (Stichtag 31.12.94) 1)	2.305	52	970	1.304	1.131	1.241
Einführung des Bürger-Entscheids	18.3. 1994	23.4. 1997	21.4. 1993	1.7. 1994	27.3. 1990	24.8. 1993
Erfasssungs-zeitraum	18.3.94 - Aug. 96 (ca. 2,5 J.)		April 93-Sommer 96 (ca. 3 J.)	Juli 94 - Febr. 96 (ca. 1,5 J.)	April 90-Juni 96 (ca. 6 J.)	24.8. 1993 - März 96 (ca. 2,5 J.)
Eingereichte Bürger-Begehren	34 9)		Ca. 40 3)	ca. 3 3)	131 10)	ca. 2 3)
Davon unzulässig	11 (32,4 %) 9)		?)	?)	46 (35,1 %) 10)	?)
Ratsbegehren	nicht vor-gesehen	*)	?)	?)	11 (14,3 %) 10)	nicht vor-gesehen
Rat ent-scheidet i.S.d. Begehrens	4 9)		?)	?)	8 11)	?)
Durchgeführte Bürger-Entscheide	10 9)		?)	?)	77 10)	?)
Am Erfolgs-quorum Gescheitert	3 (30 %) 9)		?)	?)	34 (incl. abgelehn-ter Begeh-ren) 10)	?)
Abstimmungs-beteiligung	67,4 % 9)		?)	?)	?)	?)
Durchschnittl. Häufigkeit der beantragten Bürgerent-scheide pro Gemeinde 3)	338 J.		73 J.	775 J.	55 J.	2.123 J.

7) Schriftliche Auskunft des Innenministeriums des Landes Mecklenburg-Vorpommern vom 3.2.1997 auf Anfrage der Verfasserin.

8) Antwort der Landesreg. auf die kleine Anfrage des Abg. Heinz Paus (CDU), LT-Drs. (NW) 12/910.

9) Antwort der Landesreg. auf die kleine Anfrage des Abg. Dieter Schmitt (CDU), LT-Drs. (RhPf) 13/470.

10) Schriftliche Auskunft des schleswig-holsteinischen Innenministeriums vom 14.2.1997 auf Anfrage der Verfasserin.

11) Antwort der Landesreg. auf die kleine Anfrage des Abg. Bernd Saxe (SPD), LT-Drs. (SchlHolst) 13/1702.

12) Noch keine Daten über Bürgerbegehren und Bürgerbescheid vorhanden.

?) Keine Daten auffindbar.

*) Ratsbegehren nur während der Abänderungssperre vorgesehen.

Zurückhaltend gehen die Gemeindevertretungen demgegenüber mit der Möglichkeit eines Ratsbegehrens um. Im Verhältnis zu den zahlreichen Beschlüssen der Gemeindevertretung wird die Möglichkeit eines Ratsbegehrens - soweit überhaupt vorgesehen - nur selten von der Gemeindevertretung aufgegriffen; die Mehrzahl aller Bürgerentscheide wird aufgrund eines Bürgerbegehrens und nicht aufgrund eines Ratsbegehrens durchgeführt, obwohl beide Einrichtungen gleichwertig nebeneinander stehen.

Bzgl. der Themen eines Bürgerentscheids ist eine Aufspaltung zwischen west- und ostdeutschen Bundesländern erkennbar, soweit entsprechende Angaben vorliegen. Während in den ostdeutschen Bundesländern Brandenburg und Mecklenburg-Vorpommern vorwiegend Fragen zu Eingemeindungen oder zur Abfallbeseitigung zur Entscheidung standen, waren bei den meisten westdeutschen Bundesländern die Verkehrsplanung und kommunale Bauvorhaben die häufigsten Gegenstände von Bürgerbegehren und Bürgerentscheid. Bzgl. der Gemeindegebietsveränderung dürfte es sich nur um einen zeitlichen Versatz handeln, in den meisten alten Bundesländern fand die Gebietsreform bereits vor Einführung plebiszitärer Elemente in die Gemeindeordnungen statt. Im Zuge der weiteren Entwicklung der deutschen Einheit dürften sich diese Unterschiede jedoch nivellieren und sich die für die west- und ostdeutschen Kommunen relevanten Fragen ähneln.

Auffallend ist der deutliche Unterschied im Hinblick auf die Anwendungshäufigkeit von Bürgerbegehren und Bürgerentscheid in Ost und West. Im Osten kommt es weitaus seltener zu einem plebiszitären Entscheidungsverfahren. Dafür können jedoch nicht allein die mitunter strengeren Anforderungen an den Erfolg von Bürgerbegehren und Bürgerentscheid verantwortlich gemacht werden; denn auch in manchen westdeutschen Ländern ist der Anwendungsbereich für einen Bürgerentscheid durch einen umfangreichen Negativkatalog sehr begrenzt oder der Erfolg eines plebiszitären Entscheidungsverfahrens ist ebenfalls von hohen Quoren abhängig[1193]. Möglicherweise ist diese Zurückhaltung durch mangelnde Demokratieerfahrungen bedingt.

Bei dem statistischen Mittelmaß im Hinblick auf die Häufigkeit von beantragten Bürgerentscheiden pro Gemeinde liegt Bayern an der Spitze. Hier wird durchschnittlich alle 9 Jahre ein Bürgerentscheid in einer Gemeinde beantragt. Es folgen Nordrhein-Westfalen und Hessen mit 19 bzw. 21 Jahren; in Baden-Württemberg, dem Land mit der längsten Anwendungserfahrung, wird durchschnittlich alle 126 Jahre ein Bürgerentscheid beantragt; in Thüringen am seltensten mit

[1193] Vgl. bzgl. des Negativkatalogs z.B. § 22 b III NGO; § 26 V GO NW.

2.123 Jahren[1194]. Bei diesen Zahlen handelt es sich teilweise um rein rechnerische Größen ohne ausreichende Berücksichtigung der Gemeindegrößen. Es lassen sich höchstens gewisse Tendenzen der Häufigkeit erkennen; insbesondere bei den Ländern mit bisher nur wenigen bzw. nicht durchgeführten Bürgerentscheiden lassen die Zahlen keine verbindlichen Schlüsse zu.

III. Auswirkungen von Bürgerbegehren und Bürgerentscheid auf das repräsentativ-demokratische kommunale Verfassungssystem

Bei einem Vergleich der gesetzlichen Regelungen stellt sich die Frage, ob und in welcher Weise durch die Einführung von Bürgerbegehren und Bürgerentscheid in den einzelnen Ländern eine Veränderung der kommunalen Demokratie mit dem vom Grundgesetz favorisiertem Prinzip der repräsentativen Demokratie erfolgt ist und ob sich die bereits im 1. Teil dieser Arbeit[1195] diskutierten Befürchtungen und Erwartungen in der Praxis verwirklicht haben. Da die Häufigkeit der Inanspruchnahme der entsprechenden Einrichtungen entscheidenden Einfluß auf mögliche Veränderungen hat, soll besonderes Augenmerk auf die beiden Extrempositionen Bayern und Thüringen gelegt werden. Während aufgrund des Grundgesetzes und der Landesverfassungen aus rechtlicher Sicht eine noch anwendungsfreundlichere Regelung als die bayerische kaum denkbar ist[1196], bewirken die thüringischen Vorschriften gemessen an der Anwendungshäufigkeit, daß fast nur eine theoretische Möglichkeit für die Bürger zur Mitwirkung am kommunalpolitischen Geschehen durch Bürgerbegehren und Bürgerentscheid besteht. Da die Bürger nur selten durch einen Bürgerentscheid anstelle der Gemeindevertretung über Gemeindeangelegenheiten entscheiden, bleibt die repräsentative Demokratie nahezu unberührt. Allerdings sind auch die grundsätzlich begrüßenswerten, von Bürgerbegehren und Bürgerentscheid ausgehenden belebenden Wirkungen wie etwa die präventive und antreibende Wirkung für die Repräsentativorgane[1197] bedeutungsloser als beispielsweise in Bayern. Es sollte daher über eine Herabsetzung der Anwendungsvoraussetzungen nachgedacht werden, zumal sich die Befürchtungen im Hinblick auf eine Gefährdung der repräsentativen Demokratie trotz grundsätzlicher rechtlicher Bedenken durch die anwendungs-

---

1194 Auflistung der Initiative Mehr Demokratie e.V., verfaßt von Thomas Mayer, 16.4.1996, Fritz-Berne-Str. 1, 81241 München.

1195 S.o. 1. Teil, 4. Kapitel.

1196 Das Fehlen eines Zustimmungsquorums im Zusammenspiel mit einer dreijährigen Abänderungssperre ist nach Ansicht des BayVerfGH als rechtswidrig anzusehen; s.o. 2. Teil, 8. Kapitel, II 1 c; 9. Kapitel, I 3 b.

1197 S.o. 1. Teil, 4. Kapitel.

freundliche bayerische Rechtslage bisher in der Praxis im großen und ganzen nicht bestätigt haben[1198].
Aus der insgesamt niedrigen Zahl der eingereichten Bürgerbegehren im Verhältnis zu der Unzahl von Gemeinderatsbeschlüssen läßt sich länderübergreifend feststellen, daß ein Mißbrauch durch in der Gemeindevertretung unterlegenen Oppositionsparteien bisher nicht stattgefunden hat. Die Mehrzahl der Bürgerentscheide wird beispielsweise in Bayern von einzelnen Bürgern oder neu gegründeten Bürgerinitiativen initiiert[1199].

Falls man den allgemeinen Trend zur Abnahme der Wahlbeteiligung an Kommunal- und Landtagswahlen als Maßstab für Politik-, Partei- und Staatsverdrossenheit ansieht, wurde diese Verdrossenheit durch die parallel einsetzende Einführung von Bürgerbegehren und Bürgerentscheid bisher anscheinend nicht beseitigt; ob diese bei Nichteinführung der plebiszitären Elemente in die Kommunalverfassungen noch größer wäre, läßt sich nicht entscheiden.

Dem Schutz vor übermäßigen Störungen durch Bürgerentscheide wird in den einzelnen Ländern unterschiedliche Bedeutung beigemessen. Durch Zulässigkeitsvoraussetzungen wird in den meisten Ländern erreicht, daß die Arbeit der Repräsentanten und damit die gesamte repräsentative Demokratie weitgehend ungestört bleiben, da die Bürger nur in Ausnahmefällen selbst entscheiden - etwa, wenn besonderer Unmut über Planungen oder Beschlüsse der Gemeinde entstanden ist. Die bayerische Rechtslage sieht dagegen wie bereits wiederholt erwähnt diesbzgl. weitaus weniger Schutzvorkehrungen vor, so wird vor allem auf ein Erfolgsquorum völlig verzichtet.
Das Ziel, die repräsentative Demokratie durch Bürgerbegehren und Bürgerentscheid zu ergänzen und zu stärken, wird somit in den einzelnen Bundesländern auf unterschiedlichen Wegen verfolgt. In Bayern wird hauptsächlich durch die Quantität von Bürgerentscheidungen aufgrund anwendungsfreundlicher Vorschriften versucht, möglichst viel Unmut der Bürger abzubauen und damit positiv auf die kommunale Demokratie einzuwirken. Die Gesetzgeber der übrigen Länder errichten demgegenüber zugunsten einer kontinuierlichen Ratsarbeit und Inkaufnahme von Unzufriedenheit bei Teilen der Bevölkerung der Anwendung von Bürgerbegehren und Bürgerentscheid höhere Hürden, so daß in weitaus geringerem Maße Unruhe in die repräsentative Demokratie getragen werden kann.

1198 Mayer/Weber, Der Bürgerentscheid in Bayern, 8.8. ff.; Wehling, Symposium, S. 10; offengelassen: BayVerfGH, BayVBl 1997, 622, 628, 629; Knemeyer in: ders., Bürgerbegehren und Bürgerentscheid in Bayern, S. 19 ff.

1199 Knemeyer in: ders., Bürgerbegehren und Bürgerentscheid in Bayern, S. 15; Mayer/Weber, Der Bürgerentscheid in Bayern, 4.4.; Schiller/Mittendorf/Rehmet, Bürgerbegehren und Bürgerentscheide in Hessen, S. 16; Seeger, ZParl 1988, 516, 529.

Häufig werden die positiven Auswirkungen der einen Möglichkeit allerdings bei der jeweils anderen Lösung vermißt. Die repräsentative Demokratie wird daher durch plebiszitäre Entscheidung am effektivsten verbessert werden können, wenn die positiven Auswirkungen beider Zielrichtungen - Bewahrung der Kontinuität der Ratsarbeit und Abbau von Bürgerunmut - so genutzt werden, daß die negativen nicht unnötig hervortreten. Unter Berücksichtigung sowohl der rechtlichen als auch der empirischen Befunde scheint bei einem Vergleich der Gemeindeordnungen ein derartiger Ausgleich und damit die wirkungsvollste Bereicherung für die repräsentativ-demokratische kommunale Demokratie am ehesten in Hessen und Nordrhein-Westfalen getroffen worden zu sein. Denn Bürgerbegehren und Bürgerentscheid werden hier trotz weitreichender Schutzvorkehrungen für die Arbeit der Repräsentanten so häufig in Anspruch genommen, daß sie die nötige Wirkung auch auf die Repräsentanten zeigen[1200], ohne deren grundsätzliche Kompetenz und Gesamtverantwortung unerträglich zu reduzieren. In den anderen Ländern - insbesondere in Mecklenburg-Vorpommern, Rheinland-Pfalz, Sachsen-Anhalt und Thüringen - dürfte vergleichsweise die belebende Wirkung von Bürgerbegehren und Bürgerentscheid wegen der Seltenheit der Anwendung infolge zu hoher Anforderungen dagegen zu stark abnehmen.

Ein Bürgerentscheid entfaltet seine größten und effektivsten Auswirkungen in den Angelegenheiten, die in der Öffentlichkeit engagiert kontrovers diskutiert werden bzw. durch die die Bürger besonders stark betroffen sind. Denn in diesen Fällen können selbst schärfere Zulässigkeits- und Erfolgsvoraussetzungen, insbesondere Quoren, erfüllt werden. Diese mit hoher Abstimmungsbeteiligung getroffenen Entscheidungen werden als "bürgereigenes Produkt" von den Bürgern eher akzeptiert als eine Entscheidung der Repräsentativorgane[1201], so daß gleichzeitig die Zufriedenheit mit der demokratischen Herrschaftsform insgesamt, also auch mit dem Repräsentativsystem steigt und die Demokratie dadurch gefestigt werden könnte. Auch bei geringerer Inanspruchnahme von Bürgerbegehren und Bürgerentscheid als in Bayern könnte somit ebenfalls ein Nutzen für die repräsentative Demokratie erzielt werden. Es ist ohnehin zu beachten, daß Bürgerbegehren und Bürgerentscheid nur punktuell belebend für die kommunale Demokratie wirken, da ein Bürgerentscheid keine regelmäßig durchzuführende Einrichtung darstellen kann.

[1200] Obwohl die hessischen Vorschriften bürgerfreundlicher als die nordrhein-westfälischen sind, hat das der relativen Anwendungshäufigkeit nicht geschadet.

[1201] S.o. 1. Teil, 4. Kapitel, I.

ZUSAMMENFASSUNG

I. Bürgerbegehren und Bürgerentscheid im kommunalen Verfassungsgefüge

1. Der allgemeine Trend zu mehr Beteiligung der Bürger an den Entscheidungen der Gemeinden und Landkreise hat sich vor allem in den 90er Jahren durch die Einführung von Bürgerbegehren und Bürgerentscheid in allen Flächenstaaten der Bundesrepublik Deutschland durchgesetzt, nachdem bis dahin Baden-Württemberg als einziges Bundesland seit 1955 den kommunalen Bürgerentscheid vorgesehen hatte.

2. Bürgerbegehren und Bürgerentscheid können als Elemente unmittelbarer Demokratie eine repräsentative kommunale Demokratie nur ergänzen. Sie sollen die Bürger zu aktiver politischer Mitarbeit anregen und entsprechen damit dem Gedanken der kommunalen Selbstverwaltung, die durch ortsbezogene Aufgabenerfüllung und durch die Bürgermitwirkung geprägt ist. Auch die enge Verbindung zwischen Demokratie und kommunaler Selbstverwaltung nach heutigem Verständnis wird durch das eigene Entscheidungsrecht der Bürger bekräftigt.

3. Die grundsätzliche Einführung von Bürgerbegehren und Bürgerentscheid widerspricht nicht den verfassungsrechtlichen Anforderungen des Grundgesetzes, insbesondere denen des Art. 28 I GG, solange das Regel-Ausnahme-Verhältnis zwischen mittelbarer und unmittelbarer Demokratie gewahrt bleibt.
Bei einer Überprüfung der Zweckmäßigkeit dieser Einrichtungen zeigt sich, daß sie für eine Stärkung der repräsentativen Demokratie am besten genutzt werden können, wenn ein Bürgerentscheid in den Angelegenheiten, die die Bürger in besonderem Maße berühren und die breit in der Öffentlichkeit diskutiert werden, angestrengt wird.
Im Verhältnis zu anderen gesetzlich geregelten Beteiligungsformen der Bürger auf kommunaler Ebene wie Bürgerantrag, Bürgerversammlung oder Beteiligung an förmlichen Verwaltungsverfahren nehmen Bürgerbegehren und Bürgerentscheid vor allem wegen der Reichweite der Einflußmöglichkeiten eine Sonderstellung ein.

II. Der Anwendungsbereich von Bürgerbegehren und Bürgerentscheid

1. Bürgerbegehren und Bürgerentscheid kommen auf kommunaler Ebene nur in Selbstverwaltungsangelegenheiten in Betracht, was aber auch kommunale Stellungnahmen zu regional übergeordneten Problemen mit regionalem Bezug ein-

schließt. Ein Bürgerentscheid kann nur einen Beschluß der Gemeindevertretung ersetzen, nicht aber eine Entscheidung beeinflussen, die nicht zumindest der ursprünglichen Entscheidungskompetenz der Gemeindevertretung unterliegt.

2. Eine Beschränkung der zulässigen Gegenstände auf wichtige Gemeindeangelegenheiten, die wie in Baden-Württemberg und Rheinland-Pfalz in einem Positivkatalog festgelegt sind, erscheint bei entsprechenden Antragsquoren und vorhandenem Negativkatalog für ein Bürgerbegehren entbehrlich.

3. Aus rechtlichen Gründen ist es dagegen zwingend, bestimmte Angelegenheiten durch einen Negativkatalog für einen Bürgerentscheid auszuschließen. Dazu zählen die Geschäfte der laufenden Verwaltung, Weisungsaufgaben, Fragen der inneren Organisation der Gemeindeverwaltung und Fragen über die Rechtsverhältnisse der Gemeinderatsmitglieder, der Bürgermeister und der Gemeinderatsbediensteten, die dementsprechend in sämtlichen Bundesländern vom Anwendungsbereich ausgenommen worden sind.
Auch auf einen Bürgerentscheid in finanzpolitischen Angelegenheiten, insbesondere über den Haushaltsplan als solchen oder die Gemeindeabgaben sollte verzichtet werden, da anderenfalls die aus Art. 28 I 2 GG abzuleitende Gesamtverantwortung der Gemeindevertretung nur eingeschränkt wahrgenommen werden kann. Der Negativkatalog des Art. 18 a III BayGO, wonach ein Bürgerentscheid über Abgaben grundsätzlich möglich ist, sollte daher novelliert werden.
Aufgrund der Erforderlichkeit eines besonderen Abwägungsverfahrens können Bürgerentscheide auch nicht an die Stelle einer abschließenden Planungsentscheidung der Gemeindevertretung treten, im Rahmen derer sie allenfalls berücksichtigt werden können. Es ist daher zweckmäßig, daß ein Bürgerentscheid im Bereich der planungsrechtlichen Verfahren von vornherein auf einleitende Grundsatzbeschlüsse beschränkt bleibt, wie es in Brandenburg, Mecklenburg-Vorpommern, Niedersachsen, Nordrhein-Westfalen und im Saarland der Fall ist.
Ein Ausschluß eines Bürgerentscheids in Rechtsmittel- und Rechtsbehelfsverfahren ist ebenfalls zweckmäßig, da derartige Entscheidungen eine gewisse Objektivität verlangen. Nur in der bayerischen Gemeindeordnung fehlt ein entsprechender Ausschluß.

III. Die Zulässigkeitsvoraussetzungen eines Bürgerbegehrens

1. Die meisten formalen Anforderungen an die Zulässigkeit eines Bürgerbegehrens wie schriftlicher Antrag, Begründung, Bezeichnung der zu entscheidenden Frage, Benennung von Vertretern, Erforderlichkeit eines Kostendeckungsvorschlags unterscheiden sich in den meisten Ländern grundsätzlich nicht we-

sentlich voneinander. Größere Unterschiede bestehen bzgl. der Höhe des Antragsquorums.

2. Um kritische und sachgerechte Entscheidungen der Bürger zu fördern, ist eine Information der Bürger über die Kosten der geplanten Maßnahme zu begrüßen. Die bayerische Gemeindeordnung, die darauf verzichtet die Zulässigkeit eines Bürgerbegehrens von einem Kostendeckungsvorschlag abhängig zu machen, sollte daher entsprechend der Regelungen in den übrigen Gemeindeordnungen erweitert werden.

3. Nur die Gemeindeordnungen der Länder Brandenburg und Thüringen schreiben eine Vertreterbenennung nicht zwingend vor. Um die Effektivität der Durchsetzung eines Bürgerbegehrens zu steigern, sind vermutlich aber auch bei den bereits in Brandenburg mehrfach durchgeführten Bürgerentscheiden Vertreter in Funktion getreten. Ein Fehlen einer gesetzlichen Regelung dürfte daher in der Praxis nahezu bedeutungslos sein. Zur Klarstellung sollte jedoch wie in den übrigen Ländern eine entsprechende Vorschrift in die Gemeindeordnung aufgenommen werden.
Mit Ausnahme des Saarlands, wo die Vertreter gemäß § 86 KWG nur gemeinsam berechtigt sind, verbindliche Erklärungen für das Bürgerbegehren abzugeben, ist jeder der benannten Vertreter vorbehaltlich etwaiger Einschränkungen auf den Unterschriftenlisten allein vertretungsberechtigt.

4. Die gravierendsten Unterschiede im Hinblick auf die Zulässigkeitsvoraussetzungen eines Bürgerbegehrens bestehen bei dem in allen Gemeindeordnungen grundsätzlich vorgesehenen Antragsquorum.

In einigen Ländern werden die Quoren unabhängig von der Gemeindegröße festgesetzt:

- Brandenburg, Hessen und Schleswig-Holstein 10 % und Thüringen 20 %
- Sachsen 15 %, Möglichkeit der Herabsetzung bis auf 5% durch Änderung der Hauptsatzung

In den übrigen Bundesländern wird zwar ebenfalls ein Antragsquorum festgelegt; dieses wird jedoch für größere Gemeinden herabgesetzt:

- Bayern 10 %, Staffelung nach Gruppen von Gemeindegrößen, Herabsetzung auf 9 - 3 %
- Baden-Württemberg und Saarland 15 %, Niedersachsen, Nordrhein-Westfalen, Rheinland-Pfalz und Sachsen-Anhalt 10 %, jeweils Staffelung nach Gruppen von Gemeindegrößen und Absenkung der erforderlichen Unterschriftenzahl in Form von absoluten Zahlenangaben
- Mecklenburg-Vorpommern 10 %, für Städte ab 100.000 Einwohnern mindestens 7.500 Unterschriften.

Unter Berücksichtigung der Praxiserfahrungen - zahlreiche Bürgerbegehren waren unzulässig, weil nicht die erforderliche Anzahl von Unterschriften vorlag - erscheint es zum Schutz der repräsentativen Demokratie als ausreichend, wenn mindestens 10 % der Stimmberechtigten ein Bürgerbegehren unterzeichnen. Für größere Gemeinden und Städte sollten prozentual gestaffelte Höchstzahlen gelten, die unter der 10 %-Marke liegen, um die durch eine geringere Teilnahmebereitschaft in größeren Gemeinden entstehenden Nachteile auszugleichen. Dieses Verfahren sieht bereits Art. 18 a VI BayGO vor. Daß hierin keine unverhältnismäßige Erleichterung zu sehen ist, zeigt sich daran, daß in größeren Gemeinden trotz geringerer Anzahl von Unterschriften längere Zeit für eine Unterschriftensammlung benötigt wird. Darüber hinaus ist selbst bei Absenkung des Quorums für größere Gemeinden und Städte die absolute Zahl von Unterschriften für ein zulässiges Bürgerbegehren größer als bei höheren Quoren in kleineren Gemeinden.

5. Die Unterschriftensammlung erfolgt in den jeweiligen Ländern in Form eines privaten Sammelverfahrens. Auf ein vorgeschaltetes Zulassungsverfahren zur Einleitung eines Bürgerbegehrens, wie es nur gemäß § 87 KWG Saarl vorgesehen ist, kann letztlich wegen des geringeren organisatorischen Aufwands eines Bürgerbegehrens im Gegensatz zu einem Volksbegehren auf Landesebene verzichtet werden.
Die Bürger sind in fast allen Ländern mit Ausnahme des Landes Niedersachsen, wo die Zulässigkeitsvoraussetzungen beim Einreichen des Begehrens vorliegen müssen, berechtigt, bis zur Entscheidung über die Zulässigkeit fehlende Unterschriften nachzureichen, während solche nur bis zum Einreichen des Begehrens zurückgezogen werden dürfen. Um diesbzgl. Unklarheiten zu vermeiden, sollte allerdings wie in Niedersachsen ein eindeutiger Zeitpunkt bestimmt werden, wann die einzelnen Zulässigkeitsvoraussetzungen vorzuliegen haben.

6. Zu erheblichen Schwierigkeiten in der Praxis hat neben der Erfüllung von Antragsquoren die Einhaltung der Frist für ein Bürgerbegehren gegen einen Ratsbeschluß geführt. Lediglich in Bayern ist eine derartige Frist nicht vorgesehen. Eine Verlängerung der Einreichungsfrist auf acht Wochen bzw. zwei Monate wie gemäß § 17 a III 1 GemO RhPf und § 25 II 3 SächsGemO oder sogar drei Monate wie gemäß § 22 b V III NGO würde die entsprechenden Vorschriften weitaus anwendungsfreundlicher gestalten und die Zahl der unzulässigen Bürgerbegehren verringern, ohne die weitere Planung der Gemeindevertretung in unzumutbarer Weise zu gefährden, wie es beim Fehlen jeglicher Fristen geschehen könnte.
Weiterhin sollte der Beginn der Frist so bestimmt werden, daß in jedem Fall der Lauf der Frist in Gang gesetzt wird. Hierfür ist entsprechend § 17 a III 1 GemO

RhPf und § 21 a II 1 KSVG Saarl die Beschlußfassung der Gemeindevertretung der geeignetste Zeitpunkt. Die öffentliche oder ortsübliche Bekanntgabe eines Ratsbeschlusses als Fristbeginn anzusehen, zwingt dagegen die Gemeindevertretung zumindest in bürgerentscheidsfähigen Angelegenheiten jeden Ratsbeschluß amtlich bekanntzugeben, um die Frist für ein Bürgerbegehren in Gang zu setzen, obwohl grundsätzlich keine Pflicht zur amtlichen Bekanntgabe von Ratsbeschlüssen besteht.

7. Das Fehlen einer Initiativsperre wie in Bayern und Brandenburg dürfte keine große praktische Relevanz haben. Die in den übrigen Ländern vorgesehene 2 bis 3jährige Initiativsperre dient der Planungs- und Rechtssicherheit und verhindert Unruhe in der Bürgerschaft durch zu häufige Bürgerentscheide. Die Initiativsperre schränkt die Rechte der Bürger nicht unverhältnismäßig ein, zumal Durchbrechungen der Sperre bei einer wesentlichen Änderung der Sachlage ohnehin möglich sind und meist nur dann ein Bedürfnis für eine zweite Entscheidung bestehen dürfte.

IV. Das Ratsbegehren

1. Die zweite, allerdings nicht in allen Ländern vorgesehene Möglichkeit, einen Bürgerentscheid herbeizuführen, das sogenannte Ratsbegehren, wird in der Praxis seltener genutzt als ein Bürgerbegehren. Der Rat kann in einigen Ländern mit einer Zweidrittel-Mehrheit, in anderen Ländern mit einer einfachen Mehrheit beschließen, daß ein Bürgerentscheid stattfinden soll.
Die Einrichtung eines Ratsbegehrens stellt sich in Brandenburg, Niedersachsen, Nordrhein-Westfalen und im Saarland als systemfremd dar, da hier ein Ratsbegehren nicht in allen bürgerentscheidsfähigen Angelegenheiten möglich ist, sondern lediglich in solchen, in denen bereits ein Bürgerentscheid stattgefunden hat und eine erneute Entscheidung während der Abänderungssperre nur durch einen weiteren Bürgerentscheid erfolgen darf.
Die Länder Hessen, Rheinland-Pfalz und Thüringen verzichten gänzlich auf die Einrichtung eines Ratsbegehrens.

2. Aus verfassungsrechtlicher Sicht besteht keine Notwendigkeit, auf ein Ratsbegehren zu verzichten. Um so weit wie möglich zu sichern, daß die aus Art. 28 I 2 GG abzuleitende Gesamtverantwortung der Gemeindevertretung erhalten bleibt, sollte jedoch ein Ratsbegehren nur durch Zweidrittel-Mehrheit beschlossen werden können. Insbesondere bei Gemeindegebietsänderungen ist die Möglichkeit eines Ratsbegehrens mit konsekutivem Bürgerentscheid zur Verbesserung der demokratischen Legitimation wünschenswert.

V. Die Entscheidung über die Zulässigkeit eines Bürgerbegehrens einschließlich entsprechender Rechtsschutzmöglichkeiten

1. Obwohl die Gemeindevertretung bei der Entscheidung über die Zulässigkeit eines Bürgerbegehrens über eigene Entscheidungskompetenzen verfügt und damit keine neutrale Position einnimmt, ist es gerechtfertigt, daß sie für die Zulässigkeitsentscheidung zuständig ist. Andere Stellen z.B. die Rechtsaufsichtsbehörden oder die Verwaltungsgerichte weisen insofern insgesamt keine besseren Voraussetzungen auf, da sie entweder für derartige Angelegenheiten nicht zuständig sind (Gerichte) oder die Gemeindevertretung als Kollegialorgan gegenüber der Rechtsaufsichtsbehörde geeigneter für eine derartig bedeutsame Entscheidung erscheint.

2. Richtige Klageart gegen eine ablehnende Zulässigkeitsentscheidung, deren Bekanntgabe einen Verwaltungsakt darstellt, ist in allen Ländern eine Verpflichtungsklage, obwohl sich das unmittelbar nur aus den Gemeindeordnungen der Länder Baden-Württemberg und Sachsen-Anhalt ergibt. Der Bürgerschaft kommt zu diesem Zeitpunkt noch nicht die Stellung eines gemeindlichen Organs zu, so daß die Zulässigkeitsentscheidung keine Maßnahme des Innenrechtskreises der Gemeinde, sondern eine mit Außenwirkung gegenüber jedem Unterzeichner darstellt.

3. Das Recht auf Durchführung eines Bürgerentscheids steht in allen Ländern aufgrund des erforderlichen Unterschriftenquorums nur den Unterzeichnern in ihrer Gesamtheit zu, die dieses Recht daher nur gemeinsam geltend machen können. Lediglich in § 41 II KomWG BW und § 56 II KWG LSA als spezielle Regelungen der Klagebefugnis gemäß § 42 II VwGO oder der Prozeßführungsbefugnis ist abweichend von diesem Grundsatz festgelegt, daß jeder Unterzeichner selbst berechtigt ist, gegen die Zurückweisung des Bürgerbegehrens Klage zu erheben. Auch in Art. 18 a IX 2 BayGO und § 26 VI 2 GO NW, wonach nur die Vertreter des Bürgerbegehrens berechtigt sein sollen, Klage bzw. Widerspruch zu erheben, ist eine solche spezielle Normierung der Klage- bzw. Prozeßführungsbefugnis, allerdings nur für die Vertreter, zu sehen und keine bloße Regelung der Prozeßvertretung i.S.v. § 62 III VwGO.
In den übrigen Ländern ohne entsprechende Vorschriften machen die benannten Vertreter als Prozeßvertreter das der Gesamtheit der Unterzeichner zustehende Recht auf Durchführung eines Bürgerentscheids in fremden Namen geltend. Die durch die Unterschrift vermittelte Vertretungsmacht erstreckt sich insoweit auch auf die Vertretung vor Gericht.
Einzelne Unterzeichner eines Bürgerbegehrens können nur in Brandenburg und Thüringen ausnahmsweise auch ohne gesetzliche Regelung der Prozeßstandschaft

Klage gegen eine ablehnende Zulässigkeitsentscheidung erheben, wenn im Bürgerbegehren keine Vertreter benannt sind. Denn anderenfalls könnte das der Gesamtheit der Unterzeichner zustehende Recht auf Durchführung eines Bürgerentscheids wegen mangelnder Handlungsfähigkeit dieser aus einer Vielzahl von Personen bestehenden Gruppe nicht geltend gemacht werden, womit die Rechtsschutzmöglichkeiten wegen Art. 19 IV GG in unzulässiger Weise eingeschränkt wären.
Insgesamt sprechen prozeßökonomische Gründe dafür, die Klagebefugnis ausschließlich den Vertretern zuzusprechen, da dann sowohl für den Klagegegner - die Gemeinde bzw. in Schleswig-Holstein die Rechtsaufsichtsbehörde - als auch für die Unterzeichner eine begrenzte und überschaubare Anzahl von Ansprechpartnern vorhanden ist. Entsprechende gesetzliche Normierungen wie in Bayern und Nordrhein-Westfalen sind also zu befürworten.

4. Gegen eine positive Zulässigkeitserklärung kann nur die Gemeindevertretung insgesamt, nicht einzelne Fraktionen Klage erheben und auch nur dann, wenn die Rechtsaufsichtsbehörde einen entsprechenden negativen Zulässigkeitsbeschluß der Gemeindevertretung aufgehoben hat oder wenn die Rechtsaufsichtsbehörde wie in Schleswig-Holstein bzw. der Verwaltungsausschuß in Niedersachsen generell für die Zulässigkeitsentscheidung zuständig ist.

VI. Die Sperrwirkung eines Bürgerbegehrens

Einem Bürgerbegehren kommt keine aufschiebende Wirkung i.S.v. § 80 VwGO zu. Die Unterzeichner eines Bürgerbegehrens können jedoch ab der positiven Zulässigkeitsentscheidung über ein Bürgerbegehren, bei einer offensichtlich rechtswidrigen negativen Zulässigkeitsentscheidung u.U. auch während eines Rechtsstreits über die Zulässigkeit ihren Anspruch auf Durchführung eines Bürgerentscheids gegen entgegenstehende Maßnahmen der Gemeindeorgane im Wege einer einstweiligen Anordnung gemäß § 123 VwGO sichern lassen. Eine entsprechende Sperrwirkung bereits vor der Zulässigkeitsentscheidung verletzt dagegen den Kernbereich des Selbstverwaltungsrechts der Gemeinden, da insoweit die Arbeit der Gemeindevertretung in unverhältnismäßiger Weise behindert wird. Ein genereller Vorrang der Entscheidungen der Repräsentativorgane hingegen, wie er gemäß § 22 b IX 1, 2 NGO vorgesehen ist, ist zwar nicht aus rechtlicher, so doch aus rechtspolitischer Sicht abzulehnen, da hierbei der Grundsatz, den Bürgern mehr Mitspracherechte einzuräumen, nicht konsequent umgesetzt wird.

VII. Die Entscheidung der Gemeindevertretung i.S.d. Bürgerbegehrens

Die Möglichkeit, daß die Gemeindevertretung selbst i.S.d. Bürgerbegehrens entscheidet und sich damit die Durchführung eines Bürgerentscheids erledigt, wurde in der Praxis in vielen Fällen genutzt. Durch diesen sogenannten Erledigungsbeschluß lassen sich Kosten und Verwaltungsaufwand reduzieren. Damit sich ein Bürgerentscheid erledigt, muß die Gemeinde jedoch in vollem Umfang und nicht nur teilweise i.S.d. Begehrens entscheiden.

VIII. Die Durchführung des Bürgerentscheids

1. Um eine möglichst sachgerechte Entscheidung zu erhalten, sollte auf eine umfassende Information der Bürger im Vorfeld der Abstimmung über den Abstimmungsgegenstand und die dazu vertretenen Ansichten Wert gelegt werden. Die geeignetste Lösung sieht hierfür Art. 18 a XV BayGO vor, wonach die Ansicht der Initiatoren des Bürgerbegehrens und die der Gemeindevertretung bei allen Veranstaltungen und Veröffentlichungen der Gemeinde jeweils gleichwertig gegenüberzustellen sind.

2. Die jeweiligen landesrechtlichen Vorschriften bzgl. der weiteren Ausgestaltung des Entscheidungsverfahrens, die sich an den Vorschriften über die Kommunalwahlen orientieren, weichen nicht wesentlich voneinander ab. Etwaige Unterschiede wie bei der Zuständigkeit für die Feststellung des Abstimmungsergebnisses haben keine besonderen Auswirkungen. Auch die Zulässigkeit der Briefwahl dürfte i.d.R. für den Bürgerentscheid nicht entscheidend sein, sollte aber generell gewährleistet sein.
Dadurch, daß es den Gemeinden durch eine satzungsrechtliche Normierung ergänzender Verfahrensvorschriften anstelle landesrechtlicher Vorschriften ermöglicht wird, auf ihre individuellen Bedürfnisse einzugehen, wird dem Gedanken der kommunalen Selbstverwaltung Rechnung getragen.

3. Zum Zeitpunkt der Abstimmung kommt der Bürgerschaft funktionell die Stellung eines gemeindlichen Organs zu. Das ergibt sich in erster Linie daraus, daß die Bürger durch den Bürgerentscheid anstelle des Rates eine Entscheidung für die Gemeinde treffen.
Da durch einen Bürgerentscheid Staatsgewalt ausgeübt wird, beschränkt sich der Kreis der an einem Abstimmungsverfahren teilnahmeberechtigten Personen zunächst auf die wahlberechtigten Deutschen i.S.v. Art. 116 GG. Rechtspolitisch begrüßenswert ist es jedoch, wenn auch Unionsbürger an kommunalen Bürgerentscheiden teilnehmen könnten, nachdem diesen das kommunale Wahlrecht zugesprochen worden ist. Ein kommunales Abstimmungsrecht, dessen Einführung

durch Art. 19 EGV nicht ausgeschlossen, allerdings auch nicht zwingend geboten ist, verstößt insofern gegen Art. 28 I 3 GG, der hier mangels ausdrücklicher europarechtlicher Regelung allein maßgeblich ist. Entsprechende landesrechtliche Regelungen wie Art. 72 I 2 LV BW, § 30 I HGO, § 16 I 2 SächsGemO sind daher verfassungswidrig; um das zu ändern und das wünschenswerte Abstimmungsrecht für Unionsbürger länderübergreifend zu verwirklichen, wäre eine Änderung des EG-Vertrags oder des Grundgesetzes erforderlich.

4. Aus rechtlicher Sicht bestehen keine Bedenken, daß über mehrere Begehren (zu einem oder zu mehreren Verfahrensgegenständen) gleichzeitig in einem Verfahrensgang abgestimmt wird, solange nach wie vor selbständige einzelne Bürgerentscheide vorliegen.

IX. Die Voraussetzungen für einen erfolgreichen Bürgerentscheid

1. Solange die Gemeindevertretung nicht jederzeit berechtigt ist, die getroffene Bürgerentscheidung wieder aufzuheben, sollte zur Sicherung der Repräsentativität einer demokratischen Mehrheitenscheidung nicht auf das Erfordernis verzichtet werden, daß für einen erfolgreichen Bürgerentscheid die Mehrheit der abgegebenen gültigen Stimmen einen Mindestprozentsatz aller Stimmberechtigten entsprechen muß (sogenanntes Erfolgsquorum). Die meisten Länder erfüllen diese Forderung, indem sie in ihren Gemeindeordnungen ein 25 oder 30prozentiges Quorum festsetzen, lediglich die bayerische Gemeindeordnung sieht kein Erfolgsquorum vor.

2. Ein Erfolgsquorum i.H.v. 25 % erscheint angemessen und ausreichend. Ein Ausgleich für größere Gemeinden und Städte durch eine Staffelung der Quoren wie bei einem Bürgerbegehren allein aufgrund der Größe der Gemeinden kommt hier nicht in Betracht; denn die Durchführung des Bürgerentscheids ist Aufgabe der Gemeinde, welche leichter als Privatpersonen bei einem Bürgerbegehren die Abstimmungsberechtigten von einem Bürgerentscheid in Kenntnis setzen kann, so daß es nicht erforderlich ist, einen geringeren Informationsfluß aufgrund seltenerer nachbarschaftlicher und sozialer Kontakte auszugleichen. Hauptsächlich ist aber eine Staffelung für größere Gemeinden abzulehnen, da sonst die Repräsentativität einer Mehrheitsentscheidung gefährdet werden könnte und sich Partikularinteressen einer politisch engagierten Minderheit durchsetzen könnten.
Durch Bürgerentscheide auf Stadtbezirks- und Ortschaftsebene wird das Erfolgsquorum nicht unterlaufen, da diese Entscheidungen nur Auswirkungen auf einen Teil der Gemeinde und nicht auf die Gesamtgemeinde haben. Diese Entscheide sind jedoch mangels Entscheidungskompetenzen der Bezirksvertretungen und

Ortschaftsräte, an deren Stelle die Bürger entscheiden, weitgehend bedeutungslos.

3. Um der Bedeutung eines Bürgerentscheids gerecht zu werden, sollte nicht nur ein mehrheitlich i.S.d. Fragestellung beantworteter Bürgerentscheid als erfolgreich angesehen werden - so in Brandenburg, Niedersachsen, Sachsen-Anhalt und Thüringen - sondern auch ein mehrheitlich abgelehntes Begehren wie in den übrigen Ländern. Anderenfalls wird eine Abänderungssperre durch einen mehrheitlich mit "Nein" beantworteten Bürgerentscheid nicht ausgelöst und die Gemeindevertretung wäre in ihrer Entscheidung nicht an die ablehnende Mehrheitsentscheidung der Bürger gebunden.

X. Die Wirkung eines Bürgerentscheids

1. Ein erfolgreicher Bürgerentscheid wird einheitlich in allen Ländern in seinen Rechtswirkungen denen eines Gemeinderatsbeschlusses gleichgesetzt. Als organisationsinterner Rechtsakt erlangt er erst mit dem Vollzug durch den Bürgermeister bzw. in Hessen und in den schleswig-holsteinischen Städten durch den Magistrat Außenwirkung. Wie ein Ratsbeschluß sind sowohl rechtmäßige als auch rechtswidrige Bürgerentscheide bis zu ihrer Aufhebung bzw. ihrer Nichtigkeitserklärung wirksam und können vollzogen werden.

2. Über die Wirkung eines Ratsbeschlusses hinaus geht ein Bürgerentscheid insoweit, als er innerhalb einer bestimmten Frist nicht durch einen einfachen Ratsbeschluß abgeändert werden darf (sogenannte Abänderungssperre). Der Rat hat jedoch mit Ausnahme der Länder Hessen, Rheinland-Pfalz und Thüringen während der Abänderungssperre die Möglichkeit, einen zweiten Bürgerentscheid in der entsprechenden Angelegenheit durch ein Ratsbegehren herbeizuführen. Den Bürgern steht hingegen das Recht, einen zweiten Bürgerentscheid durchzuführen, nur in den Ländern Bayern, Brandenburg und Thüringen uneingeschränkt zu, in den Ländern Sachsen, Sachsen-Anhalt und Schleswig-Holstein nur, falls der erste Bürgerentscheid durch ein Ratsbegehren erwirkt wurde. Eine Beschränkung auf ein alleiniges Initiativrecht des Rates ist insofern gerechtfertigt, als durch einen Bürgerentscheid ursprüngliche Entscheidungskompetenzen der Gemeindevertretung wahrgenommen werden und die Gemeindevertretung jeden ihrer eigenen Beschlüsse wieder aufheben kann.
Für einen zweiten Bürgerentscheid während der Abänderungssperre durch ein Ratsbegehren oder in einigen Ländern bei fehlender Initiativsperre auch durch ein Bürgerbegehren ist das Vorliegen neuer entscheidungserheblicher Tatsachen im Gegensatz zu einer Durchbrechung der Initiativsperre durch die Bürger nicht erforderlich.

3. Am Erfolgsquorum gescheiterte Bürgerentscheide sowie in Brandenburg und Sachsen-Anhalt zusätzlich auch die bei erfülltem Erfolgsquorum mehrheitlich mit "Nein" beantworteten Bürgerentscheide sind nach den Vorschriften der meisten Länder mit Ausnahme von Niedersachsen, Nordrhein-Westfalen und Thüringen nicht völlig wirkungslos, da die Gemeindevertretung für diesen Fall verpflichtet wird, über die Angelegenheit abschließend zu entscheiden, was der Bedeutung eines plebiszitären Entscheidungsverfahrens gerecht wird.

XI. Beanstandungsrecht und Rechtsschutzmöglichkeiten bei einem Bürgerentscheid

1. Dem Bürgermeister steht gegen einen abgeschlossenen Bürgerentscheid im Gegensatz zu einem Ratsbeschluß kein Widerspruchs- oder Beanstandungsrecht zu. Eine solche Beanstandung, die darauf abzielt, einen erneuten Beschluß des entscheidungsberechtigten Organs herbeizuführen, ist auf ein plebiszitäres Massenabstimmungsverfahren nicht zugeschnitten, da bei diesem eine erneute Entscheidung einschließlich einer gemeinsamen Beratung über die Gründe der Unzulässigkeit wegen der Vielzahl von Personen kaum möglich ist. Der Bürgermeister kann daher allein gegen den Zulässigkeitsbeschluß der Gemeindevertretung über das Bürgerbegehren vorgehen.

2. Anders verhält es sich mit einer Beanstandung der Rechtsaufsichtsbehörde. Diese ist mangels Zuständigkeit zwar auch nicht zur Aufhebung eines Bürgerentscheids berechtigt, kann aber den Bürgerentscheid bei Rechtswidrigkeit für nichtig erklären, so daß dieser zwar nach wie vor existent ist, jedoch keine Rechtswirkungen erzeugt. Auf einen wie gemäß § 8 b II 3 HGO vorgesehenen Ausschluß der Befugnisse der Rechtsaufsichtsbehörde, der zwar rechtlich nicht zu beanstanden ist, sollte trotz anderer präventiver Kontrollmöglichkeiten verzichtet werden, um mit größtmöglicher Sicherheit zu gewährleisten, daß rechtswidrige Entscheidungen nicht vollzogen werden müssen.

3. Die Vorschriften der Kommunalwahlgesetze über Wahlprüfungsverfahren sind für einen Bürgerentscheid nicht entsprechend anwendbar. Das ergibt sich vor allem daraus, daß einzelne in einem Bürgerentscheid getroffene Sachentscheidungen i.d.R. weniger weitreichende Bedeutung haben als die rechtmäßige Zusammensetzung eines Parlaments, das für eine Vielzahl von Entscheidungen verantwortlich ist, so daß es für eine entsprechende Anwendung der Vorschriften insoweit in allen Ländern an einem wertungsmäßig vergleichbaren Tatbestand fehlt.

4. Ein Bürgerentscheid als organisationsinterner Rechtsakt kann von den Bürgern nicht direkt mit verwaltungsrechtlichen Rechtsbehelfen angegriffen werden; ledig-

lich im Rahmen der Überprüfung des entsprechenden Vollzugsakts unterliegt ein Bürgerentscheid einer inzidenten Kontrolle durch die Gerichte.

XII. Bürgerbegehren und Bürgerentscheid in den Kreisen

Auf der Ebene der Kreise bestätigt sich die bereits auf Gemeindeebene festzustellende Tendenz, daß die Teilnahmebereitschaft mit zunehmender Anzahl der Stimmmberechtigten sinkt, so daß es hier bei den gleichen Zulässigkeits- und Erfolgsvoraussetzungen wie auf Gemeindeebene weitaus seltener zu einem plebiszitären Entscheidungsverfahren kommt. Die Besonderheiten der Kreise gegenüber den Gemeinden, namentlich die Größe, der Verbandskörperschaftscharakter und die besondere Stellung im Staatsaufbau, erfordern jedoch keine von der Gemeindeebene abweichende Regelung, da insbesondere aufgrund des auch hier geltenden Prinzips der kommunalen Selbstverwaltung ähnliche Bedingungen vorzufinden sind.

Nur die Länder Baden-Württemberg, Hessen und Thüringen verzichten auf eine Normierung von Bürgerbegehren und Bürgerentscheid auf Kreisebene; diese "Lücke" zwischen Landes- und Gemeindeebene, wo jeweils direkte Entscheidungsmöglichkeiten der Bürger vorhanden sind, sollte jedoch geschlossen werden.

LITERATURVERZEICHNIS

Anschütz, Gerhard: Die Verfassung des Deutschen Reichs vom 11. August 1919, 14. Aufl., Bad Homburg 1960 (zit.: Anschütz, Die Verfassung des Deutschen Reichs)

Ardelt, Alfred: Erfahrungen mit Bürgerentscheid und Bürgerbegehren aufgrund von § 21 der Gemeindeordnung für Baden-Württemberg, Diss. phil. Heidelberg 1960 (zit.: Ardelt, Erfahrungen mit Bürgerentscheid und Bürgerbegehren)

Arnim, Hans Herbert v.: Gemeindliche Selbstverwaltung und Demokratie, in: AöR 1988 (113), S. 1-30

ders.: Möglichkeiten unmittelbarer Demokratie auf Gemeindeebene, in: DÖV 1990, S. 85-97

Badura, Peter: Staatsrecht, München 1986

Baratta, Mario v.(Hrsg.): Der Fischer Weltalmanach 1997, Frankfurt 1996

Battis, Ulrich / Krautzberger, Michael / Löhr, Rolf-Peter: Baugesetzbuch, 5. Aufl., München 1996 (zit.: Battis/Krautzberger/Löhr, BauGB)

Becker, Curt / Nitsche, Rainer / Pampel, Günter: Gemeindeordnung für das Land Sachsen-Anhalt, Stuttgart, München, Hannover, Berlin, Weimar, Dresden 1994 (zit.: Bearbeiter in: Becker/Nitsche/Pampel, GO LSA)

Behnke, Bernd: Formen unmittelbarer Teilhabe an Entscheidungsprozessen - insbesondere der Bürgerentscheid, in: VR 1996, S. 113-115

Beilharz, Günter: Politische Partizipation im Rahmen des § 21 der Gemeindeordnung von Baden-Württemberg, Diss. soz. Tübingen 1981 (zit.: Beilharz, Politische Partizipation)

Beninde, Michael: Das Bürgerbegehren, in: StGR 1995, S. 219-222

Berg, Wilfried: Demokratie und kommunale Selbstverwaltung, in: StGR 1979, S. 345-355

Bleutge, Rolf: Der Kommunalverfassungsstreit, Berlin 1970

Blümel, Willi: Gemeinde und Kreise vor den öffentlichen Aufgaben der Gegenwart, in: VVDStRL 36 (1978), S. 171-275

Blum, Peter: Der Dialog mit dem Bürger in Sitzungen des Gemeinderates und seiner Ausschüsse, in: NdsVBl 1995, S. 1-10

Blum, Peter / Beckhof, Heiner / Behrens, Ingo / Menzel, Andreas / Heyn, Silke / Smolich, Thomas / Wefelmeier, Christian / Winkelmann, Udo: Kommunalverfassungsrecht Niedersachsen, Wiesbaden, Loseblattslg., Stand November 1997, 2. Lfg. (zit.: Bearbeiter in: Blum/Beckhof, NGO)

Bocklet, Reinhold: Bürgerbegehren und Bürgerentscheid, in: Politische Studien 1974, S. 31-56

Boden, Lutz: Zum Entwurf einer Gemeindeordnung für Sachsen, Speyer 1990

ders.: Formen unmittelbarer Entscheidungen des Volkes in Entwürfen der Gemeinde- und der Landkreisordnung für Sachsen, in: LKV 1991, S. 156-160

Bretzinger, Otto N.: Die Kommunalverfassung der DDR, Baden-Baden 1994

Bugiel, Karsten: Volkswille und repräsentative Entscheidung, Baden-Baden 1991, zugl. Kiel, Univ., Diss. 1990/91

Burkhardt, Werner: Die rechtliche Ordnung des Bürgerentscheids, Bürger- und Ratsbegehrens nach dem baden-württembergischen Kommunalrecht, Diss. jur. Freiburg 1987 (zit.: Burkhardt, Bürgerentscheid)

Burkholz, Bernhard: Teilnahme von Unionsbürgern an kommunalen Bürgerentscheiden? in: DÖV 1995, S. 816-819

Danwitz, Thomas v.: Bürgerbegehren in der kommunalen Willensbildung, in: DVBl 1996, S. 134-142

Darsow, Thomas: Die Kommunalverfassung für das Land Mecklenburg-Vorpommern, in: LKV 1994, S. 417-422

Darsow, Thomas / Gentner, Sabine / Glaser, Klaus-Michael / Meyer, Hubert: Schweriner Kommentierung der Kommunalverfassung des Landes Mecklenburg-Vorpommern, Schwerin 1995 (zit.: Bearbeiter in: Schweriner Kommentierung)

Degenhardt, Christoph: Direkte Demokratie in den Ländern - Impulse für das Grundgesetz? in: Der Staat 31 (1992), S. 77-97

Deubert, Michael: Direkte Demokratie und unmittelbare Bürgerbeteiligung, Stuttgart, München, Hannover 1987 (zit.: Deubert, Direkte Demokratie)

ders.: Die Bürgerversammlung des Art. 18 BayGO - Gedanken zur obligatorischen Jährlichkeit, in: BayVBl 1990, S. 326-328

ders.: Bürgerbegehren und Bürgerentscheid - Der kommunalpolitischen Weisheit letzter (Kurz-) Schluß? in: BayVBl 1996, S. 268-270

ders.: Bürgerbegehren, Bürgerentscheid und die Problematik der Stichfrage, in: BayVBl 1997, 619-621

Dieckmann, Jochen / Heinrichs, Friedrich Wilhelm (Hrsg.): Gemeindeordnung für das Land Nordrhein-Westfalen, Köln 1996 (zit.: Bearbeiter in: Dieckmann/ Heinrichs, GO NW)

Dolzer, Rudolf (Hrsg.): Kommentar zum Bonner Grundgesetz, Bd. 4, Art. 20-37, Heidelberg, Loseblattslg., Stand Dezember 1997, 82. Lfg. (zit.: BK-Bearbeiter, GG)

Duden: Rechtschreibung der deutschen Sprache, hrsg. von Drosdowski, Günther/ Müller, Wolfgang / Scholze-Stubenrecht, Werner / Wermke, Matthias, 21. Aufl., Mannheim, Leipzig, Wien, Zürich 1996 (zit.: Duden)

Engelken, Klaas: Einbeziehung der Unionsbürger in kommunale Abstimmungen (Bürgerbegehren und Bürgerentscheid)? in: NVwZ 1995, S. 432-436

ders.: Änderung der Landesverfassung unter der großen Koalition, in: VBlBW 1995, S. 217-235

ders.: Nochmals: Teilnahme von Unionsbürgern an kommunalen Bürgerentscheiden? in: DÖV 1996, S. 737-741

Erbguth, Wilfried: Verstärkung der Elemente unmittelbarer Bürgerbeteiligung auf kommunaler Ebene in: DÖV 1995, S. 793-802

Eyermann, Erich / Fröhler, Ludwig / Kormann, Joachim: Verwaltungsgerichtsordnung, 9. Aufl., München 1988 (zit.: Eyermann/Fröhler, VwGO)

Fell, Karl: Plebiszitäre Einrichtungen im gegenwärtigen deutschen Staatsrecht, Diss. jur. Bonn 1964 (zit.: Fell, Plebiszitäre Einrichtungen)

Fischer, Hans-Georg: Bürgerbegehren und Bürgerentscheid - ein neues Element unmittelbarer Demokratie in der Kommunalverfassung von Nordrhein-Westfalen, in: NWVBl 1995, S. 366-372

ders.: Rechtsschutz der Bürger bei Einwohneranträgen sowie Bürgerbegehren und Bürgerentscheid, in: DÖV 1996, S. 181-190

Fraenkel, Ernst: Die repräsentive und die plebiszitäre Komponente im demokratischen Verfassungsstaat, Recht und Staat (219/220), Tübingen 1958

Frotscher, Werner: Selbstverwaltung und Demokratie in: Festgabe zum 70. Geb. von Georg Christoph von Unruh, hrsg. von Albert von Mutius, Heidelberg 1983, S. 127-147 (zit.: Frotscher in: FS für Unruh)

Forsthoff, Ernst: Lehrbuch des Verwaltungsrechts, Bd. 1, Allgemeiner Teil, 10. Aufl., München 1973

Galette, Alfons / Laux, Eberhard / Borchert, Hartmut / Bracker, Reimer / Conrad, Carl-August / Dehn, Klaus-Dieter / Scheliha, Kurt-Friedrich v.: Gemeindeordnung, Kreisordnung, Amtsordnung und GkZ für Schleswig-Holstein, Wiesbaden, Loseblattslg., Stand März 1997, 25. Lfg. (zit.: Bearbeiter in: Galette/Laux, GO (KrO) SchlHolst)

Geidel, Ralf: Die gemeindliche Selbstverwaltung im Verhältnis zur Demokratie als Lebens- und Gestaltungsprinzip unter besonderer Berücksichtigung der Hessischen Gemeindeordnung vom 26. Februar 1952, Diss. jur. Würzburg 1966 (zit.: Geidel, Gemeindliche Selbstverwaltung)

Gern, Alfons: Deutsches Kommunalrecht, Baden-Baden 1994 (zit.: Gern, Kommunalrecht)

Grawert, Rolf: Gemeinden und Kreise vor den öffentlichen Aufgaben der Gegenwart, in: VVDStRL 36 (1978), S. 277-336

Gröbner, Peter: Mehr Demokratie in den Gemeinden? in: BayBgm 1970, S. 85-88

Hager, Gerd: Rechtspraktische und rechtspolitische Notizen zu Bürgerbegehren und Bürgerentscheid, in: VerwArch 84 (1993), S. 97-122

ders.: Effektiver Rechtsschutz oder richterliche Rechtssetzung? Zum Vollzugsverbot für Gemeinderatsbeschlüsse bei Bürgerbegehren, in: NVwZ 1994, S. 766-768

Hattenhauer, Hans: Über das Minderjährigenwahlrecht, in: JZ 1996, S. 9-16

Heermann, Werner: Der Gemeinderatsbeschluß, Würzburg 1975

Hegele, Dorothea: Die neue Sächsische Gemeindeordnung, in: LKV 1993, S. 358-365

dies.: Anhörungs-, Mitwirkungs- und Entscheidungsrechte von Einwohnern und Bürgern in der Gemeinde- und Landkreisordnung für den Freistaat Sachsen, in: LKV 1994, S. 16-18

Held, Friedrich Wilhelm / Becker, Ernst / Decker, Heinrich / Kirchhof, Roland / Krämer, Franz / Wansleben, Rudolf (Hrsg.): Kommunalverfassungsrecht Nordrhein-Westfalen, Wiesbaden 1994, Loseblattslg., Stand Dezember 1997, 6. Lfg. (zit.: Bearbeiter in: Held/Becker/Decker, GO NW)

Hendler, Reinhard: Selbstverwaltung als Ordnungsprinzip, Köln, Berlin, Bonn, München 1984

ders.: Zu den Vorzügen und Nachteilen verstärkter Bürgerbeteiligung auf kommunaler Ebene, in: Der Landkreis 1995, S. 321-325

Henneke, Hans-Günter: Kreisspezifische Rahmenbedingungen der Verwaltungsmodernisierung, in: Der Landkreis 1995, S. 377-381

ders.: Die innere Kommunalverfassung - Zur künftigen Austarierung des Verhältnisses von effizienter Verwaltung, steuernder Vertretungskörperschaft und verstärkter Bürgerbeteiligung, in: DVBl 1995, S. 1064-1069 *ders.:* Bürgerentscheide in den Landkreisen, in: Der Landkreis 1996, S. 159-161

ders.: Das richtige Maß von Unmittelbarkeit und Distanz bei kommunalen Bürgerbegehren und Bürgerentscheiden, in: ZG 1996, S. 1-25

Hennis, Wilhelm: Demokratisierung - Zur Problematik eines Begriffs in: Abhandlungen zur Staatslehre, Köln, Opladen 1970 (zit.: Hennis, Demokratisierung)

Hernekamp, Karl: Formen und Verfahren direkter Demokratie, Veröffentlichungen aus dem Institut für internationale Angelegenheiten der Universität Hamburg, Bd. 8, Frankfurt am Main 1979, zugl. Hamburg, Univ., Diss. 1978/1979

Herzfeld, Hans: Demokratie und Selbstverwaltung in der Weimarer Epoche, Stuttgart 1957

Hesse, Konrad: Grundzüge des Verfassungsrechts der Bundesrepublik Deutschland, 20. Aufl., Heidelberg 1995

Heun, Werner: Das Mehrheitsprinzip in der Demokratie, Berlin 1983

Hill, Hermann: Die Rolle des Bürgers in der Gemeindeverfassung, Diss. jur. Mainz 1979

ders.: Die politisch-demokratische Funktion der kommunalen Selbstverwaltung nach der Reform, Baden-Baden 1987

Hölzl, Josef / Hien, Eckhart: Gemeindeordnung mit Landkreisordnung und Bezirksordnung, München, Loseblattslg., Stand August 1997, 25. Lfg. (zit. Hölzl/Hien, BayGO)

Hoffmann, Gert: Zur Situation des Kommunalverfassungsrechts nach den Gesetzgebungen in den neuen Bundesländern, in: DÖV 1994, S. 621-629

Hoffmann-Lange, Ursula / de Rijke, Johann: 16jährige Wähler - erwachsen genug? Die empirischen Befunde, in: ZParl 1997, S. 572-585

Hofmann, Harald: Bürgerbegehren und Bürgerentscheid in der kommunalen Praxis, in: VR 1997, S. 156-163

Hufen, Friedhelm: Verwaltungsprozeßrecht, München 1994

Humpert, Paul-Peter: Bürgerantrag, Bürgerentscheid und Bürgerbegehren in den Verfassungen der neuen Bundesländer, in: DÖV 1990, S. 999-1005

Jaroschek, Marcus: Formen des Rechtsschutzes bei kommunalen Bürgerbegehren, in: BayVBl 1997, S. 39-44

Jürgens, Gunther: Direkte Demokratie in den Bundesländern, Stuttgart, München, Hannover, Berlin, Weimar 1993, zugl. Marburg, Univ., Diss. 1992

Jung, Otmar: Jüngste plebiszitäre Entwicklungstendenzen in Deutschland auf Landesebene, in: JöR 41 (1993), S. 29-67

ders.: Mehr Demokratie in Bayern, Verfahrensprobleme beim Bürgerentscheid: Konkurrenzvorlage und Zustimmungsquorum, in: RuP 1995, S. 206-213

Kaltefleiter, Werner: Die Sicherung der Selbstverwaltung durch Verbesserung des repräsentativen Systems in: Festgabe zum 70. Geb. von Georg Christoph von Unruh, hrsg. von Albert von Mutius, Heidelberg 1983, S. 1187-1195 (zit.: Kaltefleiter in: FS für Unruh)

Klang, Klaus: Neugestaltung der Kommunalverfassung in Sachsen-Anhalt, in: LKV 1994, S. 265-271

Klang, Klaus / Gundlach, Ulf: Gemeindeordnung für Sachsen-Anhalt, Magdeburg 1995 (zit.: Klang/Gundlach, GO LSA)

Klein, Eckart: Der Einigungsvertrag - Verfassungsprobleme und -aufträge, in: DÖV 1991, S. 569-578

Klein, Hans Hugo: Demokratie und Selbstverwaltung in: Festschrift für Ernst Forsthoff zum 70. Geb., hrsg. von Roman Schnur, München 1972, S. 165-185, (zit.: Klein in: FS für Forsthoff)

ders.: Legitimität gegen Legalität in: Festschrift für Carl Carstens zum 70. Geb., Bd. 2, hrsg. von Bodo Börner, Hermann Jahrreiß, Klaus Stern, Köln, Berlin, Bonn, München 1984, S. 645-600 (zit.: Klein in: FS für Carstens)

Knack, Hans Joachim (Hrsg.): Verwaltungsverfahrensgesetz, 5. Aufl., Köln, Berlin, Bonn, München 1996 (zit.: Bearbeiter in: Knack, VwVfG)

Knemeyer, Franz-Ludwig: Bürgerbefragungen vor Einleitung des Gebiets- oder Bestandsänderungsverfahrens, in: BayBgm 1971, S. 87-92

ders.: Gemeindefreiheit - Kommunale Selbstverwaltung - als Stütze der Demokratie in: Festschrift für Adolf Gasser zum 80. Geb., hrsg. von Fried Esterbauer, Helmut Kalkbrenner, Markus Mattmüller, Lutz Roemheld, Berlin 1984, S. 285-302, (zit.: Knemeyer in: FS für Gasser)

ders. (Hrsg.): Aufbau kommunaler Selbstverwaltung in der DDR, Baden-Baden 1990 (zit.: Bearbeiter in: Knemeyer, Aufbau kommunaler Selbstverwaltung)

ders.: Bürgerbeteiligung und Kommunalpolitik, München, Landsberg am Lech 1995

ders.: Bayerisches Kommunalrecht, 9. Aufl., Stuttgart, München, Hannover, Berlin, Weimar, Dresden 1996 *ders. (Hrsg.):* Bürgerbegehren und Bürgerentscheid in Bayern, Stuttgart, München, Hannover, Berlin, Weimar, Dresden 1996 (zit.: Bearbeiter in: Knemeyer, Bürgerbegehren und Bürgerentscheid in Bayern)

Knemeyer, Franz-Ludwig / Jahndel, Katrin: Parteien in der kommunalen Selbstverwaltung, Stuttgart 1991

Knödler, Christoph: Wahlrecht für Minderjährige - eine gute Wahl? in: ZParl 1997, S. 553-571

Köser, Helmut (Hrsg.): Der Bürger in der Gemeinde, Bonn 1979 (zit.: Bearbeiter in: Köser, Der Bürger in der Gemeinde)

Kopp, Ferdinand: Verwaltungsgerichtsordnung, 10. Aufl., München 1994 (zit.: Kopp, VwGO)

ders.: Verwaltungsverfahrensgesetz, 6. Aufl., München 1996 (zit.: Kopp, VwVfG)

Kremer, Eduard: Das nordrhein-westfälische Gesetz zur Einführung des Kommunalwahlrechts für Unionsbürger, in: VR 1996, S. 145-147

Kreutz-Gers, Waltraud: Bürgerbegehren und Bürgerentscheid, in: StGR 1989, S. 311-317

Kromer, Michael: Bürgerbeteiligung in der Gemeinde - Ein systematischer Überblick, in: DVBl 1985, S. 143-149

Kühne, Jörg-Detlef / Meißner, Friedrich (Hrsg.): Züge unmittelbarer Demokratie, Göttingen 1977 (zit.: Bearbeiter in: Kühne/Meißner, Züge unmittelbarer Demokratie)

Kunze, Richard / Bronner, Otto / Katz, Alfred / Steges, Christian O. / Sixt, Werner / Bock, Irmtraud: Gemeindeordnung für Baden-Württemberg, 4. Aufl., Stuttgart 1956, Loseblattslg., Stand Dezember 1995, 10. Lfg. (zit.: Bearbeiter in: Kunze/Bronner/Katz, GemO BW)

Larenz, Karl: Methodenlehre der Rechtswissenschaft, 6. Aufl., Berlin 1991

Lennep, Hans Gerd v. / Paal, Thomas: Die Reform der Gemeindeordnung, in: StGR 1994, S. 295-301

Löw, Konrad: Verfassungsgebot Kinderwahlrecht? in: FuR 1993, S. 25-28

Loewenstein, Karl: Verfassungslehre, 2. Aufl., Tübingen 1969

Lüersen, Karl / Neuffer, Martin (Begr.): Niedersächsische Gemeindeordnung, Wiesbaden 1955, Loseblattslg., Stand Mai 1997, 17. Lfg. (zit.: Bearbeiter in: Lüersen/Neuffer, NGO)

Mangoldt, Hermann v./ Klein, Friedrich: Das Bonner Grundgesetz, Bd. I, 2. Aufl., Berlin, Frankfurt 1957

Masson, Christoph / Samper, Rudolf: Bayerische Kommunalgesetze, Stuttgart, München, Hannover 1961, Loseblattslg., Stand Dezember 1997, 68. Lfg. (zit.: Masson/Samper, BayGO)

Maunz, Theodor / Dürig, Günter: Grundgesetz, Kommentar, Bd. 2, Art 12a - 37, München, Loseblattslg., Stand Oktober 1996, 32. Lfg. (zit.: Maunz/Dürig-Bearbeiter, GG)

Maunz, Theodor / Zippelius Reinhold: Deutsches Staatsrecht, 29. Aufl., München 1994

Maurer, Hartmut: Allgemeines Verwaltungsrecht, 10. Aufl., München 1995 (zit.: Maurer, VerwR AT)

Mayer, Franz: Selbstverwaltung und demokratischer Staat, Schriftenreihe Hochschule Speyer, Bd. 50 "Demokratie und Verwaltung", Berlin 1972, S. 327-340

Mayer, Thomas: Direkte Demokratie in den Gemeinden, in: Flensburger Hefte, Bd. 25, S. 162-167

ders.: Bürgerbegehren und Bürgerentscheide in Gemeinden, Hrsg. IDEE - Initiative DEmokratie Entwickeln e.V., 4. Aufl., Bonn 1993

Mayer, Thomas / Weber, Tim: Der Bürgerentscheid in Bayern, Eine empirische Analyse, 18.7.1997, hrsg. von Mehr Demokratie e.V., Fritz-Berne-Str. 1, 81241 München

Mayer-Tasch, Peter Cornelius: Die Bürgerinitiativbewegung, Reinbek bei Hamburg 1976

Meyer, Gert: Beschlüsse kommunaler Vertretungskörperschaften, Diss. jur. Marburg 1990

Meyer-Teschendorf, Klaus-G. / Hofmann, Hans: Teilnahme von Unionsbürgern nicht nur an Kommunalwahlen, sondern auch an kommunalen Plebisziten? in: ZRP 1995, S. 290-293

Mohl, Helmut: Was ist Kommunalpolitik? in: VR 1995, S. 207-210

Muckel, Stefan: Bürgerbegehren und Bürgerentscheid - wirksame Instrumente unmittelbarer Demokratie in den Gemeinden? in: NVwZ 1997, S. 223-228

Müller, Ewald: Information, Kommunalverwaltung und Öffentlichkeit, 2. Aufl., Berlin, Köln, Mainz 1970

Müller-Rubisch, Dieter: Die Praxis des Bürgerantrags in Niedersachsen - Eine Anwendungsstudie, in: ZParl 1991, S. 210-225

Münch, Ingo v. / Kunig, Philipp (Hrsg.): Grundgesetz-Kommentar, Bd. 1, Präambel - Art. 20, 4. Aufl., München 1992, Bd. 2, Art. 21-69, 3. Aufl., München 1995 (zit.: Bearbeiter in: v. Münch/Kunig, GG)

Mußgnug, Reinhard: Die öffentlich-rechtliche Aufsichtsarbeit in der Ersten juristischen Staatsprüfung - Die Wasserversorgung als kommunale Pflichtaufgabe? - Lösungshinweise zum Klausurfall VBlBW 1984, 157, in: VBlBW 1984, S. 187-190

Mutius, Albert v.: Verhandlungen des 53. Deutschen Juristentages Berlin 1980, Gutachten E, München 1980

ders. (Hrsg.): Rechtsprechung zum kommunalen Verfassungsrecht, Siegburg, Loseblattslg., Stand Januar 1997, 36. Lfg.

Mutius, Albert v. / Rentsch, Harald: Kommunalverfassungsrecht Schleswig-Holstein, 4. Aufl., Kiel 1994

Niedersächsischer Minister des Innern (Hrsg.): Niedersächsche Sachverständigenkommission zur Fortentwicklung des Kommunalverfassungsrechts, Bericht April 1978, Hannover 1978

Oebbecke, Janbernd: Die neue Kommunalverfassung in Nordrhein-Westfalen, in: DÖV 1995, S. 701-709

Pagenkopf, Hans: Das Gemeindefinanzsystem und seine Problematik, Siegburg 1978

Palandt, Otto: Bürgerliches Gesetzbuch, 57. Aufl., München 1998 (zit.: Palandt-Bearbeiter, BGB)

Pestalozza, Christian: Der Popularvorbehalt, Schriftenreihe der Juristischen Gesellschaft e. V., Heft 69, Berlin, New York 1981

Petzold, Siegfried: Zur neuen Kommualverfassung in der DDR, in: DÖV 1990, S. 816-821

Pieroth, Bodo: Offene oder geheime Wahlen und Abstimmungen? in: JuS 1991, S. 89-97

Possemeyer, Friedhelm: Die Reform der Kommunalverfassung in Nordrhein-Westfalen und Niedersachsen, Studien zur Politikwissenschaft, Bd. 68, Münster, Hamburg 1991

Prahl, Albert: Bürgermeister und Beigeordnete durch Bürgerentscheid? Anmerkungen zu "an Stelle des Rates", in: VR 1995, S. 267-268

Przygode, Stefan: Die deutsche Rechtsprechung zur unmittelbaren Demokratie, Baden-Baden 1995, zugl. Köln, Univ., Diss. 1993

Püttner, Günter (Hrsg.): Handbuch der kommunalen Wissenschaft und Praxis, Bd. 1, 2. Aufl., Heidelberg, Berlin, New York 1981; Bd. 2, 2. Aufl., Berlin, Heidelberg, New York 1982; Bd. 6, 2. Aufl., Berlin, Heidelberg, New York, Tokyo 1985 (zit.: Bearbeiter in: HbkWP, Bd.)

Rebmann, Kurt / Säcker, Franz-Jürgen (Hrsg.): Münchener Kommentar zum Bürgerlichen Gesetzbuch, Bd. 1, Allgemeiner Teil, 2. Aufl., München 1984 (zit.: MüKo-Bearbeiter, BGB)

Redeker, Konrad / Oertzen, Hans-Joachim v.: Verwaltungsgerichtsordnung, 11. Aufl., Stuttgart, Berlin, Köln 1994 (zit.: Redeker/v. Oertzen, VwGO)

Rehn, Erich: Repräsentative Demokratie und bürgerschaftliche Mitwirkung in der Kommunalverwaltung in: Festgabe zum 70. Geb. von Georg Christoph von Unruh, hrsg. von Albert von Mutius, Heidelberg 1983, S. 305-321 (zit.: Rehn in: FS für Unruh)

Rehn, Erich / Cronauge, Ulrich / v. Lennep, Hans Gerd: Gemeindeordnung für das Land Nordrhein-Westfalen, 2. Aufl. der Loseblattausgabe, Siegburg 1995, Stand Mai 1997, 20. Lfg. (zit.: Rehn/Cronauge, GO NW)

Ritter, Gerhard A. / Niehuss, Merith: Wahlen in Deutschland 1990 - 1994, München 1995

Roller, Reinhold: Kommunalwahlrecht für Unionsbürger im Wohnsitzmitgliedstaat - Zu Art. 72 Abs. 1, S. 2 und Art. 26 Abs. 8 der LV BW, Diss. jur. Tübingen 1996

Rollwagen, Hans: Sachentscheid der Gemeindebürger, in: BayBgm 1951, S. 148-149

Rotberg, Konrad Freiherr v. / Rooks, Percy: Die Gemeindeverfassungen in Baden-Württemberg und im Freistaat Sachsen, in: VBlBW 1993, S. 401-410

Saftig, Alexander: Kommunalwahlrecht in Deutschland, Baden-Baden 1990, zugl. Kiel, Univ., Diss. 1989

Sapper, Helmut: Rechtliche Probleme bei Bürgerbegehren und Bürgerentscheid in der kommunalen Praxis Baden-Württembergs, in: VBlBW 1983, S. 89-96

Sarcinelli, Ulrich (Hrsg.): Öffentlichkeitsarbeit der Parlamente, Baden-Baden 1994

Schefold, Dian: Entwicklungstendenzen der Kommunalverfassungen in Deutschland, Basel, Boston, Berlin 1996 (zit.: Schefold, Entwicklungstendenzen)

Schell, Rainer / Hill, Paul B. / Esser, Elke: Methoden der empirischen Sozialforschung, Oldenburg 1995

Schenke, Wolf-Rüdiger: Verwaltungsprozeßrecht, 5. Aufl., Heidelberg 1997

Schiller, Theo / Mittendorf, Volker / Rehmet, Frank: Bürgerbegehren und Bürgerentscheide in Hessen - Eine Zwischenbilanz nach vierjähriger Praxis, Forschungsstelle Direkte Demokratie, Philipps-Universität Marburg 1997

Schlüter, Bernhard: Das Gemeinderecht in der neueren Rechtsprechung des VGH Baden-Württemberg, in: VBlBW 1987, S. 54-62

Schmidt-Aßmann, Eberhard: Zum staatlichen Prinzip der Selbstverwaltung in: Gedächtnisschrift für Wolfgang Mertens, hrsg. von Peter Selmer und Ingo von Münch, Berlin, New York 1987, S. 249 ff. (zit.: Schmidt-Aßmann in: FS für Mertens)

ders.: Kommunalrecht, in: ders.(Hrsg.), Besonderes Verwaltungsrecht, 10. Aufl., Berlin, New York 1995 (zit.: Schmidt-Aßmann, Kommunalrecht)

ders.: Perspektiven der Selbstverwaltung der Landkreise, in: DVBl 1996, S. 533-542

Schmidt-Bleibtreu, Bruno / Klein, Franz: Kommentar zum Grundgesetz, 8. Aufl., Neuwied, Kriftel, Berlin 1995 (zit.: Bearbeiter in: Schmidt-Bleibtreu/Klein, GG)

Schmidt-Jortzig, Edzard: Kommunalrecht, Stuttgart 1982

Schmitt Glaeser, Walter: Verwaltungsprozeßrecht, 14. Aufl., Stuttgart, München, Hannover, Berlin, Weimar, Dresden 1997

Schneider, Bernd Jürgen: Bürgerbegehren, Bürgerentscheid, in: StGR 1994, S. 399-402

Schoch, Friedrich / Schmidt-Aßmann, Eberhard / Pietzner, Rainer (Hrsg.): Verwaltungsgerichtsordnung, München 1996, Loseblattslg., Stand Mai 1997, 1. Nachlieferung (zit.: Bearbeiter in: Schoch/Schmidt-Aßmann/Pietzner, VwGO)

Schrapper, Ludger: Die Richtlinie 94/80/EG zum aktiven und passiven Kommunalwahlrecht für Unionsbürger, in: DVBl 1995, S. 1167-1173

Schreiber, Wolfgang: Handbuch des Wahlrechts zum Deutschen Bundestag, 5. Aufl., Köln, Berlin, Bonn, München 1994 (zit.: Schreiber, BWahlG)

Schweitzer, Michael / Hummer, Waldemar: Europarecht, 5. Aufl., Neuwied, Kriftel 1996

Seckler, Dorothea: "Vertreter-Demokratie" statt Bürgermitwirkung? in: BayVBl 1997, S. 232-236

Seeger, Richard: Bürgerbegehren und Bürgerentscheid in Baden-Württemberg, in: ZParl 1988, S. 516-535

Seewald, Otfried: Kommunalrecht, in Steiner, Udo (Hrsg.), Besonderes Verwaltungsrecht, 5. Aufl., Heidelberg 1995 (zit.: Seewald, Kommunalrecht)

Seewald, Otfried / Rassow, Reinhard: Bürgerbegehren und Bürgerentscheid im Zweckverband, in: BayVBl 1997, S. 609-619

Soergel, Hans Theodor / Siebert, Wolfgang: Bürgerliches Gesetzbuch, Bd. 1, §§ 1-240, 12. Aufl., Stuttgart, Berlin, Köln, Mainz 1988 (zit.: Soergel-Bearbeiter, BGB)

Spies, Thomas: Die Schranken des allgemeinen Wahlrechts in Deutschland, Diss. jur. München 1979

Staatslexikon - Recht, Wirtschaft, Gesellschaft, hrsg. von der Görres-Gesellschaft, Bd. 1, 7. Aufl., Freiburg 1985; Bd. 2, 7. Aufl., Freiburg, Basel, Wien 1986; Bd. 3, 7. Aufl., Freiburg, Basel, Wien 1987; Bd. 4, 7. Aufl., Freiburg 1988; (zit.: Bearbeiter, Staatslexikon, Bd.)

Stargardt, Hans-Joachim: Direkte Partizipationsformen in den Gemeinden und Kreisen, in: VR 1995, S. 199-206

Steenbock, Reimer / Höhlein, Burkhard: 12. Juni 1995 - Ein Jahr neue Kommunalverfassung in Rheinland-Pfalz, in: Gemeinde und Stadt, Beilage 13/95 zu Heft 7/95

Stegmaier, Markus: Die Praxis des kommunalen Bürgerentscheids in Baden-Württemberg (Teil 2), in: BWVPr 1990, S. 173-178

Stein, Edgar: Zum Referentenentwurf einer Reform des Kommunalverfassungsrechts in Nordrhein-Westfalen, in: VR 1992, S. 389-394

Stelkens, Paul / Bonk, Heinz Joachim / Sachs, Michael: Verwaltungsverfahrensgesetz, 4. Aufl., München 1993 (zit.: Bearbeiter in: Stelkens/Bonk/Sachs, VwVfG)

Stern, Klaus: Das Staatsrecht der Bundesrepublik Deutschland, Bd. I, 2. Aufl., München 1984 (zit.: Stern, Staatsrecht I)

Streinz, Rudolf: Bürgerbegehren und Bürgerentscheid, in: Die Verwaltung 1983, S. 293-317

ders.: Europarecht, 3. Aufl., Heidelberg 1996

Stubenrauch, Hubert: Die Bürgerbeteiligung in der neuen GemO, in: Gemeinde und Stadt 1993, S. 207-210

Sundermann, Welf: Reform der Kommunalverfassung in Nordrhein-Westfalen, in: DVP 1993, S. 140-144 *ders.:* Einwohnerantrag, Bürgerbegehren und Bürgerentscheid in Nordrhein-Westfalen, in: DVP 1995, S. 295-298

Thiele, Robert: Das neue kommunale Verfassungsrecht in Niedersachsen, Hannover 1996

ders.: Bürgerbegehren und Bürgerentscheid in Niedersachsen, in: NSt-N 1996, S. 288-291

Thiele, Willi: Mehr Formen der unmittelbaren Demokratie im deutschen Gemeinderecht? in: DÖD 1989, S. 77-84

Thieme, Werner: Sachverständigengutachten zum niedersächsischen Kommunalverfassungsrecht, in: DÖV 1978, S. 363

Thieme, Werner / Prillwitz, Günther: Durchführung und Ergebnisse der kommunalen Gebietsreform, Baden-Baden 1981

Thomas, Heinz / Putzo, Hans: Zivilprozeßordnung, 20. Aufl., München 1997 (zit.: Thomas/Putzo, ZPO)

Thronsberg, Klaus: Bürgerentscheide im Aufwind, in: KommunalPraxis BW 1993, S. 134-136

Thum, Cornelius: Bürgerbegehren und Bürgerentscheid in Bayern, Loseblattslg., Kronach/Frankenwald, Stand 1.1.1998, 5. Lfg.

Treffer, Gerd / Kroll, Fritz: Bürgerbegehren und Bürgerentscheid in Bayern, München 1996

Unruh, Georg Christoph v.: Demokratie und kommunale Selbstverwaltung, in: DÖV 1986, S. 217 - 224

Vogelsang, Klaus / Lubking, Uwe / Jahn, Helga: Kommunale Selbstverwaltung, Berlin 1991 (zit.: Vogelsang, Kommunale Selbstverwaltung)

Wachsmuth, Hans-Joachim: Die neue Thüringer Kommunalordnung, in: ThürVBl 1994, S. 121-131

Waechter, Kay: Kommunalrecht, 2. Aufl., München 1995

Wassermann, Rudolf: Vom Zuschauer zum Aktivbürger - Plebiszitäre Elemente in der Gemeindedemokratie, in: Recht und Politik 1991, S. 88-96

Weber, Hermann: Grundfälle zum Rechtsschutz im Kommunalwahlrecht, insbesondere zur Wahlprüfung, in: JuS 1989, S. 902-905

Wefelmeier, Christian: Probleme des Rechtsschutzes bei Bürgerbegehren und Bürgerentscheid, in: NdsVBl 1997, S. 31-37

Wehling, Hans-Georg: Politische Partizipation in der Kommunalpolitik, in: AfK 1989, S. 110-119

ders.: Unterschiedliche Kommunalverfassungen in den Ländern, in: Informationen zur politischen Bildung 1994, 1. Quartal, S. 15-28

ders.: Bürgerentscheide in Baden-Württemberg, Ein Rückblick auf vier Jahrzehnte Praxis, Beitrag zum Symposium "Der Bürgerentscheid in Bayern, Thesen, Fakten, Trends", zur Verfügung gestellt von Mehr Demokratie e.V., Fritz-Berne-Str. 1, 81241 München (zit.: Wehling, Symposium)

Wehr, Matthias: Rechtsprobleme des Bürgerbegehrens, in: BayVBl 1996, S. 549-553

Weichert, Thilo: Überlegungen zum 30prozentigen Quorum. Bürger entscheiden gem. § 21 Abs. 6, in: BWVPr 1988, S. 290-291

Wettling, Hans: Die Informationspflicht der Gemeinden vor der Durchführung von Bürgerentscheiden, in: BWVPr 1981, S. 278-281

ders.: Bürgerentscheid und Bürgerbegehren, in: BWVPr 1987, S. 151-154

Widtmann, Julius / Gasser, Walter / Glaser, Erhard: Bayerische Gemeindeordnung, München, Loseblattslg., Stand Februar 1997, 6. Lfg. zur 5. Aufl. (zit.: Widtmann/Gasser, BayGO)

Wiegand, Bernd / Grimberg, Michael: Gemeindeordnung für das Land Sachsen-Anhalt, München 1995 (zit.: Bearbeiter in: Wiegand/Grimberg, GO LSA)

Wolff, Hans Julius / Bachof, Otto / Stober, Rolf: Verwaltungsrecht I, 10. Aufl. München 1994, Verwaltungsrecht II, 5. Aufl., München 1987 (zit.: Wolff/Bachof/Stober, VerwR I (II))

Ziegler, Josef: Bürgerbeteiligung in der kommunalen Selbstverwaltung, Schriften zur öffentlichen Verwaltung, Bd. 6, Würzburg 1974 (zit.: Ziegler, Bürgerbeteiligung)

Ziegler, Wolfgang: Die Bekanntgabe von Gemeinderatsbeschlüssen sowie andere Verlautbarungen nach der Gemeindeordnung, in: VBlBW 1989, S. 201-207

Zippelius, Reinhold: Allgemeine Staatslehre, 12. Aufl., München 1994

ders.: Juristische Methodenlehre, 6. Aufl., München 1994

Peter Lang · Europäischer Verlag der Wissenschaften

Joseph Marko / Alfred Ableitinger / Alexander Bröstl /
Pavel Holländer (Hrsg.)

Revolution und Recht

Systemtransformation und Verfassungsentwicklung in der Tschechischen und Slowakischen Republik

Frankfurt/M., Berlin, Bern, Bruxelles, New York, Wien, 2000. 502 S., 5 Abb.
ISBN 3-631-33619-5 · br. DM 128.–*

Hinter dem Titel „Revolution und Recht" steht die erkenntnisleitende Idee, nach dem Ende des Kommunismus dem Zusammenhang von politischer Revolution und rechtlicher Institutionalisierung beim Aufbau von Demokratie und Rechtsstaat am Fallbeispiel der Tschechoslowakei nachzugehen. In einem ersten Teil werden die staatliche Trennung und die verfassungsrechtlichen Grundlagen der Regierungssysteme Tschechiens und der Slowakei analysiert. Im zweiten Teil wird den unterschiedlichen historischen, politischen und kulturellen Voraussetzungen der demokratischen Konsolidierungsprozesse nachgegangen. Abschließend werden die „doppelten Standards" bei der Behandlung beider Staaten im Rahmen der EU-Osterweiterung als Grundproblem der Entwicklung zu einer „gesamteuropäischen Verfassungsstaatlichkeit" untersucht.

Aus dem Inhalt: Zur Geschichte der Tschechen und Slowaken als Mitteleuropäer · Die Verfassungssysteme Tschechiens und der Slowakei · Parteien, Verbände und politische Kultur · Von der Revolution über die Transformation zur Integration: Tschechien und die Slowakei im Prozeß der EU-Osterweiterung

Frankfurt/M · Berlin · Bern · Bruxelles · New York · Oxford · Wien
Auslieferung: Verlag Peter Lang AG
Jupiterstr. 15, CH-3000 Bern 15
Telefax (004131) 9402131
*inklusive Mehrwertsteuer
Preisänderungen vorbehalten

FSC
www.fsc.org
MIX
Papier | Fördert gute Waldnutzung
FSC® C083411

Kolibri 360 GmbH
Ferdinand-Jühlke-Straße 7
99095 Erfurt, Deutschland
produktsicherheit@kolibri360.de

Druck:
CPI Druckdienstleistungen GmbH
im Auftrag der
Kolibri 360 GmbH
Ferdinand-Jühlke-Str. 7
99095 Erfurt